Max Weber

Schriften zur Soziologie

Herausgegeben und eingeleitet
von Michael Sukale

Philipp Reclam jun. Stuttgart

Universal-Bibliothek Nr. 9387

Gesamtherstellung: Reclam, Ditzingen. Printed in Germany 1995

ISBN 3-15-009387-2

Inhalt

[Neufassung]

[Erster Teil]

Gesammelte Aufsätze zur Religionssoziologie

Einleitung

Max Weber (1864–1920) hat in seinen Schriften zur Wissenschaftslehre immer wieder behauptet, daß praktische Werturteile und »höchste Wertideen« die wissenschaftlichen Arbeiten eines Forschers anleiten. Daher wird man gerade bei soziologischen Schriften die höchsten Wertideen und Werturteile des Autors kennen lernen wollen – und zwar auch dann, wenn sie die Ergebnisse seiner Untersuchungen nicht verfälschen müssen, was Weber ebenfalls in seiner Wissenschaftslehre behauptet hat. Für ihn ist die Frage leicht zu beantworten, da uns Weber sehr viele politische Schriften hinterlassen hat. Aus diesen und aus seiner Biographie ist ersichtlich, daß er nationalliberalen Kreisen nahestand. Als deutscher Nationalist war er überzeugt, daß Deutschland eine Großmacht sei und bleiben solle und daher Machtpolitik betreiben müsse. Deswegen stehen Webers Ausführungen über Macht und Herrschaft nicht nur systematisch, sondern auch biographisch im Zentrum. Als Liberaler befürwortete Weber die Ideen des freien wirtschaftlichen Wettbewerbes, aber er sah in ihm einen Kampf der Interessen und bewahrte sich ein durch Marx geschärftes Auge für die Konsequenzen des modernen Kapitalismus.

Weber hat schon früh über *Agrarfragen* publiziert. Dies bestimmte zu großen Teilen seine *sozialgeschichtlichen* Arbeiten. Später stieß er auf religiös bedingte Wegbereiter und Hindernisse des modernen Kapitalismus und entwickelte hieraus eine umfassende *Religionssoziologie*. Weber war zunächst Jurist und Rechtsgeschichtler, bevor er einen volkswirtschaftlichen Lehrstuhl übernahm. Die *Rechtssoziologie* und die *Wirtschaftssoziologie* sind daher zwei weitere Säulen seiner systematischen Soziologie. Die *Herrschaftssoziologie* wurde schon erwähnt. Sie steht am Schluß und krönt sein Werk. Hinzu kommt Webers neokantische *Methodenlehre*.

Damit sind sechs Grundthemen von Webers nachgelassenem soziologischen Hauptwerk *Wirtschaft und Gesellschaft* benannt.

Zählt man zu diesem Buch Webers unabhängige religionssoziologische Aufsätze und seine umfangreichen agrarsoziologischen Publikationen, so ergibt dies ein Werk von etwa viertausend mittelgroßen Seiten. Die vorgelegte Auswahl beträgt nur etwa zehn Prozent. Um aber die ausgewählten Stücke untereinander zu verknüpfen, mit dem ganzen Werk in Verbindung und mit der Geschichte der sozialphilosophischen Ideen in Zusammenhang zu bringen, werde ich die genannten Hauptthemen kurz zusammenfassen und durch historische Glossen und Zitate aus hier nicht vorgelegten Texten bereichern.

1. Frühe agrarsoziologische Studien

Max Weber hatte sich schon als Kind mit römischer Geschichte beschäftigt und mit 13 Jahren einen Aufsatz *Über die römische Kaiserzeit von Konstantin bis zur Völkerwanderung* geschrieben, dann in der Promotionsschrift *Zur Geschichte der Handelsgesellschaften im Mittelalter* (1889) das römische Handelsrecht studiert und sich kurz danach mit den Agrarverhältnissen der Antike vertraut gemacht, um seine Habilitationsschrift über *Die römische Agrargeschichte in ihrer Bedeutung für das Staats- und Privatrecht* (1891) fertig zu stellen. Nachdem er in den Jahren 1892 bis 1893 im Auftrag des Vereins für Sozialpolitik den ostelbischen Teil der großen, von diesem Verein durchgeführten Landarbeiterenquete ausgewertet, mit einem umfangreichen Kommentar versehen und weitere Reden und Schriften zu diesem Thema veröffentlicht hatte, kehrte er kurzfristig zur Antike zurück und legte in einem »populären Vortrag« über *Die sozialen Gründe des Untergangs der antiken Kultur* (1896) seine Ansichten über den kulturellen Verfall der Antike dar. Eine solche Bemühung war nicht neu: Der große englische Historiker Edward Gibbon hatte im 18. Jahrhundert in seinem Werk *The History of the Decline and Fall of the Roman Empire* den Niedergang der Antike durch eine politische und eine religionsgeschichtliche These erklärt, nämlich durch den Einfall der Barbaren und die Ausbreitung des Christentums, und Jacob Burckhardt hatte dies in seinem Buch über *Die Zeit Constantins des Grossen* (1853) bestätigt und außerdem die These von einer endogenen Alterung der antiken Kultur wiederholt, die schon manche römischen Schriftsteller der Kaiserzeit aufgestellt hatten. Auch Weber schließt sich der epochengeschichtlichen These vom Untergang der antiken Kultur an, aber er begründet sie mit einer sozialökonomischen Kreislauftheorie, derzufolge die antike Stadtkultur versinkt und einer ländlichen Binnenkultur weicht, die zur Ausbildung feudaler Strukturen führt. Im ausgehenden Mittelalter überwinden die neu erstarkten Städte diese ländlichen Strukturen und ermöglichen damit die Anknüpfung der Renaissance an die Antike und den Beginn der modernen bürgerlichen Kultur. Worauf es Weber ankommt, ist die Verschiebung des ökonomischen Unterbaus in der Antike von einer städtisch-internationalen Erwerbs- und Verkehrswirtschaft, die auf ein ausgebautes Verkehrsnetz und die Geldwirtschaft angewiesen war, zu einer ländlichen Bedarfsdeckungswirtschaft, die sich jeweils lokal und verkehrslos entwickeln und mit vorwiegend naturalwirtschaftlichem Gütertausch begnügen konnte – und zurück zur Stadtwirtschaft. In der Agrargeschichte des kaiserlichen Rom bemerkt Weber nämlich, daß die großen Landgüter neu organisiert werden. Diese gehörten römischen Kapitalisten und wurden von unfreien Inspektoren (*villici*) verwaltet, die in der Regel verheiratet waren und mit eigenem Vieh als ihrem Eigentum (*peculium*) versehen wurden. Die entrechteten und verelendeten Sklavinnen und Sklaven durften nicht heiraten und regenerierten sich unter diesen Umständen nicht, denn: »Nur im Schoße der Familie gedeiht der Mensch« (S. 60)* Als der Nachschub erbeuteter Sklaven ausblieb, mußten, damit diese Landgüter nicht verfielen, zwei Maßnahmen ergriffen werden: der Eigentümer mußte aufs Land ziehen und die Gruppe der abhängigen Parzellenbauern (*coloni*) mußte erhöht werden, um Arbeitskräfte »schollenfest« zu machen. Die früheren Sklaven wurden daher zu Familien zusammengeführt und mit Eigentum bedacht. Damit wurde die feudale Landverteilung und ihre aristokratische Herrschaftsstruktur ermöglicht. Übrigens hatte Friedrich Engels in seinem Buch *Der Ursprung der Familie, des Privateigentums und des Staates* (1884) über die *coloni* eine ganz ähnliche These vertreten. Obwohl Weber behauptet, man könne aus der Geschichte des Altertums »wenig oder nichts« lernen, und meint, ein »heutiger Proletarier und ein antiker Sklave verständen sich so wenig, wie ein Europäer und ein Chinese« (S. 51), haben seine Analysen zahlreiche Berührungspunkte mit seinen Untersuchungen über die ostelbischen Landarbeiter. Weber findet nämlich im deutschen Osten noch immer eine mittelalterliche Feudalstruktur vor und bemerkt, wie sie zugrunde geht. Die Gruppe der kleinen Landpächter und freien Bauern ist zwar groß, aber das ihnen verbliebene Land ist so klein, daß sie darauf kein Auskommen erwirtschaften können. Viele von ihnen wandern als Industriearbeiter in die Städte ab, die im 19. Jahrhundert rapide gewachsen waren. Gleichzeitig werden viele Landgüter zu kapitalistischen Betrieben umorganisiert und von Banken und Geschäftsleuten aus den Großstädten finanziert. Die Arbeiter, die oft nur saisonweise beschäftigt werden, hausen in Kasernen und verelenden. Die modernen kapitalistischen Verhältnisse auf dem Lande ähneln also strukturell den spätrömischen Verhältnissen der Kaiserzeit.

* Wenn nicht anders vermerkt, beziehen sich Seitenangaben auf den Textabdruck der vorliegenden Ausgabe; die Siglen WG und RS verweisen auf Webers *Wirtschaft und Gesellschaft* und seine *Aufsätze zur Religionssoziologie*. Genauere Angaben finden sich in der Editorischen Notiz.

Später hat Weber seine Studien zur Agrarsoziologie durch eine lange Untersuchung über *Die Stadt* ergänzt, hierbei aber den Gesichtspunkt entscheidend geändert.

2. Die Protestantismus-These

Weber hat mehrmals Kreisläufe untersucht, wodurch er schon früh zur Einsicht gekommen sein muß, daß sich die Gesellschaftsformen nicht wie auf einer aufsteigenden Geraden hintereinanderschalten lassen, wie es der aufklärerische Karl Marx geglaubt hatte. Dennoch ist der Ansatz seiner frühen Schriften darin marxistisch, daß das kulturelle Bewußtsein als Überbau vorgestellt wird, der auf einem sozioökonomischen Unterbau ruht und sich mit ihm verändert. Doch dann publizierte Weber 1904 bis 1905 seine berühmte, man möchte sogar sagen: berüchtigte Schrift *Die protestantische Ethik und der Geist des Kapitalismus*, in der er den Spieß umkehrte und Beziehungen untersuchte, »in welchen eine Einwirkung religiöser Bewußtseinsinhalte auf das ›materielle‹ Kulturleben wirklich zweifellos ist« (RS I, S. 205 f., Fußn. 3). Obwohl auch hier Marx zumindest stilistisch eine Rolle spielt, so etwa, wenn Weber von einem »Gespenst ehemals religiöser Glaubensinhalte« (RS I, S. 204) spricht, das an Marx' »Ein Gespenst geht um in Europa . . .« erinnert, wird dieser doch methodisch überwunden oder zumindest ergänzt. Webers Protestantismus-These ist daher auch immer als Gegenthese zu Marx gelesen worden.

Diese Arbeit entstand etwa um die gleiche Zeit wie sein Aufsatz *Die »Objektivität« sozialwissenschaftlicher und sozialpolitischer Erkenntnis* (1904) und demonstriert daher auch Webers wissenschaftliches Vorgehen, das in diesem Zusammenhang kurz beleuchtet werden kann. Hier interessieren Webers Betonung der Wertgesichtspunkte und seine Auffassung über Idealtypen und kausale Zurechnungen.

Was zunächst Webers leitenden Wertgesichtspunkt angeht, so muß es außer seinem generellen Interesse an der Entstehung des Kapitalismus noch seine persönliche Vorliebe für die Askese gewesen sein, wie ein Brief aus dem Jahre 1906 beweist: »Aber daß unsere Nation die Schule des harten Asketismus niemals, in *keiner* Form, durchgemacht hat, ist [. . .] der Quell alles Desjenigen, was ich an ihr (wie an mir selbst) hassenswerth finde [. . .]« (Max Weber, *Briefe 1906–1908*, Tübingen 1990, S. 33).

Bezüglich seines Begriffes des Idealtypus erläutert Weber in seinem *Objektivitätsaufsatz*, daß der Forscher angesichts der Ungeordnetheit der Welt Idealtypen konstruieren soll, mit deren Hilfe empirische Befunde in forschungsrelevante und forschungsirrelevante Bestandteile zerlegt werden können. In der *Protestantischen Ethik* sind die zwei erörterten Idealtypen der »kapitalistische Geist« und die »protestantische Ethik« – speziell des Calvinismus.

Weber analysiert zunächst den verständlichsten, weil rationalsten und modernsten Idealtypus. Der Geist des modernen Kapitalismus ist nach Weber durch zwei Dinge ausgezeichnet: a) durch die Idee des Berufsmenschentums und b) durch die Idee, Gewinn als Kapital zu reinvestieren. Um diesen kapitalistischen Geist zu veranschaulichen, zitiert Weber Benjamin Franklin: »Bedenke, daß die Zeit Geld ist; wer täglich zehn Schillinge durch seine Arbeit erwerben könnte und den halben Tag spazieren geht, oder auf seinem Zimmer faulenzt, der darf, auch wenn er nur sechs Pence für sein Vergnügen ausgibt, nicht dies allein berechnen, er hat nebendem noch fünf Schillinge ausgegeben oder vielmehr weggeworfen. [. . .] Bedenke, daß Geld von einer zeugungskräftigen und fruchtbaren Natur ist. Geld kann Geld erzeugen und die Sprößlinge können noch mehr erzeugen und so fort« (S. 339).

Das Wesentliche am zweiten Idealtypus, an der protestantischen Ethik, faßt Weber als »innerweltliche Askese« zusammen und entwickelt diesen Gedanken anhand sorgfältiger Studien des Calvinismus und dessen Seelsorgerliteratur. Calvin war ein Gegenspieler Luthers und glaubte an die Prädestination, also daran, daß von Ewigkeit her alles determiniert sei und daß daher Gott auch schon von Ewigkeit her diejenigen erwählt haben müsse, die er selig machen wolle, wie auch umgekehrt, daß er diejenigen schon von Ewigkeit her verdammt haben müsse, die er nicht selig machen wolle.

Hieraus zieht Max Weber zunächst eine psychologische Konsequenz: »In ihrer pathetischen Unmenschlichkeit mußte diese Lehre nun für die Stimmung einer Generation, die sich ihrer grandiosen Konsequenz ergab, vor allem eine Folge haben: ein Gefühl einer unerhörten inneren Vereinsamung des einzelnen Individuums« (S. 347).

Diese Vereinsamung des Individuums ist nicht nur spezifisch calvinistisch, sie ist generell protestantisch, und Emile Durkheim hatte schon 1897 in seinem Buch *Le Suicide* darauf hingewiesen, daß Protestanten ihre Sünde und Schuld alleine auf sich nehmen müssen, daher vereinsamen und sich leichter von der sozialen Gruppe, der sie angehören, abspalten lassen. Durkheim hatte hieraus den Verfall der »sozialen Dichte« und das moderne »anomische«, das heißt ungeregelte Verhalten abgeleitet. Max Weber leitet daraus stattdessen die Entwicklung einer besonders asketischen Moral ab. Für ihn ist nämlich die Hauptfrage: Wie wurde die Prädestinationslehre von den Gläubigen ertragen? Die Antwort hierauf kommt nicht mehr von Calvin oder anderen großen Theologen, sondern von Seelsorgern, die mit den Gläubigen tagtäglich verkehren und deren Not mindern. Sie geben ihnen zwei Leitlinien. Erstens wird es zur Pflicht gemacht, sich für erwählt zu halten, komme was wolle, und zweitens wird als hervorragendes Mittel, um diese Selbstgewißheit zu erlangen, rastlose Berufsarbeit eingeschärft.

Damit sind wir bei der Askese angelangt. Max Weber unterscheidet eine außerweltliche und eine innerweltliche Askese. Die außerweltliche Askese ist eine systematische

Suche nach Gott, bei der man sich aus der Welt zurückzieht und durch Gebete, Rituale und andere Mittel in direkten Kontakt mit Gott tritt. Diesem außerweltlichen Typ von Askese steht die innerweltliche Askese gegenüber, bei der man sich innerhalb der Welt zu bewähren hat. Mit diesem Unterschied geht ein anderer Hand in Hand. Schon das außerweltliche asketische Mönchtum im Mittelalter hatte eine rationale Lebensordnung, aber sie bestand außerhalb des Alltagslebens und war sogar gegen es gerichtet. Bei der innerweltlichen Askese der Protestanten hat die rationale Lebensführung das Ziel, die *Alltagswelt* völlig zu durchdringen, statt sie zu verlassen. Deswegen drückt sie sich innerweltlich und im Alltag als Tüchtigkeit im Beruf aus. Aber eben dies ist auch ein wesentlicher Zug des kapitalistischen Geistes: »Der Gelderwerb ist – sofern er in legaler Weise erfolgt – innerhalb der modernen Wirtschaftsordnung das Resultat und der Ausdruck der Tüchtigkeit im Beruf und diese Tüchtigkeit ist, wie nun unschwer zu erkennen ist, das wirkliche A und O der Moral Franklins, wie sie in der zitierten Stelle ebenso wie in allen seinen Schriften ohne Ausnahme uns entgegentritt« (RS I, S. 36). Dies ist der erste Schritt in Richtung eines Kausalurteils, oder, wie Weber aus neokantischen Gründen im *Objektivitätsaufsatz* sagt, in Richtung einer *kausalen Zurechnung*: Die innerweltliche Askese des Protestantismus hat den modernen Berufsmenschen geschaffen, der zum kapitalistischen Geist gehört.

Nun muß Weber allerdings noch erklären, wie die protestantische Askese kausal zur typisch kapitalistischen Wirtschaftsform geführt hat, nämlich zur Reinvestition des Kapitals: »Die innerweltliche protestantische Askese [...] wirkte [...] mit voller Wucht gegen den unbefangenen Genuß des Besitzes, sie schnürte die Konsumtion, speziell die Luxuskonsumtion, ein« (S. 352). »Und halten wir nun noch jene Einschnürung der Konsumtion mit dieser Entfesselung des Erwerbsstrebens zusammen, so ist das äußere Ergebnis naheliegend: Kapitalbildung durch asketi-

schen Sparzwang. Die Hemmungen, welche dem konsumtiven Verbrauch des Erworbenen entgegenstanden, mußten ja seiner produktiven Verwendung: als Anlagekapital, zugute kommen« (S. 353).
Damit ist dann die eigentliche Protestantismus-These Webers bewiesen: »Einer der konstitutiven Bestandteile des modernen kapitalistischen Geistes, und nicht nur dieses, sondern der modernen Kultur: die rationale Lebensführung auf Grundlage der Berufsidee, ist – das sollten diese Darlegungen erweisen – geboren aus dem Geist der christlichen Askese (S. 353).

3. Zweckrationalität und Verstehen

1908 wurde Max Weber die Herausgabe des vielteiligen Handbuches *Grundriss der Sozialökonomik* übertragen. Er selbst verfaßte von 1911 bis 1913 den Abschnitt über *Die Wirtschaft und die gesellschaftlichen Ordnungen und Mächte* sowie die erste methodische Einleitung zu diesem Werk, die er 1913 unter dem Titel *Über einige Kategorien der verstehenden Soziologie* veröffentlichte. Das Hauptmanuskript blieb jedoch liegen, und als er begann es für den Druck vorzubereiten, schrieb er eine fast zweihundertseitige soziologische Kategorienlehre, deren erstes Kapitel *Soziologische Grundbegriffe* eine Neufassung des *Kategorienaufsatzes* war. Allerdings war der frühere essayistische Charakter verschwunden und der begriffliche Aufbau anders.

Die *Grundbegriffe* zerfallen in drei Teile. Der erste, methodische Teil beschäftigt sich mit dem Verstehen und Handeln (§§ 1 und 2), der zweite Teil mit der sozialen Beziehung und ihren Unterbegriffen (§§ 3–7) und der dritte Teil mit dem Kampf und seinen Formen (§§ 8–17). Meine Darlegungen folgen diesem späteren Schema.

Zunächst ist Webers Abgrenzung der Soziologie von der

Geschichte wichtig: »Die Soziologie bildet [...] Typen-Begriffe und sucht generelle Regeln des Geschehens. Im Gegensatz zur Geschichte, welche die kausale Analyse und Zurechnung individueller, kulturwichtiger, Handlungen, Gebilde, Persönlichkeiten erstrebt« (WG, S. 9).

Man könnte meinen, daß Weber, der in seinen Schriften zur Wissenschaftslehre (vgl. die gleichnamige Ausgabe, hrsg. von M. Sukale, Stuttgart 1991) für die Trennung zwischen individualisierenden historischen Wissenschaften und generalisierenden Gesetzeswissenschaften eintritt, die Soziologie mit den gesetzeswissenschaftlichen Naturwissenschaften in einen Topf wirft, doch dies wäre falsch, denn die Soziologie teilt mit der Geschichtswissenschaft deren Objekte: die einzelnen handelnden Individuen. Daher benötigt sie nach Weber auch die verstehende Methode der Geschichte. Doch während die Geschichte beim Verständnis stehenbleibt, ist es die Aufgabe der Soziologie, dieses Verständnis zu gebrauchen, um das Handeln kausal, das heißt: naturwissenschaftlich, zu erklären: »Soziologie [...] soll heißen: eine Wissenschaft, welche soziales Handeln deutend verstehen und dadurch in seinem Ablauf und seinen Wirkungen ursächlich erklären will« (S. 303).

Als nächstes ist die Form der Definitionen, die Weber in seiner Kategorienlehre anwendet, wichtig. Bei ihr sind zwei Ausdrücke besonders augenfällig, nämlich der soeben gebrauchte Ausdruck »... soll heißen ...« und der Ausdruck »die Chance, daß«. Die erste Wortverbindung drückt Webers Nominalismus aus, also die Lehre, daß Definitionen nur konventionelle Sprachregelungen sind, die keinen konkreten Inhalt vermitteln. Die zweite Wortverbindung drückt Webers Empirismus aus, also die Lehre, daß alle Begriffe empirische Gültigkeit besitzen müssen. Beides ist ausdrücklich gegen die aristotelisch-realistische Definitionslehre gerichtet, der zufolge eine Definition das inhaltliche *Wesen* eines *möglichen* Dinges erfaßt, also seine Haupteigenschaften, und dies dadurch erreicht, daß die nächsthöhere Gattung genannt wird, unter die der Begriff fällt (*genus proximum*), und die spezifische Differenz, die das Ding von anderen Arten dieser Gattung absetzt (*differentia specifica*). Für diese aristotelische Definitionslehre ist es wichtig, daß bei ineinander verschachtelten Definitionsketten Begriffshierarchien entstehen, deren oberste Begriffe am inhaltsärmsten sind (weil sie nur eine Eigenschaft spezifizieren) und deren unterste Begriffe am inhaltsreichsten sind, weil sie viele Eigenschaften in sich vereinen.

Schaut man sich nun Webers wirkliches Vorgehen beim Definieren an, so wird man überrascht: erstens geht Weber genau nach dem Schema *genus proximum, differentia specifica* vor, und zweitens haben seine spezifischeren Begriffe eine höhere Anzahl von Merkmalen als die generelleren Begriffe, woraus Begriffsketten folgen, deren generellere oder höhere Begriffe inhaltleerer sind als die niedrigeren.

Den ersten Punkt belegen wir an einer Definition, die für Weber besonders wichtig ist. Im *Kategorienaufsatz* definiert Weber Gesellschaftshandeln als ein Gemeinschaftshandeln, das durch zweckrationale Ordnungen geregelt wird und sich an diesen Ordnungen zweckrational orientiert (S. 98). Hier ist das *genus proximum* das Gemeinschaftshandeln und die *differentiae specificae* sind die zweckrationale Ordnung und die zweckrationale Orientierung an dieser Ordnung. Der zweite Punkt wird an der schon genannten Stelle deutlich, an der Weber die Soziologie von der Geschichte abgrenzt: »Wie bei jeder generalisierenden Wissenschaft bedingt die Eigenart ihrer Abstraktionen es, daß ihre Begriffe gegenüber der konkreten Realität des Historischen relativ inhalts*leer* sein müssen« (WG, S. 9).

Wie erklärt sich diese unerwartete Übereinstimmung mit Aristoteles? Man darf nicht vergessen, daß Weber zunächst als Jurist ausgebildet und von daher gewohnt war, seine Begriffe präzise, aber eben nach aristotelischem Muster, einzuführen. Daher kommt in der materialen soziologischen Kategorienlehre eine etwas unglückliche und widerspruchsvolle Mischung zustande: einerseits glaubt er, sein Ausdruck »... soll heißen« verbürge den Nominalismus – aber wir könnten diesen Ausdruck immer durch »ist« ersetzen und hätten dann rein aristotelische Definitionen. Andererseits glaubt er, daß er immer dann empirische Begriffe definiert, wenn er von »Chancen« spricht, also die *Wirklichkeit als Wahrscheinlichkeit* in seine Begriffe einbaut – aber dies ist in den aristotelischen Wesensbegriffen nicht viel anders, in denen die *Wirklichkeit als Möglichkeit* eingebaut ist. Wegen dieser Parallelitäten in der Praxis des Definierens wird es Weber kaum aufgefallen sein, daß sein Vorgehen von seinen methodischen Forderungen abweicht, was übrigens dazu führt, daß sich der Leser von Webers Definitionen nicht nur formal, sondern auch inhaltlich bereichert fühlen darf!

Eines der Hauptprobleme der wissenschaftlichen Soziologie besteht darin: Wie ist dem Forscher die Objektivität seiner Annahmen garantiert, zumal er selbst nicht ohne Interessen und Werte forscht? Dies Problem hatte Weber in seinen Schriften zur Wissenschaftslehre dahingehend gelöst, daß er Idealtypen konstruierte, die dem Forscher seinen Maßstab liefern und deren Inhalt gedanklich gesteigerte Stücke oder Aspekte der wirklichen Welt sind. Diese Zwitterwesen erfüllen die Brückenfunktion zwischen Subjekt und Objekt, weil sie die Form vom Subjekt, den Inhalt vom Objekt erhalten. Die Wissenschaft der Soziologie hat nun aber eine Besonderheit, die das generelle Problem wiederholt: des Forschers Objekte sind andere Subjekte wie er selbst, ihm der Form nach also ähnlicher als etwa tote Objekte, andererseits sind sie von ihm durch die Grenze des Bewußtseins inhaltlich getrennt, werfen also das generelle Objektivitätsproblem als ein Überbrückungsproblem beim *Verstehen* auf.

Der Forscher soll seine Mitmenschen verstehend erklären. Welcher ihrer Aspekte ist das idealtypische Objekt des Verstehens? Webers Antwort lautet: ihr zweckrationales Handeln. Was also ist Handeln und wann ist es zweckrational? Es ist erstens das, was die Phänomenologen, auf die Weber mehrfach hingewiesen hat, einen intentionalen Akt nennen: ein menschliches Verhalten, das sich an einem Handlungsziel orientiert oder darauf gerichtet ist. Zweitens muß diese Orientierung selbst einen subjektiven Sinn haben, das heißt verständlich sein, denn für Weber sind »Sinn haben« und »verständlich sein« bedeutungsgleich. Wie viele Arten solcher Orientierungen gibt es? Für Weber gibt es im Grunde nur *eine* Handlungsorientierung, die Sinn hat, also voll verständlich ist: die Zweck-Mittel-Orientierung, die Weber selbst gern zweckrationale Orientierung nennt: »Zweckrational handelt, wer sein Handeln nach Zweck, Mitteln und Nebenfolgen orientiert und dabei sowohl die Mittel gegen die Zwecke, wie die Zwecke gegen die Nebenfolgen, wie endlich auch die verschiedenen möglichen Zwecke gegeneinander rational abwägt [...]« (WG, S. 13).

Aus diesen Erörterungen folgen mehrere für Weber wichtige Konsequenzen. Die erste Konsequenz der mittels Zweckrationalität verstehenden Methode ist Webers Behauptung, daß das einzige Objekt des Verstehens nur ein anderes Einzelindividuum sein kann und dieses daher die einzige Einheit der Soziologie sein muß: »Das Ziel der Betrachtung: ›Verstehen‹, ist schließlich auch der Grund, weshalb die verstehende Soziologie (in unserem Sinne) das Einzelindividuum und sein Handeln als unterste Einheit, als ihr ›Atom‹ [...] behandelt. [...] Aus dem gleichen Grunde ist aber für diese Betrachtungsweise der Einzelne auch nach oben zu die Grenze und der einzige Träger sinnhaften Sichverhaltens« (S. 93). Das Argument hierfür ist leicht einzusehen: Das Verstehen besteht aus der Übertragung des eigenen zweckrationalen Verhaltens auf ein Objekt. Da aber nur andere Personen zweckrational handeln können, sind nur diese als die Objekte der Übertragung beziehungsweise der Soziologie möglich. Dies Argument beweist die These vom methodologischen Individualismus – so wurde sie später genannt –, wonach nur Einzelindividuen, aber keine abstrakten Begriffe wie Gemeinschaft, Staat usw. als Träger von Handlungen in Frage kommen. Die nachweberschen Verfechter dieser These vergessen allerdings oft, daß bei Weber diese These aus der verstehenden Methode abgeleitet wurde, sie sich also nicht auf seinen Beweis berufen können, wenn sie diese verstehende Methode selbst nicht mehr vertreten.

Es folgt zweitens, daß sich für Weber die Begriffe der Zweck-Mittel-Orientiertheit, der Rationalität, der Sinnhaftigkeit und der Verständlichkeit zu einem aufschlußreichen Zirkel schließen, dessen immer wieder betonter Ankerpunkt die Zweck-Mittel-Orientiertheit ist: »Die unmittelbar ›verständlichste Art‹ der sinnhaften Struktur eines Handelns ist ja das subjektiv streng rational orientierte Handeln nach Mitteln, welche (subjektiv) für eindeutig adäquat zur Erreichung von (subjektiv) eindeutig und klar erfaßten Zwecken gehalten werden. Und zwar am meisten dann, wenn auch dem Forscher jene Mittel für diese Zwecke geeignet scheinen« (S. 85).

Drittens sind die vier Typen der Handlungsorientiertheit, die Weber im zweiten Paragraphen der *Grundbegriffe* definiert, prinzipiell auf nur zwei reduzierbar: die verständlichen Zweck-Mittel-orientierten Handlungen und unverständliche Handlungen, deren Unverständlichkeitsgrad im Vergleich zu den Zweck-Mittel-orientierten Handlungen festgestellt werden kann: »Die Konstruktion eines streng zweckrationalen Handelns also dient [...] der Soziologie, seiner evidenten Verständlichkeit und seiner – an der Rationalität haftenden – Eindeutigkeit wegen, als Typus (›Idealtypus‹), um das reale, durch Irrationalitäten aller Art (Affekte, Irrtümer) beeinflußte Handeln als ›Abweichung‹ von dem bei rein rationalem Verhalten zu gewärtigenden Verlaufe zu verstehen« (WG, S. 3).

Viertens muß die verstehende Soziologie von ihrer Methode her »rationalistisch« sein: »Insofern und nur aus diesem methodischen Zweckmäßigkeitsgrunde ist die Methode der ›verstehenden‹ Soziologie ›rationalistisch‹. Dies Verfahren darf aber natürlich nicht als ein rationalistisches Vorurteil der Soziologie, sondern nur als methodisches Mittel verstanden und also nicht etwa zu dem Glauben an die tatsächliche Vorherrschaft des Rationalen über das Leben umgedeutet werden« (WG, S. 3).

Und schließlich wird fünftens das Überbrückungsproblem, das zwischen dem Forscher und seinen Objekten besteht, lösbar: der Forscher versteht andere Subjekte, weil er ihnen erst einmal per Analogieschluß sein ihm selbst verständlichstes Verhalten unterstellt: das zweckrationale. Im *Kategorienaufsatz* unterscheidet Weber noch die Richtigkeitsrationalität von der Zweckrationalität, um die nur *vorgestellte* Zweck-Mittel-Orientiertheit von einer solchen zu unterscheiden, die empirische Gültigkeit hat. Aber obwohl er damit die Lücke, die zwischen dem Bewußtsein des Forschers und dem seines untersuchten Subjektes besteht, noch weiter verringert – dann nämlich, wenn sich das untersuchte Subjekt richtigkeitsrational orientiert und ihm der Forscher diese Richtigkeitsrationalität auch unterstellt –, wird er sie dennoch nicht los. Der Forscher kann sich mit seinen Unterstellungen irren und zwar erstens, weil sein zweckrationales Modell vom Handeln oder Verhalten des untersuchten Subjekts nicht dessen zweckrationalen Überlegungen entspricht, zweitens, weil entweder sein untersuchtes Subjekt oder er selber sich nicht an einem richtigkeitsrationalen Modell orientiert, und schließlich drittens, weil die Vorstellung von der Richtigkeitsrationalität bei beiden verschieden ist (und daher die »objektive« Richtigkeitsrationalität von einem oder beiden verfehlt wurde). In den *Grundbegriffen* hat Weber den Begriff der Richtigkeitsrationalität wieder fallen lassen. Der andere Teil von Webers kombinierter Methode, die Forderung nach einer gesetzlichen Kausalerklärung, ist nicht so originell und kontrovers. Weber dürfte den Ausführungen Windelbands gefolgt sein, die dieser in seiner Straßburger Rektoratsrede über *Geschichte und Na-*

turwissenschaften (1894) gemacht hatte: Die Konjunktion von einem generellen kausalen Gesetz und bestimmten Anfangsbedingungen erklärt das individuelle Ereignis. Allerdings sollte noch erwähnt werden, daß Weber auch ein verstehendes Erklären kennt, das ein Handeln in seinen Sinn- oder Motivationszusammenhang stellt (WG, S. 4), aber diese Erklärung ist keine kausale. Die Unterscheidung zwischen »Sinnadäquanz« und »Kausaladäquanz«, die Weber in diesem Zusammenhang gibt, zeigt, was hier gemeint ist: »›Sinnhaft adäquat‹ soll ein zusammenhängend ablaufendes Verhalten in dem Grade heißen, als die Beziehung seiner Bestandteile von uns nach den durchschnittlichen Denk- und Gefühlsgewohnheiten als typischer (wir pflegen zu sagen: ›richtiger‹) Sinnzusammenhang bejaht wird. ›Kausal adäquat‹ soll dagegen ein Aufeinanderfolgen von Vorgängen in dem Grade heißen, als nach Regeln der *Erfahrung* eine Chance besteht: daß sie stets in gleicher Art tatsächlich abläuft« (WG, S. 5).

4. Gemeinschaft und Gesellschaft

Um Webers Begriffe von Gemeinschaft und Gesellschaft zu erläutern, greife ich zunächst auf die Geschichte der Sozialphilosophie zurück. In der Antike wurden die Familie, der Stamm und die gesamte Polis als organische Gebilde angesehen, und man suchte nach deren Prinzipien, so wie man nach dem Werdegang von Pflanzen und Tieren sucht: indem man feststellt, aufgrund welcher Ursachen sie entstehen, wie sie sich entwickeln und wie sie vergehen.

Man war sich auch mit wenigen Ausnahmen einig, daß der Mensch natürlicherweise in der Gemeinschaft lebe und »friedlich« sei und nur, wenn er von der Gemeinschaft abgeschieden lebe, zum blutrünstigen Wolf würde und sein Menschsein verliere. Platon erwähnt den Wolf bei seiner Untersuchung der Tyrannei (*Politeia*, 565d). Der Tyrann ist ein Mann, der sich gegen die Gemeinschaft stellt, obwohl er doch die Gemeinschaft regiert, und der sich von dem Eingeweide, also dem Hab und Gut der anderen Gemeinschaftsglieder nährt. Aristoteles meint das gleiche, wenn er davon spricht, »daß derjenige, der aufgrund seiner Natur, und nicht durch eine Schicksalsfügung, außerhalb des staatlichen Verbandes steht, entweder minderwertig – oder übermenschlich – ist [. . .]. Denn wer von Natur so ist, der sucht zugleich Streit« (*Politik*, 1253a; Übers. von Eckart Schütrumpf).

Zu Beginn der Neuzeit haben aber Machiavelli und Hobbes diese antike Lehre völlig auf den Kopf gestellt, denn für sie ist der Mensch von Natur aus nicht friedlich, und sie verwerfen die Lehre von der natürlichen Interessen*gemeinschaft* der Menschen und machen die Idee des Interessen*kampfes* zur politischen Grundidee. In seinem berühmten Werk *Il Principe* (1513) gibt Machiavelli dem regierenden Fürsten Ratschläge, wie er sich zu verhalten habe, um »gut« zu regieren. Was heißt nun »gut regieren« bei ihm? Es heißt, seine eigenen Interessen auch gegen Widerstand zweckrational durchzusetzen, aber diese Durchsetzung so gut zu verschleiern, daß es denen, die Widerstand leisten könnten, leichter fällt, statt dessen zu gehorchen. Die Hauptsache bei Machiavelli ist nicht seine teils makabre Verteidigung der Macht, sondern die Tatsache, daß er ein zweckrationales Handeln aus rein egoistischen Motiven untersucht.

Dieser Ansatz wird von Hobbes in seinem Buch *Leviathan* (1651) ökonomisch verschärft. Er verficht drei Thesen. Erstens behauptet er, daß der einzelne Mensch bedürftig ist und daß die Bedürfnisse des Menschen immer mehr und immer größer werden, solange er lebt. Das erinnert an Platon, der in der *Politeia* schreibt, daß es die Bedürftigkeit des Einzelnen ist, die ihn zur Gemeinschaft bringt (*Politeia*, 369b); aber die Klausel, daß die Bedürfnisse sich vermehren, sowohl qualitativ wie auch quantitativ, ist etwas, das über

Platon weit hinausgeht, denn sowohl Platon als auch Aristoteles hatten geglaubt, daß die Bedürfnisse der Menschen prinzipiell befriedigt werden können. Zweitens behauptet Hobbes, daß der Mensch ein psychologischer Egoist ist, d. h., daß er gar nicht anders kann, als nur seine eigenen Interessen zu verfolgen. Hierin weicht er ebenfalls von Platon und Aristoteles ab, die zwar auch an den Egoismus des Einzelnen glaubten, aber meinten, der Einzelne verfolge *auch* die Interessen des Gemeinwesens. Schließlich behauptet Hobbes, daß die Mittel auf Erden knapp sind, es also nicht genügend Güter gibt und geben kann, um die Bedürfnisse aller Menschen zu befriedigen. Aus diesen Prämissen folgt, daß der Mensch dem Menschen ein Wolf ist (*homo homini lupus*) und daß alle Menschen miteinander im Kriegszustande leben.

Hobbes mußte nun allerdings erklären, warum menschliche Gemeinschaften und Staaten überhaupt zustande kommen. Er löste dieses Problem durch die Annahme, daß sich Menschen durch einen *Gesellschaftsvertrag* aneinander und damit an einen Herrscher binden, der nun *de jure* die Gewalt innehat, die Platon *de facto* beim Tyrannen vorgefunden und verabscheut hatte. Jedenfalls kommt seit Hobbes in der Sozialphilosophie immer wieder der Gedanke zum Tragen, daß es neben oder statt der natürlichen *Gemeinschaften* künstliche, durch Vertrag zustandegekommene *Gesellschaften* gibt, die, da sie von den Beschränkungen organischer Gebilde befreit sind, äußerst vielfältig sein können und ganz eigenen Gesetzen folgen.

Die Geschichte der Menschheit wird hierbei immer wieder als ein Ablauf zweier Phasen verstanden: auf die Phase der natürlichen Gemeinschaft folgt die Phase der durch den Gesellschaftsvertrag geregelten Gesellschaft. Doch über den Ursprungszustand war man uneinig. Bei Hobbes ist es der Krieg, bei Rousseau kann Krieg überhaupt nur in der Gesellschaft vorkommen, bei Marx kennt die klassenlose Urgemeinschaft kein Eigentum und ist deshalb friedlich.

Ferdinand Tönnies nahm in seinem Buch *Gemeinschaft und Gesellschaft* (1887) diese unterschiedlichen Traditionen auf und unterschied zunächst zwischen zwei Arten von menschlichem Willen. Der eine ist auf die vollkommene Verneinung zwischenmenschlicher Beziehungen aus, die bis zur leiblichen Vernichtung des anderen führt, wie bei Hobbes, Tönnies führt ihn aber nicht weiter aus. Der andere ist auf die Erhaltung zwischenmenschlicher Beziehungen aus. Dieser zweite Willenstyp wird sodann von Tönnies in Wesenswille und Kürwille (Will-kür!) unterteilt, die verschiedene Arten von Verbindungen zwischen den Menschen schaffen: »Das Verhältnis selber und also die Verbindung, wird entweder als reales und organisches Leben begriffen – dies ist das Wesen der *Gemeinschaft* –, oder als ideelle und mechanische Bindung – dies ist der Begriff der *Gesellschaft*« (Tönnies, *Gemeinschaft und Gesellschaft*, Leipzig 1887, Nachdr. Darmstadt 1963, S. 3). Diese beiden systematischen Beziehungstypen werden von Tönnies aber auch für eine historische These verwendet, die der historischen These von Rousseau und Marx ähnlich ist: die Gesellschaft etabliert sich als das Verfallsprodukt der Gemeinschaft und zwar in einem nicht umkehrbaren fortschreitenden Prozess.

5. Einverständnis und Kampf

Auch Weber setzt an die oberste Stelle seiner Kategorien nicht den Vernichtungswillen, sondern das, was er Einverständnis nennt, ist also in diesem Punkte an der antiken Soziallehre orientiert. Außerdem übernimmt er von Tönnies die Begriffe ›Gemeinschaft‹ und ›Gesellschaft‹, setzt sie aber nicht einander gegenüber, sondern ordnet die Gesellschaft definitorisch der Gemeinschaft unter. Aber er kehrt gegenüber Tönnies dennoch entschieden zu Hobbes zurück, indem er den allseitigen Krieg in die Kategorie des Einverständnisses einbezieht: der Mensch ist immer mit dem anderen Menschen im Kampf, wenn nicht offen, dann verdeckt. Die historische These, daß sich Vergesellschaftungen erst spät, aber dann um so fester etablieren, übernimmt er von Tönnies unmodifiziert und verstärkt sie noch durch seine Untersuchungen zur Rationalisierung der westlichen Gesellschaften.

Einverständnis ist für Weber im *Kategorienaufsatz* die objektiv abschätzbare Chance, daß das Handeln, das sich an Erwartungen des anderen orientiert, zu seinem Ziel kommt, weil die anderen die Erfüllung dieser Erwartungen billigen. *Gemeinschaftshandeln*, welches und soweit es sich an solchen Einverständnis-Chancen orientiert, heißt ihm Einverständnishandeln. Allerdings kommt das Einverständnis nur durch die Grundlage aufeinander bezogener Interessen zustande (S. 119), und bei bestimmten Umständen kann Handeln, das sich am Einverständnis orientiert, dennoch »einverständniswidrig« sein – so wie sich der Dieb durch Verhehlung seiner Tat dennoch am siebten Gebot orientiert.

Alle konkreten Untersuchungen von *Wirtschaft und Gesellschaft* fußen auf dieser Kategorie des Einverständnisses. Erst in den *Grundbegriffen* ändert sich Webers Perspektive und aus dem vom Subjekt her verstandenen Einverständnishandeln des Kategorienaufsatzes wird die intersubjektive *soziale Beziehung*, die der Substanz nach das aufeinander bezogene Einverständnishandeln mehrerer ist. Außerdem tritt der Kampf, der im Kategorienaufsatz eher am Rande besprochen wird, nun ins Zentrum und beherrscht den ganzen dritten Teil.

Webers Überzeugung, daß der Kampf zum Wesen des Menschen gehört, findet sich bei ihm schon 1896: »Wer aber irdische Politik treiben will, der muß vor allen Dingen illusionsfrei sein und die eine fundamentale Tatsache: den unabwendbaren ewigen Kampf des Menschen mit dem Menschen auf der Erde, wie er tatsächlich stattfindet, anerkennen« (Max Weber, *Gesammelte Politische Schriften*, Tübingen ^{4}1980, S. 29).

Später definiert Weber Kampf als »Streben, den eigenen Willen gegen einen widerstrebenden anderen, unter Orientierung an den Erwartungen des Verhaltens des Andern, durchzusetzen« (S. 123), und er behauptet: »Der Kampf durchzieht [...] potentiell alle Arten von Gemeinschaftshandeln« (S. 123). Der Kampf wird je nachdem, wie weit er durch Ordnungen geregelt wird, ein anderes Erscheinungsbild haben. Der rohe Kampf kann zur ritterlichen Fehde, diese zum sportlichen Wettkampf, dieser wieder zur friedlichen »Konkurrenz« umgeformt werden, aber der ursprüngliche Kampf ist wie bei Hobbes nie wirklich zu verdrängen (S. 124).

6. Macht und Herrschaft

Die Chance, den eigenen Willen *tatsächlich* gegen Widerstreben durchzusetzen, wird von Weber als *Macht* definiert – wiederum wie Hobbes, der allerdings die *Mittel*, auf der diese Chance beruht, die Macht des Menschen nennt. Die ursprüngliche Form der Macht ist die physische Gewalt, von der Weber sagt: »[...] von der Hausgemeinschaft bis zur Partei griff von je her jede Gemeinschaft da zur physischen Gewalt, wo sie mußte oder konnte, um die Interessen der Beteiligten zu wahren« (WG, S. 615). Was so für alle Verbände gilt, gilt auch und ganz besonders für den politischen Verband: »Alle politischen Gebilde sind Gewaltgebilde« (WG, S. 619).

Die Gewalt tritt allerdings nicht nur in der Form der physischen Gewalt auf, sondern wandelt sich zu feineren Formen ab – bis hin zum politischen und kulturellen Prestige, das einem politischen Verband vorauseilt. Ein Gewaltgebilde wird dann eine Großmacht, wenn es ein Machtprestige anmeldet: »[...] das reine Machtprestige, als ›Ehre der Macht‹, [bedeutet] praktisch: die Ehre der Macht über andere Gebilde, die *Machtexpansion*, wenn auch nicht immer in Form der Einverleibung oder Unterwerfung [...]« (WG, S. 620). Und weiter: »Innerhalb eines jeden Nebeneinander politischer Gemeinschaften pflegen sich Einzelne als Großmächte eine Interessiertheit an politischen und ökonomischen Vorgängen eines großen, heute meist eines die ganze Fläche des Planeten umfassenden Umkreises zuzuschreiben und zu usurpieren« (WG, S. 620). Beruht dieses Machtprestige nicht nur auf militärischer Stärke und auf Gewalt, dann kann aus ihm ein Kulturprestige werden, denn: »Kultur-Prestige und Macht-Prestige sind eng verbündet« (WG, S. 630).

Die Herrschaft verhält sich zur Macht wie die Form zum amorphen Stoff: sie ist geronnene Macht und gibt ihr eine eindeutige Gestalt, die sie erkennbar und kalkulierbar macht. Herrschaft ist eine Chance, für *spezifische Befehle* Gehorsam zu finden. Dabei ist zunächst wichtig, daß nicht nur der Befehlende, sondern auch der Gehorchende ein Interesse an der Herrschaft haben muß: »Ein bestimmtes Minimum an Gehorchen*wollen*, also *Interesse* (äußerem und innerem) am Gehorchen, gehört zu jedem echten Herrschaftsverhältnis« (WG, S. 122). Andererseits gilt: »Keine Herrschaft begnügt sich, nach aller Erfahrung, freiwillig mit den nur materiellen oder nur affektuellen oder nur wertrationalen Motiven als Chancen ihres Fortbestandes. Jede sucht vielmehr den Glauben an ihre ›Legitimität‹ zu erwecken und zu pflegen« (WG, S. 122).

Webers drei reine Typen der Herrschaft basieren daher auf dreierlei Arten, diese Rechtmäßigkeit der Herrschaft zu begründen: wird sie durch den Glauben an eine unpersönliche Ordnung begründet, die in verschiedene Zuständigkeiten aufgespalten wird, und ordnet sich der Herr ihr ebenso unter wie der Verwaltungsstab und die Beherrschten, dann handelt es sich um die rational-legale Herrschaft; wird sie durch den Glauben an die Heiligkeit des Althergebrachten gestützt, dann handelt es sich um die traditionale Herrschaft; und wird sie durch die außeralltägliche Hingabe an einen »begnadeten Führer« garantiert, dann handelt es sich um die charismatische Herrschaft (»Charisma« heißt »Gnadengabe«).

Sodann nimmt Weber an, daß jede größere Herrschaft einen Verwaltungs- und Erzwingungsstab des Herrschers aufweist, das Herrschaftsverhältnis also normalerweise ein Dreierverhältnis zwischen dem Herrn, seinen Verwaltern und den Beherrschten ist. Der Verwaltungsstab des Herrn ist dabei im Alltag das wichtigste Glied: »Denn Herrschaft ist im Alltag primär: Verwaltung« (WG, S. 126).

Auch Webers berühmte *Bürokratiethese*, wonach die moderne bürokratische Verwaltung die neueste und wirksamste Form der Herrschaftsausübung ist, hängt mit seiner Betonung der Wichtigkeit des Verwaltungsstabes zusammen. Die vielleicht eindrücklichste Formulierung dieser These ist die folgende: »Die rein bureaukratische, also: die bureaukratisch-monokratische aktenmäßige Verwaltung ist nach allen Erfahrungen die an Präzision, Stetigkeit, Disziplin, Straffheit und Verläßlichkeit, also: Berechenbarkeit für den Herrn wie für die Interessenten, Intensität und Extensität der Leistung, formal universeller Anwendbarkeit auf alle Aufgaben, rein technisch zum Höchstmaß der Leistung vervollkommenbare, in all diesen Bedeutungen: formal rationalste, Form der Herrschaftsausübung. Die Entwicklung »moderner« Verbandsformen auf allen Gebieten (Staat, Kirche, Heer, Partei, Wirtschaftsbetrieb, Interessentenverband, Verein, Stiftung und was immer es sei) ist schlechthin identisch mit Entwicklung und stetiger Zunahme der bureaukratischen Verwaltung: ihre Entstehung ist z. B. die Keimzelle des modernen okzidentalen Staats« (WG, S. 128).

Webers Bürokratiethese stammt vor allem aus seinen *Rußlandstudien*, die er anläßlich der russischen Revolution von 1905 schrieb und 1906 als Beilage zu dem von ihm mitherausgegebenen *Archiv für Sozialwissenschaft und Sozialpolitik* veröffentlichte. Doch schon dort machte er klar, daß er die Bürokratie nicht gerade gutheißt, denn er konstatierte einen »Krieg der ›Gesellschaft‹ gegen die Bürokratie in Permanenz« (*Zur russischen Revolution von 1905, Schriften und Reden 1905–1912*, Tübingen 1989, S. 411), und drei Jahre später bemerkte er in einer Debatte auf der Tagung des Vereins für Sozialpolitik in Wien: »[Ich bin] überzeugt von der Unaufhaltsamkeit des Fortschritts der bureaukratischen Mechanisierung. In der Tat: Es gibt nichts in der Welt, keine Maschinerie der Welt, die so präzis arbeitet, wie diese Menschenmaschine es tut – und dazu noch: so billig! [...] Diese Leidenschaft für die Bureaukratisierung [...] ist zum Verzweifeln. Es ist, als wenn in der Politik der Scheuerteufel, mit dessen Horizont der Deutsche ohnehin schon am besten auszukommen versteht, ganz allein das Ruder führen dürfte, als ob wir mit Wissen und Willen Menschen werden sollten, die ›Ordnung‹ brauchen und nichts als Ordnung, die nervös und feige werden, wenn diese Ordnung einen Augenblick wankt, und hilflos, wenn sie aus ihrer ausschließlichen Angepaßtheit an diese Ordnung herausgerissen werden. Daß die Welt nichts weiter als solche Ordnungsmenschen kennt – in dieser Entwicklung sind wir ohnedies begriffen, und die zentrale Frage ist also nicht, wie wir das noch weiter fördern und beschleunigen, sondern was wir dieser Maschinerie entgegenzusetzen haben, um einen Rest des Menschentums freizuhalten, von dieser Parzellierung der Seele, von dieser Alleinherrschaft bureaukratischer Lebensideale« (Max Weber, *Gesammelte Aufsätze zur Soziologie und Sozialpolitik*, Tübingen 1924, ²1988, S. 413 f.). 1918 fügte er anläßlich seiner Rede *Der Sozialismus* hinzu, daß die Bürokratie zu einer »Diktatur des Beamten« führe (*Gesammelte Aufsätze zur Soziologie und Sozialpolitik*, S. 508).

Die rationale und die traditionale Herrschaft sind Alltagsformen der Herrschaft (WG, S. 141), die charismatische Herrschaft ist dagegen außeralltäglich und hängt sehr stark von ihrem erstrebten Erfolg ab. Außerdem verschmäht sie die traditionale oder rationale Alltagswirtschaft. Das alles macht sie zu einer höchst instabilen Herrschaftsform, und sie muß daher eine Alltagsform finden, wenn sie auf Dauer bestehen soll. Dies kann sie nur, wenn sie sich traditionalisiert oder rationalisiert, also mit den beiden anderen Herrschaftsformen Kompromisse eingeht.

Übrigens folgt Webers Herrschaftssoziologie seinem methodischen Rezept: erst wird die rationalste und daher verständlichste Herrschaftsform, die legale Herrschaft mit bürokratischem Verwaltungsstab, abgehandelt, dann kommt die traditionale Herrschaft, deren Verständnis schon durch die Willkür des Herrn und eventuell durch die Undurchschaubarkeit der Motive der traditionellen Regeln getrübt ist, und schließlich die charismatische Herrschaft, bei der die wertorientierte Hingabe an einen Führer und die Offenbarungsqualität seiner Befehle die Wege und Gründe der Herrschaftsausübung weiter verdunkeln. Im Zusammenhang mit seiner Rechtssoziologie zerlegt Weber das Charisma in seine zwei Hauptbestandteile, ohne es beim Namen zu nennen: »Eingebung« seitens des charismatischen Führers und »Einfühlung« seitens seines Publikums (S. 198). Schon hieraus ist ersichtlich, daß das Charisma nicht die Eigenschaft einer *Person*, sondern eine *soziale Beziehung* ist.

Gerade weil die charismatische Herrschaft formal so ungebunden ist, ist sie einerseits für Neuerungen zuständig und andererseits näher als die beiden anderen Formen der Herrschaft an deren Ausgangspunkt: der Macht. Das genaue Gegenteil von Charisma ist Disziplin. Beim charismatischen Handeln verläuft Macht individuell und ungleichförmig, es orientiert sich am konkreten Einzelfall und wirkt schöpferisch. Beim disziplinierten Handeln orientiert sich die Macht an generellen Regeln und verläuft in gleichförmigen, gut vorhersehbaren Bahnen. Neuerungen sind hier kaum zu erwarten. Diszipliniertes Handeln wird von Weber vor allem in drei Zusammenhängen besprochen: das erste Mal taucht sie bei der Analyse der protestantisch-kapitalistischen Berufsethik in den Protestantismus-Aufsätzen auf, dann bei Webers Analyse der Bürokratie und schließlich gegen Schluß seiner Herrschaftssoziologie, wo er das Heer und den ökonomischen Großbetrieb als die beiden Erzieher zur Disziplin bezeichnet (S. 301).

Zwei letzte Hinweise: Erstens ist die Webersche Herrschaftssoziologie durch die Typen der legitimen Herrschaft nicht vollständig dargestellt. Weber kennt auch die illegitime Herrschaft und handelt sie am Beispiel der Stadt ab. Der wichtigste Punkt hierbei ist, daß Städte des Okzidents seit dem Mittelalter mehr und mehr zu herrschaftsautonomen Einsprengseln in größeren Herrschaftsgebieten geworden sind und die Legitimität der umliegenden Herrschaft *durchbrechen* (WG, S. 529). Damit hat sich der Bezugsrahmen, innerhalb dessen Weber die Stadt abhandelt, sehr verändert. War es früher der Gegensatz zwischen Stadt und Land, der Weber seinen Gesichtspunkt lieferte, so ist es nunmehr der Gegensatz zwischen Herrschaft und Herrschaftsentzug, der Webers Sozialgeschichtsschreibung bestimmt. Zweitens erinnert Webers charismatische Herrschaft an die antike Tyrannis, wie sie von Platon beschrieben worden ist. Beide fassen übrigens diese Herrschaftsform als eine *Person* auf. Da Weber darin keinen Zweifel läßt, daß rationale und traditionale Herrschaften hin und wieder die charismatische Herrschaft zur Erneuerung brauchen, ergibt sich eine gefährliche Nähe Webers zur Idee der Führerdemokratie der Nationalsozialisten, die kurze Zeit nach Webers Tod in Deutschland ihren unseligen Triumph feierte.

7. Interesse und Ordnung

Weber definiert gleich zu Anfang seiner konkreten Ausführungen über die Beziehungen zwischen Wirtschaft und Gesellschaft zunächst alles wirtschaftliche Handeln als solches Handeln, bei dem sich der Handelnde daran orientiert, daß »einem Bedürfnis oder einem Komplex solcher, ein, im Vergleich dazu, nach der Schätzung des Handelnden, knapper Vorrat von Mitteln und möglichen Handlungen zu seiner Deckung gegenübersteht und dieser Sachverhalt Ursache eines spezifisch mit ihm rechnenden Verhaltens wird« (S. 136). Weber steht hier auf demselben Boden wie Hobbes und die moderne Ökonomie. Aus der Knappheit der Mittel zur Bedürfnisbefriedigung entspringt das wirtschaftliche Interesse und Handeln, das bei Weber wie bei Marx ordnend wirkt und zur Grundlage aller stabilen Gemeinschaften wird.

Marx berücksichtigt allerdings nur die materiellen Interessen und Kämpfe *ganzer Klassen*, weil er glaubt, nur diese seien die notwendige Folge der technisch-ökonomischen Basis. Hiergegen wehrt sich Weber, wenn er in diesem Zusammenhang der Behauptung »eines begabten Schriftstellers« entgegentritt, der Einzelne könne sich über seine Interessen irren, die Klasse aber nicht (S. 224). Außerdem nimmt Marx stillschweigend an, daß mit dem Klassen*interesse* auch ein Klassen*bewußtsein* einhergeht, das zum Klassen*kampf* führt. Weber betont dagegen, daß die Klassen*lage*, die die Besitz- und Erwerbschancen und somit die »Marktlage« Einzelner bezeichnet, zwar das massenhafte ähnliche Reagieren auf diese Lage erklärt, nicht aber ein spezifisches Klassenbewußtsein, das erst dann eintritt, wenn die Ursachen und Folgen einer solchen Marktlage durchsichtig werden. Außerdem setzt Weber den *Klassen*, die durch »eindeutig ökonomische Interessen« bestimmt werden, die *Stände* entgegen, die zwar ein gemeinschaftliches Bewußtsein pflegen, bei denen sich aber dieses Bewußtsein gerade nicht an ökonomischen Chancen, sondern an der spezifischen Ehre und Lebensführung einer Gruppe von Menschen orientiert. Nur bei der *Partei* gilt für Weber, was bei Marx auf die Klasse zutrifft: sie verfolgt ihre Interessen zweckrational und ist immer »ein um Herrschaft kämpfendes Gebilde« (S. 237).

Der entscheidende Unterschied zwischen Marx und Weber liegt aber darin, daß dieser auch die ökonomischen Interessen und die ihnen zugeordneten Güter ganz anders analysiert als jener. Während Marx bei seinen Analysen ökonomischer Interessen und Interessenkonflikte von der Arbeitswertlehre ausgeht, wonach ein Gut so viel wert ist, als es an Arbeit gekostet hat, stehen Webers Analysen schon auf dem Boden der modernen Grenznutzentheorie, wonach ein Gut für unterschiedliche Interessenten je nach Bedürfnislage und Knappheit unterschiedlichen Wert haben kann. Aus dieser »modernen« Sicht ist es für Weber möglich, den Markt nicht nur als Kampfplatz der ausbeutenden und ausgebeuteten *Klassen* und deren Interessen zu betrachten, sondern als ein System des *Interessenausgleichs* von einzelnen Individuen, das zu einer Ordnung führen kann, die weder Einzelne noch ganze Gruppen gewollt oder verfolgt haben. Das liegt daran, daß beim »freien Markt« die betrachteten Interessen rein wirtschaftlich sind und das einzige Mittel für deren Durchsetzung der Tausch ist. Hier orientieren sich die Marktinteressenten zweckrational und Weber bemerkt: »Indem sie derart, je strenger zweckrational sie handeln, desto ähnlicher auf gegebene Situationen reagieren, entstehen Gleichartigkeiten, Regelmäßigkeiten und Kontinuitäten der Einstellung und des Handelns, welche sehr oft weit stabiler sind, als wenn Handeln sich an Normen und Pflichten orientiert, die einem Kreise von Menschen tatsächlich für ›verbindlich‹ gelten« (WG, S. 15).

Doch dies ist nur der Grenzfall, den Weber auch in seinem unvollendeten Kapitel über den *Markt* erörtert, denn ansonsten glaubt Weber mit Marx, daß sich im Kampf um die Marktchancen Gleichinteressierte zusammenschließen und Monopole bilden, das heißt aber: Ordnungen schaffen. Weil sich nämlich alles Wirtschaften darum dreht, knappe Güter unter Verfügung zu bekommen, ergibt sich Konkurrenz und das Interesse, diese Konkurrenz zugunsten der eigenen Chancen einzuschränken. Wenn sich nun mehrere Konkurrenten zusammenschließen, um gemeinsam andere Konkurrenten vom Wettbewerb auszuschließen, so werden sie nach außen hin eine (ökonomische) *Interessentengemeinschaft*, die den Ausschluß anderer betreibt und ihnen den Wettbewerb verbietet – etwa aufgrund eines willkürlich ausgewählten Merkmales (Rasse, Sprache, Wohnort usw.). Hieraus entsteht eine rational geordnete »Vergesellschaftung«. Diesen Prozeß nennt Weber die *Schließung* einer Gemeinschaft nach außen. Findet auch nach innen eine Schließung statt, das heißt, teilen die nach außen erfolgreichen Interessenten auch untereinander die (ökonomischen) Chancen auf, indem sie nach irgendeinem Aufteilungsschlüssel den einzelnen Mitgliedern der Interessentengemeinschaft vergeben werden (etwa im Turnus oder auf Widerruf oder als Erbe), dann spricht Weber von Stadien der *Appropriation*. Wenn es schließlich gelingt, die Monopolisierung der eigenen (Wirtschafts-)Chancen durch spezifische Organe mit Gewalt durchzuführen oder aufrecht zu erhalten, dann ist nach Weber aus einer Interessentengemeinschaft eine *Rechtsgemeinschaft* geworden. Sowohl die Knappheit von Mitteln als auch die Wahrung von Interessen durch äußere und innere Schließung sind allgemeine Phänome, die sich nicht nur auf die ökonomischen Chancen beschränken, denn auch ideelle Interessen können auf knappe Mittel stoßen und sich durch Schließung durchzusetzen trachten.

Das einfachste und vielleicht eindrücklichste Beispiel Webers für eine wirtschaftliche Ordnung ist die Hausgemeinschaft, die er am Anfang von *Wirtschaft und Gesellschaft* analysiert und auf die er immer wieder zurückgreift. Daß der immerwährende Interessenkonflikt zur Umschichtung der Machtverteilung und zur Umwandlung oder Auflösung einer Ordnung führen kann, ist ebenfalls schon an der Hausgemeinschaft demonstrierbar, denn bei ihr können zwei grundsätzlich entgegengesetzte Interessen zu verschiedenen Entwicklungen führen. Bleibt die Hausgemeinschaft in ihrer ursprünglichen Wirtschaftsform als eine Bedarfsdeckungsgemeinschaft erhalten und kann sich der Hausherr als Verwalter dieses Interesses durchsetzen, dann kann sich die Hausgemeinschaft unter Festhaltung des Hauskommunismus zum »Oikos« erweitern und bildet dann die Grundlage der patrimonialen Wirtschaftsform. Setzen sich aber die Interessen der einzelnen Mitglieder durch, dann bildet sich die Hausgemeinschaft eventuell zu einem Betrieb um. Typischerweise verbindet sich für Weber dieser vor allem okzidentale Auflösungsprozeß der Hausgemeinschaft mit dem Aufstieg des Kapitalismus und der erwerbswirtschaftlichen »Kapitalverwertung«, die durch eine zunehmende Rechenhaftigkeit gefördert wird. Dies ist einsichtig, denn sobald der Kapitalanteil des Einzelnen am Gesamtvermögen der Hausgemeinschaft und der auf ihn entfallende Gewinn berechenbar werden, läßt sich die wirtschaftliche Macht des Einzelnen in Zahlen ausdrücken, und der Einzelne erhält die Chance, sich in nachvollziehbarer Weise gegen die anderen Mitglieder des Hauses und den Hauskommunismus durchzusetzen.

Der Zerfall der Hausgemeinschaft wird von Weber übrigens kulturhistorisch als das Produkt zunehmender Individualisierung und wirtschaftshistorisch als das Produkt »der quantitativen Zunahme der ökonomischen Mittel« (S. 160) erklärt, die individuell-differenziertes Leben innerhalb oder außerhalb der Hausgemeinschaft erst möglich machen.

Obwohl Ordnungen aus materiellen Interessen entspringen, zügeln sie diese auch und zwar in je unterschiedlicher Weise als Brauch, Sitte, Konvention oder Recht. Die Kodifizierung einer Ordnung wurde aber von jeher durch das Recht vorgenommen und daher wundert es nicht, daß der Jurist Weber auch eine umfangreiche *Rechtssoziologie* geschrieben hat.

In der Rechtssoziologie ist der Begriff der Macht entscheidend und zwar an zwei Stellen. Zum einen verficht Weber eine *empirische* These, die Thrasymachos im ersten Buch von Platons *Politeia* als *ethische* These verficht: Recht ist, was dem Stärkeren nützt, beziehungsweise was von der jeweiligen Regierung gesatzt wird (*Politeia*, 338c). Als

Soziologe nimmt Weber das Recht als ein Instrument der Macht hin. Zum anderen ist es das Vorhandensein eines Erzwingungsstabes, der eine Sitte oder Konvention zum Recht macht, erfordert also Herrschaft.

Das Recht formt sich in zweierlei Weise aus: einmal material, dem Inhalt nach, oder formal, nach festgesetzten Verfahrensregeln. Die Kadi-Justiz ist der typische Fall des materialen Rechtes. Der Richter befindet selbst aufgrund seines Rechtsgefühls nach dem vorliegenden konkreten Fall und fällt ein für den Fall spezifisches Urteil. Aber obwohl Einsicht in des Richters Willkür liegen mag, ist diese Form der Justiz für Weber dennoch »irrational«. Ein formaler Richter wird den Einzelfall unter generelle Regeln oder Prinzipien subsumieren wollen und daher diejenigen abstrakten Rechtsmerkmale aufsuchen, die hierfür in Frage kommen.

Webers *Rechtssoziologie*, für die das hier abgedruckte Kapitel *Die Wirtschaft und die Ordnungen* ein früh geschriebener Anstoß oder gar die Einleitung gewesen sein mag, kreist um den Gedanken der »Formalisierung« des Rechts und verfolgt in historischer Analyse deren Entwicklungsstadien als dessen Rationalisierung. Weber faßt selbst seine Ergebnisse so zusammen: »Die allgemeine Entwicklung des Rechts und des Rechtsgangs führt, in theoretische ›Entwicklungsstufen‹ gegliedert, von der charismatischen Rechtsoffenbarung durch ›Rechtspropheten‹ zur empirischen Rechtsschöpfung und Rechtsfindung durch Rechtshonoratioren (Kautelar- und Präjudizienrechtsschöpfung), weiter zur Rechtsoktroyierung durch weltliches Imperium und theokratische Gewalten und endlich zur systematischen Rechtssatzung und zur fachmäßigen, auf Grund literarischen und formal logischer Schulung sich vollziehenden ›Rechtspflege‹ durch Rechtsgebildete (Fachjuristen)« (WG, S. 504 f.).

In diesem Prozeß spielt das sogenannte Naturrecht, das sich auf »natürliche« oder »vernünftige« Rechte der Menschen beruft, eine besondere Rolle, denn es wirkt dem positiven Recht entgegen: »›Naturrecht‹ ist der Inbegriff der unabhängig von allem positiven Recht und ihm gegenüber präeminent geltenden Normen, welche ihre Dignität nicht von willkürlicher Satzung zu Lehen tragen, sondern umgekehrt deren Verpflichtungsgewalt erst legitimieren« (WG, S. 497).

Das Naturrecht hat nach Weber seinerseits sowohl eine formale Ausrichtung, die sich in den Freiheitsrechten, vor allem im Axiom von der Vertragsfreiheit niederschlägt, und eine materiale, die sich auf einzelne Rechte »des Menschen« erstreckt, etwa sein Recht auf Arbeit, Unterhalt und seine »Menschenwürde«. Übrigens weist Weber darauf hin, daß gerade wegen dieses materialen Aspektes die Berufung auf das Naturrecht die vorzügliche Methode unterdrückter Klassen sein kann, ihre Rechtsvorstellungen gegen die bestehende Ordnung zu legitimieren: »Das Naturrecht ist daher die spezifische Legitimitätsform der revolutionär geschaffenen Ordnungen« (WG, S. 497).

8. Glück und Leid, Sinn und Wert

Webers Ausgangspunkt bei seinen religionssoziologischen Untersuchungen, die er unter dem Titel *Die Wirtschaftsethik der Weltreligionen* zusammengefaßt hat und die zunächst im *Archiv für Sozialwissenschaft und Sozialpolitik* 1915 bis 1919 (Bd. 41–46) erschienen waren, ist, wie auch in seinem ganzen Werk, der Gedanke, daß das Handeln des Menschen durch seine Interessen bestimmt ist, aber seit seiner Beschäftigung mit dem Protestantismus war er auch der Meinung, daß diese Interessen nicht nur materiell sein müssen und daß ganze »Weltbilder« sie lenken können: »Interessen (materielle und ideelle), nicht: Ideen, beherrschen unmittelbar das Handeln der Menschen. Aber: die ›Weltbilder‹, welche durch ›Ideen‹ geschaffen wurden, haben sehr oft als Weichensteller die Bahnen bestimmt, in denen die Dynamik der Interessen das Handeln fortbewegte« (RS I, S. 252).

In seiner *Einleitung* (RS I, S. 237–275) zu diesen Untersuchungen, aus der dieses Zitat stammt, bespricht Weber zwei ideelle Interessen, mit denen es die Religion zu tun hat: einerseits, das Glück zu legitimieren, andererseits, vom Leiden erlöst zu werden. Daß Weber die Theodizee des Glücks neben, vielleicht sogar vor die Theodizee des Leidens stellte, hat er von Nietzsche übernommen, den er sehr wohl studiert hat und der in seinen drei Abhandlungen *Zur Genealogie der Moral* (1887) schrieb: »das Urtheil ›gut‹ rührt nicht von Denen her, welchen ›Güte‹ erwiesen wird! Vielmehr sind es ›die Guten‹ selber gewesen, das heisst die Vornehmen, Mächtigen, Höhergestellten und Hochgesinnten, welche sich selbst und ihr Thun als gut, nämlich als ersten Ranges empfanden und ansetzten, im Gegensatz zu allem Niedrigen, Niedrig-Gesinnten, Gemeinen und Pöbelhaften« (Nietzsche, *Werke, Kritische Gesamtausgabe*, herausgegeben von Giorgio Colli und Mazzino Montinari, Sechste Abteilung, Zweiter Band, Berlin 1968, S. 273).

Es klingt wie ein Echo, wenn Weber schreibt: »Wenn man unter dem allgemeinen Ausdruck: ›Glück‹ alle Güter der Ehre, der Macht, des Besitzes und Genusses begreift, so ist die allgemeinste Formel für jenen Dienst der Legitimierung, welchen die Religion dem äußeren und inneren Interesse aller Herrschenden, Besitzenden, Siegenden, Gesunden, kurz: Glücklichen, zu leisten hatte: die Theodizee des Glückes« (RS I, S. 242).

Selbst die Theodizee des Leidens wird bei Weber in zwei Komponenten zerlegt, deren erste wiederum vor allem positiv bestimmt wird. Zunächst wirkte nämlich nach Weber die Erfahrung, daß durch Kasteiungen und Enthaltsamkeiten künstlich hervorgerufene Leiden zu charismatischen Zuständen führen konnten, die ihrerseits ein Weg zur Ausübung übermenschlicher, magischer Macht waren. Das Leiden wirkt hier positiv als Instrument zur Erlangung begehrter Kräfte. Nur die andere Komponente, nämlich der Wunsch, von Leiden erlöst zu werden, lenkt nach Weber in die Bahnen der Erlösungsreligionen. An dieser Stelle kommt Nietzsche bei Weber erneut zum Zuge, diesmal mit seiner Theorie vom *Ressentiment*, wonach unterdrückte Schichten in einem moralischen »Sklavenaufstand« ihr eigenes elendes Los verklären und aus Rache und Haß ihre Schwäche zum Verdienst »umlügen«, nämlich »die Ohnmacht, die nicht vergilt, zur ›Güte‹; die ängstliche Niedrigkeit zur ›Demuth‹; die Unterwerfung vor Denen, die man hasst, zum ›Gehorsam‹ (nämlich gegen Einen, von dem sie sagen, er befehle diese Unterwerfung, – sie heissen ihn Gott)« (Nietzsche, *Werke*, Abt. 6, Bd. 2, S. 295).

Weber schreibt – ganz in den Fußstapfen Nietzsches –: »Der Glaube, daß es dem Ungerechten gerade deshalb gut in der diesseitigen Welt gehe, weil ihm die Hölle, den Frommen aber die ewige Seligkeit vorbehalten sei, und daß deshalb die immerhin auch von diesen gelegentlich begangenen Sünden im Diesseits abgebüßt werden müßten, lag gewiß dem Rache-Bedürfnis besonders nahe« (RS I, S. 247). Aber obwohl Weber Nietzsche zugesteht, daß Propheten und Priester oft absichtsvoll das Ressentiment der Massen in ihren Dienst gestellt hätten, wendet er dennoch gegen ihn ein, daß es der Theodizee des Leidens vor allem auf »Ausgleich der Unzulänglichkeit des Diesseits-Schicksales« (RS I, S. 247) ankam, und daß das Ressentiment wohl diese Theodizee färben, aber nicht im Grundzug bestimmen konnte: »Das rationale Interesse an materiellem und ideellem Ausgleich an sich genügte vollkommen« (RS I, S. 248).

Webers Hauptkritik an Nietzsche lautet aber, daß dieser das Ressentiment schicht*spezifisch* als einen psychologischen Mechanismus der Unterdrückten ablaufen läßt. Weber glaubt statt dessen, daß zwar das Glück schicht*spezifische* Sache der Herrschenden, unverdientes Leid aber schicht*durchdringend* sei. Daher läßt er der Gegenüberstellung von Glück und Leid die Gegenüberstellung von Gemeinschaft und Individuum parallel laufen: die Theodizee des Glückes vollzieht sich im Gemeinschaftskult, denn dieser läßt »alle individuellen Interessen aus dem Spiel« (RS I, S. 243), die Theodizee des Leidens aber vollzieht sich zwischen Einzelnen, nämlich zwischen dem einzelnen Leidenden und dem einzelnen Zauberer, dem »ältesten individuellen ›Seelsorger‹« (ebd.).

Über die Kategorie des Einzelnen verbindet Weber das Leiden auch mit dem Intellektuellen, denn Weber geht davon aus, daß es die Aufgabe der Intellektuellen war und ist, das Weltbild zweckhaft durchzurationalisieren, also das Irrationale zu rationalisieren oder wegzuschieben. Aber eben dies scheint nicht immer zu gelingen, immer wieder taucht überall eine »unentfliehbare Irrationalität« auf, die sich nicht in Zweck-Mittel-Zusammenhänge auflösen läßt, also insofern »sinnlos« ist. Genau hier setzt nach Weber die Arbeit des Intellektuellen ein, der sich eine Stellungnahme zu den »Sinnlosigkeiten« der Welt einfallen läßt, um sie doch noch in den sinnvollen Kosmos zu zwingen. Was sinnlos ist, kann verschieden sein – meist Not, Krankheit und Tod, oft aber Unreinheit, Einkerkerung in den Körper oder Determiniertheit – und ist historisch und sozial von Fall zu Fall anders bestimmt, auch die Art und Weise, wie ein Weltbild mit diesen Sinnlosigkeiten fertig wird. Aber *daß* es solche Sinnlosigkeiten gibt, ist sozusagen das dauernde Gegenstück und der immerwährende Antrieb der intellektuellen religiösen Rationalisierung, deren Rechnung daher »nicht leicht glatt aufgehen« will (RS I, S. 253). Dabei kann es aber der Intellektuelle nicht belassen: »Die irrationalen Einschläge in die Rationalisierung des Wirklichen waren ferner die Stätten, in welche das schwer unterdrückbare Bedürfnis des Intellektualismus nach dem Besitz überwirklicher Werte zurückzuziehen sich gezwungen sah, je mehr ihm die Welt von ihnen entkleidet schien« (RS I, S. 253 f.).

Neben dem von den Intellektuellen »entgotteten Mechanismus der Welt« tritt dann ein »hinterweltliches Reich gottinnigen, individuellen Heilsbesitzes«: »Der Einzelne kann sein Heil, wo diese Konsequenz restlos gezogen ist, nur als Einzelner suchen« (RS I, S. 254).

Die Auseinanderlegung von Anfangs- und Endzuständen und von Zwecken und Mitteln liegt auch und gerade den von den Intellektuellen geschaffenen Erlösungsreligionen zugrunde. Wichtig war ja, zu definieren, »›wovon‹ und ›wozu‹ man ›erlöst‹ sein wollte« (RS I, S. 252) und die Mittel der Erlösung anzugeben. Der Anfangszustand war dann derjenige, der »als spezifisch ›sinnlos‹ empfunden wurde« (RS I, S. 253). Der Endzustand, der erstrebt wurde, mußte dann der »Wert« sein, nämlich ein Zustand, der als solcher erstrebt wurde, (um seiner selbst willen) oder ein Zwischenziel in weiteren und größeren Ziel-Mittel-Verhältnissen darstellte (so etwa beim »Rad« der Wiedergeburten im Hinduismus). Die Ziele selbst können allein und als solche natürlich nicht »rational« sein. Und da letzte Werte immer solche Ziele sind, müssen sie letztlich irrational sein. Gerade der »Rationalismus« der Erlösungsreligionen muß nach Weber also zwei Irrationalitäten aufeinander beziehen: den irrationalen Anfangszustand und den gleichermaßen irrationalen Endzustand.

Webers drei Einsichten, daß erstens das Leiden vereinzelt, daß es zweitens die Aufgabe der Intellektuellen gewesen sei, dieses Leiden durch die Konstruktion einer Erlösungsreligion zu mindern, und drittens, daß eine solche Konstruktion Sinn mit Wert oder Rationalität mit Irrationalität verbindet, führen Webers Untersuchungen weit über das Gebiet der Soziologie hinaus und zurück zur Wertphilosophie und Methodologie.

Um diesen Gedanken verständlich zu machen, sei noch einmal kurz auf die *Grundbegriffe* rekurriert. Vom sogenannten wertorientierten Handeln schreibt Weber selbst an prominenter Stelle, es sei vom Standpunkt des zweckrationalen Handelns aus irrational (WG, S. 13). In der Tat rückt Weber sein wertrationales Handeln in die unmittelbare Nähe zu den zwei weiteren Typen des Handelns, die er an oder jenseits der Grenze der sinnhaften Orientierung ansiedelt: die traditionale und die affektuelle Orientierung. Damit ist aber Webers Einteilung des rationalen Handelns in zweckrationales und wertrationales, als gäbe es zwei verschiedene Arten rationalen Handelns, äußerst irreführend. Eigentlich ist nur Zweck-Mittel-orientiertes Handeln rational, und nur dieses hat Sinn in seiner vollen Bedeutung. Wertorientiertes Handeln ist dagegen irrational und sinnlos. Da sich aber die Religionssoziologie gerade mit wertrationalem Handeln beschäftigt, ist sie die Ergänzung der Soziologie des Rationalen durch die Soziologie des Irrationalen und zugleich ein Beweis dafür, daß Weber in der Tat keinem »rationalistischen Vorurteil der Soziologie« verfällt.

9. Religion und Rationalisierung

Dies widerspricht auch nicht der Tatsache, daß Webers späte Untersuchungen zur Religion von ihm selbst zunächst als ein einziger, groß angelegter Kontrollversuch zu seinem frühen Aufsatz über die *Protestantische Ethik und den Geist des Kapitalismus* angesehen wurden. Dabei untersuchte Weber zunächst die zeitlich und geographisch entferntesten Religionen, den in China beheimateten Konfuzianismus und den Taoismus, um dann über die in Indien entstandenen Religionen des Hinduismus und Buddhismus zu den zeitlich neuesten und im eigentlichen Sinne »abendländischen« Religionen, also Judentum, Christentum und Islam, fortzuschreiten. Max Weber hat die Teile über das Christentum und den Islam zwar nicht mehr ausführen können, aber an anderen Stellen, vor allen Dingen in den religionssoziologischen und rechtssoziologischen Abschnitten von *Wirtschaft und Gesellschaft* hat er so viele Nebenbemerkungen darüber eingestreut, daß man sich über den geplanten Gesamtablauf ein gutes Bild machen kann.

Webers geographisches Vorgehen entsprach zwar der religionsgeschichtlichen Tradition, wie sie sich in Westeuropa und – schon von Hegel ausgehend – in Deutschland am Ende des 19. Jahrhunderts herausgebildet hatte, aber das eigentliche Anliegen Webers ist systematischer Natur, das sich nur zufällig entlang der Ost-West-Achse entwickelt, nämlich der Vergleich der anderen Weltreligionen mit dem Christentum, um die Frage nach der Eigenart der abendländischen Entwicklung und ihres Einmündens in den Kapitalismus zu beantworten: »Gegenstand ist überall die Behandlung der Frage: Worauf die ökonomische und soziale Eigenart des Okzidents beruht, wie sie entstanden ist und insbesondere in welchem Zusammenhang sie mit der Entwicklung der religiösen Ethik steht.« (Aus einer Voranzeige Webers für seine *Gesammelten Aufsätze zur Religionssoziologie* aus dem Jahre 1919, abgedruckt in: Max Weber, *Die Wirtschaftsethik der Weltreligionen. Konfuzianismus und Taoismus, Schriften 1915–1920*, Tübingen 1989, S. 28).

In der Tat heben sich Webers Untersuchungen von der relativierenden religionsgeschichtlichen Schule dadurch ab, daß er einen festen Maßstab hat, an dem er alle Religionen mißt, nämlich den Maßstab seiner eigenen, früher entwickelten Protestantismus-These. Letztlich ging es ihm um den europäischen Rationalismus und den spezifischen Beitrag, den der asketische Protestantismus zur Entwicklung dieses Rationalismus über die Ausarbeitung einer bestimmten Berufsethik geleistet hatte, und der großangelegte Kontrollversuch war nur dazu da, um zu zeigen, daß keine andere Religion diesen Beitrag hätte leisten können. Der Unterschied des Kontrollversuches zur ursprünglichen Untersuchung besteht aber darin, daß, wie Weber selber im Vorwort zu seinen religionssoziologischen Aufsätzen schrieb, er in dieser nur der *einen* Seite der Kausalbeziehungen nachgegangen sei, die von der Religion zur Wirtschaft führt, während er in jenen versuchte, »in einem Überblick über die Beziehungen der wichtigsten Kulturreligionen zur Wirtschaft und sozialen Schichtung ihrer Umwelt, beiden Kausalbeziehungen soweit nachzugehen, als notwendig ist, um die Vergleichspunkte mit der weiterhin zu analysierenden okzidentalen Entwicklung zu finden« (RS I, S. 12).

Was die Beziehung der Weltreligionen zur *Wirtschaft* angeht, so hat Weber auch in diesen Aufsätzen nachzuweisen versucht, daß nur der asketische Protestantismus eine kausale Beziehung zur kapitalistischen Erwerbswirtschaft moderner Prägung zustande bringen konnte.

Eine kurze Zusammenfassung seiner umfangreichen Untersuchungen zur Beziehung der Weltreligionen zur *sozialen Schichtung* hat Weber in *Wirtschaft und Gesellschaft* gegeben: »Will man die Schichten, welche Träger und Propagatoren der sog. Weltreligionen waren, schlagwörtlich zusammenfassen, so sind dies für den Konfuzianer der weltordnende Bürokrat, für den Hinduismus der weltordnende Magier, für den Buddhismus der weltdurchwandernde Bettelmönch, für den Islam der weltunterwerfende Krieger, für das Judentum der wandernde Händler, für das Christentum aber der wandernde Handwerksbursche, sie alle nicht als Exponenten ihres Berufes oder materieller »Klasseninteressen«, sondern als ideologische Träger einer solchen Ethik oder Erlösungslehre, die sich besonders leicht mit ihrer sozialen Lage vermählte« (WG, S. 293).

Was nun aber die *Vergleichspunkte mit der okzidentalen Entwicklung* anbelangt, so hat sie Weber am besten in der hier abgedruckten Schlußbetrachtung zu seinen Untersuchungen über die chinesischen Religionen entwickelt. Der Konfuzianismus ist zwar zeitlich und räumlich die entfernteste Religion vom Okzident, systematisch aber die nächste, gerade weil auch hier eine bestimmte innerweltliche Rationalität eine Rolle spielt. Und gerade deswegen ist es für Weber eine besonders heikle Aufgabe, zu zeigen, daß dieser spezifisch chinesische Rationalismus es eben nicht vermochte, einer kapitalistisch-rationalen Wirtschaftsform den Boden zu ebnen, obwohl er nicht nur innerweltliche religiöse Motive, sondern noch dazu bürokratische Verwaltungsformen aufzuweisen hat. Die spezifisch *abendländische* Rationalität mußte daher durch die Behandlung des Konfuzianismus um so mehr in Erscheinung treten. Es ist daher nicht von ungefähr, daß Weber am Schluß der Untersuchungen zur chinesischen Religion dem ausdrücklichen Vergleich zum asketischen Protestantismus die Überschrift *Resultat: Konfuzianismus und Puritanismus* gibt, während er bei den weiteren religionssoziologischen Untersuchungen zwar solche Vergleiche und Resultate immer wieder einfließen läßt, sie aber nicht besonders ausweist. Abgesehen davon, daß Weber wahrscheinlich erst am Schluß der unabgeschlossenen Untersuchungen auf dieses Thema ausführlich zurückgekommen wäre, wird der Grund darin liegen, daß die wichtigste Kontrolle der ursprünglichen These durch die Untersuchung des Konfuzianismus schon geleistet worden war.

Allerdings wird mit der *Zwischenbetrachtung* eine völlig neue Betrachtungsebene erreicht, die den Rahmen des ursprünglichen Programmes sprengt. In der schon zitierten *Einleitung* hatte Weber noch geschrieben: »Nicht die ethische Theorie theologischer Kompendien, die nur als ein (unter Umständen allerdings wichtiges) Erkenntnismittel dient, sondern die in den psychologischen und pragmatischen Zusammenhängen der Religionen gegründeten praktischen Antriebe zum Handeln sind das, was in Betracht kommt« (RS I, S. 238). Diese Betrachtungsweise entsprach durchaus derjenigen der Protestantismus-Aufsätze. Erst ab der *Zwischenbetrachtung* erweitert sich der Horizont der Untersuchungen zu der Konstruktion von Typen von Konflikten der »Lebensordnungen« überhaupt und zu den Erörterungen der allgemeinen Spannungen der religiösen Sphäre zu den anderen Sphären des Lebens, weil durch religiöse Rationalisierung und Sublimierung »innere

Eigengesetzlichkeiten der einzelnen Sphären in ihren Konsequenzen bewußt werden und dadurch in jene Spannungen zueinander geraten [. . .], welche der urwüchsigen Unbefangenheit der Beziehung zur Außenwelt verborgen blieben« (S. 369).

Was nun Webers vieldiskutierte »Rationalisierungsthese« anbelangt, so darf man nicht übersehen, daß er selbst ausdrücklich schreibt, daß unter diesem Wort sehr Verschiedenes verstanden werden kann, und daß das, was von einem Standpunkt aus »rational« sein kann, von einem anderen aus »irrational« ist: »Rationalisierungen hat es daher auf den verschiedenen Lebensgebieten in höchst verschiedener Art in allen Kulturkreisen gegeben. Charakteristisch für deren kulturgeschichtlichen Unterschied ist erst: welche Sphären und in welcher Richtung sie rationalisiert wurden« (S. 327 f.).

Die vielen hier besprochenen Einzelthesen – die anfängliche Protestantismus-These, die Bürokratisierungsthese der Herrschaftssoziologie, die Formalisierungsthese der Rechtssoziologie und die spezielle Rationalisierungsthese der Religionssoziologie – fließen daher zu der einen großen These über die »Eigenart des okzidentalen und, innerhalb dieses, des modernen okzidentalen, Rationalismus« (S. 328) zusammen; nur gemeinsam erschließen sie das fundamentale Anliegen von Webers soziologischen Schriften.

Die sozialen Gründe des Untergangs der antiken Kultur

Das Römische Reich wurde nicht von außen her zerstört, etwa infolge zahlenmäßiger Überlegenheit seiner Gegner oder der Unfähigkeit seiner politischen Leiter. Im letzten Jahrhundert seines Bestehens hatte Rom seine eisernen Kanzler: Heldengestalten wie Stilicho, germanische Kühnheit mit raffinierter diplomatischer Kunst vereinigend, standen an seiner Spitze. Warum gelang ihnen nicht, was die Analphabeten aus dem Merowinger-, Karolinger- und Sachsenstamme erreichten und gegen Sarazenen und Hunnen behaupteten? – Das Reich war längst nicht mehr es selbst; als es zerfiel, brach es nicht plötzlich unter einem gewaltigen Stoße zusammen. Die Völkerwanderung zog vielmehr nur das Fazit einer längst im Fluß befindlichen Entwicklung.

Vor allem aber: die Kultur des römischen Altertums ist nicht erst durch den Zerfall des Reiches zum Versinken gebracht worden. Ihre Blüte hat das römische Reich als politischer Verband um Jahrhunderte überdauert. Sie war längst dahin. Schon anfangs des dritten Jahrhunderts versiegte die römische Literatur. Die Kunst der Juristen verfiel wie ihre Schulen. Die griechische und lateinische Dichtung schliefen den Todesschlaf. Die Geschichtsschreibung verkümmerte bis zu fast völligem Verschwinden, und selbst die Inschriften begannen zu schweigen. Die lateinische Sprache war bald in voller Degeneration begriffen. – Als anderthalb Jahrhunderte später mit dem Erlöschen der weströmischen Kaiserwürde der äußere Abschluß erfolgt, hat man den Eindruck, daß die Barbarei längst von innen heraus gesiegt hatte. Auch entstehen im Gefolge der Völkerwanderung keineswegs etwa völlig neue Verhältnisse auf dem Boden des zerfallenen Reichs; das Merowingerreich, wenigstens in Gallien, trägt zunächst in allem noch ganz die Züge der römischen Provinz. – Und die Frage, die sich für uns erhebt, ist also: Woher jene Kulturdämmerung in der antiken Welt?

Mannigfache Erklärungen pflegen gegeben zu werden, teils ganz verfehlt, teils einen richtigen Gesichtspunkt in falsche Beleuchtung rückend:

Der Despotismus habe die antiken Menschen, ihr Staatsleben und ihre Kultur gewissermaßen psychisch erdrücken müssen. – Aber der Despotismus Friedrichs des Großen war ein Hebel des Aufschwungs. –

Der angebliche Luxus und die tatsächliche Sittenlosigkeit der höchsten Gesellschaftskreise haben das Rachegericht der Geschichte heraufbeschworen. – Aber beide sind ihrerseits Symptome. Weit gewaltigere Vorgänge als das Verschulden Einzelner waren es, wie wir sehen werden, welche die antike Kultur versinken ließen. –

Das emanzipierte römische Weib und die Sprengung der Festigkeit der Ehe in den herrschenden Klassen hätten die Grundlagen der Gesellschaft aufgelöst. Was ein tendenziöser Reaktionär, wie Tacitus, über die germanische Frau, jenes armselige Arbeitstier eines kriegerischen Bauern, fabelt, sprechen ähnlich Gestimmte ihm heute nach. In Wahrheit hat die unvermeidliche »deutsche Frau« so wenig den Sieg der Germanen entschieden, wie der unvermeidliche »preußische Schulmeister« die Schlacht bei Königgrätz. – Wir werden vielmehr sehen, daß die Wiederherstellung der Familie auf den unteren Schichten der Gesellschaft mit dem Niedergang der antiken Kultur zusammenhängt. –

Aus dem Altertum selbst dringt Plinius' Stimme zu uns: »Latifundia perdidere Italiam«. Also – heißt es von der einen Seite – die Junker waren es, die Rom verdarben. Ja – heißt es von der andern – aber nur weil sie dem fremden Getreideimport erlagen: mit dem Antrag Kanitz also säßen die Cäsaren noch heute auf ihrem Throne. Wir werden sehen, daß die erste Stufe zur Wiederherstellung des Bauernstandes mit dem Untergang der antiken Kultur erstiegen wird. –

Damit auch eine vermeintlich »Darwinistische« Hypothese nicht fehle, so meint ein Neuester u. a.: der Ausleseprozeß, der sich durch die Aushebung zum Heere vollzog und die Kräftigsten zur Ehelosigkeit verdammte, habe die antike Rasse degeneriert. – Wir werden sehen, daß vielmehr die zunehmende Ergänzung des Heeres aus sich selbst mit dem Untergang des Römerreichs Hand in Hand geht.

Genug davon. – Nur noch eine Bemerkung, ehe wir zur Sache kommen:

Es kommt dem Eindruck, den der Erzähler macht, zu gut, wenn sein Publikum die Empfindung hat: de te narratur fabula, und wenn er mit einem discite moniti! schließen kann. In dieser günstigen Lage befindet sich die folgende Erörterung nicht. Für unsere heutigen sozialen Probleme haben wir aus der Geschichte des Altertums wenig oder nichts zu lernen. Ein heutiger Proletarier und ein antiker Sklave verständen sich so wenig, wie ein Europäer und ein Chinese. Unsre Probleme sind völlig andrer Art. Nur ein historisches Interesse besitzt das Schauspiel, das wir betrachten, allerdings eines der eigenartigsten, das die Geschichte kennt: die innere Selbstauflösung einer alten Kultur.

Jene eben hervorgehobenen Eigentümlichkeiten der sozialen Struktur der antiken Gesellschaft sind es, die wir uns zunächst klar machen müssen. Wir werden sehen, daß durch sie der Kreislauf der antiken Kulturentwicklung bestimmt wurde. –

Die Kultur des Altertums ist ihrem Wesen nach zunächst: städtische Kultur. Die Stadt ist Trägerin des politischen Lebens wie der Kunst und Literatur. Auch ökonomisch eignet, wenigstens in der historischen Frühzeit, dem Altertum diejenige Wirtschaftsform, die wir heute »Stadtwirtschaft« zu nennen pflegen. Die Stadt des Altertums ist in hellenischer Zeit nicht wesentlich verschieden von der Stadt des Mittelalters. Soweit sie verschieden ist, handelt es sich um

Unterschiede von Klima und Rasse des Mittelmeers gegen diejenigen Zentraleuropas, ähnlich wie noch jetzt englische und italienische Arbeiter und deutsche und italienische Handwerker sich unterscheiden. – Ökonomisch ruht auch die antike Stadt ursprünglich auf dem Austausch der Produkte des städtischen Gewerbes mit den Erzeugnissen eines engen ländlichen Umkreises auf dem städtischen Markt. Dieser Austausch unmittelbar vom Produzenten zum Konsumenten deckt im wesentlichen den Bedarf, ohne Zufuhr von außen. – Aristoteles' Ideal: die αὐτάρκεια (Selbstgenügsamkeit) der Stadt – war in der Mehrzahl der hellenischen Städte verwirklicht gewesen.

Allerdings: auf diesem lokalen Unterbau erhebt sich seit grauer Vorzeit ein internationaler Handel, der ein bedeutendes Gebiet und zahlreiche Gegenstände umfaßt. Wir hören in der Geschichte gerade von den Städten, deren Schiffe seine Träger sind, aber: weil wir gerade von ihnen hören, vergessen wir leicht eins: seine quantitative Unerheblichkeit. Zunächst: Die Kultur des europäischen Altertums ist Küstenkultur, wie seine Geschichte zunächst Geschichte von Küstenstädten. Neben dem technisch fein durchgebildeten städtischen Verkehr steht schroff die Naturalwirtschaft der barbarischen Bauern des Binnenlandes, in Gaugenossenschaften oder unter der Herrschaft feudaler Patriarchen gebunden. Nur über See oder auf großen Strömen vollzieht sich wirklich dauernd und stetig ein internationaler Verkehr. Ein Binnenverkehr, der sich auch nur mit dem des Mittelalters vergleichen ließe, existiert im europäischen Altertum nicht. Die vielgepriesenen römischen Straßen sind so wenig Träger eines auch nur entfernt an neuere Verhältnisse erinnernden Verkehrs wie die römische Post. Ungeheuer sind die Unterschiede in der Rentabilität von Binnengütern gegen solche an Wasserstraßen. Die Nachbarschaft der Landstraßen der römischen Zeit galt im Altertum im allgemeinen nicht als Vorteil, sondern als Plage, der Einquartierung und –

des Ungeziefers wegen: sie sind Militär- und nicht Verkehrsstraßen.

Auf diesem noch unzersetzten naturalwirtschaftlichen Grunde wurzelt der Tauschverkehr nicht tief: eine dünne Schicht hochwertiger Artikel ist es – Edelmetalle, Bernstein, wertvolle Gewebe, einige Eisen- und Töpferwaren u. dgl. – welche wirklich Gegenstand stetigen Handels sind; zumeist Luxusgegenstände, welche infolge ihres hohen Preises die gewaltigen Transportkosten tragen können. Ein solcher Handel ist mit dem modernen Verkehr überhaupt nicht vergleichbar. Es wäre, als ob heute etwa nur Champagner, Seide u. dgl. gehandelt würde, während jede Handelsstatistik uns zeigt, wie die Massenbedürfnisse allein heute die großen Ziffern der Handelsbilanzen ausmachen. – Freilich ereignet es sich, daß Städte wie Athen und Rom auch in ihrem Getreidebedarf auf Zufuhr angewiesen werden. Aber dann handelt es sich stets um Erscheinungen von welthistorischer Abnormität und um einen Bedarf, dessen Deckung die Gesamtheit in die Hand nimmt, weil sie sie dem freien Verkehr weder überlassen will noch kann.

Nicht die Massen sind mit ihren Alltagsbedürfnissen am internationalen Verkehr interessiert, sondern eine dünne Schicht besitzender Klassen. Daraus ergibt sich eines: die zunehmende Vermögensdifferenzierung ist im Altertum Voraussetzung der aufsteigenden Handelsblüte. Diese Vermögensdifferenzierung aber – und damit kommen wir zu einem dritten, entscheidenden Punkt – vollzieht sich in einer ganz bestimmten Form und Richtung: Die antike Kultur ist Sklavenkultur. – Von Anfang an steht neben der freien Arbeit der Stadt die unfreie des platten Landes, neben der freien Arbeitsteilung durch Tauschverkehr auf dem städtischen Markt die unfreie Arbeitsteilung durch Organisation der eigenwirtschaftlichen Gütererzeugung im ländlichen Gutshof – wiederum wie im Mittelalter. Und wie im Mittelalter, so bestand auch im Altertum der naturgemäße Antagonismus beider Formen des Zusammenwirkens menschlicher Arbeit. Der Fortschritt beruht auf fortschreitender Arbeitsteilung. Bei freier Arbeit ist diese – zunächst – identisch mit fortschreitender Ausdehnung des Marktes, extensiv durch geographische, intensiv durch personale Erweiterung des Tauschkreises: – daher sucht die Bürgerschaft der Stadt die Fronhöfe zu sprengen, ihre Hintersassen in den freien Tauschverkehr einzubeziehen. Bei unfreier Arbeit vollzieht sie sich durch fortschreitende Menschenanhäufung; je mehr Sklaven oder Hintersassen, desto weitergehende Spezialisierung der unfreien Berufe ist möglich. Aber während aus dem Mittelalter die freie Arbeit und der Güterverkehr in zunehmendem Maß als Sieger hervorgehen, verläuft die Entwicklung des Altertums umgekehrt. Was ist der Grund? Es ist derselbe, der auch den technischen Fortschritten des Altertums ihre Schranken setzte: die »Billigkeit« der Menschen, wie sie durch den Charakter der unausgesetzten Kriege des Altertums hervorgebracht wurde. Der Krieg des Altertums ist zugleich Sklavenjagd; er bringt fortgesetzt Material auf den Sklavenmarkt und begünstigt so in unerhörter Weise die unfreie Arbeit und die Menschenanhäufung. Damit wurde das freie Gewerbe zum Stillstand auf der Stufe der besitzlosen Kunden-Lohnarbeit verurteilt. Es wurde verhindert, daß mit Entwicklung der Konkurrenz freier Unternehmer mit freier Lohnarbeit um den Absatz auf dem Markt diejenige ökonomische Prämie auf arbeitsparende Erfindungen entstand, welche die letzteren in der Neuzeit hervorrief. Hingegen schwillt im Altertum unausgesetzt das ökonomische Schwergewicht der unfreien Arbeit im »Oikos«. Nur die Sklavenbesitzer vermögen ihren Bedarf arbeitsteilig durch Sklavenarbeit zu versorgen und in ihrer Lebenshaltung aufzusteigen. Nur der Sklavenbetrieb vermag neben der Deckung des eigenen Bedarfs zunehmend für den Markt zu produzieren.

Damit wird die ökonomische Entwicklung des Altertums in die ihr eigentümliche, vom Mittelalter abweichende

Bahn gelenkt. Im Mittelalter entwickelt sich zunächst die freie Arbeitsteilung innerhalb des lokalen Wirtschaftsgebiets der Stadt auf Grundlage der Kundenproduktion und des Lokalmarkts intensiv weiter. Sodann läßt der zunehmende Verkehr nach außen mit interlokaler Produktionsteilung, zunächst im Verlagssystem, dann in der Manufaktur, Betriebsformen für den Absatz auf fremdem Markte auf Grundlage freier Arbeit entstehen. Und die Entwicklung der modernen Volkswirtschaft geht mit der Erscheinung parallel, daß die Bedarfsdeckung der breiten Massen zunehmend im Wege des interlokalen und schließlich internationalen Gütertausches erfolgt. – Im Altertum dagegen geht – so sehen wir – mit der Entwicklung des internationalen Verkehrs parallel die Zusammenballung unfreier Arbeit im großen Sklavenhaushalt. Es schiebt sich so unter den verkehrswirtschaftlichen Überbau ein stets sich verbreiternder Unterbau mit verkehrsloser Bedarfsdeckung: – die fortwährend Menschen aufsaugenden Sklavenkomplexe, deren Bedarf in der Hauptsache nicht auf dem Markt, sondern eigenwirtschaftlich gedeckt wird. Je weiter die Entwicklung des Bedürfnisstandes der obersten, menschenbesitzenden Schicht und damit die extensive Entwicklung des Verkehrs fortschreitet, desto mehr verliert der Verkehr an Intensität, desto mehr entwickelt er sich zu einem dünnen Netz, welches über eine naturalwirtschaftliche Unterlage ausgebreitet ist, dessen Maschen sich zwar verfeinern, dessen Fäden aber zugleich immer dünner werden. – Im Mittelalter bereitet sich der Übergang von der lokalen Kundenproduktion zur interlokalen Marktproduktion durch langsames Hereindringen der Unternehmung und des Konkurrenzprinzips von außen nach innen in die Tiefen der lokalen Wirtschaftsgemeinschaft vor, im Altertum läßt der internationale Verkehr die »Oiken« wachsen, welche der lokalen Verkehrswirtschaft den Nährboden entziehen.

Am gewaltigsten hat sich diese Entwicklung vollzogen auf dem Boden Roms. Rom ist zunächst – nach dem Sieg der Plebs – ein erobernder Bauern- oder besser: Ackerbürgerstaat. Jeder Krieg ist Landnahme zur Kolonisation. Der Sohn des grundbesitzenden Bürgers, für den kein Platz im Vatererbe ist, ficht im Heer für den Besitz der eigenen Scholle und damit des Vollbürgerrechts. Darin liegt das Geheimnis seiner Expansivkraft. Das hörte mit der überseeischen Eroberung auf: nicht mehr das kolonisatorische Interesse der Bauern, sondern das der Ausbeutung der Provinz durch die Aristokratie ist das maßgebende. Die Kriege bezwecken Menschenjagd und Konfiskation von Land zur Ausbeutung durch große Domänen- und Gefällpächter. Der zweite punische Krieg dezimierte überdies den Bauernstand in der Heimat, – die Folgen seines Niedergangs sind zum Teil auch Hannibals späte Rache. Der Rückschlag gegen die gracchische Bewegung entscheidet endgültig den Sieg der Sklavenarbeit in der Landwirtschaft. Seitdem sind die Sklavenbesitzer allein Träger der aufsteigenden Lebenshaltung, der Steigerung der Kaufkraft, der Entwicklung der Absatzproduktion. Nicht daß die freie Arbeit überhaupt verschwunden wäre – aber die Sklavenbetriebe sind allein das fortschreitende Element. Die landwirtschaftlichen Schriftsteller Roms setzen Sklavenarbeit als selbstverständliche Grundlage der Arbeitsverfassung voraus.

In entscheidender Weise verstärkt wurde endlich die Kulturbedeutung der unfreien Arbeit durch die Einbeziehung großer Binnenlandsflächen – Spanien, Gallien, Illyrien, die Donauländer – in den Kreis der römischen Welt. Der Schwerpunkt der Bevölkerung des Römischen Reichs rückte in das Binnenland. Damit machte die antike Kultur den Versuch, ihren Schauplatz zu wechseln, aus einer Küstenkultur Binnenkultur zu werden. Sie verbreitete sich über ein ungeheures Wirtschaftsgebiet, welches selbst in Jahrhunderten unmöglich für den Güterverkehr und die geldwirtschaftliche Bedarfsdeckung auch nur entfernt in dem Maße gewonnen werden konnte, wie dies an der Mittelmeerküste der Fall war. Wenn, wie schon gesagt, der interlokale Güterverkehr des Altertums selbst in jenen Küstengebieten nur eine dünne und sich verdünnende Decke darstellte, so mußten die Maschen des Verkehrsnetzes im Binnenlande noch wesentlich lockerere sein. Hier im Binnenland war der Kulturfortschritt auf dem Wege der freien Arbeitsteilung durch Entwicklung eines intensiven Güterverkehrs zunächst überhaupt nicht möglich. Nur das Emporsteigen einer Grundaristokratie, die auf Sklavenbesitz und unfreier Arbeitsteilung – auf dem Oikos – ruhte, konnte hier die Form der allmählichen Einbeziehung in den mittelländischen Kulturkreis sein. In noch stärkerem Maße als an der Küste mußte im Binnenland der unendlich kostspieligere Verkehr sich zunächst ausschließlich auf die Deckung von Luxusbedürfnissen der obersten, Menschen besitzenden Schicht beschränken, und ebenso andrerseits die Möglichkeit einer Absatzproduktion einer dünnen Schicht großer Sklavenbetriebe vorbehalten sein.

Der Sklavenhalter ist so der ökonomische Träger der antiken Kultur geworden, die Organisation der Sklavenarbeit bildet den unentbehrlichen Unterbau der römischen Gesellschaft, und wir müssen uns mit ihrer sozialen Eigenart etwas näher befassen.

Das bei weitem klarste Bild vermögen wir uns nach Lage der Quellen von den landwirtschaftlichen Betrieben der spätrepublikanischen und frühkaiserlichen Zeit zu machen. Und zugleich ist der Großgrundbesitz die Grundform des Reichtums, auf dessen Unterlage auch die spekulativ verwendeten Vermögen ruhen: auch der römische Großspekulant ist normalerweise Großgrundbesitzer, schon weil für die lukrativste Spekulation: die öffentliche Pacht und Submission, die Grundstückskaution vorgeschrieben ist. –

Der Typus des römischen Großgrundbesitzers ist nicht ein selbst den Betrieb leitender Landwirt, sondern ein Mann, der in der Stadt lebt, politisch tätig ist und vor allen

Dingen Geldrente beziehen will. Die Verwaltung seines Gutes selbst liegt in der Hand unfreier Inspektoren (villici). Für die Art der Bewirtschaftung sind nun im allgemeinen folgende Verhältnisse maßgebend:

Die Getreideproduktion ist für den Absatz zumeist unrentabel. Rom z. B. ist als Markt durch die staatliche Getreideversorgung verschlossen, und einen Transport aus dem Binnenland heraus trägt der Preis des Getreides überhaupt nicht. Überdies eignet sich Sklavenarbeit nicht für den Getreidebau, zumal in der römischen Art der Reihenkultur, die viele und sorgfältige Arbeit, also Eigeninteresse des Arbeiters, erfordert. Daher ist der Getreidebau meist mindestens zum Teil verpachtet an »coloni« – Parzellenbauern, die Nachfahren der freien, aus dem Besitz gedrängten Bauernschaft. Ein solcher colonus ist nun von Anfang an nicht etwa ein freiwirtschaftender, selbständiger Pächter und landwirtschaftlicher Unternehmer. Der Herr stellt das Inventar, der villicus kontrolliert den Betrieb. Von Anfang an ist es ferner offenbar häufig gewesen, daß ihm Arbeitsleistungen, insbesondere wohl Erntehilfe, auferlegt wurden. Die Vergebung des Ackers an coloni gilt als eine Form der Bewirtschaftung seitens des Herrn »vermittels« der Parzellisten (»per« colonos).

Die Absatzproduktion des Gutes in »eigener Regie« umfaßt dagegen in erster Linie hochwertige Produkte: – Öl und Wein, daneben Gartengewächse, sowie Viehmast, Geflügelzucht und Spezialkulturen für Tafelbedürfnisse der allein kaufkräftigen obersten Schicht der römischen Gesellschaft. Diese Kulturen haben das Getreide zurückgedrängt auf das minder ergiebige Land, welches die coloni innehaben. Der Gutsbetrieb ist plantagenartig, und die Gutsarbeiter sind Sklaven. Sklavenfamilia und coloni nebeneinander sind auch in der Kaiserzeit die regelmäßigen Insassen der großen Güter.

Uns interessieren hier zunächst die Sklaven. Wie finden wir sie?

Sehen wir uns das Idealschema an, welches die landwirtschaftlichen Schriftsteller uns überliefern. Die Behausung für das »sprechende Inventar« (instrumentum vocale), den Sklavenstall also, finden wir bei dem des Viehs (instrumentum »semivocale«). Er enthält die Schlafsäle, wir finden ein Lazarett (valetudinarium), ein Arrestlokal (carcer), eine Werkstatt der »Ökonomiehandwerker« (ergastulum), und alsbald steigt vor dem inneren Auge eines jeden, der den bunten Rock getragen hat, ein wohlvertrautes Bild auf: die Kaserne. Und in der Tat: die Existenz des Sklaven ist normalerweise eine Kasernenexistenz. Geschlafen und gegessen wird gemeinsam unter Aufsicht des villicus; die bessere Garnitur der Kleidung ist »auf Kammer« abgegeben an die als »Kammerunteroffizier« funktionierende Inspektorsfrau (villica); monatlich findet Appell statt zur Revision der Bekleidung. Die Arbeit ist streng militärisch diszipliniert: in Korporalschaften (decuriae) wird des Morgens angetreten und unter Aufsicht der »Treiber« (monitores) abmarschiert. Das war auch unentbehrlich. Mit unfreier Arbeit für den Markt zu produzieren ist ohne die Peitsche noch niemals dauernd möglich gewesen. – Für uns wichtig aber ist vor allem ein Moment, welches sich aus dieser Form der Kasernenexistenz ergibt: der kasernierte Sklave ist nicht nur eigentumslos, sondern auch familienlos. Nur der villicus lebt in seiner Sonderzelle dauernd mit einem Weibe zusammen in Sklavenehe (contubernium), entsprechend etwa dem verheirateten Feldwebel und Unteroffizier in der modernen Kaserne, – ja es soll nach den Agrarschriftstellern dies im Interesse des Herrn für den villicus sogar »Vorschrift« sein. Und wie stets Eigentum und Einzelfamilie einander korrespondieren, so auch hier: der Sklavenehe entspricht das Sklaveneigentum. Der villicus – nach den Agrarschriftstellern offenbar er allein – hat ein peculium, – ursprünglich, wie der Name zeigt, einen eigenen Viehbesitz, den er auf die herrschaftliche Weide treibt, wie heute noch im deutschen Osten der Gutstagelöhner. Der breiten Masse der Sklaven fehlt, wie das peculium, so auch das monogamische Geschlechtsverhältnis. Der Geschlechtsverkehr ist eine Art beaufsichtigter Prostitution mit Prämien an die Sklavinnen für die Aufzucht von Kindern – bei drei auferzogenen Kindern gaben manche Herren die Freiheit. – Schon dies letztere Verfahren zeigt, welche Folgen das Fehlen der monogamischen Familie zeitigte. Nur im Schoße der Familie gedeiht der Mensch. Die Sklavenkaserne vermochte sich nicht aus sich selbst zu reproduzieren, sie war auf den fortwährenden Zukauf von Sklaven zur Ergänzung angewiesen, und tatsächlich wird von den Agrarschriftstellern dieser Zukauf auch als regelmäßig stattfindend vorausgesetzt. Der antike Sklavenbetrieb ist gefräßig an Menschen, wie der moderne Hochofen an Kohlen. Der Sklavenmarkt und dessen regelmäßige und auskömmliche Versorgung mit Menschenmaterial ist unentbehrliche Voraussetzung der für den Markt produzierenden Sklavenkaserne. Man kaufte billig: Verbrecher und ähnliches billige Material solle man nehmen, empfiehlt Varro mit der charakteristischen Motivierung: – solches Gesindel sei meist »gerissener« (»velocior est animus hominum improgorum«). – Damit ist dieser Betrieb abhängig von regelmäßiger Menschenzufuhr auf den Sklavenmarkt. Wie, wenn diese einmal versagte? Das mußte auf die Sklavenkasernen wirken, wie die Erschöpfung der Kohlenlager auf die Hochofen wirken würde. – Und dieser Moment trat ein. Wir kommen damit zu dem Wendepunkt in der Entwicklung der antiken Kultur.

Fragt man, welcher Zeitpunkt es ist, von dem anfangend man den zunächst latenten, bald offensichtlichen Niedergang der römischen Macht und Kultur datieren soll, so wird aus keinem deutschen Kopf die unwillkürliche Vorstellung zu verbannen sein: die Teutoburger Schlacht. Und in der Tat, ein Kern von Berechtigung steckt in dieser populären Vorstellung, trotzdem ihr der Augenschein zuwiderläuft, welcher uns das Römerreich unter Trajan auf der Höhe seiner Macht zeigt. Freilich nicht die Schlacht selbst – eine Schlappe, wie sie jede Nation im Vordringen gegen Barbaren erleidet – war das Entscheidende, sondern was sich ihr anschloß: die Einstellung der Eroberungskriege am Rhein durch Tiberius, welche durch die Aufgabe Daciens unter Hadrian an der Donau ihre Parallele fand. Damit wurde der expansiven Tendenz des Römerreichs ein Ende bereitet; und mit der inneren und – in der Hauptsache auch – äußern Befriedung des antiken Kulturkreises schrumpft die regelmäßige Versorgung der Sklavenmärkte mit Menschenmaterial. Ein gewaltiger akuter Arbeitermangel scheint schon unter Tiberius die Folge gewesen zu sein. Wir hören, daß er die ergastula der Güter revidieren lassen mußte, weil die Großgrundbesitzer Menschenraub trieben – wie die Raubritter lagen sie, so scheint es, an der Straße, nur nicht auf der Ausschau nach Geld und Gut, sondern nach Arbeitskräften für ihre verödenden Felder. Wichtiger war die langsam, aber mächtig sich vollziehende chronische Wirkung: die Unmöglichkeit des Fortschreitens der Produktion auf Grundlage der Sklavenkasernen. Diese setzten die fortgesetzte Sklavenzufuhr voraus, sie vermochten sich nicht selbst zu tragen. Sie mußten verfallen, wenn die Zufuhr dauernd stockte. – Die Abnahme der »Billigkeit« des Menschenmaterials scheint nach dem Eindruck, den man aus den späteren Agrarschriftstellern entnimmt, zunächst zur Verbesserung der Technik durch Züchtung von Qualitätsarbeitern geführt zu haben. Aber nachdem die letzten Angriffskriege des zweiten Jahrhunderts, die tatsächlich schon den Charakter von Sklavenjagden angenommen hatten, zu Ende gegangen waren, mußten die großen Plantagen mit ihren ehe- und eigentumslosen Sklaven zusammenschrumpfen.

Daß und wie dies tatsächlich geschah, lehrt uns die Vergleichung der Zustände der Sklaven in den landwirtschaftlichen Großbetrieben, wie sie uns die römischen Schriftsteller erkennen lassen, mit ihrer Lage auf den Gütern der Karolingerzeit, die wir aus Karls des Großen Domäneninstruktion (capitulare de villis imperialibus) und den Klosterinventarien jener Zeit kennen lernen. Hier wie dort finden wir den Sklaven als landwirtschaftlichen Arbeiter und zwar hier wie dort gleich rechtlos und insbesondere der gleich schrankenlosen Disposition des Herrn über seine Arbeitskraft unterworfen. Darin also ist kein Unterschied eingetreten. Ebenso sind zahlreiche Einzelheiten der römischen Grundherrschaft übernommen – finden wir doch auch in der Terminologie z. B. das Weiberhaus (γυναικεῖον) des Altertums im »genitium« wieder. Aber Eines ist von Grund aus geändert: die römischen Sklaven finden wir in der »kommunistischen« Sklavenkaserne, – den servus der Karolingerzeit aber in der Kathe (mansus servilis) auf dem vom Herrn ihm geliehenen Lande als fronpflichtigen Kleinbauern. Er ist der Familie zurückgegeben, und mit der Familie hat sich auch der Eigenbesitz eingestellt. – Diese Abschichtung des Sklaven aus dem »Oikos« hat sich in der spätrömischen Zeit vollzogen, und in der Tat: sie mußte ja die Folge der mangelnden Selbstergänzung der Sklavenkasernen sein. Der Herr sicherte, indem er den Sklaven als Erbuntertanen wieder in den Kreis der Einzelfamilie stellte, sich den Nachwuchs und dadurch die dauernde Versorgung mit Arbeitskräften, welche durch Zukauf auf dem zusammenschrumpfenden Sklavenmarkt, dessen letzte Reste in der Karolingerzeit verschwanden, nicht mehr beschafft werden konnten. Er wälzte das Risiko der Unterhaltung des Sklaven, welches in den Plantagen er – der Herr – trug, auf den Sklaven selbst ab. Die Bedeutung dieser langsam, aber sicher fortschreitenden Entwicklung war tiefgreifend. Es handelt sich um einen gewaltigen Wandlungsprozeß in den untersten Schichten der Gesellschaft: Familie und Eigenbesitz wurden ihnen zurückgegeben. Und ich möchte hier nur andeuten, wie dies der siegreichen Entwicklung des Christentums parallel geht: in den Sklavenkasernen hätte es schwerlich Boden gefunden, die unfreien afrikanischen Bauern der Zeit Augustins aber waren bereits Träger einer Sektenbewegung.

Während so der Sklave sozial zum unfreien Fronbauern emporsteigt, steigt gleichzeitig der Kolonus zum hörigen Bauern hinab. Das geschah, indem sein Verhältnis zum Gutsherrn immer mehr den Charakter eines Arbeitsverhältnisses annahm. Ursprünglich ist die Rente, die er zahlt, dasjenige, worauf es dem Herrn hauptsächlich ankommt, wennschon, wie gesagt, von Anfang an daneben Arbeitsleistungen für das Gut vorgekommen sein werden. Schon in frühkaiserlicher Zeit aber wird von den Agrarschriftstellern auf die Arbeit des Kolonus der Hauptnachdruck gelegt, und je mehr die Sklavenarbeit knapp wurde, desto mehr mußte dies der Fall sein. Afrikanische Inschriften aus Kommodus' Zeit zeigen uns, daß der Kolonus dort bereits ein mit Land belehnter und dagegen zu bestimmten Diensten verpflichteter Fronbauer geworden war. Und dieser ökonomischen Verschiebung in der Stellung der Kolonen trat bald eine rechtliche an die Seite, welche auch formell seine Behandlung als Arbeitskraft des Gutes zum Ausdruck brachte: die Schollenfestigkeit. Um ihre Herausbildung zu verstehen, müssen wir in Kürze einige verwaltungsrechtliche Betrachtungen einflechten.

Die römische Verwaltungsorganisation ruhte zu Ende der Republik und zu Beginn der Kaiserzeit auf der Stadtgemeinde, dem municipium, als administrativer Unterlage, ganz ebenso wie die antike Kultur auf der Stadt als ökonomischem Untergrund. Systematisch hatte man die in den Reichsverband einbezogenen Gebiete als Stadtgemeinden – in den verschiedensten Abstufungen staatsrechtlicher Abhängigkeit – organisiert, die verwaltungsrechtliche Form des municipium über das Gebiet des Reichs verbreitet. Die Stadt ist der normale, unterste Verwaltungsbezirk. Die Stadtmagistrate haften dem Staat für Steuern und Rekrutenkontingente. – Im Verlaufe der Kaiserzeit finden wir aber ein Umschwenken der Entwicklung. Die großen Güter suchen sich mit Erfolg der Einbeziehung in die Gemeinden zu entziehen; je mehr der Schwerpunkt des Reichs mit zunehmender Bevölkerung des Binnenlandes ins Innere rückt, desto mehr stellt die agrarische Binnenbevölkerung die Rekruten; desto bestimmender werden aber auch die Interessen der »Agrarier« des Altertums, der großen Grundherrn, für die Politik des Staates. Wenn wir heute Widerstand finden bei dem Versuch, die großen Güter des deutschen Ostens in die Landgemeinden zu »inkommunalisieren«, so widerstand der römische Kaiserstaat der Exkommunalisierungstendenz der Güter nur wenig. Massenhaft erscheinen die »saltus« und »territoria« neben den Städten, Verwaltungsbezirke, in denen der Gutsherr die Ortsobrigkeit ist, ähnlich wie die deutschen Rittergutsbesitzer des Ostens in den »Gutsbezirken«. Der Gutsbesitzer war es hier, an den sich der Staat wegen der Steuern des territorium hielt – er verauslagte sie eventuell für die »Hintersassen« und zog sie wieder von ihnen ein – und der das Rekrutenkontingent der Grundherrschaft stellte: die Rekrutengestellung galt infolgedessen bald ebenso wie irgendeine andere öffentliche Leistung für eine Last des Gutes, dessen Arbeitskräfte – die Colonen – sie ja dezimierte.

Damit waren die Wege geebnet für die rechtliche Bindung des gutsherrlichen Kolonus an die Scholle.

Im Römischen Reich war – von bestimmten staatsrechtlichen Verhältnissen abgesehen – eine allgemeine Freizügigkeit unter rechtlichen Garantien niemals vorhanden. Erinnern wir uns z. B. nur, wie dem Verfasser des Lukas-Evangeliums die Vorstellung geläufig ist, daß zu Zwecken der Schatzung jedermann in seine Heimatgemeinde (origo) – wir würden sagen: an seinen Unterstützungswohnsitz – abgeschoben werden konnte, – so die Eltern Christi nach Bethlehem. Die origo des Colonus ist aber der Gutsbezirk seines Herrn.

Wir finden nun ferner schon früh das Institut der Zwangsrückführung zur Erfüllung öffentlich-rechtlicher Pflichten. Den Senator zwar, der dauernd die Sitzung schwänzte, pfändete man nur. Mit dem Provinzialstadtrat, dem Decurio, der sich seiner Pflicht entzog, machte man weniger Umstände: er wurde auf Requisition der Gemeinde zurückgeholt. Oft genug wurde das nötig, denn das Stadtratsamt des römischen Altertums mit seiner Haftung für das Steuersoll der Gemeinde bot geringe Reize. Und als später mit Verfall und Verwischung aller juristischen Formen diese Rückführungsansprüche bald in dem einen Begriff des Anspruchs auf Herausgabe, der alten dinglichen Klage (vindicatio), aufgingen, da jagten die Gemeinden mit dieser Klage hinter ihren entlaufenen Stadträten her ebenso wie etwa hinter einem entlaufenen Gemeindebullen.

Was dem Decurio recht war, war dem Kolonus billig. Seine Fronpflicht gegenüber dem Gutsherrn wurde, da dieser Fronberechtigter und Obrigkeit in einer Person war, von öffentlichen Lasten nicht unterschieden und er zur Pflicht zurückgeführt, wenn er sich ihr entzog. So wurde er tatsächlich auf dem Wege der Verwaltungspraxis ein dauernd in den Gutsbezirk und damit unter die Gutsherrschaft des Besitzers gebannter, schollenfester Fronbauer. Er wurde dem Staate gegenüber gewissermaßen »mediatisiert«. Und darüber erhob sich nun der »reichsunmittelbare« Stand der Grundherrn, der »possessores«, den wir in der späteren Kaiserzeit ebenso wie im ostgotischen und Merowingerreich als feststehenden Typus finden. Die ständische Gliederung hatte an Stelle des alten einfachen Gegensatzes von Freien und Unfreien begonnen. Eine in ihren einzelnen Stadien fast unmerkliche Entwicklung führte dazu, weil die ökonomischen Verhältnisse dahin drängten. Die Entwicklung der feudalen Gesellschaft lag in der Luft schon des spätrömischen Reiches.

Denn es ist offenbar, daß wir in dieser spätkaiserlichen Grundherrschaft mit dem Nebeneinanderstehen der beiden

Kategorien fronpflichtiger Bauern: unfreier (servi) mit »ungemessener« Dienstpflicht und persönlich freier (coloni, tributarii) mit fest bestimmten Leistungen in Geld, Naturalabgaben, später mehr und mehr auch Naturalquoten, und daneben – nicht immer, aber regelmäßig – festen Fronpflichten, bereits den Typus des mittelalterlichen Fronhofs vor uns haben.

Mit Fronarbeit aber unter den Verkehrsverhältnissen des Altertums für den Absatz zu produzieren, war eine Unmöglichkeit. Für die Absatzproduktion war die disziplinierte Sklavenkaserne Vorbedingung. Zumal im Binnenland mußte mit ihrer Zergliederung in Bauernkathen die Absatzproduktion wegfallen, die dünnen Fäden des Verkehrs, die über die naturalwirtschaftliche Unterlage gesponnen waren, sich allmählich weiter lockern und zerreißen. Deutlich sehen wir das schon bei dem letzten erheblicheren römischen landwirtschaftlichen Schriftsteller, Palladius, der empfiehlt, möglichst sich so einzurichten, daß die Arbeit des Gutes alle Bedürfnisse decke, sich selbst trage, und so den Kauf entbehrlich mache. War die Spinnerei und Weberei ebenso wie das Mahlen und Backen von jeher von den Frauen des Gutshofs eigenwirtschaftlich besorgt worden, so stellte man nun auch Schmiede-, Tischler-, Maurer-, Zimmermannsarbeit und schließlich den Gesamtbedarf an gewerblichen Leistungen auf dem Gute mit dessen unfreien Fronhandwerkern her. Damit aber trat die dünne Schicht von freien, meist gegen Lohn und Kost arbeitenden, gewerblichen Arbeitern der Städte in ihrer relativen Bedeutung noch weiter zurück: die ökonomisch obenanstehenden Wirtschaften der Grundherren deckten ihren Bedarf naturalwirtschaftlich.

Arbeitsteilige Deckung des Eigenbedarfs des Gutsherrn wird in stets zunehmendem Maße der den »Oikos« beherrschende ökonomische Zweck. Die großen Güter lösen sich vom Markte der Stadt. Die Masse der mittleren und kleineren Städte büßen damit ihren wirtschaftlichen Nährboden: den stadtwirtschaftlichen Arbeits- und

Güteraustausch mit dem umliegenden Lande, immer mehr ein. Sichtbar für uns, selbst durch das trübe, zerbrochene Glas der spätkaiserlichen Rechtsquellen, verfallen daher die Städte. Stets von neuem eifern die Kaiser gegen die Flucht aus der Stadt, dagegen insbesondere, daß die Possessoren ihre Behausungen in der Stadt aufgeben und abreißen, Getäfel und Einrichtung auf ihre Landsitze übertragen.

Auf dies Zusammensinken der Städte wirkt verstärkend hin die staatliche Finanzpolitik. Auch sie wird mit zunehmendem Finanzbedarf zunehmend naturalwirtschaftlich, der Fiskus ein »Oikos«, der seinen Bedarf so wenig wie möglich am Markte und so viel wie möglich aus eignen Mitteln deckt – damit aber die Bildung von Geldvermögen hemmt. Eine Wohltat war es vom Standpunkt der Untertanen, daß ein Hauptspekulationsgeschäft: die Steuerpacht, beseitigt wurde, und die eigene Abgabenerhebung an die Stelle trat. Rationeller war vielleicht die Besorgung der staatlichen Getreidezufuhr durch Schiffe, deren Herstellung der Staat durch Landanweisung belohnte, statt durch Vergebung an Unternehmer. Finanziell vorteilhaft war auch die offenbar zunehmende Monopolisierung zahlreicher einträglicher Zweige des Handels und der staatliche Bergbaubetrieb. Aber alles dies hemmte naturgemäß die Bildung privater Kapitalien und jeden Ansatz zur Entwicklung einer Schicht, die unseren modernen bürgerlichen Klassen entsprochen hätte. Und die Entwicklung dieses naturalwirtschaftlichen Finanzwesens vollzog sich zunehmend, je mehr das Reich aus einem das Land ausbeutenden Städtekonglomerat, welches seinen wirtschaftlichen Schwerpunkt an der Küste und in ihrem Verkehr fand, zu einem Staatswesen wurde, welches naturalwirtschaftliche Binnenländer politisch sich einzuverleiben und zu organisieren suchte. Die damit ungeheuer anschwellenden Staatsbedürfnisse geldwirtschaftlich zu decken, gestattete die dazu viel zu dünne

Schale des Verkehrs nicht. Mit Notwendigkeit schwoll vielmehr der naturalwirtschaftliche Faktor im staatlichen Finanzwesen an.

Die Abgaben der Provinzen an den Staat waren von jeher zum guten Teil Natural-, zumal Getreideabgaben, aus denen die staatlichen Magazine gespeist wurden. In der Kaiserzeit wurde auch alles dasjenige, was die Verwaltung an gewerblichen Produkten bedurfte, immer weniger durch Kauf auf dem Markt oder Submission und immer mehr dadurch aufgebracht, daß man die Lieferung dem städtischen Gewerbe in natura auferlegte, welches zu diesem Behuf oft in Zwangszünften vereinigt wurde. Das drängte den kümmerlichen, freien Handwerker in die Situation eines faktisch erblichen Zunfthörigen. – Jene Naturaleinnahmen verbrauchte der Fiskus durch entsprechende Naturalausgaben. So suchte er namentlich die beiden Hauptposten seines Ausgabebudgets naturalwirtschaftlich zu decken: das Beamtentum und die Armee. Allein hier hatte die Naturalwirtschaft ihre Schranke.

Einen großen Binnenstaat regiert man dauernd nur durch ein besoldetes Berufsbeamtentum, welches die Stadtstaaten des Altertums zu entbehren vermochten. Die Gehälter der Staatsbeamten der diokletianischen Monarchie sind in sehr starkem Maße Naturalgehalte; sie sehen aus etwa wie ein stark vergrößtertes Deputat eines heutigen mecklenburgischen Gutstagelöhners: einige Tausend Scheffel Getreide, eine bestimmte Kopfzahl Vieh, entsprechende Quantitäten Salz, Öl usw., kurz alle die Gegenstände, die der Beamte zu seiner Nahrung, Bekleidung und sonstigen Unterhaltung bedarf, werden auf die kaiserlichen Magazine angewiesen, daneben ein relativ recht mäßiges Taschengeld in bar. Aber trotz dieser offensichtlichen Tendenz zur Naturaldeckung zwang die Unterhaltung einer bedeutenden Beamtenhierarchie zu erheblichen Bargeldausgaben. Und in noch höherem Grade war dies der Fall mit der Deckung der militärischen Bedürfnisse des Reichs.

Ein Binnenstaat mit bedrohter Grenze bedarf eines stehenden Heeres. Das alte, auf Wehrpflicht und Selbstequipierung der Grundbesitzer ruhende Bürgerheer war schon zu Ende der Republik in ein vom Staat ausgerüstetes Heer mit proletarischer Rekrutierung verwandelt, – die Stütze der Cäsaren. Die Kaiserzeit schuf dann das nicht nur faktisch, sondern auch rechtlich, stehende Berufsheer. Um ein solches zu halten, braucht man zweierlei: Rekruten und Geld. Das Rekrutenbedürfnis war der Grund, weshalb die merkantilistischen Herrscher im Zeitalter des »aufgeklärten« Despotismus, so Friedrich II. und Maria Theresia, den Großbetrieb in der Landwirtschaft niederhielten, indem sie das Bauernlegen verboten. Nicht aus Humanitätsgründen und Liebe für die Bauern geschah dies. Nicht der einzelne Bauer wurde geschützt, – ihn durfte der Gutsherr getrost fortjagen, sofern er nur einen an die Stelle setzte. Vielmehr war der Grund: wenn, nach Friedrich Wilhelm I., »überflüssige Bauernkerls« eine Quelle der Rekrutierung sein sollten, mußten solche dasein. Deshalb wurde die Verminderung des vorhandenen Bauernquantums durch Einziehung von Bauernstellen verboten, weil sie die Rekrutierung gefährdete und das Land entvölkerte. – Aus ähnlichem Grunde griffen auch die Cäsaren in die Verhältnisse der Kolonen ein und verboten z. B. die Steigerung ihrer Lasten. – Andrerseits beförderten die merkantilistischen Herrscher kräftig die großen Manufakturen, weil sie das Staatsgebiet »peuplierten« und – zweitens – Geld ins Land brachten. Friedrich der Große verfolgte mit Steckbriefen nicht nur seine desertierenden Soldaten, sondern auch seine desertierenden Arbeiter und – Fabrikanten. Dies war den Cäsaren verschlossen, da eine für den Absatz produzierende Großindustrie mit freier Arbeit nicht existierte und nicht entstehen konnte. Vielmehr ging mit dem Sinken der Städte und des Verkehrs und mit dem Rückfall in die Naturalwirtschaft umgekehrt die Möglichkeit, steigende Geldsteuern zu erschwingen, für das Land immer mehr verloren. Und bei dem Arbeitermangel, den das Versiegen des Sklavenmarktes brachte, war die Rekrutierung aus den Kolonen eine für die Güter ruinöse Last, der sie sich mit allen Mitteln zu entziehen suchten. Aus der verfallenden Stadt flieht der Kantonpflichtige auf das Land in die Kolonenhörigkeit, weil der unter dem Druck des Arbeitermangels stehende Possessor das Interesse hat, ihn der Rekrutierung zu entziehen. Die späteren Cäsaren kämpfen ebenso gegen die Flucht der Bürger aufs Land, wie die späteren Hohenstaufen gegen die Flucht der Hörigen in die Städte. –

Deutlich finden wir die Rückwirkung dieser Rekrutennot im Heere der Kaiserzeit. Italien ist seit Vespasian aushebungsfrei; seit Hadrian schwindet die Mischung der Kontingente und sucht man zur Kostenersparung vielmehr die Heere möglichst aus dem Bezirk ihres Standortes zu rekrutieren, – der früheste Vorbote vom Zerfall des Reichs. Aber noch weiter: wenn man die Heimatsangaben der entlassenen Soldaten durch die Jahrhunderte verfolgt, so zeigt sich, daß die Zahl derjenigen, welche als »Lagerkinder« (castrenses) bezeichnet sind, in der Kaiserzeit von wenigen Prozenten der Gesamtheit bis auf einen der Hälfte nahekommenden Bruchteil sich steigert, – mit andern Worten: das römische Heer erzeugt sich zu einem fortwährend zunehmenden Bruchteil aus sich selbst. Wie an Stelle des ehelosen Kasernensklaven der Bauer im Schoße eigner Familie tritt, so – wenigstens zum Teil – an Stelle des ehelosen Kasernen- oder richtiger Lagersoldaten der in Soldatenehe stehende, faktisch erbliche Berufssöldner. Und auch die zunehmende Rekrutierung des Heeres aus Barbaren hat in erster Linie den Zweck der Schonung der Arbeitskräfte des eigenen Landes, insbesondere der Arbeitskräfte der großen Güter. Völlig naturalwirtschaftlich versucht man endlich durch Beleihung von Barbaren mit Land gegen Kriegsdienstpflicht die Grenzwache zu bestreiten, und diese Form, der entfernte Vorbote des Lehens, findet zunehmende Verwendung. Das Heer, welches das Reich beherrscht, wird so ein von jeder Beziehung zur einheimischen Bevölkerung sich immer mehr loslösender Barbarenhaufe. Der siegreiche Einbruch der Barbaren von außerhalb bedeutete deshalb für die Provinzialen im Innern des Reiches im ersten Augenblick wesentlich nur einen Wechsel der Einquartierung: selbst die Form des römischen Einquartierungswesens wurde ja übernommen. Es scheint, daß in Gallien die Barbaren keineswegs überall als Eroberer gefürchtet, sondern hie und da als Befreier von dem Druck der römischen Verwaltung begrüßt wurden. – Und das ist begreiflich.

Denn nicht nur die Stellung der Rekruten war es, welche aus den Mitteln der eigenen Bevölkerung zu bestreiten dem alternden Reich schwer fiel, sondern schwerer noch drückten die in Naturalwirtschaft zurücksinkenden Völker die Geldsteuern, ohne welche ein Soldheer schlechterdings nicht zu unterhalten ist. Um die Geldaufbringung dreht sich immer mehr die ganze Staatskunst und immer deutlicher zeigt sich die ökonomische Unfähigkeit der wesentlich nur noch für den Eigenbedarf produzierenden Possessoren, Geldabgaben zu leisten. Ja, – wenn der Kaiser ihnen gesagt hätte: »Wohlan, laßt eure Kolonen euch Waffen schmieden, setzt euch zu Pferde und schützt mit mir die Scholle, von der ihr lebt« – dies hätten sie ökonomisch leisten können. Aber damit wäre man eben schon im Mittelalter und beim Freudalheer gewesen. In der Tat: wie die feudale Gliederung der Gesellschaft, so war die feudale Wehrverfassung das Ziel, welchem die spätrömische Entwicklung zustrebte und welches – nach dem kurzen und nur lokalen Rückschlag in der Völkerwanderungszeit zugunsten kolonisierender Bauernheere – schon in der Karolingerzeit in der Hauptsache erreicht wurde. Allein mit feudalen Ritterheeren kann man zwar fremde Kronen erobern, die Landesmark eines beschränkten Territoriums verteidigen, aber nicht die Einheit eines Weltreichs wahren, und hundertmeilige Grenzen gegen landhungrige Eroberer halten: deshalb war für die spätrömische Zeit der Übergang zu der Form der Heeresverfassung, welche dem naturalwirtschaftlichen Untergrund entsprach, nicht möglich. Daher mußte Diokletian die Reorganisation der Staatsfinanzen auf dem Boden einheitlicher Geldsteuern versuchen, und bis zuletzt blieb die Stadt die offizielle unterste Zelle des Staatsorganismus. Aber die ökonomische Unterlage der breiten Masse der römischen Städte schwand immer mehr: sie saßen wie Schröpfköpfe im Interesse des geldbedürftigen staatlichen Verwaltungsapparats auf einem Untergrund, der sich mit einem Netz von Grundherrschaften überzogen hatte. Der Zerfall des Reichs war die notwendige politische Folge des allmählichen Schwindens des Verkehrs und der Zunahme der Naturalwirtschaft. Er bedeutete im wesentlichen nur den Wegfall jenes Verwaltungsapparats und damit des geldwirtschaftlichen politischen Überbaus, der dem naturalwirtschaftlichen ökonomischen Unterbau nicht mehr angepaßt war.

Als dann nach einem halben Jahrtausend der späte Testamentsvollstrecker Diokletians, Karl der Große, die politische Einheit des Okzidents wieder erweckte, da geschah dies auf streng naturalwirtschaftlicher Grundlage. Wer die Instruktion für die Domänenverwalter (villici) liest – das berühmte capitulare de villis, durch seine Sachkunde und Barschheit an Verfügungen Friedrich Wilhelms I. erinnernd –, findet die deutlichste Illustration dazu. Neben dem König figuriert auch die Königin als Oberinstanz: die Hausfrau des Königs ist sein Finanzminister. Und das mit Recht: es handelt sich bei dieser »Finanzverwaltung« vornehmlich um die Bedürfnisse des königlichen Küchenzettels und Haushalts, der mit dem »Staatshaushalt« identisch ist. Es wird verfügt, was von den Inspektoren an den Hof des Königs zu liefern ist: – z. B. Getreide, Fleisch, Gewebe, merkwürdig große Quantitäten Seife usw., kurz was der König verbraucht für sich, für seine Haus- und Tischgenossen, und für den politischen Dienst, z. B. Pferde und Fuhrwerke für den Krieg. Verschwunden ist das stehende Heer und das besoldete Beamtentum und damit – selbst dem Begriff nach – die Steuer. Seine Beamten speist der König am eigenen Tisch oder stattet sie mit Land aus; das sich selbst ausrüstende Heer aber ist im Begriff, endgültig ein Reiterheer und damit ein Wehrstand ritterlicher Grundherren zu werden. Verschwunden ist aber auch der interlokale Güteraustausch: die Fäden des Verkehrs zwischen den eigenwirtschaftlichen Zellen des Wirtschaftslebens sind gerissen, der Handel auf die Stufe des Wandergewerbes in den Händen Stammfremder – Griechen und Juden – zurückentwickelt.

Verschwunden ist die Stadt, – die Karolingerzeit kennt sie als spezifischen verwaltungsrechtlichen Begriff überhaupt nicht. Die Grundherrschaften sind die Träger der Kultur – auch die Unterlage der Klöster –; Grundherren die politischen Funktionäre; ein Grundherr, der größte, der König selbst, – ein überaus ländlicher Analphabet. Auf dem Lande liegen seine Pfalzen, deshalb hat er keine Residenz: er ist ein Herrscher, der, um seines Lebensunterhalts willen, mehr reist, als selbst moderne Monarchen – denn er lebt, indem er vom Pfalz zu Pfalz zieht und verzehrt, was für ihn aufgespeichert ist. – Die Kultur ist ländlich geworden. –

Der Kreislauf der ökonomischen Entwicklung des Altertums hat sich vollendet. Scheinbar völlig vernichtet ist seine Geistesarbeit. Versunken ist mit dem Verkehr die Marmorpracht der antiken Städte und damit alles das, was von geistigen Gütern auf ihnen ruhte: Kunst und Literatur, die Wissenschaft und die feinen Formen des antiken Verkehrsrechts. Und an den Gutshöfen der Possessoren und Senioren ertönt noch nicht der Minnesang. Unwillkürlich wehmütig berührt uns das Schauspiel, wie eine scheinbar dem Höchsten zustrebende Entwicklung ihre materielle Unterlage verliert und in sich selbst zusammenbricht. Allein was ist es denn, was wir in diesem gewaltigen Vorgang vor uns sehen? In den Tiefen der Gesellschaft vollzogen sich und mußten sich vollziehen organische Strukturänderungen, die im ganzen doch einen gewaltigen Gesundungsprozeß bedeuteten. Die Einzelfamilie und der Privatbesitz wurden den Massen der Unfreien zurückgegeben; diese selbst aus der Situation des »sprechenden Inventars« langsam wieder in den Kreis der Menschen hinaufgehoben, deren Familienexistenz das emporwachsende Christentum dann mit zähen moralischen Garantien umgab: schon die spätkaiserlichen Bauernschutzgesetze erkennen den Zusammenhalt der unfreien Familie in einem vorher nicht gekannten Maße an. Freilich sank zugleich ein Teil der freien Bevölkerung zu faktischer Hörigkeit, und die raffiniert gebildete Aristokratie des Altertums zur Barbarei herab. Der naturalwirtschaftliche Untergrund, den das Anschwellen der unfreien Arbeit der antiken Kulturentwicklung untergeschoben hatte, war zunächst immer weiter gewuchert, je mehr der Sklavenbesitz die Vermögen differenzierte, und hatte nach dem Übergang des politischen Schwergewichts von der Küste auf das Binnenland und nach dem Versiegen der Menschenzufuhr seine zum Feudalismus drängende Struktur auch dem ursprünglich verkehrswirtschaftlichen Oberbau aufgezwungen. So schwand die dünn gewordene Hülle der antiken Kultur, und das Geistesleben der okzidentalen Menschheit sank in lange Nacht. Sein Niedersinken gemahnt aber an jenen Riesen der hellenischen Mythe, der neue Kraft gewann, wenn er am Busen der Mutter Erde ruhte. Fremdartig wäre freilich den alten Klassikern ihre Umgebung erschienen, wäre etwa einer von ihnen in der Karolingerzeit in seinen Pergamenten erwacht und hätte er die Welt aus seiner Klosterzelle gemustert: die Düngerluft des Fronhofes hätte ihn angeweht. Allein sie schliefen nun den Winterschlaf, wie die Kultur überhaupt, im Schoße des wieder ländlich gewordenen Wirtschaftslebens. Und es weckte sie auch nicht Minnesang und Turnier der feudalen Gesellschaft. Erst als auf der Grundlage der freien Arbeitsteilung und des Verkehrs die

Stadt im Mittelalter wieder erstanden war, als dann der Übergang zur Volkswirtschaft die bürgerliche Freiheit vorbereitete und die Gebundenheit unter den äußern und innern Autoritäten des Feudalzeitalters sprengte, da erhob sich der alte Riese in neuer Kraft und hob auch das geistige Vermächtnis des Altertums empor an das Licht der modernen bürgerlichen Kultur.

Wirtschaft und Gesellschaft

[Urfassung]

[Erster Teil]

Über einige Kategorien der verstehenden Soziologie[1]

I.

Menschliches (»äußeres« oder »inneres«) Verhalten zeigt sowohl Zusammenhänge wie Regelmäßigkeiten des Verlaufs wie alles Geschehen. Was aber, wenigstens im vollen Sinne, nur menschlichem Verhalten eignet, sind Zusammenhänge und Regelmäßigkeiten, deren Ablauf verständlich deutbar ist. Ein durch Deutung gewonnenes »Verständnis« menschlichen Verhaltens enthält zunächst eine spezifische, sehr verschieden große, qualitative »Evidenz«. Daß eine Deutung diese Evidenz in besonders hohem Maße besitzt, beweist an sich noch nichts für ihre empirische Gültigkeit.

1 Außer auf die Darlegungen Simmels (in den »Probl. d. Gesch. Philos.«) und eigne ältere Arbeiten (in Schmollers »Jahrbuch« und Jaffés »Archiv«) sei auf die Bemerkungen von Rickert (in der 2. Auflage der »Grenzen«) und die verschiedenen Arbeiten von K. Jaspers (speziell jetzt: »Allg. Psychopathologie«) hingewiesen. Abweichungen der Begriffsbildung, wie sie sich gegenüber diesen Autoren und auch gegenüber F. Tönnies' dauernd wichtigem Werk (»Gemeinschaft und Gesellschaft«) und Arbeiten A. Vierkandts und Anderer finden, müssen nicht immer Abweichungen der Ansichten sein. In methodischer Hinsicht kommen außer den Genannten die Arbeiten von Gottl (»Herrschaft des Worts«) und [für die Kategorie der objektiven Möglichkeit] Radbruch und, wenn auch mehr indirekt, von Husserl und Lask in Betracht. Man wird ferner leicht bemerken, daß die Begriffsbildung Beziehungen äuße-

Denn ein in seinem äußeren Ablauf und Resultat gleiches Sichverhalten kann auf unter sich höchst verschiedenartigen Konstellationen von Motiven beruhen, deren verständlich-evidenteste nicht immer auch die wirklich im Spiel gewesene ist. Immer muß vielmehr das »Verstehen« des Zusammenhangs noch mit den sonst gewöhnlichen Methoden kausaler Zurechnung, so weit möglich, kontrolliert werden, ehe eine noch so evidente Deutung zur gültigen »verständlichen Erklärung« wird. Das Höchstmaß an »Evidenz« besitzt nun die zweckrationale Deutung. Zweckrationales Sichverhalten soll ein solches heißen, welches ausschließlich orientiert ist an (subjektiv) als adäquat vorgestellten Mitteln für (subjektiv) eindeutig erfaßte Zwecke. Keineswegs nur zweckrationales Handeln ist uns verständlich: wir »verstehen« auch den typischen Ablauf der Affekte und ihre typischen Konsequenzen für das Verhalten. Das »Verständliche« hat für die empirischen Disziplinen flüssige Grenzen. Die Ekstase und das mystische Erlebnis sind ebenso wie vor allem gewisse Arten psychopathischer Zusammenhänge oder das Verhalten kleiner Kinder (oder etwa: der uns hier nichts angehenden Tiere) unserem Verstehen und verstehenden Erklären nicht in gleichem Maße wie andere Vor-

rer Ähnlichkeit bei stärkstem innerlichem Gegensatz zu den Aufstellungen R. Stammlers (»Wirtschaft und Recht«) aufweist, der als Jurist ebenso hervorragend, wie als Sozialtheoretiker unheilvoll verwirrungstiftend ist. Dies ist sehr absichtlich der Fall. Die Art der Bildung soziologischer Begriffe ist überaus weitgehend Zweckmäßigkeitsfrage. Keineswegs alle nachstehend (unter V bis VII) aufgestellten Kategorien sind wir genötigt zu bilden. Sie sind zum Teil entwickelt, um zu zeigen, was Stammler »hätte meinen sollen«. Der zweite Teil des Aufsatzes ist ein Fragment aus einer schon vor längerer Zeit geschriebenen Darlegung, welche der methodischen Begründung sachlicher Untersuchungen, darunter eines Beitrags (»Wirtschaft und Gesellschaft«) für ein demnächst erscheinendes Sammelwerk dienen sollte und von welcher andre Teile wohl anderweit gelegentlich publiziert werden. Die pedantische Umständlichkeit der Formulierung entspricht dem Wunsch, den subjektiv gemeinten Sinn von dem objektiv gültigen scharf zu scheiden (darin teilweise abweichend von Simmels Methode).

gänge zugänglich. Nicht etwa das »Abnorme« als solches entzieht sich dem verstehenden Erklären. Im Gegenteil: das, als einem »Richtigkeitstypus« (im bald zu erörternden Wortsinn) entsprechend absolut »Verständliche« und zugleich »Einfachste« zu erfassen kann gerade die Tat des aus dem Durchschnitt weit Hervorragenden sein. Man muß, wie oft gesagt worden ist, »nicht Caesar sein, um Caesar zu verstehen«. Sonst wäre alle Geschichtsschreibung sinnlos. Umgekehrt gibt es Hergänge, die wir als »eigene« und zwar »psychische« ganz alltägliche Leistungen eines Menschen ansehen, die aber in ihrem Zusammenhang jene qualitativ spezifische Evidenz, welche das Verständliche auszeichnet, überhaupt nicht besitzen. Ganz ebenso wie viele psychopathischen Vorgänge ist z. B. der Ablauf der Gedächtnis- und intellektuellen Übungserscheinungen nur teilweise »verstehbar«. Feststellbare Regelmäßigkeiten solcher psychischen Vorgänge behandeln die verstehenden Wissenschaften daher ganz wie die Gesetzlichkeiten der physischen Natur.

Die spezifische Evidenz des zweckrationalen Sichverhaltens hat natürlich nicht zur Folge, daß etwa speziell die rationale Deutung als Ziel soziologischer Erklärung anzusehen wäre. Bei der Rolle, welche »zweckirrationale« Affekte und »Gefühlslagen« im Handeln des Menschen spielen, und da auch jede zweckrational verstehende Betrachtung fortgesetzt auf Zwecke stößt, die ihrerseits nicht mehr wieder als rationale »Mittel« für andere Zwecke gedeutet, sondern nur als nicht weiter rational deutbare Zielrichtungen hingenommen werden müssen, – mag ihre Entstehung als solche dann auch weiterhin Gegenstand »psychologisch« verstehender Erklärung sein, – könnte man ebensogut das gerade Gegenteil behaupten. Allerdings aber bildet das rational deutbare Sichverhalten bei der soziologischen Analyse verständlicher Zusammenhänge sehr oft den geeignetsten »Idealtypus«: Die Soziologie wie die Geschichte deuten zunächst »pragmatisch«, aus rational verständlichen Zusammenhängen des Handelns. Derart verfährt z. B. die Sozialökonomik mit ihrer rationalen Konstruktion des »Wirtschaftsmenschen«. Ebenso aber überhaupt die verstehende Soziologie. Denn als ihr spezifisches Objekt gilt uns nicht jede beliebige Art von »innerer Lage« oder äußerem Sichverhalten, sondern: Handeln. »Handeln« aber (mit Einschluß des gewollten Unterlassens und Duldens) heißt uns stets ein verständliches, und das heißt ein durch irgendeinen, sei es auch mehr oder minder unbemerkt, »gehabten« oder »gemeinten« (subjektiven) Sinn spezifiziertes Sichverhalten zu »Objekten«. Die buddhistische Kontemplation und die christliche Askese der Gesinnung sind subjektiv sinnhaft auf für die Handelnden »innere«, das rationale ökonomische Schalten eines Menschen mit Sachgütern auf »äußere« Objekte bezogen. Das für die verstehende Soziologie spezifisch wichtige Handeln nun ist im speziellen ein Verhalten, welches 1. dem subjektiv gemeinten Sinn des Handelnden nach auf das Verhalten Anderer bezogen, 2. durch diese seine sinnhafte Bezogenheit in seinem Verlauf mitbestimmt und also 3. aus diesem (subjektiv) gemeinten Sinn heraus verständlich erklärbar ist. Subjektiv sinnhaft auf die Außenwelt und speziell auf das Handeln Anderer bezogen sind nun auch die Affekthandlungen und die für den Ablauf des Handelns, also indirekt, relevanten »Gefühlslagen«, wie etwa: »Würdegefühl«, »Stolz«, »Neid«, »Eifersucht«. Die verstehende Soziologie interessieren daran aber nicht die physiologischen und früher sogenannten »psychophysischen« Erscheinungsformen: Pulskurven z. B. oder Verschiebungen des Reaktionstempos und dergleichen, auch nicht die nackt psychischen Gegebenheiten, z. B. die Kombination der Spannungs-, Lust- und Unlustgefühle, durch die sie charakterisiert werden können. Sondern sie differenziert ihrerseits nach den typischen sinnhaften (vor allem: Außen-)Bezogenheiten des Handelns und deshalb dient ihr – wie wir sehen werden – das Zweckrationale als Idealtypus, gerade um die Tragweite des Zweckirrationalen abschätzen zu können. Wenn man den (subjektiv gemeinten)

Sinn seiner Bezogenheit als die »Innenseite« des menschlichen Verhaltens bezeichnen wollte – ein nicht unbedenklicher Sprachgebrauch! – nur dann würde man sagen können: daß die verstehende Soziologie jene Erscheinungen ausschließlich »von innen heraus« d. h. aber dann: nicht durch Aufzählung ihrer physischen oder psychischen Phänomene, betrachtet. Unterschiede der psychologischen Qualitäten eines Verhaltens sind also nicht schon als solche für uns relevant. Gleichheit der sinnhaften Bezogenheit ist nicht gebunden an Gleichheit der im Spiel befindlichen »psychischen« Konstellationen, so sicher es ist, daß Unterschiede auf jeder Seite durch solche auf der andern bedingt sein können. Aber z. B. eine Kategorie wie »Gewinnstreben« gehört in schlechterdings keine »Psychologie«. Denn das »gleiche« Streben nach »Rentabilität« des »gleichen« geschäftlichen Unternehmens kann bei zwei aufeinander folgenden Inhabern nicht nur mit absolut heterogenen »Charakterqualitäten« Hand in Hand gehen, sondern direkt in seinem ganz gleichen Verlauf und Enderfolge durch gerade entgegengesetzte letzte »psychische« Konstellationen und Charakterqualitäten bedingt sein und auch die (für die Psychologie) letzten dabei maßgebenden »Zielrichtungen« brauchen keinerlei Verwandtschaft miteinander zu haben. Vorgänge, welche nicht einen auf das Verhalten Anderer subjektiv bezogenen Sinn haben, sind um deswillen nicht etwa soziologisch gleichgültig. Im Gegenteil können gerade sie die entscheidenden Bedingungen, und also: Bestimmungsgründe, des Handelns in sich schließen. Auf die in sich sinnfremde »Außenwelt«, auf Dinge und Vorgänge der Natur, ist ja das Handeln zu einem für die verstehenden Wissenschaften sehr wesentlichen Teil sinnhaft bezogen: das theoretisch konstruierte Handeln des isolierten Wirtschaftsmenschen z. B. ganz ausschließlich. Aber die Relevanz von Vorgängen ohne subjektive »Sinnbezogenheit«, wie etwa des Ablaufs der Geburten- und Sterbeziffern, der Ausleseprozesse der anthropologischen Typen, ebenso aber die nackt psychischen Tatbestände besteht für die verstehende Soziologie ganz ebenso lediglich in ihrer Rolle als »Bedingungen« und »Folgen«, an denen sinnhaftes Handeln orientiert wird, wie etwa für die Wirtschaftslehre diejenige von klimatischen oder pflanzenphysiologischen Sachverhalten.

Die Vorgänge der Vererbung z. B. sind nicht aus einem subjektiv gemeinten Sinn verständlich und sie sind es natürlich nur um so weniger, je exakter die naturwissenschaftlichen Feststellungen ihrer Bedingungen werden. Gesetzt z. B., es gelänge einmal – wir drücken uns hier bewußt »unfachmäßig« aus – das Maß von Vorhandensein bestimmter soziologisch relevanter Qualitäten und Triebe, z. B. solcher, welche entweder die Entstehung des Strebens nach bestimmten Arten von sozialer Macht oder die Chance, diese zu erlangen, begünstigen: – etwa die Fähigkeit zur rationalen Orientierung des Handelns im allgemeinen oder bestimmte andere angebbare intellektuelle Qualitäten im besonderen, – irgendwie mit einem Schädelindex oder mit der Herkunft aus bestimmten durch irgendwelche Merkmale bezeichenbaren Menschengruppen in annähernd eindeutigen Zusammenhang zu bringen. Dann hätte die verstehende Soziologie diese speziellen Tatsachen bei ihrer Arbeit selbstverständlich ganz ebenso in Anschlag zu bringen, wie z. B. die Tatsache des Aufeinanderfolgens der typischen Altersstufen oder etwa der Sterblichkeit der Menschen im allgemeinen. Ihre eigene Aufgabe aber begänne erst genau da, wo deutend zu erklären wäre: 1. durch welches sinnhaft auf Objekte, sei es der Außenwelt oder sei es der eigenen Innenwelt bezogene Handeln die mit jenen spezifischen ererbten Qualitäten begabten Menschen nun die dadurch mitbedingten oder begünstigten Inhalte ihres Strebens durchzusetzen suchten, wieweit und warum dies gelang oder warum nicht? – 2. welche verständlichen Folgen dieses (erbgutbedingte) Streben wiederum für das sinnhaft bezogene Verhalten anderer Menschen gehabt hat.

II.

Die verstehende Soziologie ist nach allem Gesagten nicht Teil einer »Psychologie«. Die unmittelbar »verständlichste Art« der sinnhaften Struktur eines Handelns ist ja das subjektiv streng rational orientierte Handeln nach Mitteln, welche (subjektiv) für eindeutig adäquat zur Erreichung von (subjektiv) eindeutig und klar erfaßten Zwecken gehalten werden. Und zwar am meisten dann, wenn auch dem Forscher jene Mittel für diese Zwecke geeignet scheinen. Wenn man ein solches Handeln »erklärt«, so heißt das aber gewiß nicht: daß man es aus »psychischen« Sachverhalten, sondern offenbar gerade umgekehrt: daß man es aus den Erwartungen, welche subjektiv über das Verhalten der Objekte gehegt wurden (subjektive Zweckrationalität), und nach gültigen Erfahrungen gehegt werden durften (objektive Richtigkeitsrationalität), und ganz ausschließlich aus diesen, ableiten will. Je eindeutiger ein Handeln dem Typus der Richtigkeitsrationalität entsprechend orientiert ist, desto weniger wird sein Ablauf durch irgendwelche psychologischen Erwähnungen überhaupt sinnhaft verständlicher. Umgekehrt bedarf jede Erklärung von »irrationalen« Vorgängen, d. h. solchen, bei welchen entweder die »objektiv« richtigen Bedingungen des zweckrationalen Handelns unbeachtet oder (was zweierlei ist) auch subjektiv die zweckrationalen Erwägungen des Handelnden relativ weitgehend ausgeschaltet waren, eine »Börsenpanik« z. B., vor allen Dingen der Feststellung: wie denn im rationalen idealtypischen Grenzfall absoluter Zweck- und Richtigkeitsrationalität gehandelt worden wäre. Denn erst wenn dies feststeht, kann, wie die einfachste Erwägung lehrt, die kausale Zurechnung des Verlaufs sowohl zu objektiv wie zu subjektiv »irrationalen« Komponenten überhaupt vollzogen werden, weil man erst dann weiß: was denn überhaupt an dem Handeln – wie man sich charakteristisch auszudrücken pflegt: – »nur psychologisch« erklärlich, d. h. aber: Zusammenhängen zuzurechnen ist, welche auf objektiv irrtümlicher Orientiertheit oder auch auf subjektiver Zweckirrationalität und im letzten Fall entweder auf nur in Erfahrungsregeln erfaßbaren, aber ganz unverständlichen oder auf verständlich, aber nicht zweckrational, deutbaren Motiven ruht. Ein andres Mittel gibt es also auch für die Feststellung nicht: was denn an dem – nehmen wir einmal an: vollständig bekannten – »psychischen« Befund für den Verlauf des Handelns relevant geworden ist. Dies gilt absolut ausnahmslos für schlechthin alle historische und soziologische Zurechnung. Die letzten mit »Evidenz« erfaßbaren und in diesem Sinne »verstehbaren« (»einfühlungsmäßig nacherlebbaren«) »Zielrichtungen« aber, auf welche eine verstehende Psychologie stößt, (etwa: der »Geschlechtstrieb«) sind nur noch Gegebenheiten, welche im Prinzip ganz ebenso wie jede andere, auch eine ganz sinnfremde, Konstellation von Faktizitäten einfach hinzunehmen sind. Zwischen dem absolut (subjektiv) zweckrational orientierten Handeln und den absolut unverständlichen psychischen Gegebenheiten in der Mitte liegen nun, in der Realität durch gleitende Übergänge verbunden, die üblicherweise so genannten »psychologisch« verständlichen (zweckirrationalen) Zusammenhänge, auf deren höchst schwierige Kasuistik hier auch nicht einmal andeutend eingegangen werden könnte. – Subjektiv zweckrational orientiertes und am objektiv Gültigen »richtig« orientiertes (»richtigkeitsrationales«) Handeln sind an sich gänzlich zweierlei. Dem Forscher kann ein von ihm zu erklärendes Handeln im höchsten Grade zweckrational, dabei aber an für ihn ganz ungültigen Annahmen des Handelnden orientiert erscheinen. An magischen Vorstellungen orientiertes Handeln beispielsweise ist subjektiv oft weit zweckrationaleren Charakters als irgendein nicht magisches »religiöses« Sichverhalten, da die Religiosität ja gerade mit zunehmender Entzauberung der Welt zunehmend (subjektiv) zweckirrationalere Sinnbezogenheiten (»gesinnungshafte« oder mystische z. B.) anzunehmen genötigt ist. Auch abgesehen von der Zurechnung (s. o.) haben aber Geschichtsschreibung und Soziologie immer wieder auch mit den Beziehungen des tatsächlichen Ablaufs eines sinnhaft verständlichen Handelns zu demjenigen Typus zu tun, den dies Handeln annehmen »müßte«, wenn es dem (für den Forscher selbst) »Gültigen«, wir wollen sagen: dem »Richtigkeitstypus«, entsprechen sollte. Denn es kann für bestimmte (nicht: alle) Zwecke der Geschichtsschreibung und Soziologie die Tatsache: daß ein subjektiv sinnhaft orientiertes Sichverhalten (Denken und Tun) sich einem Richtigkeitstypus entsprechend, widersprechend oder mehr oder minder ihm sich annähernd orientiert, ein »um seiner selbst willen«, d. h. infolge der leitenden Wertbeziehungen höchst wichtiger Sachverhalt sein. Und ferner wird dies meist für den äußeren Ablauf – den »Erfolg« – des Handelns ein höchst entscheidendes kausales Moment sein. Ein Sachverhalt also, für welchen die konkret historischen oder typisch soziologischen Vorbedingungen in jedem Fall soweit aufzudecken sind, daß das Maß von Identität, Abweichung oder Widerspruch des empirischen Ablaufs gegenüber dem Richtigkeitstypus als verständlich und dadurch als durch die Kategorie der »sinnhaft adäquaten Verursachung« erklärt erscheint. Koinzidenz mit dem »Richtigkeitstypus« ist der »verständlichste«, weil »sinnhaft adäquateste« Kausalzusammenhang. »Sinnhaft adäquat verursacht« erscheint es der Geschichte der Logik, daß einem Denker bei einem bestimmt gearteten subjektiv sinnhaften Zusammenhang von Erörterungen über logische Fragen (»Problemlage«) ein dem Richtigkeitstypus der »Lösung« sich annähernder »Gedanke einfällt«. Im Prinzip ebenso, wie die Orientierung eines Handelns am »erfahrungsgemäß« Wirklichen uns spezifisch »sinnhaft adäquat verursacht« erscheint. Eine faktisch weitgehende Annäherung des realen Ablaufs eines Handelns an den Richtigkeitstypus, also faktische objektive Richtigkeitsrationalität, ist aber sehr weit davon entfernt, notwendig zusammenzufallen mit subjektiv zweckrationalem, d. h. nach eindeutig vollbewußten Zwekken und vollbewußt als »adäquat« gewählten Mitteln orientiertem Handeln. Ganz wesentliche Teile der verstehend psychologischen Arbeit bestehen ja zurzeit gerade in der Aufdeckung ungenügend oder gar nicht bemerkter und also in diesem Sinne nicht subjektiv rational orientierter Zusammenhänge, die aber dennoch tatsächlich in der Richtung eines weitgehend objektiv »rational« verständlichen Zusammenhanges verlaufen. Sehen wir von gewissen Teilen der Arbeit der sog. Psychoanalyse hier ganz ab, welche diesen Charakter haben, so enthält z. B. auch eine Konstruktion wie Nietzsches Theorie des Ressentiment eine Deutung, welche aus dem Pragma einer Interessenlage eine – ungenügend oder gar nicht bemerkte, weil aus verständlichen Gründen »uneingestandene« – objektive Rationalität des äußeren oder inneren Sichverhaltens ableitet. Übrigens ganz genau im (methodisch) gleichen Sinne, wie die ihr darin um Jahrzehnte vorangegangene Theorie des ökonomischen Materialismus es ebenfalls tut. In solchen Fällen geraten nun freilich sehr leicht das subjektiv, wenn auch unbemerkt, Zweckrationale und das objektiv Richtigrationale in eine nicht immer ganz geklärte Beziehung zueinander, die uns jedoch hier nicht weiter angehen soll. Es kam nur darauf an, das jederzeit Problematische und Begrenzte gerade des »nur Psychologischen« am »Verstehen« skizzenhaft (und notwendig ungenau) anzudeuten. Auf der einen Seite steht eine unbemerkte (»uneingestandene«) relativ weitgehende Rationalität des scheinbar gänzlich zweckirrationalen Verhaltens: »verständlich« ist es wegen jener Rationalität. Auf der andern Seite die hundertfach (namentlich in der Kulturgeschichte) zu belegende Tatsache: daß scheinbar direkt zweckrational bedingte Erscheinungen in Wahrheit durch ganz irrationale Motive historisch ins Leben gerufen waren und nachher, weil veränderte Lebensbedingungen ihnen ein hohes Maß von technischer »Richtigkeitsrationalität« zuwachsen ließen, als »angepaßt« überlebten und sich zuweilen universell verbreiteten.

Die Soziologie nimmt natürlich Notiz nicht nur von der Existenz »vorgeschobener Motive« des Handelns, von »stellvertretenden Befriedigungen« von Triebrichtungen und dergleichen, sondern erst recht davon: daß auch schlechthin »unverständliche« qualitative Bestandteile eines Motivationsablaufs diesen in der eingreifendsten Weise auch in seiner sinnhaften Bezogenheit und in der Art seiner Auswirkung mitbestimmen. Das in seiner sinnhaften Bezogenheit »gleiche« Handeln nimmt schon bei rein quantitativ verschiedenem »Reaktionstempo« der handelnd Beteiligten zuweilen einen im schließlichen Effekt radikal verschiedenen Verlauf. Eben solche Unterschiede und erst recht qualitative Stimmungslagen lenken die ihrer »sinnhaften« Bezogenheit nach ursprünglich »gleich« angesponnenen Motivationsketten im Effekt oft in auch sinnhaft heterogene Bahnen.

Es sind für die Soziologie 1. der mehr oder minder annähernd erreichte Richtigkeitstypus, 2. der (subjektiv) zweckrational orientierte Typus, 3. das nur mehr oder minder bewußt oder bemerkt, und mehr oder minder eindeutig zweckrational orientierte, 4. das nicht zweckrational aber in sinnhaft verständlichem Zusammenhang, 5. das in mehr oder minder sinnhaft verständlichem, durch unverständliche Elemente mehr oder minder stark unterbrochenem oder mitbestimmtem Zusammenhang motivierte Sichverhalten, und endlich 6. die ganz unverständlichen psychischen oder physischen Tatbestände »in« und »an« einem Menschen durch völlig gleitende Übergänge verbunden. Daß nicht jedes »richtigkeitsrational« ablaufende Handeln subjektiv zweckrational bedingt war, weiß sie und daß inbesondere nicht die logisch rational erschließbaren, sondern die – wie man sagt – »psychologischen« Zusammenhänge das reale Handeln bestimmen, ist ihr selbstverständlich. Logisch läßt sich z. B. aus mystisch-kontemplativer Religiosität die Unbekümmertheit um das Heil anderer, aus dem Prädestinationsglauben Fatalismus oder auch ethischer Anomismus als »Konsequenz« erschließen. Tatsächlich kann die erstere in bestimmten typischen Fällen zu einer Art von Euphorie führen, welche subjektiv als ein eigentümliches objektloses Liebesgefühl »gehabt« wird: – soweit liegt ein wenigstens partiell »unverständlicher« Zusammenhang vor, – und es wird nun dieses Gefühl oft als »Liebesakosmismus« in sozialem Handeln »abreagiert«: – ein, natürlich nicht »zweckrational«, wohl aber psychologisch, »verständlicher« Zusammenhang. Und der Prädestinationsglaube kann, bei Vorhandensein gewisser (durchaus verständlicher) Bedingungen, sogar in spezifisch rational verständlicher Art die Fähigkeit zu aktiv ethischem Handeln dem Gläubigen zum Erkenntnisgrund seiner persönlichen Seligkeit werden lassen und damit diese Qualität in teils zweckrational, teils sinnhaft restlos verständlicher Art zur Entfaltung bringen. Andererseits aber kann nun der Standpunkt des Prädestinationsglaubens seinerseits in »psychologisch« verständlicher Art Produkt sehr bestimmter, wiederum in ihren Zusammenhängen sinnhaft verständlicher, Lebensschicksale und (als Gegebenheiten hinzunehmender) »Charakter«-Qualitäten sein. – Genug: die Beziehungen zur »Psychologie« sind für die verstehende Soziologie in jedem Einzelfall verschieden gelagert. Die objektive Richtigkeitsrationalität dient ihr gegenüber dem empirischen Handeln, die Zweckrationalität gegenüber dem psychologisch sinnhaft Verständlichen, das sinnhaft verständliche gegenüber dem unverstehbar motivierten Handeln als Idealtypus, durch Vergleichung mit welchem die kausal relevanten Irrationalitäten (im jeweils verschiedenen Sinn des Worts) zum Zweck der kausalen Zurechnung festgestellt werden.

Wogegen sich die Soziologie aber auflehnen würde, wäre die Annahme: daß »Verstehen« und kausales »Erklären« keine Beziehung zueinander hätten, so richtig es ist, daß sie durchaus am entgegengesetzten Pol des Geschehens mit ihrer Arbeit beginnen, insbesondere die statistische Häufigkeit eines Sichverhaltens dieses um keine Spur sinnhaft

»verständlicher« macht und optimale »Verständlichkeit« als solche gar nichts für die Häufigkeit besagt, bei absoluter subjektiver Zweckrationalität sogar meist gegen sie spricht. Denn dessen ungeachtet sind sinnhaft verstandene seelische Zusammenhänge und speziell zweckrational orientierte Motivationsabläufe für die Soziologie durchaus dazu qualifiziert, als Glieder einer Kausalkette zu figurieren, welche z. B. mit »äußeren« Verumständungen beginnt und im Endpunkt wieder auf »äußeres« Sichverhalten führt. »Sinnhafte« Deutungen konkreten Verhaltens rein als solche sind natürlich auch für sie, selbst bei größter »Evidenz«, zunächst nur Hypothesen der Zurechnung. Sie bedürfen also der tunlichsten Verifikation mit prinzipiell genau den gleichen Mitteln wie jede andere Hypothese. Sie gelten uns als brauchbare Hypothesen dann, wenn wir ein, im Einzelfall höchst verschieden großes, Maß von »Chance« dafür annehmen dürfen, daß (subjektiv) »sinnhafte« Motivationsverkettungen vorliegen. Kausalketten, in welche zweckrational orientierte Motivationen durch deutende Hypothesen eingeschaltet sind, sind ja unter bestimmten dafür günstigen Umständen, und zwar gerade auch in bezug auf eben jene Rationalität, direkt der statistischen Nachprüfung und in diesen Fällen also einem (relativ) optimalen Beweise ihrer Gültigkeit als »Erklärungen« zugänglich. Und umgekehrt sind statistische Daten (und dazu gehören z. B. auch viele Daten der »Experimentalpsychologie«) wo immer sie den Ablauf oder die Folgen eines Verhaltens angeben, welches irgend etwas verständlich Deutbares in sich schließt, für uns erst dann »erklärt«, wenn sie auch wirklich im konkreten Fall sinnhaft gedeutet sind.

Der Grad der R i c h t i g k e i t srationalität eines Handelns endlich ist für eine empirische Disziplin eine e m p i r i s c h e Frage. Denn empirische Disziplinen arbeiten, wo immer es sich um die realen Beziehungen zwischen ihren O b j e k t e n (und nicht: um ihre eigenen logischen Voraussetzungen) handelt, unvermeidlich mit dem »naiven Realismus«, nur je nach der qualitativen Art des Objekts in verschiedenen Formen. Auch die mathematischen und logischen Sätze und Normen sind daher, wo sie Objekte soziologischer Forschung sind, z. B. wenn der Grad ihrer richtigkeitsrationalen »Anwendung« zum Ziel statistischer Untersuchung wird, für uns gerade »logisch« gar nichts als: konventionelle Gepflogenheiten eines praktischen Sichverhaltens – obwohl ihre Geltung doch andrerseits »Voraussetzung« der Arbeit des Forschers ist. Gewiß gibt es jene wichtigen Problematiken innerhalb unserer Arbeit, in welchen grade das Verhältnis des empirischen Verhaltens zum Richtigkeitstypus auch reales kausales Entwicklungsmoment empirischer Vorgänge wird. Aber diesen Sachverhalt als solchen aufzuzeigen, ist nicht etwa eine das Objekt des empirischen Charakters beraubende, sondern eine durch Wertbeziehungen bestimmte, die Art der verwendeten Idealtypen und ihre Funktion bedingende Zielrichtung der Arbeit. Die wichtige und selbst in ihrem Sinn schwierige allgemeine Problematik des »Rationalen« in der Geschichte braucht hier nicht nebenher erledigt zu werden[2]. Denn für die allgemeinen Begriffe der Soziologie jedenfalls ist, logisch betrachtet, die Verwendung des »Richtigkeitstypus« prinzipiell nur ein Fall der Bildung von Idealtypen, wenn auch oft ein höchst

2 Die Art wie die Relation zwischen dem Richtigkeitstypus eines Verhaltens und dem empirischem Verhalten »wirkt« und wie dies Entwicklungsmoment sich zu den soziologischen Einflüssen z. B. in einer konkreten Kunstentwicklung verhält, hoffe ich gelegentlich an einem Beispiel (Musikgeschichte) zu erläutern. Nicht nur für eine Geschichte der Logik oder anderer Wissenschaften, sondern ganz ebenso auf allen andern Gebieten sind gerade jene Beziehungen, also die Nähte, an welchen Spannungen des Empirischen gegen den Richtigkeitstypus aufbrechen können, entwicklungsdynamisch von der höchsten Bedeutung. Ebenso freilich der auf jedem einzelnen Gebiet der Kultur individuell und grundverschieden liegende Sachverhalt: daß und in welchem Sinn ein eindeutiger Richtigkeitstypus nicht durchführbar, sondern Kompromiß oder Wahl zwischen mehreren solchen Grundlagen der Rationalisierung möglich ist oder unvermeidlich wird. Hier können solche, inhaltliche, Probleme nicht erörtert werden.

wichtiger Fall. Gerade dem logischen Prinzip nach versieht er diese Rolle prinzipiell nicht anders wie, unter Umständen, ein zweckmäßig gewählter »Irrtumstypus« sie, je nach dem Zweck der Untersuchung, auch versehen kann. Für einen solchen ist freilich noch immer die Distanz gegen das »Gültige« maßgebend. Aber logisch ist es auch kein Unterschied: ob ein Idealtypus aus sinnhaft verständlichen oder aus spezifisch sinnfremden Zusammenhängen gebildet wird. Wie im ersten Fall die gültige »Norm«, so bildet im zweiten Fall eine empirisch zum »reinen« Typus sublimierte Faktizität den Idealtypus. Auch im ersten Fall ist aber nicht das empirische Material geformt durch Kategorien der »Geltungssphäre«. Sondern es ist eben nur der konstruierte Idealtypus dieser entnommen. Und es hängt durchaus von den Wertbeziehungen ab, inwieweit gerade ein Richtigkeitstypus als Idealtypus zweckmäßig wird.

III.

Das Ziel der Betrachtung: »Verstehen«, ist schließlich auch der Grund, weshalb die verstehende Soziologie (in unserem Sinne) das Einzelindividuum und sein Handeln als unterste Einheit, als ihr »Atom« – wenn der an sich bedenkliche Vergleich hier einmal erlaubt ist – behandelt. Die Aufgabe anderer Betrachtungsweisen kann es sehr wohl mit sich bringen, das Einzelindividuum vielleicht als einen Komplex psychischer, chemischer oder anderer »Prozesse« irgendwelcher Art zu behandeln. Für die Soziologie aber kommt alles die Schwelle eines sinnhaft deutbaren Sichverhaltens zu »Objekten« (inneren oder äußeren) Unterschreitende nur ebenso in Betracht, wie die Vorgänge der »sinnfremden« Natur: als Bedingung oder subjektiver Bezogenheitsgegenstand des ersteren. Aus dem gleichen Grunde ist aber für diese Betrachtungsweise der Einzelne auch nach oben zu die Grenze und der einzige Träger sinnhaften Sichverhaltens. Keine scheinbar abweichende Ausdrucksform darf dies verschleiern. Es liegt in der Eigenart nicht nur der Sprache, sondern auch unseres Denkens, daß die Begriffe, in denen Handeln erfaßt wird, dieses im Gewande eines beharrenden Seins, eines dinghaften oder ein Eigenleben führenden »personenhaften« Gebildes, erscheinen lassen. So auch und ganz besonders in der Soziologie. Begriffe wie »Staat«, »Genossenschaft«, »Feudalismus« und ähnliche bezeichnen für die Soziologie, allgemein gesagt, Kategorien für bestimmte Arten menschlichen Zusammenhandelns und es ist also ihre Aufgabe, sie auf »verständliches« Handeln und das heißt ausnahmslos: auf Handeln der beteiligten Einzelmenschen, zu reduzieren. Dies ist bei anderen Betrachtungsweisen keineswegs notwendig der Fall. Vor allem ist darin die soziologische von der juristischen Betrachtungsweise geschieden. Die Jurisprudenz behandelt z. B. unter Umständen den »Staat« ebenso als »Rechtspersönlichkeit« wie einen Einzelmenschen, weil ihre auf objektive Sinndeutung und das heißt: den gelten sollenden Inhalt von Rechtssätzen gerichtete Arbeit jenes begriffliche Hilfsmittel nützlich, vielleicht unentbehrlich, erscheinen läßt. Ganz ebenso wie ein Rechtssatz Embryonen als »Rechtspersönlichkeiten« behandelt, während für empirisch verstehende Disziplinen auch beim Kinde der Übergang von reinen Faktizitäten des praktisch relevanten Verhaltens zum sinnhaft verständliche »Handeln« durchaus flüssig ist. Die Soziologie hat es dagegen, soweit für sie das »Recht« als Objekt in Betracht kommt, nicht mit der Ermittelung des logisch richtigen »objektiven« Sinngehaltes von »Rechtssätzen« zu tun, sondern mit einem Handeln, als dessen Determinanten und Resultanten natürlich unter anderem auch Vorstellungen von Menschen über den »Sinn« und das »Gelten« bestimmter Rechtssätze eine bedeutende Rolle spielen. Darüber, also über das Konstatieren des tatsächlichen Vorhandenseins einer solchen Geltungsvorstellung, geht sie nur in der Weise hinaus, daß sie 1. auch die Wahrscheinlichkeit des Verbreitetseins solcher Vorstellungen in Betracht zieht, und 2. durch folgende Überlegung: Daß empirisch jeweilig bestimmte Vorstellungen über den »Sinn« eines als geltend vorgestellten »Rechtssatzes« in den Köpfen bestimmter Menschen herrschen, hat unter bestimmten angebbaren Umständen die Konsequenz, daß das Handeln rational an bestimmten »Erwartungen« orientiert werden kann, gibt also konkreten Individuen bestimmte »Chancen«. Dadurch kann deren Verhalten erheblich beeinflußt werden. Dies ist die begriffliche soziologische Bedeutung der empirischen »Geltung« eines »Rechtssatzes«. Für die soziologische Betrachtung steht daher auch hinter dem Worte »Staat« – wenn sie es überhaupt verwendet – nur ein Ablauf von menschlichem Handeln besonderer Art. Wenn sie nun genötigt ist, hier wie oft das gleiche Wort wie die juristische Wissenschaft zu gebrauchen, so ist doch dessen juristisch »richtiger« Sinn dabei nicht der von ihr gemeinte. Es ist aber allerdings das unvermeidliche Schicksal aller Soziologie: daß sie für die Betrachtung des überall stetige Übergänge zwischen den »typischen« Fällen zeigenden realen Handelns sehr oft die scharfen, weil auf syllogistischer Interpretation von Normen ruhenden, juristischen Ausdrücke verwenden muß, um ihnen dann ihren eigenen, von dem juristischen der Wurzel nach verschiedenen, Sinn unterzuschieben. Und dazu kommt noch, daß, der Natur des Objekts entsprechend, fortwährend so verfahren werden muß: daß »eingelebte« und aus dem Alltag bekannte sinnhafte Zusammenhänge zur Definition anderer verwendet und dann nachträglich ihrerseits wieder mit Hilfe dieser letzteren definiert werden müssen. Wir gehen einige solche Definitionen durch.

IV.

Von »Gemeinschaftshandeln« wollen wir da sprechen, wo menschliches Handeln subjektiv sinnhaft auf das Verhalten anderer Menschen bezogen wird. Ein ungewollter

Zusammenprall zweier Radfahrer z. B. soll uns nicht Gemeinschaftshandeln heißen. Wohl aber ihre etwaigen vorherigen Versuche einander auszuweichen, oder, nach einem Zusammenstoß, ihre etwaige »Prügelei« oder »Verhandlung« über gütlichen »Ausgleich«. Nicht etwa nur Gemeinschaftshandeln ist für die soziologische Kausalzurechnung wichtig. Aber es ist das primäre Objekt einer »verstehenden« Soziologie. Einen wichtigen normalen – wenn auch nicht unentbehrlichen – Bestandteil des Gemeinschaftshandelns bildet insbesondere dessen sinnhafte Orientierung an den *Erwartungen* eines bestimmten Verhaltens Anderer und den darnach für den Erfolg des eigenen Handelns (*subjektiv*) geschätzten Chancen. Ein äußerst verständlicher und wichtiger Erklärungsgrund des Handelns ist dabei das *objektive* Bestehen dieser Chancen, d. h. die größere oder geringere, in einem »objektiven Möglichkeitsurteil« ausdrückbare Wahrscheinlichkeit, daß diese Erwartungen *mit Recht* gehegt werden. Davon bald mehr. Wir bleiben zunächst bei dem Tatbestand der subjektiv gehegten Erwartung. – Speziell alles im früher definierten Sinn »zweckrationale« Handeln überhaupt ist an Erwartungen orientiert. Im Prinzip scheint es daher zunächst dasselbe, ob Erwartungen bestimmter, sei es ohne Zutun des Handelnden oder als Reaktion auf sein gerade auf ihren Eintritt abgezwecktes Handeln erwarteter, *Naturvorgänge* oder ob in ähnlicher Art Erwartungen eines bestimmten Verhaltens anderer *Menschen* dem eigenen Handeln des Erwartenden die Wege weisen. Aber: die Erwartungen eines bestimmten Verhaltens anderer Menschen können sich bei dem subjektiv rational Handelnden auch darauf gründen, daß er ein subjektiv *sinnhaftes* Verhalten von ihnen erwarten, also auch dessen Chancen aus bestimmten *sinnhaften* Beziehungen, mit einem verschieden großen Grade von Wahrscheinlichkeit, voraus berechnen zu können subjektiv glaubt. Insbesondere kann sich diese Erwartung darauf subjektiv gründen: daß der Handelnde sich mit dem oder den Anderen »verständigt«, »Vereinbarungen« mit ihnen getroffen hat, deren »Innehaltung«, dem von ihm selbst gemeinten Sinn gemäß, er von ihnen zu gewärtigen Anlaß zu haben glaubt. Schon dies ergibt eine dem Gemeinschaftshandeln spezifische qualitative Besonderheit, weil eine sehr wesentliche Erweiterung desjenigen Umkreises von Erwartungen, an welchen der Handelnde sein eigenes Handeln zweckrational orientieren zu können glauben wird. Der mögliche (subjektiv gemeinte) Sinn des Gemeinschaftshandelns erschöpft sich freilich nicht etwa in der Orientierung speziell an »Erwartungen« des »Handelns« Dritter. Im Grenzfall kann davon gänzlich abgesehen und das auf Dritte sinnbezogene Handeln lediglich an dem subjektiv geglaubten »Wert« seines Sinngehalts als solchen (»Pflicht« oder was es sei) orientiert, das Handeln also nicht erwartungsorientiert, sondern wertorientiert sein. Ebenso muß bei den »Erwartungen« nicht ein Handeln, sondern es kann auch z. B. nur ein inneres Sichverhalten (etwa eine »Freude«) des Dritten den Inhalt der Erwartung ausmachen. Der Übergang vom Idealtypus des sinnhaften Bezogenseins des eignen auf ein sinnhaftes Verhalten des Dritten endlich zu dem Fall, wo der Dritte (etwa ein Säugling) lediglich als »Objekt« in Betracht kommt, ist empirisch durchaus flüssig. Das an Erwartungen sinnhaften Handelns orientierte Handeln ist uns nur der rationale Grenzfall.

Stets aber ist uns »Gemeinschaftshandeln« ein entweder 1. historisch beobachtetes oder 2. ein theoretisch, als objektiv »möglich« oder »wahrscheinlich« konstruiertes Sichverhalten von Einzelnen zum aktuellen oder zum vorgestellten potentiellen Sichverhalten anderer Einzelner. Das ist ganz streng festzuhalten auch bei jenen Kategorien, welche nun weiter zu erörtern sind.

V.

Vergesellschaftetes Handeln (»Gesellschaftshandeln«) wollen wir ein Gemeinschaftshandeln dann und soweit nennen, als es 1. sinnhaft orientiert ist an Erwartungen, die gehegt werden auf Grund von Ordnungen, wenn 2. deren »Satzung« rein zweckrational erfolgte im Hinblick auf das als Folge erwartete Handeln der Vergesellschafteten, und wenn 3. die sinnhafte Orientierung subjektiv zweckrational geschieht. – Eine gesatzte Ordnung in dem hier gemeinten rein empirischen Sinn ist – wie hier nur ganz provisorisch definiert sei – entweder 1. eine einseitige, im rationalen Grenzfall: ausdrückliche, Aufforderung von Menschen an andere Menschen oder 2. eine, im Grenzfall: ausdrückliche, beiderseitige Erklärung von Menschen zueinander, mit dem subjektiv gemeinten Inhalt: daß eine bestimmte Art von Handeln in Aussicht gestellt oder erwartet werde. Alles Nähere darüber bleibt zunächst dahingestellt.

Daß ein Handeln subjektiv sinnhaft an einer gesatzten Ordnung »orientiert« wird, kann nun zunächst bedeuten: daß dem subjektiv von den Vergesellschafteten in Aussicht genommenen Handeln auch ihr tatsächliches Handeln objektiv entspricht. Der Sinn einer gesatzten Ordnung und also das eigene in Aussicht gestellte wie das von Andern erwartete Handeln kann aber von den einzelnen Vergesellschafteten untereinander verschieden erfaßt worden sein oder später gedeutet werden, so daß ein Handeln, welches einer von den Beteiligten subjektiv für mit sich identisch gehaltenen Ordnung subjektiv entsprechend orientiert ist, nicht notwendig ein auch objektiv in gleichen Fällen gleichartiges Handeln sein muß. Und ferner kann eine »Orientierung« des Handelns an einer gesatzten Ordnung auch darin bestehen, daß deren subjektiv erfaßtem Sinn von einem Vergesellschafteten bewußt entgegengehandelt wird. Auch indem Jemand bewußt und absichtsvoll dem von ihm subjektiv erfaßten Sinn der Ordnung eines Kartenspiels entgegen, also »falsch«, spielt, bleibt er dennoch als »Mitspieler« vergesellschaftet, im Gegensatz zu jemandem, der sich dem Weiterspielen entzieht. Ganz ebenso wie ein »Dieb« oder ein »Totschläger« sein Verhalten an eben jenen Ordnungen, denen er subjektiv bewußt sinnhaft zuwiderhandelt, dennoch dadurch orientiert, daß er sein Tun oder seine Person verhehlt. Das Entscheidende für die empirische »Geltung« einer zweckrational gesatzten Ordnung ist also nicht: daß die einzelnen Handelnden ihr eigenes Handeln kontinuierlich dem von ihnen subjektiv gedeuteten Sinngehalt *entsprechend* orientieren. Sie kann vielmehr zweierlei Dinge bedeuten: 1. daß tatsächlich (subjektiv), die Einzelnen im Durchschnitt wie die Falschspieler und Diebe die Erwartung hegen, daß *die anderen* Vergesellschafteten ihr Verhalten durchschnittlich so gestalten werden: »als ob« sie die Innehaltung der gesatzten Ordnung zur Richtschnur ihres Handelns nähmen; 2. daß sie, nach der durchschnittlich anzuwendenden Beurteilung von Chancen menschlichen Sichverhaltens, solche Erwartungen objektiv hegen *konnten* (eine besondere Formung der Kategorie der »adäquaten Verursachtheit«). Logisch ist an sich beides (1 und 2) streng auseinanderzuhalten. Das Eine ist ein bei den das Beobachtungs*objekt* bildenden Handelnden *subjektiv* vorliegender, d. h. vom Forscher als »durchschnittlich« vorhanden angenommener, Tatbestand. Das andere ist eine von dem erkennenden *Subjekt* (Forscher) *objektiv* unter Berücksichtigung der *wahrscheinlichen* Kenntnisse und Denkgepflogenheiten der Beteiligten zu kalkulierende Chance. Bei Bildung genereller Begriffe schätzt aber die Soziologie ein durchschnittliches Maß von Vorhandensein der zur Abschätzung jener Chancen erforderlichen »Fähigkeiten« des Auffassens auch den am Handeln Beteiligten als subjektiv vorhanden zu. Das heißt: sie setzt ein für allemal idealtypisch voraus: daß objektiv vorhandene Durchschnittschancen auch von den zweckrational Handelnden durchschnittlich subjektiv annähernd in Rechnung gestellt werden. Daher soll auch uns die empirische »Geltung« einer Ordnung in der objektiven Begründetheit jener Durchschnittserwartungen (Kategorie der »objektiven Möglichkeit«) bestehen. In dem speziellen Sinn: Daß uns nach Lage der jeweils durchschnittlich wahrscheinlichen Tatsachenberechnung ein subjektiv seinem Sinngehalt nach durchschnittlich an ihnen orientiertes Handeln als »adäquat verursacht« gilt. Dabei fungieren also die objektiv abschätzbaren Chancen der möglichen Erwartungen auch als zulänglicher verständlicher Erkenntnisgrund für das wahrscheinliche Vorhandensein jener Erwartungen bei den Handelnden. Beides koinzidiert hier der Tatsache nach im Ausdruck fast unvermeidlich, ohne daß aber natürlich der logische Abgrund verwischt werden dürfte. Nur im erstgedachten Sinn: als objektives Möglichkeitsurteil, ist es selbstverständlich gemeint: daß jene Chancen den subjektiven Erwartungen der Handelnden sinnhaft zur Grundlage zu dienen durchschnittlich geeignet seien »und daher« tatsächlich (in einem relevanten Maße) dienten. Es ist nun schon klar, daß mit dem bisher Gesagten zwischen der logisch scheinbar exklusiven Alternative: Fortbestand oder Nichtmehrbestand einer Vergesellschaftung, in der Realität eine lückenlose Skala von Übergängen gegeben ist. Sobald freilich alle beteiligten Kartenspieler voneinander gegenseitig »wissen«, daß die vereinbarten Spielregeln überhaupt nicht mehr innegehalten werden, oder sobald keine normalerweise in Rechnung zu stellende Chance objektiv besteht »und daher« subjektiv keine solche mehr in Rechnung gestellt wird: daß z. B. der Zerstörer fremden Lebens sich um die Ordnung, die er bewußt verletzt, normalerweise überhaupt noch kümmert, – weil eben die Verletzung für ihn keinerlei Konsequenzen voraussehen läßt, – in solchen Fällen ist deren empirische Existenz nicht mehr gegeben und besteht also auch die betreffende Vergesellschaftung nicht mehr. Sie besteht so lange und insoweit, als ein an ihren Ordnungen irgendwie dem durchschnittlich gemeinten Sinn nach orientiertes Handeln noch in einem praktisch relevanten Umfang abläuft. Dies aber ist ein flüssiger Tatbestand.

Aus dem Gesagten folgt z. B. auch, daß das reale Handeln der Einzelnen subjektiv sinnhaft sehr wohl an mehreren Ordnungen orientiert sein kann, welche einander nach den jeweils konventionellen Denkgepflogenheiten sinnhaft »widersprechen«, dennoch aber nebeneinander empirisch »gelten«. Die durchschnittlich herrschenden Anschauungen vom »Sinn« unserer Gesetzgebung z. B. verbieten absolut den Zweikampf. Gewisse weitverbreitete Vorstellungen vom »Sinn« als geltend angenommener gesellschaftlicher Konventionen[3] gebieten ihn. Indem der Einzelne ihn vollzieht, orientiert er sein Handeln an diesen konventionellen Ordnungen. Indem er aber dabei sein Tun verhehlt, orientiert er es an den Ordnungen der Gesetze. Die praktische Wirkung des empirischen, d. h. hier und immer: des durchschnittlich für die subjektive sinnhafte Orientierung des Handelns zu erwartenden »Geltens« der beiderseitigen Ordnungen ist in diesem Fall also verschieden. Eine empirische »Geltung« aber, d. h. die Tatsache: daß das Handeln durch sinnhafte Orientierung an ihrem (subjektiv erfaßten) Sinn orientiert und dadurch beeinflußt wird, schreiben wir beiden zu. Als normalen Ausdruck der empirischen »Geltung« einer Ordnung werden wir aber freilich die Chance ihres »Befolgtwerdens« ansehen. Das heißt also: daß die Vergesellschafteten durchschnittlich sowohl auf das nach der Durchschnittsauffassung »ordnungsgemäße« Verhalten anderer mit Wahrscheinlichkeit zählen, als auch im Durchschnitt ihr eigenes Handeln den gleichartigen Erwartungen anderer gemäß einrichten (»ordnungsgemäßes Ge-

3 Der Begriff ist hier nicht speziell zu erörtern. Es sei nur bemerkt: als »Recht« gilt uns soziologisch eine in ihrer empirischen Geltung durch einen »Zwangsapparat« (im bald zu erörterndem Sinn), als Konvention eine nur durch »soziale Mißbilligung« der zur »Rechts«- bzw. »Konventions«-Gemeinschaft vergesellschafteten Gruppe garantierte Ordnung. Die Grenze kann in der Realität natürlich flüssig sein.

sellschaftshandeln«). Alsbald sei betont: die empirische »Geltung« einer Ordnung erschöpft sich nicht in der durchschnittlichen Begründetheit der »Erwartungen« der Vergesellschafteten in bezug auf ihr faktisches Verhalten. Dies ist nur die rationalste und dabei soziologisch unmittelbar greifbarste Bedeutung. Aber ein ausschließlich bei allen Beteiligten nur an »Erwartungen« des Verhaltens Anderer orientiertes Verhalten eines jeden von ihnen wäre nur der absolute Grenzfall zum bloßen »Gemeinschaftshandeln« und bedeutete die absolute Labilität auch dieser Erwartungen selbst. Diese letzteren sind vielmehr gerade um so mehr mit durchschnittlicher Wahrscheinlichkeit »begründet«, je mehr im Durchschnitt darauf gezählt werden darf, daß die Beteiligten ihr eigenes Handeln nicht bloß an den Erwartungen des Handelns der Anderen orientieren, sondern je mehr bei ihnen die subjektive Ansicht in relevantem Maß verbreitet ist, daß die (subjektiv sinnhaft erfaßte) »Legalität« gegenüber der Ordnung »verbindlich« für sie sei.

Das Verhalten des »Diebes« und »Falschspielers« werden wir als (subjektiv) »ordnungswidriges« Gesellschaftshandeln bezeichnen, ein subjektiv der Intention nach ordnungsgemäß, aber dabei von der Durchschnittsdeutung der Ordnung abweichend orientiertes Handeln als objektiv »abnormes« Gesellschaftshandeln. Jenseits dieser Kategorien liegen die Fälle des nur »vergesellschaftungsbedingten« Handelns: Jemand sieht sich entweder bei seinem sonstigen Handeln veranlaßt, zweckrational auf die Notwendigkeiten, welche er durch die Vergesellschaftung sich auferlegt hat, Rücksicht zu nehmen (anderweite Ausgaben z. B. um dadurch bedingter Ausgaben willen zu unterlassen). Oder er wird in seinem anderweiten Handeln (z. B. in der Entwicklung seiner »Freundschaften« oder seines gesamten »Lebensstils«), ohne dies zweckrational zu wollen und zu bemerken, durch die Orientiertheit gewisser Teile seines Handels an vereinbarten Ordnungen (z. B. seiner religiösen Sekte) beeinflußt. Alle diese Unterschiede sind in der Realität flüssig. Kein prinzipieller Unterschied überhaupt liegt darin: ob Gesellschaftshandeln in sinnhaften Beziehungen unter den Vergesellschafteten gegenseitig oder zu Dritten abläuft; denn gerade dies letztere kann den vorwiegend gemeinten Sinn der Vereinbarung bilden. Dagegen kann man das an den Ordnungen der Vergesellschaftung orientierte Handeln unterscheiden in »gesellschaftsbezogenes«, d. h. direkt zu den (wie immer: subjektiv sinnhaft gedeuteten) Ordnungen der Vergesellschaftung Stellung nehmend, also dem gemeinten Sinn nach auf die planvolle allgemeine Durchsetzung ihrer empirischen Geltung oder umgekehrt auf ihre Änderung und Ergänzung gerichtet, oder nur »gesellschaftsgeregeltes«, d. h. an diesen Ordnungen orientiert, aber nicht in jenem Sinne »gesellschaftsbezogen«. Auch dieser Unterschied ist flüssig.

Rationaler Idealtypus der Vergesellschaftung ist uns vorläufig der »Zweckverein«: ein Gesellschaftshandeln mit einer zweckrational von allen Beteiligten vereinbarten Ordnung des Inhalts und der Mittel des Gesellschaftshandelns. In der Vereinbarung der Ordnung (»Satzung«) haben im idealtypischen Rationalitätsfall die vergesellschaftet Handelnden subjektiv eindeutig auch ausbedungen: welches in welchen Formen sich vollziehende Handeln welcher (oder in welcher Art zu bestimmender) Personen (»Vereinsorgane«) »dem Verein zugerechnet« werden soll und welchen »Sinn«, d. h. welche Folgen für die sich Vergesellschaftenden dies haben soll. Ferner: ob und welche Sachgüter und Leistungen für die vereinbarten Zwecke des Gesellschaftshandelns (»Vereinszwecke«) verfügbar sein sollen (»Zweckvermögen«). Ebenso: welche Vereinsorgane und wie sie darüber disponieren sollen; welche Leistungen die Beteiligten für Vereinszwecke zu bieten, welches Handeln ihnen »geboten«, »verboten«, oder »erlaubt« sein soll und was sie selbst auf Grund ihrer Beteiligung an Vorteilen zu gewärtigen haben. Endlich: ob und welche Vereinsorgane und unter welchen Bedingungen und durch welche Mittel sie auf die Innehaltung der vereinbarten Ordnung hinzuwirken sich bereit halten sollen (»Zwangsapparat«). Jeder am Gesellschaftshandeln Beteiligte verläßt sich in einem gewissen Umfang darauf, daß die anderen Beteiligten sich (annähernd und durchschnittlich) der Vereinbarung gemäß verhalten werden und zieht diese Erwartung bei der rationalen Orientierung seines eigenen Handelns in Rechnung. Die Gründe, welche der Einzelne für jene Zuversicht zu haben glaubt, sind für die empirische Existenz des Vereins gleichgültig, wenn er objektiv annehmen d a r f: daß, dem Erfolge nach, i r g e n d welche wie immer gearteten Interessen der Anderen ihnen die Innehaltung der vereinbarten Ordnung durchschnittlich mit hinlänglicher Wirkung anempfehlen. Natürlich aber kann die von ihm vorausgesetzte Chance: daß im Falle der Nichtinnehaltung die Ausübung physischen oder (noch so milden, z. B. nur in der christlichen »brüderlichen Vermahnung« bestehenden) psychischen Zwanges in Aussicht stehe, die subjektive Sicherheit, daß jene Zuversicht im Durchschnitt nicht enttäuscht werde, und die objektive Wahrscheinlichkeit, daß jene Erwartungen begründet sind, stark erhöhen. Das, nach seinem subjektiv d u r c h s c h n i t t l i c h als gemeint vorausgesetzten Sinngehalt eine »Vereinbarung« bedeutende Handeln heißt uns, im Gegensatz zum an dieser Vereinbarung orientierten »Gesellschaftshandeln«, das »Vergesellschaftungshandeln«. – Innerhalb des an der Vereinbarung orientierten Handelns ist die wichtigste Art des »gesellschaftsbezogenen« Gesellschaftshandelns einerseits das spezifische Gesellschaftshandeln der »Organe«, andererseits das Gesellschaftshandeln der Vergesellschafteten, welches sinnhaft auf jenes Handeln der Organe bezogen ist. Speziell innerhalb der später zu erörternden Vergesellschaftungskategorie der »Anstalten« (insbesondere des »Staates«) pflegt man diejenigen Ordnungen, welche zur Orientierung dieses Handelns geschaffen sind: das Anstaltsrecht (im Staat das »öffentliche Recht«) von den das sonstige Handeln der Vergesellschafteten regelnden Ordnungen zu scheiden. Aber auch innerhalb des Zweckvereins gilt die gleiche Scheidung (»Vereinsrecht« gegenüber den durch den Verein geschaffenen Ordnungen). Doch sollen uns diese (flüssigen) Gegensätze hier nicht beschäftigen.

Bei voller Entwicklung ist der Zweckverein kein ephemeres, sondern ein perennierendes »soziales Gebilde«. Das bedeutet: trotz des Wechsels der am Gesellschaftshandeln Beteiligten, d. h. also: trotz der Nichtmehrbeteiligung bisheriger und der Beteiligung immer neuer Personen, natürlich – im idealtypischen Grenzfall – stets kraft spezieller neuer Vereinbarung, betrachtet man ihn als mit sich identisch bleibend. Dies geschieht so lange, als trotz des Wechsels der Personen ein an den »gleichen« Ordnungen des Verbandes orientiertes Handeln in einem soziologisch relevanten Umfang tatsächlich erwartet werden darf. »Gleich« aber ist die subjektiv erfaßte) Ordnung im soziologischen Sinne so lange, als die durchschnittlichen Denkgepflogenheiten der Vergesellschafteten diese Identität bezüglich der durchschnittlich für wichtig angesehenen Punkte annehmen. Sie können sie mehr oder minder eindeutig und mehr oder minder annähernd annehmen: die »Gleichheit« ist soziologisch ein durchaus nur relativ und gleitend bestehender Sachverhalt. Die im Verein Vergesellschafteten können Ordnungen durch neues Vergesellschaftungshandeln bewußt ändern, oder diese können durch Veränderung der sich durchsetzenden durchschnittlichen Auffassung ihres »Sinnes« oder, und namentlich, durch Veränderung der Umstände, ohne neues Vergesellschaftungshandeln die Art ihrer praktischen Bedeutung für das Handeln wechseln (»Bedeutungswandel«, – ungenau auch »Zweckwandel« genannt) oder ganz verlieren. In solchen Fällen hängt es sowohl 1. von der Kontinuierlichkeit der Änderungen wie 2. von dem relativen Umfang der, in Gestalt entsprechend, sich orientierenden Handelns, empirisch fortbestehenden alten Ordnungen wie 3. von dem Fortbestand der entweder aus den gleichen oder gleichartig ausgelesenen Personen bestehenden oder doch gleichartig handelnden Verbandsorgane und Zwangsapparate ab: ob der Soziologe das verändert ablaufende Gesellschaftshandeln zweckmäßigerweise als eine »Fortsetzung« des alten, oder als ein »neues« soziales Gebilde betrachtet. Wiederum liegt also ein durchaus in gleitenden Übergängen verlaufender Tatbestand vor. Ebenso ist es durchaus eine Frage des Einzelfalls (und also: der durch den konkreten Forschungszweck bestimmten Zweckmäßigkeit): wann man eine Vergesellschaftung als ein »selbständiges« Gebilde und wann man sie als »Teil« einer übergreifenden Vergesellschaftung ansieht. Das letztere aber kann prinzipiell in zweierlei Arten der Fall sein. 1. Einmal so: daß die empirisch »geltenden« Ordnungen eines Gesellschaftshandelns nicht ausschließlich der Satzung durch die an diesem Handeln Beteiligten entspringen (autonome Ordnungen), sondern daß das Gesellschaftshandeln mitbedingt ist dadurch, daß die Beteiligten dasselbe (immer: normalerweise) auch an den Ordnungen einer anderen Vergesellschaftung, an der sie beteiligt sind, orientieren (heteronome Ordnungen: so etwa das Gesellschaftshandeln der Kirche an den Ordnungen der politischen Gewalt oder umgekehrt). 2. Oder aber so, daß die Organe einer Vergesellschaftung ihrerseits wieder in bestimmter Art vergesellschaftet sind in einem umfassenderen Gebilde von Verbandsorganen einer anderen Vergesellschaftung: so etwa die Organe eines »Regiments« im Gesamtapparat einer »Heeresverwaltung« (heterokephaler im Gegensatz zum autokephalen Zweckverband, wie ihn etwa ein freier Verein oder ein selbständiger »Staat« darstellt). Heteronomie der Ordnungen und Heterokephalie der Organe fallen oft, aber nicht notwendig zusammen. Das Gesellschaftshandeln in einem autokephalen Verein ist heute normalerweise durch die Orientierung des Handelns seiner Mitglieder an Satzungen des politischen Verbandes mitbedingt, also heteronom. Die sozialistische »Vergesellschaftung« der Produktionsmittel würde bedeuten: daß das heute schon zum erheblichen Teil heteronome, d. h. an Ordnungen anderer, vor allem politischer, Verbände orientierte Gesellschaftshandeln jedes einzelnen, jetzt im Prinzip autokephalen, »Betriebs«-heterokephal gegenüber den Organen einer (irgendwelchen) »Gesamtheit« würde. –

Nicht jede vereinbarte Vergesellschaftung führt aber zum Entstehen eines Zweckvereins, für welchen nach der Definition 1. die Vereinbarung genereller Regeln und 2. die Existenz eigener Verbandsorgane konstitutiv sein sollen. Eine Vergesellschaftung (»Gelegenheitsvergesellschaftung«) kann auch einen ganz ephemer gemeinten Sinn haben, etwa einen sofort auszuführenden gemeinsamen Totschlag aus Rache, und es können also alle als Charakteristika der Zweckvereine erwähnten Bestandteile fehlen, bis auf die rational vereinbarte »Ordnung« des Gesellschaftshandelns, welche nach der gewählten Definition konstitutives Merkmal sein soll. Ein bequemes Beispiel für die Stufenfolge von der Gelegenheitsvergesellschaftung angefangen bis zum Zweckverein ist die der industriellen »Kartellierungen« von der einfachen einmaligen Verabredung von Unterbietungsgrenzen zwischen einzelnen Konkurrenten bis zum »Syndikat« mit großem eigenen Vermögen, Verkaufskontoren und einem umfassenden Apparat von Organen. Gemeinsam ist ihnen allen nur die vereinbarte Ordnung, deren Inhalt bei der hier idealtypisch vorauszusetzenden ausdrücklichen Festsetzung aller Punkte mindestens die Abmachung enthält: was unter den Beteiligten als geboten oder umgekehrt: was als verboten, oder ferner auch: was als erlaubt gelten solle. Beim isolierten (unter Abstraktion von jeder Existenz einer »Rechtsordnung« zu denkenden) Tausch wird z. B. im idealtypischen Fall der vollen Explizität mindestens vereinbart: 1. als geboten: die Übergabe und eventuell noch die Pflicht der Garantie des Besitzes der Tauschgüter gegen Dritte, – 2. als verboten: die Zurücknahme, 3. als erlaubt: die beliebige Verfügung jedes Teils über das ertauschte Gut.

– Ein solcher isolierter rationaler »Tausch« dieses Typus ist einer der Grenzfälle der »organlosen« Vergesellschaftung. Ihm fehlen, außer der vereinbarten Ordnung, alle jene Merkmale, welche dem Zweckverein eignen. Er kann heteronom geordnet sein (durch Rechtsordnung oder Konvention) oder ganz autonom dastehen, in seinen »Erwartungen« bedingt durch das beiderseitige Vertrauen, daß der andere Teil sich aus gleichviel welchen Interessen vereinbarungsgemäß verhalten werde. Aber er ist weder ein autokephales noch ein heterokephales Gesellschaftshandeln, weil er überhaupt nicht als perennierendes »Gebilde« auftritt. Und auch das Auftreten von Tauschakten als Massenerscheinungen, auch als in sich kausal zusammenhängender Massenerscheinungen (»Markt«), stellt natürlich keineswegs ein Zweckvereinsgebilde dar, sondern ist gerade umgekehrt von diesem grundsätzlich geschieden. Der Fall des Tauschs ist zugleich geeignet zu veranschaulichen: daß das die Vergesellschaftung herbeiführende Handeln (Vergesellschaftungshandeln) nicht notwendig nur an den Erwartungen des Handelns der sich Vergesellschaftenden selbst orientiert sein muß. Sondern, im Beispiel, außerdem an den Erwartungen: daß Dritte, Unbeteiligte das Resultat des Tausches: »Besitzwechsel«, »respektieren« werden. Insoweit ist es bloßes »Gemeinschaftshandeln«, von der Art, die wir später »Einverständnishandeln« nennen werden.

Historisch finden wir die Stufenleiter der Entwicklung von der Gelegenheitsvergesellschaftung ausgehend und fortschreitend zum perennierenden »Gebilde« oft. Der typische Keim derjenigen Vergesellschaftung, welche wir heute »Staat« nennen, liegt in freien Gelegenheitsvergesellschaftungen von Beutelustigen zu einem Kriegszug unter selbstgewähltem Führer einerseits, in der Gelegenheitsvergesellschaftung der Bedrohten zur Abwehr anderseits. Es fehlt völlig das Zweckvermögen und die Dauer. Ist der Beutezug oder die Abwehr gelungen (oder: mißlungen) und die Beute verteilt, so hört die Vergesellschaftung zu bestehen auf. Von da bis zur Dauervergesellschaftung der Kriegerschaft mit systematischer Besteuerung der Frauen, Waffenlosen, Unterworfenen und weiter zur Usurpierung richterlichen und verwaltenden Gesellschaftshandelns führt in lükkenlosen Übergängen ein weiter Weg. Umgekehrt kann aber auch – und das ist einer der verschiedenen bei Entstehung der »Volkswirtschaft« beteiligten Prozesse – aus den der Bedürfnisdeckung halber bestehenden perennierenden Vergesellschaftungen durch Zerfall das amorphe, ein »Gemeinschaftshandeln« darstellende Gebilde des »Markts« hervorgehen.

Das »psychische« Verhalten der Beteiligten, die Frage also: aus welchen letzten »inneren Lagen« heraus sie sich vergesellschaften und dann ihr Handeln an den vereinbarten Ordnungen orientieren, – ob sie sich ihnen lediglich aus nüchterner Zweckmäßigkeitserwägung oder aus leidenschaftlichem Attachement an die vereinbarten oder vorausgesetzten Vergesellschaftungszwecke, oder unter widerwilliger Hinnahme dieser als unvermeidlichen Übels, oder weil sie dem Gewohnten entsprechen, oder warum sonst, fügen, – dies ist für die Existenz der Vergesellschaftung solange gleichgültig, als, im Effekt, in einem soziologisch relevanten Umfang die Chance jener Orientierung an der Vereinbarung tatsächlich besteht. Mit ihrer Beteiligung am Gesellschaftshandeln können ja die einzelnen Beteiligten gänzlich verschiedene, entgegengesetzte, und gegeneinander gerichtete Zwecke verfolgen und tun dies sehr häufig. Der Kriegsvölkerrechtsverband, die Rechtsvergesellschaftung für das Gemeinschaftshandeln auf dem Markt mit seinem Tausch- und Preiskampf sind nur besonders deutliche Beispiele dieses überall wiederkehrenden Sachverhalts. Alles Gesellschaftshandeln ist natürlich Ausdruck einer auf die Orientierung des Handelns, des fremden und eigenen, an seinen Ordnungen, aber an sich auf gar nichts sonst gerichteten und daher sehr verschieden gearteten Interessenkonstellation bei den Beteiligten. Deren Inhalt läßt sich ganz allgemein nur rein formal dahin kennzeichnen, wie es schon mehrfach geschah: daß der Einzelne auf das durch die Vergesellschaftung vereinbarte Handeln des oder der Anderen rechnen und daran sein eigenes Handeln orientieren zu können ein Interesse zu haben glaubt.

VI.

Es gibt Komplexe von Gemeinschaftshandeln, welche ohne eine zweckrational vereinbarte Ordnung dennoch 1. im Effekt so ablaufen, als ob eine solche stattgefunden hätte, und bei welchen 2. dieser spezifische Effekt durch die Art der Sinnbezogenheit des Handelns der Einzelnen mitbestimmt ist. – Jedes zweckrationale Eintauschen von »Geld« z. B. enthält, neben dem Einzelakt der Vergesellschaftung mit dem Tauschpartner, die sinnhafte Bezogenheit auf künftiges Handeln eines nur unbestimmt vorgestellten und vorstellbaren Umkreises von aktuellen und potentiellen Geldbesitzern, Geldliebhabern und Geldtauschreflektanten. Denn an der Erwartung: daß auch andere Geld »nehmen« werden, welche den Geldgebrauch erst möglich macht, wird das eigene Handeln orientiert. Die sinnhafte Orientierung ist dabei zwar, im allgemeinen, eine solche an den eigenen und indirekt auch an vorgestellten fremden individuellen Interessen an der eigenen bzw. der fremden Güterbedarfsdeckung. Aber sie ist keine Orientierung an einer gesatzten Ordnung über die Art der Güterbedarfsdeckung der vorgestellten Beteiligten. Vielmehr ist das, mindestens relative, Fehlen einer solchen (»gemeinwirtschaftlichen«) Ordnung der Bedarfsdeckung der am Geldgebrauch Beteiligten ja gerade Voraussetzung des Geldgebrauchs. Dennoch ist nun dessen Gesamtresultat normalerweise in vieler Hinsicht so geartet, »als ob« es durch Orientierung an einer Ordnung der Bedarfsdeckung aller Beteiligten erreicht worden sei. Und zwar ist dies der Fall infolge der sinnhaften Bezogenheit des Handelns des

Geldgebrauchers, dessen Lage, wie die jedes Tauschenden beim Tausch, innerhalb gewisser Grenzen durchschnittlich so gestaltet ist, daß sein Interesse ihm ein gewisses Maß von Rücksichtnahme auf die Interessen Anderer normalerweise auferlegen wird, weil diese die normalen Bestimmungsgründe für diejenigen »Erwartungen« sind, die er seinerseits von ihrem Handeln hegen darf. Der »Markt«, als idealtypischer Komplex derartigen Handelns, zeigt also das oben mit »als ob« eingeführte Merkmal.

Eine Sprachgemeinschaft wird im idealtypischen »zweckrationalen« Grenzfall dargestellt durch zahlreiche einzelne Akte von Gemeinschaftshandeln, die orientiert sind an der Erwartung, bei einem Anderen »Verständnis« eines gemeinten Sinns zu erreichen. Daß dies massenhaft zwischen einer Vielheit von Menschen durch sinnhaft ähnlichen Gebrauch bestimmter äußerlich ähnlicher Symbole irgendwie annähernd so abläuft, »als ob« die Sprechenden ihr Verhalten an grammatischen zweckvoll vereinbarten Regeln orientierten, stellt, da es durch jene Sinnbezogenheit der Akte der individuellen Sprechenden determiniert ist, ebenfalls einen Fall dar, der dem eingangs erwähnten Merkmale entspricht.

Gemeinsam ist beiden aber fast ausschließlich jenes Merkmal. Denn die Art, wie jener Gesamteffekt entsteht, läßt sich zwar für beide Fälle in einigen äußerlichen Parallelen illustrieren, die aber keinen erheblichen Erkenntniswert haben. Auf das »als ob« läßt sich also hier nur eine beide Male vorhandene Problemstellung für die Soziologie begründen, die aber sofort auf inhaltlich ganz verschiedene Begriffsreihen führt. Alle Analogien mit dem »Organismus« und ähnlichen Begriffen der Biologie sind zur Unfruchtbarkeit verurteilt. Dazu tritt nun, daß keineswegs nur durch Gemeinschaftshandeln von Menschen ein Gesamteffekt hervorgebracht werden kann, welcher so aussieht, »als ob« das Handeln durch vereinbarte Ordnung determiniert sei, sondern ebenso und noch weit drastischer durch die verschiedenen Formen »gleichartigen« und »Massen«handelns, welche dem Gemeinschaftshandeln nicht zugehören.

Denn zum »Gemeinschaftshandeln« soll ja nach der gewählten Definition sinnhafte Bezogenheit des Handelns der einen »auf« das der andern gehören. »Gleichartigkeit« des Verhaltens mehrerer genügt also nicht. Auch nicht jede Art von »Wechselwirkung«. Auch nicht die »Nachahmung« rein als solche. Eine »Rasse« wird, möge das Verhalten der ihr Zugehörigen in irgendeinem Punkte noch so gleichartig sein, zur »Rassengemeinschaft« für uns erst da, wo ein Handeln der Rassezugehörigen in gegenseitiger sinnhafter Bezogenheit entsteht: wenn z. B., um das absolute Minimum zu nehmen, Rassezugehörige in irgendeiner Hinsicht sich von der »rassefremden« Umwelt »absondern« mit Bezug darauf, daß andere Rassezugehörige es auch tun (gleichviel ob in gleicher Art und Umfang). Wenn in einer Straße eine Masse von Passanten auf einen Regenschauer durch Aufspannen des Schirms reagieren, so ist das kein Gemeinschaftshandeln (sondern: ein »massenhaft gleichartiges« Handeln). Auch nicht dasjenige Handeln, welches durch den bloßen, nicht mit sinnhafter Bezogenheit verbundenen »Einfluß« des Verhaltens anderer hervorgerufen wird. Beispielsweise bei einer Panik. Oder wenn eine Masse von Straßenpassanten im Fall eines Gedränges irgendeiner »Massensuggestion« unterliegt. In solchen Fällen einer Beeinflussung des Verhaltens der Einzelnen durch die bloße Tatsache, daß auch andere Situationsbeteiligte sich in bestimmter Art verhalten, wollen wir von »massenbedingtem Sichverhalten« sprechen. Denn es ist kein Zweifel, daß die bloße Tatsache der simultan und selbst der örtlich getrennt handelnden, aber (z. B. durch die Presse) zueinander in Beziehung gesetzten »Masse« die Art des Verhaltens aller Einzelnen in einer hier nicht zu erörternden Art, deren Analyse den Gegenstand »massenpsychologischer« Untersuchung bildet, beeinflussen kann. Der Übergang vom

»massenbedingten Handeln« zum Gemeinschaftshandeln ist natürlich in der Realität vollkommen flüssig. Schon die Panik enthält selbstverständlich neben rein massenbedingtem auch Elemente von Gemeinschaftshandeln. Das Verhalten jener Straßenpassanten entwickelt sich dazu, wenn etwa bei Bedrohung durch einen bewaffneten Trunkenbold eine Vielzahl von ihnen sich auf diesen stürzt und ihn durch gemeinsames, eventuell »arbeitsteiliges«, Zugreifen festhält. Oder wenn das Gleiche geschieht, um einem schwer Verletzten gemeinsam Nothilfe angedeihen zu lassen. Da hier »arbeitsteilig« gehandelt wird, zeigt sich die Selbstverständlichkeit: daß Gemeinschaftshandeln nichts mit »gleichartigem« Handeln als solchem zu tun hat, sondern oft das Gegenteil bedeutet. Darin liegt auch die Verschiedenheit vom »nachahmenden« Handeln. »Nachahmung« kann bloßes »massenbedingtes« Sichverhalten oder mehr ein am Verhalten des Nachgeahmten im Sinn der »Nachbildung« orientiertes Handeln sein. Und dies wiederum mehr wegen einer – zweckrationalen oder andern – Schätzung des Wertes des nachgeahmten Handelns an sich, oder nur in sinnhafter Bezogenheit auf Erwartungen: z. B. aus »Konkurrenz-Notwendigkeiten. Es führt eine umfassende Skala von Übergängen bis zu jenem Fall eines sehr spezifischen Gemeinschaftshandelns: wo ein Sichverhalten um deswillen nachgebildet wird, weil es als Merkmal der Zugehörigkeit zu einem Kreise von Menschen gilt, welche – gleichviel aus welchem Grunde – eine spezifische »soziale Ehre« beanspruchen und, in gewissem Umfang, auch genießen. Dieser letztere Fall aber überschreitet offenbar schon den Bereich des nur »nachahmenden« Handelns und wird durch diese Kategorie nicht erschöpfend charakterisiert.

Das Bestehen einer »Sprachgemeinschaft« bedeutet für uns nicht: daß massenbedingte Gleichartigkeit bei der Hervorbringung bestimmter Lautkomplexe existiere (das ist gar nicht erforderlich), auch nicht nur: daß der Eine »nachahmt«, was Andere tun, sondern vielmehr ein Verhalten bei

»Äußerungen«, welches an bestimmten, innerhalb eines Menschenkreises durchschnittlich bestehenden Chancen sich »verständlich« zu machen, sinnhaft orientiert ist und daher diesen sinnhaften Effekt im Durchschnitt auch erwarten »darf«. Ebenso wie »Herrschaft« nicht bedeutet: daß eine stärkere Naturkraft sich, irgendwie, Bahn bricht, sondern: ein sinnhaftes Bezogensein des Handelns der Einen (»Befehl«) auf das der Anderen (»Gehorsam«) und entsprechend umgekehrt, derart, daß im Durchschnitt auf das Eintreffen der Erwartungen, an welchen das Handeln beiderseits orientiert ist, gezählt werden darf.

Eine durch brauchbare Merkmale ausgezeichnete Kategorie von Erscheinungen gibt also jenes durch »als ob« gekennzeichnete Phänomen nicht ab. Wir wollen statt dessen im Anschluß an das über die »Nachahmung« und die »Herrschaft« soeben Gesagte eine andere Unterscheidung in dies Vielerlei von Sachverhalten hineintragen: Unter »Einverständnis« nämlich wollen wir den Tatbestand verstehen: daß ein an Erwartungen des Verhaltens Anderer orientiertes Handeln um deswillen eine empirisch »geltende« Chance hat, diese Erwartungen erfüllt zu sehen, weil die Wahrscheinlichkeit objektiv besteht: daß diese Andern jene Erwartungen trotz des Fehlens einer Vereinbarung als sinnhaft »gültig« für ihr Verhalten praktisch behandeln werden. Begrifflich gleichgültig sind die Motive, aus welchen dieses Verhalten der Anderen erwartet werden darf. Der Inbegriff von Gemeinschaftshandeln, welcher und soweit er in einer durch Orientierung an solchen »Einverständnis«-Chancen bedingten Art abläuft, soll »Einverständnishandeln« heißen.

Das objektiv – im Sinn der abschätzbaren Chancen – »geltende« Einverständnis ist natürlich nicht zu verwechseln mit dem subjektiven Zählen des einzelnen Handelnden darauf: daß andere die von ihm gehegten Erwartungen als sinnhaft gültig behandeln werden. Ebensowenig wie die empirische Geltung einer vereinbarten Ordnung mit der subjektiven Erwartung der Innehaltung ihres subjektiv gemeinten Sinnes. In beiden Fällen besteht aber zwischen dem (logisch unter der Kategorie der »objektiven Möglichkeit« erfaßten) durchschnittlichen objektiven Gelten der Chance und den jeweils durchschnittlichen subjektiven Erwartungen gegenseitig die Beziehung der verständlich adäquaten Verursachtheit. – Das subjektive Orientieren des Handelns am Einverständnis kann, ebenso wie bei der Vereinbarung, im Einzelfall nur scheinbar oder nur annähernd vorliegen und das wird auf den Grad und die Eindeutigkeit der empirischen Geltungschancen nicht ohne Wirkung bleiben. Die einzelnen durch Einverständnis Vergemeinschafteten können absichtsvoll einverständniswidrig, ganz ebenso wie die Vergesellschafteten vereinbarungswidrig handeln. Wie bei der Vergesellschaftung der »Dieb« unseres Beispiels, so kann z. B. beim Herrschafts-Einverständnis der »Ungehorsame« dennoch an dessen, subjektiv erfaßten, Sinngehalt sein Handeln (durch Verhehlung) orientieren. Der Begriff »Einverständnis« darf daher auch in subjektiver Hinsicht nicht etwa verwechselt werden mit der »Zufriedenheit« der Beteiligten über dessen empirische Geltung. Furcht vor üblen Folgen kann das »Sichfügen« in den durchschnittlichen Sinngehalt einer Gewaltherrschaftsbeziehung ganz ebenso bedingen wie das Eingehen einer dem Einzelnen unerwünschten »freien« Vereinbarung. Dauernde Unzufriedenheit gefährdet freilich die Chancen des empirischen Bestandes, hebt aber das Einverständnis so lange nicht auf, als der Gewaltherrscher auf eine (dem durchschnittlich erfaßten Sinn entsprechende) Befolgung seiner Befehle zählen zu können objektiv eine relevante Chance hat. Warum? ist insofern wichtig, als – ganz wie bei der Vergesellschaftung – die bloße Orientiertheit an den »Erwartungen« des Verhaltens des oder der Anderen (z. B. bloße »Furcht« der »Gehorchenden« vor dem »Herrn«) den Grenzfall und ein hohes Maß von Labilität bedeutet, da die »Erwartungen« auch hier um so mehr objektiv »begründet«

sind, je mehr mit Wahrscheinlichkeit darauf gezählt werden kann, daß die »Einverstandenen« durchschnittlich ein (subjektiv) »einverständnisgemäßes« Handeln als für sie (gleichviel warum) »verbindlich« ansehen werden. Auch Vereinbarungen »gelten« letztlich kraft dieses (Legalitäts-)Einverständnisses. Geltendes Einverständnis darf dabei nicht mit »stillschweigender Vereinbarung« identifiziert werden. Natürlich führt von der explicite vereinbarten Ordnung zum Einverständnis eine Skala von Übergängen, auf welcher sich auch ein solches Verhalten findet, welches die Beteiligten durchschnittlich gegenseitig als eine stillschweigend vereinbarte Ordnung praktisch behandeln. Dies bietet aber prinzipiell gegenüber der ausdrücklichen Vereinbarung keine Besonderheit. Und eine »undeutliche« Vereinbarung ist empirisch eine nach den jeweils verbreiteten Deutungsgewohnheiten der Chance verschiedener praktischer Konsequenzen besonders stark ausgesetzte Ordnung. Dagegen das »geltende« Einverständnis in seinem reinen Typus enthält nichts mehr von Satzung oder, speziell, von Vereinbarung. Die durch Einverständnis Vergemeinschafteten können unter Umständen persönlich nie etwas voneinander gewußt haben und dabei kann dennoch das Einverständnis sogar eine empirisch fast unverbrüchlich geltende »Norm« darstellen: so beim sexuellen Verhalten zwischen erstmalig zusammentreffenden Mitgliedern einer exogamen Sippe, die sich ja oft weithin durch politische und selbst sprachverschiedene Gemeinschaften hindurch erstreckt. Ebenso beim Geldgebrauch, wo das Einverständnis in der Chance des nach dem gemeinten Sinn bei dem betreffenden Tauschakt als Geld behandelten Gutes besteht, von einer unbekannten Vielzahl als »gültiges« Mittel zur Zahlung von Schulden, d. h. zur Ableistung eines als »verbindlich« geltenden Gemeinschaftshandelns behandelt zu werden.

Es gehört nicht jedes Gemeinschaftshandeln zur Kategorie des Einverständnishandelns, sondern erst jenes, welches durchschnittlich seine Orientierung eben auf die

Chance des Einverständnisses gründet. Die soziale Absonderung von Rassegenossen also z. B. dann, wenn in irgendeinem relevanten Grade darauf gezählt werden darf, daß die Beteiligten sie im Durchschnitt wie ein verbindliches Verhalten praktisch behandeln werden. Sonst liegt, je nachdem, massenbedingtes oder einfaches Gemeinschaftshandeln der Einzelnen ohne Einverständnis vor. Die Flüssigkeit des Übergangs liegt auf der Hand. Besonders stark ist sie in Fällen wie bei der Festhaltung des Trunkenbolds oder der Nothilfe. Mehr als bloß faktisches Zusammenwirken durch einfaches Gemeinschaftshandeln liegt da bei den einzelnen Mithandelnden subjektiv nur dann vor, wenn das Handeln an irgendeinem als empirisch »geltend« vorausgesetzten Einverständnis orientiert ist, also etwa: daß jeder Einzelne bei jenem aktuellen Zusammenhandeln so weit und so lange beteiligt zu bleiben sich verbunden halten werde, wie dies dem durchschnittlich erfaßten »Sinn« desselben entspreche. Jene beiden Beispiele verhalten sich dabei graduell durchschnittlich verschieden: Nothilfehandeln mehr im Sinn des Bestehens einer Einverständnischance, also eines Einverständnishandelns, das andere mehr als bloß faktisch zusammenwirkendes Gemeinschaftshandeln. Und natürlich ist nicht jedes äußerlich als ein »Zusammenwirken« sich präsentierende Verhalten mehrerer schon ein Gemeinschafts- oder gar ein Einverständnishandeln. Und ein äußerliches Zusammenhandeln gehört seinerseits andererseits keineswegs zum Begriff des Einverständnishandelns. Es fehlt z. B. in allen Fällen der sinnhaften Bezogenheit auf das Handeln unbekannter Dritter ganz. In ähnlicher Art wie in jenen beiden Beispielen unterscheidet sich graduell auch das Einverständnishandeln der Sippegenossen von dem auf das potentielle Handeln anderer Tauschreflektanten bezogenen Gemeinschaftshandeln. Nur soweit, als im letzteren Fall die Erwartungen sich auf Chancen der durchschnittlichen Orientiertheit des fremden Handelns an angenommenen Gültigkeiten gründet, also normalerweise nur soweit sie »Legalitätserwartungen« sind, konstituieren sie hier Einverständnis. Und nur insoweit ist also das Handeln Einverständnishandeln. Im übrigen nur: einverständnisbedingtes Gemeinschaftshandeln. Andererseits zeigt schon das Beispiel der Nothilfe, daß das »Einverständnis« zum Inhalt auch eine ganz konkrete Zweckbezogenheit ohne abstrakten »Regel«-Charakter haben kann. Es kann aber auch in Fällen, wo wir ein »Perennieren« einer und derselben Einverständnisvergemeinschaftung, etwa einer »Freundschaft«, annehmen, ein fortwährend inhaltlich wechselnder und nur durch Bezugnahme auf einen idealtypisch konstruierbaren, von dem jeweils Handelnden irgendwie als geltend behandelten, perennierenden Sinngehalt angebbarer Inhalt sein. Auch dieser kann bei bleibender Identität der Personen wechseln: dann ist es auch hier durchaus Frage der Zweckmäßigkeit, ob man die nunmehrige Beziehung als veränderte »Fortsetzung« oder als »neu« bezeichnen will. Dies Beispiel, und erst recht etwa das einer erotischen Beziehung, zeigt ferner, daß selbstverständlich die das Einverständnis konstituierenden Sinnbezogenheiten und »Erwartungen« nicht im mindesten den Charakter eines zweckrationalen Kalküls und einer Orientierung an rational konstruierbaren »Ordnungen« haben müssen. Die »geltende« Orientiertheit an »Erwartungen« besagt beim Einverständnis vielmehr lediglich: daß der Eine durchschnittlich sein eigenes Verhalten auf einen bestimmten mehr oder minder häufig als »gültig« angenommenen, aber dabei vielleicht höchst irrationalen Sinngehalt des (inneren oder äußeren) Verhaltens des Anderen einstellen zu können die Chance hat. Durchaus eine Frage des Einzelfalls ist es daher auch, ganz ebenso wie bei der Vergesellschaftung: inwieweit aus dem durchschnittlich etwa in »Regeln« angebbaren Sinngehalt des Einverständnisses durchschnittlich generelle Regelmäßigkeiten des praktischen Verhaltens folgen. Denn auch hier ist das einverständnisbedingte Handeln nicht mit dem Einverständnishandeln identisch.

»Standeskonvention« z. B. ist ein Einverständnishandeln, konstituiert durch dasjenige Verhalten, welches jeweils durchschnittlich als obligatorisch empirisch »gilt«: Durch das »Geltungs«-Einverständnis unterscheidet sich die »Konvention« von der bloßen, auf irgendeiner »Eingeübtheit« und gewohnten »Eingestelltheit« beruhenden »Sitte«, wie durch das Fehlen des Zwangsapparats vom »Recht«, – natürlich nach beiden Seiten flüssig. Eine Standeskonvention kann nun aber faktische Konsequenzen für das Verhalten der Teilhaber herbeizuführen geeignet sein, welche empirisch nicht als einverständnismäßig obligatorisch gelten. Feudale Konventionen z. B. können die Auffassung des Handels als widersittlich bedingen und infolgedessen eine Herabsetzung des Maßes der eigenen Legalität im Verkehr mit Händlern herbeiführen.

Gänzlich verschiedene subjektive Motive, Zwecke und »innere Lagen«, zweckrational oder »nur psychologisch« verständliche, können als Resultante ein seiner subjektiven Sinnbezogenheit nach gleiches Gemeinschaftshandeln, und ebenso ein seiner empirischen Geltung nach gleiches »Einverständnis« erzeugen. Reale Grundlage des Einverständnishandelns ist lediglich eine auf die je nachdem verschieden eindeutige Geltung des »Einverständnisses« und nichts anderes hinwirkende Konstellation »äußerlicher« oder »innerlicher« Interessen, deren Bestand durch untereinander im übrigen sehr heterogene innere Lagen und Zwecke der Einzelnen bedingt sein kann. Damit ist natürlich nicht etwa geleugnet, daß für die einzelnen nach der vorwaltenden subjektiven »Sinnrichtung« zu scheidenden Arten von Gemeinschaftshandeln sowohl wie speziell von Einverständnishandeln sich recht wohl Motive, Interessen und »innere Lagen« inhaltlich angeben lassen, welche durchschnittlich am häufigsten deren Entstehung und Fortbestand begründen. Eben diese Feststellung ist ja eine der Aufgaben jeder inhaltlichen Soziologie. Solche ganz allgemeine Begriffe aber, wie sie hier zu definieren waren, sind notwendig inhaltsarm. Flüssig ist natürlich der Übergang vom Einverständnishandeln zum Gesellschaftshandeln – welches ja lediglich den durch Satzung geordneten Spezialfall darstellt. So geht das Einverständnishandeln von Trambahnpassagieren, welche in einem Konflikt eines anderen Passagiers mit dem Schaffner für jenen »Partei ergreifen«, in Gesellschaftshandeln über, wenn sie sich nachher etwa zu einer gemeinsamen »Beschwerde« verbinden. Und vollends wo immer zweckrational eine Ordnung geschaffen wird, ist »Vergesellschaftung« vorhanden, wenn auch in höchst verschiedenem Umfang und Sinn. So entsteht Vergesellschaftung schon, wenn etwa für die sich einverständnismäßig, aber ohne Vereinbarung, »absondernden« Rassegenossen eine »Zeitschrift« mit »Verlegern«, »Herausgebern«, »Mitarbeitern«, »Abonnenten« gegründet wird, von der aus nun das bisher amorphe Einverständnishandeln »Direktiven« mit verschieden großen Geltungschancen empfängt. Oder wenn für eine Sprachgemeinschaft eine »Akademie« nach Art der Crusca und »Schulen«, in denen grammatische Regeln gelehrt werden, entstehen. Oder für die »Herrschaft« ein Apparat von rationalen Ordnungen und Beamten. Und umgekehrt pflegt fast jeder Vergesellschaftung ein über den Umkreis ihrer rationalen Zwecke hinaus übergreifendes (»vergesellschaftungs*bedingtes*«) Einverständnishandeln zwischen den Vergesellschafteten zu entspringen. Jeder Kegelklub hat für das Verhalten der Teilnehmer zueinander »konventionelle« Konsequenzen, d. h. er stiftet außerhalb der Vergesellschaftung liegendes an »Einverständnis« orientiertes Gemeinschaftshandeln.

Der einzelne Mensch ist nun bei seinem Handeln fortwährend an zahlreichem und immer anderem Gemeinschaftshandeln, Einverständnishandeln und Gesellschaftshandeln beteiligt. Sein Gemeinschaftshandeln kann denkbarerweise in jedem einzelnen Akt auf einen anderen Umkreis fremden Handelns und auf andere Einverständnisse und Vergesellschaftungen sinnhaft bezogen sein. Je zahlreicher und mannigfaltiger nach der Art der für sie konstitutiven Chancen nun die Umkreise sind, an denen der Einzelne sein Handeln *rational* orientiert, desto weiter ist die »rationale gesellschaftliche *Differenzierung*« vorgeschritten, je mehr es den Charakter der *Vergesellschaftung* annimmt, desto weiter die »rationale gesellschaftliche *Organisation*«. An einer Vielzahl von Arten des Gemeinschaftshandeln kann dabei der Einzelne natürlich auch durch ein und denselben Akt seines Handelns beteiligt sein. Ein Tauschakt, den jemand mit X, dem Bevollmächtigten von Y, vollzieht, der etwa seinerseits »Organ« eines Zweckvereins ist, enthält 1. eine Sprach- und 2. Schriftvergesellschaftung, 3. eine Tauschvergesellschaftung mit X persönlich, 4. eine solche mit Y persönlich, 5. eine solche mit dem Gesellschaftshandeln der an jenem Zweckverein Beteiligten; 6. ist der Tauschakt in seinen Bedingungen an den Erwartungen des potentiellen Handelns anderer Tauschreflektanten (Konkurrenten von beiden Seiten) und an den entsprechenden Legalitätseinverständnissen mit orientiert usw. Eine Handlung muß zwar Gemeinschaftshandeln darstellen, um Einverständnis*handeln* zu sein, nicht aber um einverständnis*orientiert* zu sein. Jede Disposition über Vorräte und Besitztümer eines Menschen ist, ganz abgesehen davon, daß sie normalerweise erst durch die Chance des Schutzes, welchen der Zwangsapparat der politischen Gemeinschaft gewährt, möglich wird, auch dann und soweit einverständnisorientiert, als sie im Hinblick auf die Möglichkeit der Veränderung der eigenen Vorräte durch Tausch nach außen erfolgt. Vollends eine geldwirtschaftliche »Privatwirtschaft« umschließt eitel Gesellschafts-, Einverständnis- und Gemeinschaftshandeln. Nur der rein theoretische Grenzfall: die Robinsonade, ist von allem Gemeinschaftshandeln und daher auch von allem einverständnisorientierten Handeln völlig frei. Denn sie ist sinnhaft lediglich auf die Erwartungen des Verhaltens der Naturobjekte bezogen. Ihre bloße Denkbarkeit genügt daher, um deutlich zu illustrieren: daß nicht alles »wirtschaftliche« Handeln schon begrifflich Gemeinschaftshandeln in sich schließt. Der Sachverhalt ist vielmehr ganz generell der: daß gerade die begrifflich »reinsten« Typen in den einzelnen Sphären des Handelns jenseits des Gemeinschaftshandelns und der Einverständnisse liegen, auf dem Gebiet des Religiösen ebenso wie in der Wirtschaft, der wissenschaftlichen und künstlerischen Konzeption. Der Weg der »Objektivation« führt nicht notwendig, freilich aber der Regel nach schnell zum Gemeinschaftshandeln und, wenn auch nicht notwendig immer, so doch in aller Regel speziell zum Einverständnishandeln.

Ganz und gar nicht darf man, nach allem Gesagten, Gemeinschaftshandeln, Einverständnis und Vergesellschaftung etwa mit der Vorstellung eines »Mit- und Füreinander« im Gegensatz zu einem »Gegeneinander« identifizieren. Nicht nur selbstverständlich die ganz amorphe Vergemeinschaftung, sondern auch »Einverständnis« ist für uns durchaus nicht identisch mit »Exklusivität« gegen andere. Ob ein Einverständnishandeln »offen« ist, d. h. jederzeit jedem, der da will, die Beteiligung möglich ist, oder ob und in welchem Maße es »geschlossen« ist, d. h. die Beteiligten die Teilnahme daran für Dritte, rein einverständnismäßig oder durch Vergesellschaftung, unmöglich machen, ist Frage des Einzelfalles. Eine konkrete Sprachgemeinschaft oder Marktgemeinschaft haben jeweils irgendwo (meist: flüssige) Grenzen. D. h. jeweils kann normalerweise nicht jeder überhaupt existierende Mensch bei den »Erwartungen« als – aktueller und potentieller – Teilhaber des Einverständnisses in Betracht gezogen werden, sondern nur eine, oft höchst unbestimmt zu begrenzende, Vielheit. Aber die Sprachgemeinschaftsbeteiligten z. B. haben normalerweise kein Interesse am Ausschluß Dritter vom Einverständnis (wohl natürlich, je nach Umständen, an einer konkreten Konversation), und auch die Marktinteressenten sind oft gerade an der »Erweiterung« des Marktes interessiert. Dennoch können sowohl eine Sprache (als sakrale, ständische oder Geheimsprache) wie ein Markt monopolistisch durch Einverständnis und Vergesellschaftung »geschlossen« werden. Und andererseits kann selbst die normalerweise durch Vergesellschaftung geschlossene Beteiligung am spezifischen Gemeinschaftshandeln konkreter politischer Machtgebilde, gerade im Machtinteresse, weitgehend [für »Einwanderer«] offengehalten werden.

Die am Einverständnishandeln Beteiligten können mit diesem ein gemeinsames gegen außen gerichtetes Interesse verfolgen. Aber dies ist nicht nötig. Einverständnishandeln ist nicht gleich »Solidarität« und auch Gesellschaftshandeln ist keineswegs ein exklusiver Gegensatz zu demjenigen Gemeinschaftshandeln von Menschen, welches wir »Kampf« nennen, d. h. – ganz allgemein – dem Streben, den eigenen Willen gegen einen widerstrebenden anderen, unter Orientierung an den Erwartungen des Verhaltens des Andern, durchzusetzen. Der Kampf durchzieht vielmehr potentiell alle Arten von Gemeinschaftshandeln überhaupt. Inwieweit z. B. ein Akt der Vergesellschaftung den Ausdruck der Solidarität gegen Dritte oder ein Interessenkompromiß oder nur eine aus irgendwelchen Gründen den Beteiligten erwünscht gewesene Verschiebung der Kampfformen und Kampfgegenstände dem durchschnittlich (aber vielleicht individuell verschieden) subjektiv gemeinten Zweck nach praktisch bedeutet, ist Sache des Einzelfalls. Oft von jedem etwas. Es gibt keinerlei Einverständnisgemeinschaft, einschließlich der mit schrankenlosestem Hingabegefühl verknüpften, wie etwa erotischer oder charitativer Beziehungen, welche nicht, jenem Gefühl zum Trotz, rücksichtsloseste Vergewaltigung des anderen in sich schließen könnte. Und die Mehrzahl aller »Kämpfe« schließt andererseits irgendein Maß von Vergesellschaftung oder Einverständnis ein. Es liegt hier der bei soziologischen Begriffen häufige Fall vor, daß deren Tatbestände sich teilweise überdecken, und zwar vermöge der gleichen, nur von verschiedenen Gesichtspunkten aus angesehenen, Merkmale. Der von jeglicher Art von Vergemeinschaftung mit dem Gegner ganz freie Kampf ist nur ein Grenzfall. Von einem Mongolensturm etwa ausgehend, über die heutige, »völkerrechtlich«, sei es noch so prekär, mitbedingte Art der Kriegsführung, weiter über die ritterliche Fehde, wo die zulässigen Waffen und Kampfmittel geregelt werden (»Messieurs les Anglais, tirez les premiers«), zum geregelten gerichtlichen Zweikampf und zur freundschaftlichen »Bestimmungsmensur«, die schon dem sportlichen »Wettkampf« zugehört, finden wir stufenweise zunehmende Fragmente einer Einverständnis-Vergemeinschaftung der Kämpfer, und wo der gewaltsame Kampf in »Konkurrenz«, sei es um olympische Kränze oder Wahlstimmen oder sonstige Machtmittel oder um soziale Ehre oder Gewinn übergeht, vollzieht er sich durchaus auf dem Boden einer rationalen Vergesellschaftung, deren Ordnungen dabei als »Spielregeln« dienen, welche die Kampfformen bestimmen, damit aber auch die Kampfchancen verschieben. Die von Stufe zu Stufe zunehmende »Befriedung« im Sinn des Zurücktretens physischer Gewaltanwendung schiebt diese nur zurück, ohne jemals den Appell an sie ganz auszuschalten. Nur ist im Verlauf der historischen Entwicklung ihre Anwendung zunehmend von dem Zwangsapparat einer bestimmten Art von Vergesellschaftung oder Einverständnis-Gemeinschaft: der politischen, monopolisiert und in die Form der geordneten Zwangsandrohung durch die Mächtigen und schließlich durch eine formell sich neutral gebärdende Gewalt verwandelt worden. Der Umstand, daß »Zwang«, physischer oder psychischer Art, irgendwie fast allen Vergemeinschaftungen zugrunde liegt, hat uns nun noch kurz, aber nur soweit als es zur Ergänzung der bisherigen idealtypischen Begriffe erforderlich ist, zu beschäftigen.

VII.

Ein Sachverhalt ist uns in den gelegentlich verwerteten Beispielen schon mehrfach begegnet und jetzt noch spezieller herauszuheben: der Fall nämlich, daß jemand »ohne sein Zutun« an einer Einverständnisgemeinschaft beteiligt wird und bleibt. Das ist bei einem amorphen Einverständnishandeln – etwa des »Sprechens« – etwas keiner weiteren Erörterung Bedürftiges. Denn Jeder ist jeweilig an ihm »beteiligt«, dessen jeweiliges Handeln der von uns als Merkmal angenommenen Voraussetzung (Einverständnis) entspricht. Aber nicht immer so einfach liegt es im übrigen. Es wurde oben als Idealtypus der »Vergesellschaftung« der auf einer ausdrücklichen Vereinbarung von Mitteln, Zwecken, Ordnungen beruhende rationale »Zweckverein« hingestellt. Dabei wurde nun schon festgestellt: daß und in welchem Sinn ein solcher als ein trotz des Wechsels der Beteiligten perennierendes Gebilde angesehen werden kann. Immerhin war noch vorausgesetzt, daß die »Beteiligung« der Einzelnen: die im Durchschnitt begründete Erwartung, daß Jeder sein Handeln an der Ordnung orientiere, auf besonderer rationaler Vereinbarung mit allen Einzelnen beruhe. Es gibt aber sehr wichtige Vergesellschaftungsformen, bei denen das Gesellschaftshandeln in weitgehendem Maße wie beim Zweckverein rational durch von Menschen geschaffene Satzungen nach Mitteln und Zwecken geordnet, also »vergesellschaftet« ist und innerhalb deren dennoch geradezu als Grundvoraussetzung ihres Bestandes gilt: daß der Einzelne normalerweise in die Beteiligung am Gesellschaftshandeln und also in die Mitbetroffenheit von jenen Erwartungen der Orientiertheit seines Handeln an jenen von Menschen geschaffenen Ordnungen ohne sein Zutun hineingerät. Das für sie konstitutive Gemeinschaftshandeln ist gerade dadurch charakterisiert: daß beim Vorliegen gewisser objektiver Tatbestände bei einer Person von dieser die Beteiligung am Gemeinschaftshandeln, insbesondere also die Orientierung ihres Handelns an den Ordnungen erwartet, und zwar im Durchschnitt deshalb mit Recht erwartet wird, weil die betreffenden Einzelnen empirisch als zur Teilnahme an dem für die Gemeinschaft konstitutiven Gemeinschaftshandeln »verpflichtet« gelten und weil die Chance besteht, daß sie eventuell auch gegen ihren Widerstand dazu (sei es auch in noch so gelinder Form) angehalten werden durch einen »Zwangsapparat«. Die Tatbestände, an welche jene Erwartung in einem besonders wichtigen Fall: der politischen Gemeinschaft, sich knüpft, sind z. B. vor allem: Abstammung von bestimmten Personen oder Geburt und unter Umständen sogar bloßer Aufenthalt oder doch schon bestimmte Handlungen innerhalb eines bestimmten Gebiets. Die normale Art des Eintritts des Einzelnen in die Gemeinschaft ist dann: daß er in die Beteiligung »hineingeboren« und »hineinerzogen« wird. Wir wollen solche Gemeinschaften, bei denen dieser Sachverhalt, also: 1. im Gegensatz zum freiwilligen »Zweckverein«: die Zurechnung auf Grund rein objektiver Tatbestände unabhängig von Erklärungen der Zugerechneten, – 2. im Gegensatz zu den einer absichtsvollen rationalen Ordnung entbehrenden, in dieser Hinsicht also amorphen Einverständnisvergemeinschaftungen, die Existenz solcher rationaler von Menschen geschaffener Ordnungen und eines Zwangsapparates als einer das Handeln mitbestimmenden Tatsache, als »Anstalten« bezeichnen. Nicht jede Gemeinschaft also, in die man normalerweise hineingeboren und erzogen wird, ist »Anstalt«: nicht z. B. die Sprachgemeinschaft oder die Hausgemeinschaft. Denn beide entbehren derartiger rationaler Satzungen. Wohl aber diejenige Strukturform der politischen Gemeinschaft, welche man als »Staat« und z. B. diejenige der religiösen, welche man im strengen technischen Sinn als »Kirche« zu bezeichnen pflegt.

Wie das an einer rationalen Vereinbarung orientierte Gesellschaftshandeln zum Einverständnishandeln, so verhält sich die Anstalt mit ihren rationalen Satzungen zum »Verband«. Als Verbandshandeln gilt uns ein nicht an Satzung, sondern an Einverständnis orientiertes, also: ein Einverständnishandeln, bei welchem 1. die Zurechnung des Einzelnen zur Teilnahme einverständnismäßig ohne sein eigenes darauf zweckrational gerichtetes Zutun erfolgt und bei welchem ferner 2. trotz des Fehlens einer darauf abgezweckten gesatzten Ordnung dennoch jeweils bestimmte Personen (Gewalthaber) einverständnismäßig wirksame Ordnungen für das Handeln der einverständnismäßig zum Verband gerechneten Beteiligten erlassen, wenn ferner 3. sie selbst oder andere Personen sich zur eventuellen Ausübung von physischem oder psychischem, wie immer geartetem, Zwang gegen einverständniswidrig sich verhaltende Teilnehmer bereit halten. Stets handelt es sich natürlich, wie bei allem »Einverständnis«, um durchschnittlich eindeutig verstandenen Sinngehalt und wandelbare Durchschnittschancen der empirischen Geltung. Die urwüchsige »Hausgemeinschaft«, bei welcher der »Hausherr« – ebenso ein der rationalen Satzung entbehrendes »patrimoniales« politisches Gebilde, bei welchem der »Fürst«, – ebenso eine Gemeinschaft eines »Propheten« mit »Jüngern«, bei welcher der erstere, – eine nur einverständnismäßig bestehende religiöse »Gemeinde«, bei welcher etwa ein erblicher »Hierarch« der Gewalthaber ist, – sind »Verbände« von leidlich reinem Typus. Der Fall bietet prinzipiell sonst gegenüber dem anderweiten »Einverständnishandeln« keine Besonderheiten, und dessen ganze Kasuistik ist sinngemäß darauf anwendbar. In der modernen Zivilisation ist nun fast alles Verbandshandeln mindestens partiell durch rationale Ordnungen – die »Hausgemeinschaft« z. B. heteronom durch das von der Staatsanstalt gesatzte »Familienrecht« – irgendwie geordnet. Der Übergang zur »Anstalt« ist also flüssig. Dies um so mehr, als es andrerseits nur sehr wenige »reine« Typen von Anstalten gibt. Denn je vielseitiger das sie konstituierende Anstaltshandeln ist, desto regelmäßiger ist jeweils nicht dessen Gesamtheit zweckrational durch Satzung geordnet. Diejenigen Satzungen z. B., welche für das Gesellschaftshandeln politischer Anstalten – wir nehmen ad hoc an: durchweg zweckrational – geschaffen werden und den Namen »Gesetze« führen, greifen, in aller Regel wenigstens, zunächst nur fragmentarisch Tatbestände heraus, deren rationale Ordnung von irgendwelchen Interessenten jeweils erstrebt wird. Das tatsächlich den Bestand des Gebildes konstituierende Einverständnishandeln übergreift also nicht nur normalerweise ihr an zweckrationalen Satzungen orientierbares Gesellschaftshandeln, wie dies ja auch bei den meisten Zweckvereinen der Fall ist, sondern es ist auch normalerweise dem letzteren gegenüber das ältere. Das »Anstaltshandeln« ist der rational geordnete Teil eines »Verbandshandelns«, die Anstalt ein partiell rational geordneter Verband. Oder – der Übergang ist soziologisch angesehen durchaus flüssig – die Anstalt ist zwar eine völlig rationale »Neuschöpfung«, aber doch nicht in einem gänzlich »verbandsleeren« Geltungsbereich. Sondern es wird schon vorher bestehendes Verbandshandeln oder verbandsgeregeltes Handeln, z. B. unter »Annexion« oder Vereinigung der bisherigen Verbände zur neuen Gesamtanstalt, vermittelst einer Serie von darauf gerichteten Satzungen entweder gänzlich neuen Ordnungen für das verbandsbezogene oder aber für das verbandsgeregelte Handeln oder für beides unterstellt; oder es wird nur ein Wechsel des Verbandes, auf den das Handeln nunmehr zu beziehen bzw. als durch dessen Ordnungen betroffen es anzusehen ist, oder nur ein Wechsel des Personals der Anstaltsorgane und speziell des Zwangsapparates vorgenommen.

Die Entstehung neuer Anstalts-Satzungen jeder Art nun vollzieht sich durchweg, mag sie mit einem als »Neuschöpfung« einer Anstalt zu betrachtenden Hergang verbunden sein oder im normalen Verlauf des Anstaltshandelns geschehen, nur in den allerseltensten Fällen durch autonome »Vereinbarung« aller an demjenigen künftigen Handeln, für welches nach dem durchschnittlich gemeinten

Sinn Loyalität gegenüber der Satzung erwartet wird, Beteiligten. Sondern fast ausschließlich durch »Oktroyierung«. Diese bedeutet: Bestimmte Menschen proklamieren eine Satzung als für das verbandsbezogene oder verbandsgeregelte Handeln geltend und die Anstaltsgenossen (oder der Anstaltsmacht Unterworfenen) fügen sich dem tatsächlich mehr oder minder vollständig durch mehr oder minder eindeutige sinnhaft loyale Orientierung ihres Handelns daran. Das besagt: die gesatzte Ordnung tritt bei den Anstalten in empirische Geltung in Gestalt von »Einverständnis«. Dies ist auch hier wohl zu unterscheiden von »Einverstandensein« oder so etwas wie »stillschweigender Vereinbarung«. Vielmehr ist es auch hier zu verstehen als die Durchschnittschance, daß die nach (durchschnittlichem) Sinnverständnis als von der oktroyierten Satzung betroffen »Gemeinten« sie auch tatsächlich – begrifflich einerlei, ob aus Furcht, religiösem Glauben, Pietät gegen den Herrscher, oder rein zweckrationaler Erwägung oder welchen Motiven auch immer – praktisch als »gültig« für ihr Verhalten behandeln, ihr Handeln also daran, im Durchschnitt im Sinn der Satzungsgemäßheit, orientieren werden. – Die Oktroyierung kann von »Anstaltsorganen« durch ihr spezifisches, kraft Einverständnisses empirisch geltendes, satzungsgemäßes Anstaltshandeln geschaffen werden (autonome Oktroyierung), wie etwa die Gesetze einer nach außen ganz oder teilweise autonomen Anstalt (z. B. eines »Staats«). Oder sie kann »heteronom«, von außen her, z. B. etwa für das Gesellschaftshandeln der Genossen einer Kirche oder Gemeinde oder eines sonstigen anstaltsmäßigen Verbandes durch Oktroyierung seitens eines anderen, z. B. eines politischen Verbandes, erfolgen, der sich die an der heteronom geordneten Gemeinschaft Beteiligten in ihrem Gemeinschaftshandeln fügen.

Die ganz überwältigende Mehrzahl aller Satzungen sowohl von Anstalten wie von Vereinen ist dem Ursprung nach nicht vereinbart, sondern oktroyiert, das heißt: von

Menschen und Menschengruppen, welche aus irgendwelchem Grunde faktisch das Gemeinschaftshandeln nach ihrem Willen zu beeinflussen vermochten, diesem auf Grund von »Einverständniserwartung« auferlegt. Diese faktische Macht der Oktroyierung kann nun ihrerseits als gewissen, persönlich oder nach Merkmalen bestimmten oder nach Regeln (z. B. durch Wahl) auszulesenden, Menschen zukommend einverständnismäßig empirisch »gelten«. Dann kann man diese empirisch geltenden, weil im faktischen Durchschnitt hinlänglich das Handeln der Beteiligten bestimmenden, Prätensionen und Vorstellungen von einer »geltenden« Oktroyierungsgewalt die »Verfassung« der betreffenden Anstalt nennen. Sie ist in sehr verschiedenem Umfang in rationalen ausdrücklichen Satzungen niedergelegt. Oft gerade die praktisch wichtigsten Fragen nicht, und zwar zuweilen auch, aus hier nicht zu erörternden Gründen, absichtlich nicht. Satzungen geben daher über die empirisch geltende, letztlich stets auf verbandsmäßigem »Einverständnis« ruhende, Oktroyierungsgewalt nur unsicheren Aufschluß. Denn in Wahrheit ist natürlich die jeweils nur abschätzbare Chance: welchen Menschen, inwieweit und in welchen Hinsichten, sich letztlich die nach der üblichen Deutung jeweils gemeinten Zwangsbeteiligten praktisch durchschnittlich »fügen« würden, der entscheidende Inhalt desjenigen »Einverständnisses«, welches die wirklich empirisch geltende »Verfassung« darstellt. Die Urheber zweckrationaler Verfassungen können durch diese die Oktroyierung von bindenden Satzungen auch z. B. an die Zustimmung der Mehrheit der Genossen oder der Mehrheit gewisser nach bestimmten Merkmalen bezeichneter oder nach Regeln auszulesender Personen knüpfen. Auch das bleibt der Minderheit gegenüber natürlich durchaus eine »Oktroyierung«, wie die vielfach auch bei uns im Mittelalter verbreitet gewesene und z. B. im russischen Mir bis an die Schwelle der Gegenwart herrschende Auffassung noch nicht vergessen hatte: daß eine »gültige« Satzung eigentlich (trotz des offiziell schon bestehenden Majorisierungsprinzips) die persönliche Zustimmung aller derjenigen erfordere, die sie binden solle.

Der Sache nach aber beruht jegliche Oktroyierungsmacht auf einem spezifischen, in seinem Umfang und seiner Art jeweils wechselnden Einfluß – der »Herrschaft« – konkreter Menschen (Propheten, Könige, Patrimonialherren, Hausväter, Älteste oder anderer Honoratioren, Beamten, Partei- oder anderer »Führer« von höchst wichtig verschiedenem soziologischem Charakter) auf das Verbandshandeln der Andern. Dieser Einfluß ruht wiederum auf charakteristisch verschiedenen Motiven, darunter auch auf der Chance der Anwendung von physischem oder psychischem Zwangs irgendwelcher Art. Aber auch hier gilt: daß das bloß an Erwartungen (insbesondere: »Furcht« der Gehorchenden) orientierte Einverständnishandeln nur den relativ labilen Grenzfall bildet. Die Chance der empirischen Geltung des Einverständnisses wird auch hier unter sonst gleichen Umständen um so höher zu veranschlagen sein, je mehr im Durchschnitt darauf gezählt werden kann, daß die Gehorchenden aus dem Grunde gehorchen, weil sie die Herrschaftsbeziehung als für sich »verbindlich« auch subjektiv ansehen. Soweit dies durchschnittlich oder annähernd der Fall ist, so weit ruht »Herrschaft« auf dem »Legitimitäts«-Einverständnis. Die Herrschaft als wichtigste Grundlage fast alles Verbandshandelns, deren Problematik hier einsetzt, ist notwendig ein Objekt gesonderter hier nicht zu erledigender Betrachtung. Denn für ihre soziologische Analyse kommt es entscheidend auf die verschiedenen möglichen, subjektiv sinnhaften, Grundlagen jenes »Legitimitäts«-Einverständnisses an, welches überall da, wo nicht nackte Furcht vor direkt drohender Gewalt die Fügsamkeit bedingt, in grundlegend wichtiger Art ihren spezifischen Charakter bestimmt. Dies Problem kann aber nicht nebenbei erörtert werden und daher muß hier der naheliegende Versuch, nun den hier beginnenden »eigentlichen« Problemen der soziologischen Verbands- und Anstaltstheorie nahezutreten, unterbleiben.

Der Weg der Entwicklung führt zwar im einzelnen immer wieder – wie wir dies früher sahen – auch von konkreten rationalen zweckverbandsmäßigen Ordnungen zur Stiftung von »übergreifendem« Einverständnishandeln. Aber im ganzen ist, im Verlauf der für uns übersehbaren geschichtlichen Entwicklung, zwar nicht eindeutig ein »Ersatz« von Einverständnishandeln durch Vergesellschaftung, wohl aber eine immer weitergreifende zweckrationale Ordnung des Einverständnishandelns durch Satzung und insbesondere eine immer weitere Umwandlung von Verbänden in zweckrational geordnete Anstalten zu konstatieren.

Was bedeutet nun aber die Rationalisierung der Ordnungen einer Gemeinschaft praktisch? Damit ein Kontorist oder selbst der Leiter eines Kontors die Vorschriften der Buchführung »kenne« und sein Handeln an ihnen durch richtige – oder auch im Einzelfall, infolge von Irrtum oder Betrug, falsche – Anwendung orientiere, ist offenbar nicht erfordert, daß er die rationalen Prinzipien, an deren Hand jene Normen erdacht worden sind, gegenwärtig habe. Damit wir das Einmaleins »richtig« anwenden, ist nicht notwendig, daß wir die algebraischen Sätze, welche z. B. der Subtraktions-Maxime: »9 von 2 geht nicht, da borge ich mir 1« zugrunde liegen, rational eingesehen haben. Die empirische »Geltung« des Einmaleins ist ein Fall der »Einverständnisgeltung«. »Einverständnis« und »Verständnis« sind aber nicht identisch. Das Einmaleins wird uns als Kindern ganz ebenso »oktroyiert« wie einem Untertan eine rationale Anordnung eines Despoten. Und zwar im innerlichsten Sinn, als etwas von uns in seinen Gründen und selbst Zwecken zunächst ganz Unverstandenes, dennoch aber verbindlich »Geltendes«. Das »Einverständnis« ist zunächst also schlichte »Fügung« in das Gewohnte, weil es gewohnt ist. Mehr oder minder bleibt es so. Nicht an der Hand rationaler Erwägungen, sondern an der Hand eingeübter (oktroyierter) empirischer Gegenproben stellt man fest, ob man einverständnismäßig »richtig« gerechnet hat. Dies findet sich auf allen Gebieten wieder: so wenn wir einen elektrischen Trambahnwagen oder einen hydraulischen Lift oder eine Flinte sachgemäß benutzen, ohne von den naturwissenschaftlichen Regeln, auf denen ihre Konstruktion beruht, irgend etwas zu wissen, in welche selbst der Tramwagenführer und Büchsenmacher nur unvollkommen eingeweiht sein können. Kein normaler Konsument weiß heute auch nur ungefähr um die Herstellungstechnik seiner Alltagsgebrauchsgüter, meist nicht einmal darum, aus welchen Stoffen und von welcher Industrie sie produziert werden. Ihn interessieren eben nur die für ihn praktisch wichtigen Erwartungen des Verhaltens dieser Artefakte. Nicht anders steht es aber mit sozialen Institutionen, wie etwa dem Gelde. Wie dieses eigentlich zu seinen merkwürdigen Sonderqualitäten kommt, weiß der Geldgebraucher nicht, – da sich ja selbst die Fachgelehrten darüber heftig streiten. Ähnlich bei den zweckrational geschaffenen Ordnungen. Solange die Schaffung eines neuen »Gesetzes« oder eines neuen Paragraphen der »Vereinsstatuten« diskutiert wird, pflegen wenigstens die praktisch besonders stark davon berührten Interessenten den wirklich gemeinten »Sinn« einer Neuordnung zu durchschauen. Ist sie praktisch »eingelebt«, so kann dieser ursprünglich von den Schöpfern, mehr oder minder einheitlich, gemeinte Sinn so völlig vergessen oder durch Bedeutungswandel verdeckt werden, daß der Bruchteil der Richter und Anwälte, welche den »Zweck«, zu welchem verwickelte Rechtsnormen seinerzeit vereinbart oder oktroyiert worden sind, wirklich durchschauen, winzig ist, das »Publikum« aber selbst die Tatsache des Geschaffenseins und der empirischen »Geltung« der Rechtsformen und also der daraus folgenden »Chancen« gerade soweit kennt, als zur Vermeidung der allerdrastischsten Unannehmlichkeiten unvermeidlich ist. Mit steigender Kompliziertheit der Ordnungen und fortschreitender Differenzierung des gesellschaftlichen Lebens wird dieser Tatbestand immer universeller. Am besten kennen zweifellos den empirisch geltenden Sinn von gesatzten Ordnungen, d. h. die durchschnittlich daraus, daß sie einmal geschaffen wurden und nun in einer bestimmten Art durchschnittlich interpretiert und durch den Zwangsapparat garantiert sind, mit Wahrscheinlichkeit folgenden »Erwartungen« gerade diejenigen, welche planvoll einverständnis widrig zu handeln, sie also zu »verletzen« oder zu »umgehen« beabsichtigen. Die rationalen Ordnungen einer Vergesellschaftung, sei sie Anstalt oder Verein, werden also von den Einen zu bestimmten unter sich wieder vielleicht sehr verschieden gedachten Zwecken oktroyiert oder »suggeriert«. Von den Zweiten, den »Organen« der Vergesellschaftung, werden sie – jedoch nicht notwendig in Kenntnis jener Zwecke ihrer Schaffung – mehr oder minder gleichartig subjektiv gedeutet und aktiv durchgeführt. Von den Dritten werden sie, soweit für ihre Privatzwecke absolut nötig, subjektiv in verschiedener Annäherung an jene Art der üblichen Durchführung gekannt und zum Mittel der Orientierung ihres (legalen oder illegalen) Handelns gemacht, weil sie bestimmte Erwartungen bezüglich des Verhaltens anderer (der »Organe« sowohl wie der Anstalts- oder Vereinsgenossen) erwecken. Von den Vierten aber, und das ist die »Masse«, wird ein dem durchschnittlich verstandenen Sinn in irgendeiner Annäherung entsprechendes Handeln »traditionell« – wie wir sagen – eingeübt und meist ohne alle Kenntnis von Zweck und Sinn, ja selbst Existenz, der Ordnungen innegehalten. Die empirische »Geltung« grade einer »rationalen« Ordnung ruht also dem Schwerpunkt nach ihrerseits wieder auf dem Einverständnis der Fügsamkeit in das Gewohnte, Eingelebte, Anerzogene, immer sich Wiederholende. Auf seine subjektive Struktur hin angesehen, hat das Verhalten oft sogar überwiegend den Typus eines mehr oder minder annähernd gleichmäßigen Massenhandelns ohne jede Sinnbezogenheit. Der Fortschritt der gesellschaftlichen Differenzierung und Rationalisierung bedeutet also, wenn auch nicht absolut immer, so im Resultat durchaus normalerweise, ein im ganzen immer weiteres Distanzieren der durch die rationalen Techniken und Ordnungen praktisch Betroffenen von deren rationaler Basis, die ihnen, im ganzen, verborgener zu sein pflegt wie dem »Wilden« der Sinn der magischen Prozeduren seines Zauberers. Ganz und gar nicht eine Universalisierung des Wissens um die Bedingtheiten und Zusammenhänge des Gemeinschaftshandelns bewirkt also dessen Rationalisierung, sondern meist das gerade Gegenteil. Der »Wilde« weiß von den ökonomischen und sozialen Bedingungen seiner eigenen Existenz unendlich viel mehr als der im üblichen Sinn »Zivilisierte«. Und es trifft dabei auch nicht universell zu, daß das Handeln des »Zivilisierten« durchweg subjektiv zweckrationaler ablaufe. Dies liegt vielmehr für die einzelnen Sphären des Handelns verschieden: ein Problem für sich. Was der Lage des »Zivilisierten« in dieser Hinsicht ihre spezifisch »rationale« Note gibt, im Gegensatz zu der des »Wilden«, ist vielmehr: 1. der generell eingelebte Glaube daran, daß die Bedingungen seines Alltagslebens, heißen sie nun: Trambahn oder Lift oder Geld oder Gericht oder Militär oder Medizin, prinzipiell rationalen Wesens, d. h. der rationalen Kenntnis, Schaffung und Kontrolle zugängliche menschliche Artefakte seien, – was für den Charakter des »Einverständnisses« gewisse gewichtige Konsequenzen hat, – 2. die Zuversicht darauf, daß sie rational, d. h. nach bekannten Regeln und nicht, wie die Gewalten, welche der Wilde durch seinen Zauberer beeinflussen will, irrational funktionieren, daß man, im Prinzip wenigstens, mit ihnen »rechnen«, ihr Verhalten »kalkulieren«, sein eigenes Handeln an eindeutigen, durch sie geschaffenen Erwartungen orientieren könne. Und hier liegt das spezifische Interesse des rationalen kapitalistischen »Betriebes« an »rationalen« Ordnungen, deren praktisches Funktionieren er in seinen Chancen ebenso berechnen kann wie das einer Maschine. Davon an anderer Stelle.

[Zweiter Teil]

Wirtschaft und Gesellschaft im Allgemeinen

§ 1 Wesen der Wirtschaft. Wirtschafts-, wirtschaftende und wirtschaftsregulierende Gemeinschaft

Die Vergemeinschaftungen haben ihrer ganz überwiegenden Mehrzahl nach irgendwelche Beziehungen zur Wirtschaft. Unter Wirtschaft soll hier nicht, wie ein unzweckmäßiger Sprachgebrauch will, jedes zweckrational angelegte Handeln verstanden werden. Ein nach den Lehren irgendeiner Religion zweckmäßig eingerichtetes Gebet um ein inneres »Gut« ist für uns kein Akt des Wirtschaftens. Auch nicht jenes Handeln oder Schaffen, welches dem Prinzip der Sparsamkeit folgt. Nicht nur ist eine, noch so bewußt bei einer Begriffsbildung geübte, Denkökonomie gewiß kein Wirtschaften, sondern auch etwa die Durchführung des künstlerischen Prinzips der »Ökonomie der Mittel« hat mit Wirtschaften nichts zu tun und ist, an Rentabilitätsmaßstäben gemessen, ein oft höchst unökonomisches Produkt immer erneuter vereinfachender Umschaffensarbeit. Und ebenso ist die Befolgung der universellen technischen Maxime des »Optimum«: relativ größter Erfolg mit geringstem Aufwand, rein an sich noch nicht Wirtschaften, sondern: zweckrational orientierte Technik. Von Wirtschaft wollen wenigstens wir hier vielmehr nur reden, wo einem Bedürfnis oder einem Komplex solcher, ein, im Vergleich dazu, nach der Schätzung des Handelnden, knapper Vorrat von Mitteln und möglichen Handlungen zu seiner Deckung gegenübersteht und dieser Sachverhalt Ursache eines spezifisch mit ihm rechnenden Verhaltens wird. Entscheidend ist dabei für zweckrationales Handeln selbstverständlich: daß diese Knappheit subjektiv vorausgesetzt und das Handeln daran orientiert ist. Alle nähere Kasuistik und Terminologie bleiben hier außer Erörterung. Man kann unter zwei verschiedenen Gesichtspunkten wirtschaften. Einmal zur Deckung eines gegebenen eigenen Bedarfs. Dieser kann Bedarf für alle denkbaren Zwecke, von der Nahrung bis zur religiösen Erbauung sein, wenn dafür im Verhältnis zum Bedarf knappe Güter oder mögliche Handlungen erforderlich werden. Es ist an sich konventionell, daß man allerdings in spezifisch betontem Sinn an die Deckung der Alltagsbedürfnisse, an den sog. materiellen Bedarf denkt, wenn von Wirtschaft die Rede ist. Gebete und Seelenmessen können in der Tat ebensogut Gegenstände der Wirtschaft werden, wenn die für ihre Veranstaltung qualifizierten Personen und deren Handeln knapp und daher nur ebenso gegen Entgelt zu beschaffen sind, wie das tägliche Brot. Die künstlerisch meist hoch gewerteten Zeichnungen der Buschmänner sind nicht Objekte der Wirtschaft, überhaupt nicht Produkte von Arbeiten im ökonomischen Sinn. Wohl aber werden Produkte künstlerischen Schaffens, die meist weit niedriger gewertet zu werden pflegen, Gegenstände wirtschaftlichen Handelns, wenn der spezifisch ökonomische Sachverhalt: Knappheit im Verhältnis zum Begehr, sich einstellt. Gegenüber der Wirtschaft zur Deckung des eigenen Bedarfs ist die zweite Art des Wirtschaftens Wirtschaft zum Erwerb: die Ausnutzung des spezifisch ökonomischen Sachverhalts: Knappheit begehrter Güter, zur Erzielung eigenen Gewinns an Verfügung über diese Güter.

Das soziale Handeln kann nun zur Wirtschaft in verschiedenartige Beziehung treten.

Gesellschaftshandeln kann, seinem von den Beteiligten subjektiv irgendwie erfaßten Sinne nach, ausgerichtet sein auf rein wirtschaftliche Erfolge: Bedarfsdeckung oder Erwerb. Dann begründet es Wirtschaftsgemeinschaft. Oder es kann sich des eigenen Wirtschaftens als Mittels für die anderweitigen Erfolge, auf die es ausgerichtet ist, bedienen: wirtschaftende Gemeinschaften. Oder es finden sich wirtschaftliche mit außerwirtschaftlichen Erfolgen in der Ausgerichtetheit eines Gemeinschaftshandelns kombiniert. Oder endlich: es ist keins von alledem der Fall. Die Grenze der beiden erstgenannten Kategorien ist flüssig. Ganz streng genommen ist der erstgenannte Tatbestand ja nur bei solchen Gemeinschaften vorhanden, welche durch Ausnutzung des spezifisch ökonomischen Sachverhalts Gewinn zu erzielen streben. Also bei den Erwerbswirtschaftsgemeinschaften. Denn alle auf Bedarfsdeckung, gleichviel welcher Art, gerichteten Gemeinschaften bedienen sich des Wirtschaftens nur soweit, als dies nach Lage der Relation von Bedarf und Gütern unumgänglich ist. Die Wirtschaft einer Familie, einer milden Stiftung oder Militärverwaltung, einer Vergesellschaftung zur gemeinsamen Rodung von Wald oder zu einem gemeinsamen Jagdzuge stehen darin einander gleich. Gewiß scheint ein Unterschied zu bestehen: ob ein Gemeinschaftshandeln wesentlich deshalb überhaupt zur Existenz gelangt, um dem spezifisch ökonomischen Sachverhalt bei der Bedarfsdeckung gerecht zu werden, wie dies unter den Beispielen z. B. bei der Rodungsvergesellschaftung der Fall ist, oder ob primär andere Zwecke (Abrichtung für den Kriegsdienst) verfolgt werden, die nur, weil sie eben faktisch auf den ökonomischen Sachverhalt stoßen, das Wirtschaften erzwingen. Tatsächlich ist das aber eine sehr flüssige und nur so weit deutlich vollziehbare Scheidung, als das Gemeinschaftshandeln Züge aufweist, die auch beim Fortdenken des ökonomischen Sachverhalts, bei Unterstellung also einer Verfügung über praktisch unbeschränkte Vorräte von Gütern und möglichen Handlungen der möglichen Art, die gleichen bleiben müßten.

Auch ein weder wirtschaftliche noch wirtschaftende Gemeinschaften darstellendes Gemeinschaftshandeln aber kann in seiner Entstehung, seinem Fortbestand, der Art seiner Struktur und seines Ablaufs durch wirtschaftliche Ursachen, welche auf den ökonomischen Sachverhalt zurückgehen, mitbestimmt sein und ist insoweit ökonomisch determiniert. Umgekehrt kann es seinerseits für die Art und den Verlauf eines Wirtschaftens ein ins Gewicht fallendes ursächliches Moment bilden: ökonomisch relevant sein. Meist wird beides zusammentreffen. Gemeinschaftshandeln, welches weder eine Wirtschaftsgemeinschaft noch eine wirtschaftende Gemeinschaft darstellt, ist nichts Ungewöhnliches. Jeder gemeinsame Spaziergang kann ein solches konstituieren. Gemeinschaften, die nicht ökonomisch relevant sind, sind ebenfalls recht häufig. Einen Sonderfall innerhalb der wirtschaftlich relevanten Gemeinschaften bilden solche, welche zwar ihrerseits keine »Wirtschaftsgemeinschaften« sind, d. h.: deren Organe nicht durch eigene Mitarbeit oder durch konkrete Anordnungen, Gebote und Verbote, den Verlauf einer Wirtschaft kontinuierlich bestimmen, deren Ordnungen aber das wirtschaftliche Verhalten der Beteiligten regulieren: »wirtschaftsregulierende Gemeinschaften«, wie alle Arten politischer, viele religiöse und zahlreiche andere Gemeinschaften, darunter solche, welche eigens zu dem Zweck der Wirtschaftsregulierung vergesellschaftet sind (Fischerei- und Markgenossenschaften u. dgl.). Gemeinschaften, die nicht irgendwie ökonomisch determiniert sind, sind wie gesagt höchst selten. Dagegen ist der Grad, in dem dies der Fall ist, sehr verschieden und vor allem fehlt – entgegen der Annahme der sog. materialistischen Geschichtsauffassung – die Eindeutigkeit der ökonomischen Determiniertheit des Gemeinschaftshandelns durch ökonomische Momente. Erscheinungen, welche die Analyse der Wirtschaft als »gleich« beurteilen muß, sind sehr häufig mit einer, für die soziologische Betrachtung sehr stark verschiedenen Struktur der sie umschließenden oder mit ihnen koexistierenden Gemeinschaften aller Art, auch der Wirtschafts- und wirtschaftenden Gemeinschaften, vereinbar. Auch die Formulierung: daß ein »funktioneller« Zusammenhang der Wirtschaft mit den sozialen Gebilden bestehe, ist ein historisch nicht allgemein begründbares Vorurteil, wenn darunter eine eindeutige gegenseitige Bedingtheit verstanden wird. Denn die Strukturformen des Gemeinschaftshandelns haben, wie wir immer wieder sehen werden, ihre »Eigengesetzlichkeit« und können auch davon abgesehen im Einzelfall stets durch andere als wirtschaftliche Ursachen in ihrer Gestaltung mitbestimmt sein. Dagegen pflegt allerdings an irgendeinem Punkt für die Struktur fast aller, und jedenfalls aller »kulturbedeutsamen« Gemeinschaften der Zustand der Wirtschaft ursächlich bedeutsam, oft ausschlaggebend wichtig, zu werden. Umgekehrt pflegt aber auch die Wirtschaft irgendwie durch die eigengesetzlich bedingte Struktur des Gemeinschaftshandelns, innerhalb dessen sie sich vollzieht, beeinflußt zu sein. Darüber, wann und wie dies der Fall sei, läßt sich etwas ganz Allgemeines von Belang nicht aussagen. Wohl aber läßt sich Allgemeines über den Grad der Wahlverwandtschaft konkreter Strukturformen des Gemeinschaftshandelns mit konkreten Wirtschaftsformen aussagen, d. h. darüber: ob und wie stark sie sich gegenseitig in ihrem Bestande begünstigen oder umgekehrt einander hemmen oder ausschließen: einander »adäquat« oder »inadäquat« sind. Solche Adäquanzbeziehungen werden wir immer wieder zu besprechen haben. Und ferner lassen sich wenigstens einige allgemeine Sätze über die Art, wie ökonomische Interessen überhaupt zu Gemeinschaftshandeln bestimmten Charakters zu führen pflegen, aufstellen.

§ 2 »Offene« und »geschlossene« Wirtschaftsbeziehungen

Eine bei allen Formen von Gemeinschaften sehr häufig vorkommende Art von wirtschaftlicher Bedingtheit wird durch den Wettbewerb um ökonomische Chancen: Amtsstellungen, Kundschaft, Gelegenheit zu okkupatorischem oder Arbeitsgewinn und dergleichen, geschaffen. Mit wachsender Zahl der Konkurrenten im Verhältnis zum Erwerbsspielraum wächst hier das Interesse der an der Konkurrenz Beteiligten, diese irgendwie einzuschränken. Die Form, in der dies zu geschehen pflegt, ist die: daß irgendein äußerlich feststellbares Merkmal eines Teils der (aktuell oder potenziell) Mitkonkurrierenden: Rasse, Sprache, Konfession, örtliche oder soziale Herkunft, Abstammung, Wohnsitz usw. von den anderen zum Anlaß genommen wird, ihren Ausschluß vom Mitbewerb zu erstreben. Welches im Einzelfall dies Merkmal ist, bleibt gleichgültig: es wird jeweils an das nächste sich darbietende angeknüpft. Das so entstandene Gemeinschaftshandeln der einen kann dann ein entsprechendes der anderen, gegen die es sich wendet, hervorrufen. – Die gemeinsam handelnden Konkurrenten sind nun unbeschadet ihrer fortdauernden Konkurrenz untereinander doch nach außen eine »Interessentengemeinschaft« geworden, die Tendenz, eine irgendwie geartete »Vergesellschaftung« mit rationaler Ordnung entstehen zu lassen, wächst, und bei Fortbestand des monopolistischen Interesses kommt der Zeitpunkt, wo sie selbst oder eine andere Gemeinschaft, deren Handeln die Interessenten beeinflussen können (z. B. die politische Gemeinschaft), eine Ordnung setzen, welche Monopole zugunsten der Begrenzung des Wettbewerbs schafft, und daß fortan zu deren Durchführung, eventuell mit Gewalt, sich bestimmte Personen ein für allemal als »Organe« bereithalten. Dann ist aus der Interessentengemeinschaft eine »Rechtsgemeinschaft« geworden: die Betreffenden sind »Rechtsgenossen«. Dieser Prozeß der »Schließung« einer Gemeinschaft, wie wir ihn nennen wollen, ist ein typisch sich wiederholender Vorgang, die Quelle des »Eigentums« am Boden ebenso wie aller zünftigen und anderen Gruppenmonopole. Handle es sich um die »genossenschaftliche Organisation«, und das heißt stets: um den nach außen geschlossenen, monopolistischen Zusammenschluß von z. B. ihrer örtlichen Provenienz nach bezeichneten Fischereiinteressenten eines bestimmten Gewässers, oder etwa um die Bildung eines »Verbandes der Diplomingenieure«, welcher das rechtliche oder faktische Monopol auf bestimmte Stellen für seine Mitglieder gegen die Nichtdiplomierten zu erzwingen sucht, oder um die Schließung der Teilnahme an den Äckern, Weide- und Allmendnutzungen eines Dorfs gegen Außenstehende, oder um »nationale« Handlungsgehilfen, oder um landes- oder ortsgebürtige Ministerialen, Ritter, Universitätsgraduierte, Handwerker, oder um Militäranwärter oder was sie sonst seien, die zunächst ein Gemeinschaftshandeln, dann eventuell eine Vergesellschaftung entwickeln, – stets ist dabei als treibende Kraft die Tendenz zum Monopolisieren bestimmter, und zwar der Regel nach ökonomischer Chancen beteiligt. Eine Tendenz, die sich gegen andere Mitbewerber, welche durch ein gemeinsames positives oder negatives Merkmal gekennzeichnet sind, richtet. Und das Ziel ist: in irgendeinem Umfang stets Schließung der betreffenden (sozialen und ökonomischen) Chancen gegen Außenstehende. Diese Schließung kann, wenn erreicht, in ihrem Erfolg sehr verschieden weit gehen. Namentlich insofern, als die Zuteilung monopolistischer Chancen an die einzelnen Beteiligten dabei in verschiedenem Maße definitiv sein kann. Jene Chancen können dabei innerhalb des Kreises der monopolistisch Privilegierten entweder ganz »offen« bleiben, so daß diese unter sich frei darum weiter konkurrieren. So z. B. bei den auf Bildungspatentbesitzer bestimmter Art: geprüfte Anwärter auf irgendwelche Anstellungen bezüglich dieser, oder z. B. Handwerker mit Meisterprüfung bezüglich des Kundenwettbewerbs oder der Lehrlingshaltung, in ihrer Zugänglichkeit beschränkten Chancen. Oder sie können irgendwie auch nach innen »geschlossen« werden. Entweder so, daß ein »Turnus« stattfindet: die kurzfristige Ernennung mancher Amtspfründeninhaber gehörte dem Zweck nach dahin. Oder so, daß die einzelnen Chancen nur auf Widerruf an Einzelne vergeben werden. So bei den in der »strengen« Flurgemeinschaft z. B. des russischen Mir an die Einzelnen vergebenen Verfügungsgewalten über Äcker. Oder so, daß sie lebenslänglich vergeben werden – die Regel bei allen Präbenden, Ämtern, Monopolen von Handwerksmeistern, Allmendackerrechten, namentlich auch ursprünglich den Ackerzuteilungen innerhalb der meisten flurgemeinschaftlichen Dorfverbände u. dgl. Oder so, daß sie endgültig an den Einzelnen und seine Erben vergeben werden und nur eine Verfügungsgewalt des einzelnen Prätendenten im Wege der Abtretung an andere nicht zugelassen wird oder doch die Abtretung auf den Kreis der Gemeinschaftsgenossen beschränkt ist: der κλῆρος, die Kriegerpräbende des Altertums, die Dienstlehen der Ministerialen, Erbämter- und Erbhandwerkermonopole gehören dahin. Oder schließlich so, daß nur die Zahl der Chancen geschlossen bleibt, der Erwerb jeder einzelnen aber auch ohne Wissen und Willen der anderen Gemeinschafter durch jeden Dritten vom jeweiligen Inhaber möglich ist, so wie bei den Inhaberaktien. Wir wollen diese verschiedenen Stadien der mehr oder minder definitiven inneren Schließung der Gemeinschaft Stadien der Appropriation der von der Gemeinschaft monopolisierten sozialen und ökonomischen Chancen nennen. Die völlige Freigabe der appropriierten Monopolchancen zum Austausch auch nach außen: ihre Verwandlung in völlig »freies« Eigentum, bedeutet natürlich die Sprengung der alten monopolisierten Vergemeinschaftung, als deren caput mortuum nun sich appropriierte Verfügungsgewalten als »erworbene Rechte« in der Hand der Einzelnen im Güterverkehr befinden. Denn ausnahmslos alles »Eigentum« an Naturgütern ist historisch aus der allmählichen Appropriation monopolistischer Genossenanteile entstanden und Objekt der Appropriation waren, anders als heute, nicht nur konkrete Sachgüter, sondern ganz ebenso soziale und ökonomische Chancen aller denkbaren Art. Selbstverständlich ist Grad und Art der Appropriation und ebenso die Leichtigkeit, mit der sich der Appropriationsprozeß im Innern der Gemeinschaft überhaupt vollzieht, sehr verschieden je nach der technischen Natur der Objekte und der Chancen, um die es sich handelt und welche die Appropriation, in sehr verschiedenem Grade nahelegen können. Die Chance z. B. aus einem bestimmten Ackerstück durch dessen Bearbeitung Unterhalts- oder Erwerbsgüter zu gewinnen, ist an ein sinnfälliges und eindeutig abgrenzbares sachliches Objekt: eben das konkrete unvermehrbare Ackerstück gebunden, was in dieser Art etwa bei einer »Kundschaft« nicht der Fall ist. Daß das Objekt selbst erst durch Meliorierung Ertrag bringt, also in gewissem Sinn selbst »Arbeitsprodukt« der Nutzenden wird, motiviert dagegen die Appropriation nicht. Denn das pflegt bei einer acquirierten »Kundschaft« zwar in anderer Art, aber in noch weit höherem Maß zuzutreffen. Sondern rein technisch ist eine »Kundschaft« nicht so leicht – sozusagen – »einzutragen« wie ein Stück Grund und Boden. Es ist naturgemäß, daß auch das Maß der Appropriation darnach verschieden weit zu gehen pflegt. Aber hier kommt es darauf an, festzuhalten: daß prinzipiell die Appropriation in einem wie im andern Fall der gleiche, nur verschieden leicht durchführbare Vorgang ist: die »Schließung« der monopolisierten, sozialen oder ökonomischen, Chancen auch nach Innen, den Genossen gegenüber. Die Gemeinschaften sind darnach in verschiedenem Grade nach außen und innen »offen« oder »geschlossen«.

§ 3 Gemeinschaftsformen und ökonomische Interessen

Diese monopolistische Tendenz nimmt nun spezifische Formen an, wo es sich um Gemeinschaftsbildungen von Menschen handelt, welche andern gegenüber durch eine gleiche, vermittelst Erziehung, Lehre, Übung zu e r w e r b e n d e periodische Qualität ausgezeichnet sind: durch ökonomische Qualifikationen irgendwelcher Art, durch gleiche oder ähnliche Amtsstellung, durch ritterliche oder asketische oder sonst irgendwie spezifizierte Richtung der Lebensführung und ähnliches. Hier pflegt das Gemeinschaftshandeln, wenn es eine Vergesellschaftung aus sich hervortreibt, dieser die

Formen der »Zunft« zu geben. Ein Kreis von Vollberechtigten monopolisiert die Verfügung über die betreffenden ideellen, sozialen und ökonomischen Güter, Pflichten und Lebensstellungen als »Beruf«. Er läßt nur den zur vollen Ausübung des gleichen Berufs zu, der 1. ein Noviziat zwecks geregelter Vorbildung durchgemacht, 2. seine Qualifikation dargetan, 3. eventuell noch weitere Karenzzeiten und Leistungen hinter sich hat. In ganz typischer Art wiederholt sich das von den pennalistischen Vergesellschaftungen des Studententums bis zu den Rittereinungen einerseits, den Zünften der Handwerker andererseits und den Qualifikationserfordernissen der modernen Beamten und Angestellten. Dabei kann zwar überall auch das Interesse an der Sicherung der guten Leistung mitspielen, an welcher alle Beteiligten unbeschadet ihrer eventuell fortbestehenden Konkurrenz untereinander ideell und materiell mitinteressiert sein können: die örtlichen Handwerker im Interesse des guten Rufs ihrer Waren, Ministerialen und Ritter einer bestimmten Einung im Interesse des Rufs ihrer Tüchtigkeit und auch direkt im eigensten Interesse ihrer militärischen Sicherheit, Asketengemeinschaften aus dem Interesse heraus, daß die Götter und Dämonen nicht durch falsche Manipulationen gegen alle Beteiligten erzürnt werden (wer z. B. bei einem rituellen Singtanz falsch singt, wird ursprünglich bei fast allen »Naturvölkern« alsbald zur Sühne erschlagen). Normalerweise aber steht voran das Interesse an der Einschränkung des Angebots von Anwärtern auf die Pfründen und Ehren der betreffenden Berufsstellung. Die Noviziate und Karenzzeiten ebenso wie die »Meisterstücke« und was sonst gefordert wird (namentlich: ausgiebige Regalierung der Genossen) stellen oft mehr ökonomische als eigentliche Qualifikationsansprüche an die Anwärter.

Solche monopolistischen Tendenzen und ihnen verwandte ökonomische Erwägungen haben historisch oft eine bedeutende Rolle bei der Hemmung der Ausbreitung von

Gemeinschaften gespielt. Die attische Bürgerrechtspolitik der Demokratie z. B., welche den Kreis der an den Vorteilen des Bürgerrechts Teilnehmenden zunehmend zu schließen trachtete, hat der politischen Machtexpansion Schranken gesetzt. Eine ökonomische Interessenkonstellation anderer, aber letztlich doch ähnlicher Art brachte die Propaganda des Quäkertums zum Stillstand. Das ursprüngliche religiös gebotene Bekehrungsinteresse des Islam fand seine Schranken an dem Interesse der erobernden Kriegerschicht: daß eine nicht islamische und daher minderberechtigte Bevölkerung dabliebe, welcher die für den Unterhalt der vollberechtigten Gläubigen erforderlichen Abgaben und Lasten auferlegt werden konnten – ein Sachverhalt, welcher den Typus abgibt für sehr viele ähnliche Erscheinungen.

Typisch ist auf der andern Seite der Fall, daß Menschen »von« der Übernahme der Interessenvertretung oder in anderer Art von der Existenz einer Gemeinschaft ideell oder auch ökonomisch ihre Existenz fristen und daß infolgedessen das Gemeinschaftshandeln propagiert wird, fortbesteht und sich zur Vergesellschaftung entwickelt in Fällen, wo dies sonst vielleicht nicht eingetreten wäre. Ideell kann ein solches Interesse in der verschiedensten Art begründet sein: die Ideologen der Romantik und ihre Nachzügler z. B. haben im 19. Jahrhundert zahlreiche verfallende Sprachgemeinschaften »interessanter« Völkerschaften erst zu bewußter Pflege ihres Sprachbesitzes erweckt. Deutsche Gymnasiallehrer und Professoren haben kleine slawische Sprachgemeinschaften, mit denen sie sich beschäftigten und über die sie Bücher zu schreiben das ideelle Bedürfnis fühlten, vor dem Untergang bewahren helfen. Immerhin ist dieses rein ideologische »Leben« einer Gemeinschaft ein nicht so tragfähiger Hebel wie ihn die ökonomische Interessiertheit abgibt. Wenn insbesondere eine Gruppe von Menschen jemanden dafür bezahlt, daß er zu planvoller Wahrnehmung der allen gemeinsamen Interessen sich ständig (als »Organ«) bereit hält und handelt, oder wenn eine solche Interessenvertretung sich sonstwie direkt oder indirekt »bezahlt« macht, so ist damit eine Vergesellschaftung geschaffen, die unter allen Umständen eine starke Garantie für den Fortbestand des Gemeinschaftshandelns darstellt. Mag es sich etwa um die entgeltliche Propaganda von (verhüllten oder unverhüllten) Sexualinteressen oder von anderen »ideellen« oder endlich von ökonomischen Interessen (Gewerkschaften, Arbeitgeberverbänden, und ähnlichen Organisationen) handeln, sei es in Gestalt von in Stücklohn bezahlten Vortragsrednern oder mit Gehalt entlohnten »Sekretären« und dergleichen, immer sind nun Personen da, welche »berufsmäßig« an der Erhaltung der vorhandenen und der Gewinnung neuer Mitglieder interessiert sind. Ein planmäßiger rationaler »Betrieb« ist an die Stelle des intermittierenden und irrationalen Gelegenheitshandelns getreten und funktioniert weiter, auch wenn der ursprüngliche Enthusiasmus der Beteiligten selbst für ihre Ideale längst verflogen ist.

Eigentlich »kapitalistische« Interessen können in der allerverschiedensten Art an der Propaganda eines bestimmten Gemeinschaftshandelns interessiert sein. So z. B. wie die Besitzer von Vorräten deutschen Frakturdruckmaterials an der fortdauernden Verwendung dieser »nationalen« Schriftform. Oder so, wie diejenigen Gastwirte, welche trotz des Militärboykotts ihre Räume für sozialdemokratische Versammlungen zur Verfügung halten, an der Mitgliederzahl der Partei. Ungezählte Beispiele dieses Typus liegen für jede Art von Gemeinschaftshandeln jedermann nahe.

Das allen Fällen derartiger ökonomischer Interessiertheit, sei es seitens der Angestellten oder seitens kapitalistischer Mächte, Gemeinsame ist: daß das Interesse am »Inhalt« der gemeinsamen Ideale der Mitglieder notwendig hinter dem Interesse an dem Fortbestand oder der Propaganda der Gemeinschaft rein als solchem, gleichviel welches der Inhalt ihres Handelns ist, zurücktritt. Ein großartiges Beispiel dieser Art ist die vollkommene Entleerung der amerikanischen

Parteien von festen sachlichen Idealen. Das größte ist aber natürlich die typische Verknüpfung kapitalistischer Interessen mit der Expansion politischer Gemeinschaften, wie es von jeher bestanden hat. Einerseits ist die Möglichkeit der Beeinflussung des Wirtschaftslebens durch diese Gemeinschaften außerordentlich groß, und andererseits können sie sich zwangsweise ungeheure Einkünfte verschaffen und darüber disponieren, so daß sich an ihnen, direkt und indirekt, am meisten verdienen läßt; direkt durch entgeltliche Übernahme von Leistungen oder durch Bevorschussung von Einkünften, indirekt durch Ausbeutung von Objekten, welche sie politisch okkupieren. Das Schwergewicht des kapitalistischen Erwerbs lag in der Antike und in der beginnenden Neuzeit in solchen durch Beziehungen zur politischen Gewalt rein als solcher zu erzielenden »imperialistischen« Gewinnen, und er verschiebt sich heute wieder zunehmend nach dieser Richtung hin. Jede Ausdehnung des Machtgebiets einer solchen Gemeinschaft vermehrt dann die Gewinnchancen der betreffenden Interessenten.

Diesen ökonomischen Interessen, welche in der Richtung der Propagierung einer Gemeinschaft wirken, treten nun, außer den schon besprochenen monopolistischen Tendenzen, unter Umständen andere Interessen entgegen, welche gerade umgekehrt durch die Geschlossenheit und Exklusivität einer Gemeinschaft gespeist werden. Wir stellten schon früher allgemein fest, daß fast jeder auf rein freiwilligem Beitritt ruhende Zweckverband über den primären Erfolg hinaus, auf den das vergesellschaftete Handeln ausgerichtet ist, Beziehungen zwischen den Beteiligten zu stiften pflegt, welche Grundlage eines unter Umständen auf ganz heterogene Erfolge ausgerichteten Gemeinschaftshandelns werden können: an die Vergesellschaftung knüpft sich regelmäßig eine »übergreifende« Vergemeinschaftung. Natürlich nur bei einem Teil der Vergesellschaftungen, demjenigen nämlich, deren Gemeinschaftshandeln eine irgendwelche, nicht rein geschäftliche, »persönliche« gesellschaftliche Berührung voraussetzt. Die Qualität eines »Aktionärs« zum Beispiel erwirbt man ohne alle Rücksicht auf persönlich-menschliche Eigenschaften und regelmäßig ohne Wissen und Willen der Mitbeteiligten rein kraft eines ökonomischen Tauschakts über die Aktie. Ähnliches gilt für alle diejenigen Vergesellschaftungen, welche den Beitritt von einer rein formalen Bedingung oder Leistung abhängig machen und auf die Prüfung der Person des Einzelnen verzichten. Dies ist besonders häufig bei gewissen Arten von reinen Wirtschaftsgemeinschaften, ebenso bei manchen Vereinen mit rein politischem Zweck der Fall und wird im allgemeinen überall um so mehr zur Regel, je rationaler und spezialisierter der Zweck der Vereinigung ist. Immerhin gibt es der Vergesellschaftungen sehr viele, bei denen einerseits die Zulassung, ausdrücklich oder stillschweigend, gewisse spezifische Qualifikationen voraussetzt und bei denen andererseits, im Zusammenhang damit, jene übergreifende Vergemeinschaftung regelmäßig stattfindet. Dies ist natürlich besonders dann der Fall, wenn die Gemeinschafter die Zulassung jedes neuen Beteiligten an eine Prüfung und Zustimmung zur Aufnahme seiner Person knüpfen. Der einzelne Beteiligte wird dann, normalerweise wenigstens, nicht nur nach seinen Funktionen und nach seiner für den ausdrücklichen Zweck des Verbandes wesentlichen Leistungsfähigkeit, sondern auch nach seinem »Sein«, nach der Wertschätzung seiner Gesamtpersönlichkeit von seiten der anderen Mitbeteiligten geprüft. Es ist hier nicht der Ort, die einzelnen Vergesellschaftungen darnach zu klassifizieren, wie stark oder wie schwach dieses Auslesemoment bei ihnen wirkt. Genug, daß es bei den allerverschiedensten Arten tatsächlich existiert. Eine religiöse Sekte nicht nur, sondern ebenso ein geselliger Verein, etwa ein Kriegerverein, selbst ein Kegelklub läßt im allgemeinen niemanden zur Beteiligung zu, dessen Gesamtpersönlichkeit von den anderen Beteiligten verworfen wird. Eben dies nun »legitimiert« den Zugelassenen nach außen, Dritten gegenüber, weit über seine für den

Zweck des Verbandes wichtigen Qualitäten hinaus. Die Beteiligung am Gemeinschaftshandeln ferner schafft ihm Beziehungen (»Konnexionen«), welche zu seinen Gunsten ebenfalls weit über den Kreis der speziellen Verbandszwecke wirksam werden. Es ist daher etwas Alltägliches, daß Leute einem religiösen oder studentischen oder politischen oder anderen Verband angehören, obwohl ihnen die dort gepflegten Interessen an sich durchaus gleichgültig sind, lediglich um jener wirtschaftlich nutzbaren »Legitimationen« und »Konnexionen« willen, welche diese Zugehörigkeit mit sich bringt. Während nun diese Motive an sich einen starken Anreiz zur Beteiligung an der Gemeinschaft zu enthalten und also ihre Propagierung zu fördern scheinen, wirkt in gerade entgegengesetztem Sinn das Interesse der Beteiligten daran, jene Vorteile zu monopolisieren und auch in ihrem ökonomischen Nutzwert dadurch zu steigern, daß sie auf einen möglichst kleinen und exklusiven Kreis beschränkt bleiben. Und je kleiner und exklusiver er ist, desto höher steht neben dem direkten Nutzwert überdies auch das soziale Prestige, welches die Zugehörigkeit verleiht.

Endlich ist noch eine häufige Beziehung zwischen Wirtschaft und Gemeinschaftshandeln kurz zu streifen: die bewußte Inaussichtstellung konkreter wirtschaftlicher Vorteile im Interesse der Propagierung und Erhaltung einer primär außerwirtschaftlichen Gemeinschaft. Sie pflegt naturgemäß besonders da aufzutreten, wo mehrere Gemeinschaften ähnlicher Art miteinander um Mitglieder konkurrieren. So namentlich politische Parteien und religiöse Gemeinschaften. Die amerikanischen Sekten konkurrieren durch Arrangement von künstlerischen und anderen Darbietungen und Unterhaltungen aller Art einschließlich des Sports, durch Unterbietung in den Bedingungen der Zulassung geschiedener Gatten zur Einsegnung neuer Ehen (das schrankenlose Unterbieten auf diesem Gebiet ist neuestens durch eine reguläre »Kartell«bildung eingeschränkt worden). Die religiösen und politischen Parteien veranstalten neben Landpartien und ähnlichem noch allerhand Gründungen von »Jugendverbänden«, »Frauengruppen« u. dgl., und überall beteiligen sie sich eifrig an rein kommunalen oder andern an sich unpolitischen Angelegenheiten, die ihnen Gelegenheit geben, in Konkurrenz miteinander lokalen Privatinteressenten ökonomische Gefälligkeiten zu erweisen. Die Invasion kommunaler oder genossenschaftlicher oder anderer Gemeinschaften durch solche politische, religiöse und andere Gruppen ist in sehr starkem Maße ganz direkt dadurch ökonomisch bedingt, daß sie Gelegenheit gibt, Funktionäre der Gemeinschaft direkt durch Amtspfründen und soziales Prestige zu versorgen und damit zugleich die Kosten des eigenen Betriebs auf andere Gemeinschaften zu überwälzen. Kommunale oder genossenschaftliche oder Konsumvereinsämter, Ämter in Krankenkassen und Gewerkschaften und Ähnliches sind Objekte, die sich dazu eignen. Und in größtem Maßstab selbstverständlich politische Ämter und Pfründen oder andere, von der politischen Gewalt zu vergebende, soziale oder als Versorgungsgelegenheiten geschätzte Stellungen, die Universitätsprofessuren eingeschlossen. Das »parlamentarische« System bietet Gemeinschaften aller Art, wenn sie hinlänglich stark an Zahl sind, die Möglichkeit, sich ähnlich den politischen Parteien selbst – zu deren normalem Wesen gerade dies gehört – derartige Versorgungsmittel für ihre Führer und Mitglieder zu verschaffen. In unserem Zusammenhang ist speziell nur die allgemeine Tatsache festzustellen: daß auch die direkte Schaffung ökonomischer Organisationen, namentlich zu propagandistischen Zwecken, seitens außerökonomischer Gemeinschaften verwendet wird. Ein beträchtlicher Teil des modernen karitativen Betriebs der religiösen Gemeinschaften dient ihm. Erst recht die Gründung von »christlichen«, »liberalen«, »sozialistischen«, »nationalen« Gewerkschaften und Hilfskassen, die Gewährung von Gelegenheit zum Sparen und zur Versicherung. In sehr großem Maßstabe ferner die

Konsumvereins- und Genossenschaftsgründung: bei manchen italienischen Genossenschaften mußte der Beichtzettel vorgelegt werden, um Arbeit zu erhalten. Für die Polen in Deutschland[1] ist die Organisation des Kredits, der Entschuldung, der Ansiedlung in ungewöhnlich großartiger Weise entwickelt, und die russischen Parteien aller Richtungen beschritten in der Revolutionszeit[2] sofort systematisch ähnliche höchst moderne Wege. Gründung von Erwerbsbetrieben: Banken, Hotels (wie die sozialistische »Hotellerie du Peuple« in Ostende) und schließlich auch von gewerblichen Produktionsbetrieben (auch in Belgien) kommen ebenfalls vor. Die im Besitz der Macht innerhalb einer politischen Gemeinschaft befindlichen Gruppen, namentlich also das Beamtentum, pflegen dann zur Erhaltung ihrer eigenen Machtstellung ähnliche Wege zu beschreiten, von der Züchtung »patriotischer« Vereine und Veranstaltungen aller Art mit Gewährung ökonomischer Vorteile angefangen bis zur Schaffung von bürokratisch kontrollierten Kreditfonds (»Preußenkasse«) und ähnlichem. Die technischen Einzelheiten aller dieser Mittel der Propaganda gehören nicht hierher.

Das Mit- und Gegeneinanderwirken von einerseits propagandistisch, andererseits monopolistisch wirkenden ökonomischen Interessen innerhalb aller möglichen Arten von Gemeinschaften war hier nur im allgemeinen festzustellen und durch einige besonders typische Beispiele zu illustrieren. Es weiter ins Einzelne zu verfolgen müssen wir uns versagen, da dies eine Spezialuntersuchung aller einzelnen Arten von Vergesellschaftungen bedingen würde.

1 Vor 1918 [Anm. Marianne Webers].
2 1905–1906 [Anm. Marianne Webers].

[Die Hausgemeinschaft und ihre Auflösung]

§ 1 Die Hausgemeinschaft

Die Erörterung der speziellen, oft höchst verwickelten Wirkungen der Bedarfsdeckung der Gemeinschaften gehört nicht in diese allgemeine, auf alles einzelne nur exemplifizierende Betrachtung.

Wir wenden uns vielmehr, unter Verzicht auf jede systematische Klassifikation der einzelnen Gemeinschaftsarten nach Struktur, Inhalt und Mitteln des Gemeinschaftshandelns – welche zu den Aufgaben der allgemeinen Soziologie gehört – zunächst einer kurzen Feststellung des Wesens der für unsere Betrachtung wichtigsten Gemeinschaftsarten zu. An dieser Stelle ist dabei nicht die Beziehung der Wirtschaft zu den einzelnen Kulturinhalten (Literatur, Kunst, Wissenschaft usw.), sondern lediglich ihre Beziehung zur »Gesellschaft«, das heißt in diesem Fall: den allgemeinen Strukturformen menschlicher Gemeinschaften zu erörtern. Inhaltliche Richtungen des Gemeinschaftshandelns kommen daher nur soweit in Betracht, als sie aus sich heraus spezifisch geartete Strukturformen desselben erzeugen, welche zugleich ökonomisch relevant sind. Die dadurch gegebene Grenze ist zweifellos durchaus flüssig, bedeutet aber unter allen Umständen: daß nur einige sehr universelle Arten von Gemeinschaften behandelt werden. Dies geschieht im folgenden zunächst nur in allgemeiner Charakteristik, während – wie wir sehen werden – ihre Entwicklungsformen in einigermaßen präziser Art erst später im Zusammenhang mit der Kategorie der »Herrschaft« besprochen werden können.

Als besonders »urwüchsig« erscheinen uns heute die durch sexuelle Dauergemeinschaft gestifteten Beziehungen zwischen Vater, Mutter und Kindern. Allein losgelöst von der ökonomischen Versorgungsgemeinschaft, dem gemeinsamen »Haushalt«, welcher doch wenigstens begrifflich davon getrennt zu halten ist, sind jedenfalls die rein sexuell zwischen Mann und Weib und die nur physiologisch begründeten Beziehungen zwischen Vater und Kindern in ihrem Bestande gänzlich labil und problematisch; die Vaterbeziehung fehlt ohne stabile Versorgungsgemeinschaft zwischen Vater und Mutter überhaupt gänzlich und ist selbst da, wo jene besteht, nicht immer von großer Tragweite. »Urwüchsig« ist von den auf dem Boden des Geschlechtsverkehrs erwachsenen Gemeinschaftsbeziehungen nur die zwischen Mutter und Kind und zwar, weil sie eine Versorgungsgemeinschaft ist, deren naturgegebene Dauer die Zeit bis zur Fähigkeit des Kindes zur selbständigen ausreichenden Nahrungssuche umfaßt. Demnächst die Aufzuchtsgemeinschaft der Geschwister. »Milchgenossen« (ὁμογάλακτες) ist daher ein spezifischer Name für die Nächstversippten. Auch hier ist nicht die Naturtatsache: der gemeinsame Mutterleib, sondern die ökonomische Versorgungsgemeinschaft entscheidend. Gemeinschaftsbeziehungen aller Art kreuzen erst recht die sexuellen und physiologischen Beziehungen, sobald es sich um die Entstehung der »Familie« als eines spezifischen sozialen Gebildes handelt. Der historisch durchaus vieldeutige Begriff ist nur brauchbar, wenn im Einzelfall sein Sinn klargestellt ist. Darüber später. Wenn die »Muttergruppe« (Mutter und Kinder) unvermeidlich als die primitivste im heutigen Sinn »familienartige« Gemeinschaftsbildung angesehen werden muß, so ist damit in keiner Art gesagt, sondern vielmehr direkt undenkbar: daß es je eine menschliche Existenzform gegeben habe, welche an Gemeinschaftsbildungen nichts als nebeneinanderstehende Muttergruppen gekannt hätte. Stets, soviel wir wissen, stehen bei Vorwalten der Muttergruppe als »Familienform« daneben die Vergemeinschaftungen der Männer unter sich: ökonomische und militärische – und solche der Männer mit den Frauen: sexueller und ökonomischer Art. Als eine normale, aber offensichtlich sekundäre Gemeinschaftsform kommt die »reine« Muttergruppe gerade da nicht selten vor, wo das Alltagsdasein der Männer zunächst zu militärischen, dann auch zu andern Zwecken in der Dauergemeinschaft des »Männerhauses« kaserniert ist, wie dies bei vielen Völkern der verschiedensten Gebiete als einer spezifischen Form militaristischer Entwicklung, also sekundär bedingt, sich findet.

Von einer »Ehe« kann man im Sinne einer bloßen Kombination einer sexuellen mit einer Aufzuchtsgemeinschaft von Vater, Mutter, Kindern begrifflich überhaupt nicht reden. Denn der Begriff der »Ehe« selbst ist nur durch Bezugnahme auf noch andere als jene Gemeinschaften zu definieren. »Ehe« entsteht als gesellschaftliche Institution überall erst durch den Gegensatz zu anderen, *nicht* als Ehe angesehenen sexuellen Beziehungen. Denn ihr Bestehen bedeutet: 1. daß das Entstehen einer Beziehung gegen den Willen: entweder der Sippe einer Frau oder derjenigen des schon in deren Besitz befindlichen Mannes, also von einem *Verband*, – in ältester Zeit: der Sippe entweder des Mannes oder der Frau oder beider, nicht geduldet und eventuell gerächt wird, – namentlich aber 2. daß nur die Abkömmlinge bestimmter sexueller Dauergemeinschaften im Kreise einer umfassenderen ökonomischen, politischen, religiösen oder sonstigen Gemeinschaft, welcher ein Elternteil (oder jeder von beiden) angehört, kraft ihrer Abstammung als geborene gleichstehende Verbandsgenossen (Hausgenossen, Markgenossen, Sippegenossen, politische Genossen, Standesgenossen, Kultgenossen) behandelt werden, Abkömmlinge eines Elternteils aus anderen Sexualbeziehungen dagegen nicht. Einen andern Sinn hat – was wohl zu beachten ist – die Unterscheidung von »ehelich« und »unehelich« überhaupt nicht. Welche Voraussetzungen die »Ehelichkeit« hat: welche Klassen von Personen in jenem Sinn gültige Dauergemeinschaften nicht miteinander eingehen können, welche Zustimmungen, welche Sippen- oder noch andere Verbandsgenossen für die Gültigkeit erfordert werden, welche

Formen erfüllt werden müssen, dies alles regeln die als heilig geltenden Traditionen oder gesatzte Ordnungen jener anderen Verbände. Die Ehe trägt also ihre spezifische Qualität stets von solchen Ordnungen anderer als bloßer Sexual- und Aufzuchtsgemeinschaften zu Lehen. Die Wiedergabe der ethnographisch ungemein wichtigen Entwicklung dieser Ordnungen ist hier nicht beabsichtigt, sie gehen uns nur in ihren wichtigsten ökonomischen Beziehungen an.

Die sexuellen und die durch Gemeinsamkeit beider Eltern oder eines von ihnen zwischen den Kindern gestifteten Beziehungen gewinnen ihre normale Bedeutung für die Erzeugung eines Gemeinschaftshandelns nur dadurch, daß sie die normalen, wenn auch nicht die einzigen, Grundlagen eines spezifisch ökonomischen Verbandes werden: der Hausgemeinschaft.

Die Hausgemeinschaft ist nichts schlechthin Primitives. Sie setzt nicht ein »Haus« in der heutigen Bedeutung, wohl aber einen gewissen Grad planmäßiger Ackerfruchtgewinnung voraus. Unter den Bedingungen rein okkupatorischer Nahrungssuche scheint sie nicht existiert zu haben. Aber auch auf der Grundlage eines technisch schon weit entwikkelten Ackerbaus ist die Hausgemeinschaft oft so gestaltet, daß sie als eine sekundäre Bildung gegenüber einem vorangehenden Zustand erscheinen kann, welcher einerseits den umfassenden Gemeinschaften der Sippe und des Nachbarverbandes mehr Gewalt, andererseits dem Einzelnen mehr Ungebundenheit gegenüber der Gemeinschaft von Eltern, Kindern, Enkeln, Geschwistern zuteilte. Namentlich die, gerade bei geringer gesellschaftlicher Differenzierung, sehr häufige fast völlige Trennung der Güter und des Erwerbes der Frau von dem des Mannes scheint dahin zu weisen, ebenso die zuweilen vorkommende Sitte, daß Frau und Mann prinzipiell mit dem Rücken gegeneinander gekehrt oder ganz getrennt essen und daß auch innerhalb des politischen Verbandes selbständige Frauenorganisationen mit weiblichen Häuptlingen neben der Männerorganisation sich finden. Indessen muß man sich hüten, daraus auf Verhältnisse eines individualistischen »Urzustandes« zu schließen. Denn sehr oft handelt es sich um sekundäre, durch militärorganisatorisch bedingte Aushäusigkeit des Mannes während seiner »Militärdienstzeit« entstandene, daher zu einer männerlosen Haushaltführung der Frauen und Mütter führende Zustände, wie sie in Resten noch in der, auf Aushäusigkeit des Mannes und Gütertrennung ruhenden Familienstruktur der Spartiaten erhalten war. Die Hausgemeinschaft ist nicht universell gleich umfassend. Aber sie stellt dennoch die universell verbreitetste »Wirtschaftsgemeinschaft« dar und umfaßt ein sehr kontinuierliches und intensives Gemeinschaftshandeln. Sie ist die urwüchsige Grundlage der Pietät und Autorität, der Grundlage zahlreicher menschlicher Gemeinschaften außerhalb ihrer. Der »Autorität« 1. des Stärkeren, 2. des Erfahreneren, also: der Männer gegen Frauen und Kinder, der Wehrhaften und Arbeitsfähigen gegenüber den dazu Unfähigen, der Erwachsenen gegen die Kinder, der Alten gegenüber den Jungen. Der »Pietät« sowohl der Autoritätsunterworfenen gegen die Autoritätsträger wie untereinander. Als Ahnenpietät geht sie in die religiösen Beziehungen, als Pietät des Patrimonialbeamten, Gefolgsmanns, Vasallen, in diese Beziehungen über, die ursprünglich häuslichen Charakter haben. Hausgemeinschaft bedeutet ökonomisch und persönlich in ihrer »reinen« – wie schon bemerkt, vielleicht nicht immer »primitiven« – Ausprägung: Solidarität nach außen und kommunistische Gebrauchs- und Verbrauchsgemeinschaft der Alltagsgüter (Hauskommunismus) nach innen in ungebrochener Einheit auf der Basis einer streng persönlichen Pietätsbeziehung. Das Solidaritätsprinzip nach außen findet sich rein entwikkelt noch in den periodisch kontraktlich regulierten, kapitalistische Unternehmungen betreibenden, Hausgemeinschaften der mittelalterlichen, und zwar gerade der kapitalistisch fortgeschrittensten, nord- und mittelitalienischen Städte: die solidarische Haftung gegenüber den Gläubigern mit Besitz und Person (unter Umständen auch kriminell) trifft alle Hausangehörigen, einschließlich zuweilen selbst der kontraktlich in die Gemeinschaft aufgenommenen Kommis und Lehrlinge. Dies ist die historische Quelle der für die Entwicklung moderner kapitalistischer Rechtsformen wichtigen Solidarhaftung der Inhaber einer offenen Handelsgesellschaft für die Schulden der Firma. – Etwas unserem »Erbrecht« Entsprechendes kennt der alte Hauskommunismus nicht. An dessen Stelle steht vielmehr der einfache Gedanke: daß die Hausgemeinschaft »unsterblich« ist. Scheidet eins ihrer Glieder aus durch Tod, Ausstoßung (wegen religiös unsühnbaren Frevels), Überlassung in eine andere Hausgemeinschaft (Adoption), Entlassung (»emancipatio«) oder freiwilligen Austritt (wo dieser zulässig ist), da ist bei »reinem« Typus von keiner Abschichtung eines »Anteils« die Rede. Sondern der lebend Ausscheidende läßt durch sein Ausscheiden eben seinen Anteil im Stich und im Todesfall geht die Kommunionwirtschaft der Überlebenden einfach weiter. Dergestalt ist noch bis heute die Schweizer »Gemeinderschaft« konstituiert. – Der hauskommunistische Grundsatz, daß nicht »abgerechnet« wird, sondern daß der Einzelne nach seinen Kräften beiträgt und nach seinen Bedürfnissen genießt (soweit der Gütervorrat reicht), lebt noch heute als wesentlichste Eigentümlichkeit der Hausgemeinschaft unserer »Familie« fort, freilich meist nur als ein auf den Haushaltskonsum beschränkter Rest.

Dem reinen Typus ist Gemeinschaft der Wohnstätte essentiell. Vergrößerung der Zahl zwang dann zur Teilung und Entstehung gesonderter Hausgemeinschaften. Doch konnte im Interesse des Zusammenhalts der Arbeitskräfte und des Besitzes der Mittelweg einer örtlichen Dezentralisation ohne Teilung eingeschlagen werden, mit der unvermeidlichen Folge einer Entstehung von irgendwelchen Sonderrechten für die einzelnen Sonderhaushalte. Eine solche Zerlegung kann bis zur völligen rechtlichen Trennung und Selbständigkeit in der Leitung des Erwerbs getrieben werden und dabei dennoch ein überraschend großes Stück Hauskommunismus erhalten bleiben. Es kommt in Europa, besonders in den Alpengebieten vor, z. B. bei Schweizer Hoteliersfamilien, aber auch anderwärts gerade bei ganz großen, in Familien erblichen Welthandelsgeschäften, daß als Rest der, im äußeren Sinn des Wortes, völlig geschwundenen Hausgemeinschaft und Hausautorität gerade nur noch der Kommunismus des Risikos und Ertrages: das Zusammenwerfen des Gewinns und Verlustes sonst gänzlich selbständiger Geschäftsbetriebe weiterbesteht. Mir sind Verhältnisse von Welthäusern mit Millionenerträgnissen bekannt, deren Kapitalien überwiegend, aber nicht einmal vollständig, Verwandten sehr verschiedenen Grades gehören und deren Geschäftsführung überwiegend, aber nicht ausschließlich, in den Händen von Familiengliedern liegt. Die einzelnen Betriebe arbeiten in ganz verschiedenen und wechselnden Branchen, haben ein ungemein verschieden großes Maß von Kapital, Arbeitsanspannung und höchst verschiedene Erträge. Dennoch aber wird der bilanzmäßige Jahresgewinn aller nach Abzug des üblichen Kapitalzinses einfach in einen Topf geworfen und nach verblüffend einfachen Teilungsschlüsseln (oft nach Köpfen) repartiert. Die Aufrechterhaltung des Hauskommunismus auf dieser Stufe geschieht um des gegenseitigen ökonomischen Rückhalts willen, der den Ausgleich von Kapitalbedarf und Kapitalüberschuß zwischen den Geschäften gewährleistet und so die Inanspruchnahme des Kredits Außenstehender erspart. Die »Rechenhaftigkeit« hört also auf, sobald der Bilanzstrich überschritten ist, sie herrscht nur innerhalb des »Betriebes«, welcher den Gewinn erzeugt. Dort freilich unbedingt: ein noch so naher Verwandter, der, kapitallos, als Angestellter tätig ist, erhält nie mehr als jeder andere Kommis, denn hier handelt es sich um kalkulierte Betriebskosten, die zugunsten eines Einzelnen nicht ohne Unzufriedenheit der Anderen alteriert werden können. Unterhalb des Bilanzstrichs aber beginnt für die glücklichen Beteiligten das Reich der »Gleichheit und Brüderlichkeit«.

§ [2] Die Auflösung der Hausgemeinschaft: Änderungen ihrer funktionellen Stellung und zunehmende »Rechenhaftigkeit«. Entstehung der modernen Handelsgesellschaften

Die inneren und äußeren Motive, welche das Schrumpfen der straffen Hausgewalt bedingen, steigern sich im Verlauf der Kulturentwicklung. Von innen her wirkt die Entfaltung und Differenzierung der Fähigkeiten und Bedürfnisse in Verbindung mit der quantitativen Zunahme der ökonomischen Mittel. Denn mit Vervielfältigung der Lebensmöglichkeiten erträgt schon an sich der Einzelne die Bindung an feste undifferenzierte Lebensformen, welche die Gemeinschaft vorschreibt, immer schwerer und begehrt zunehmend, sein Leben individuell zu gestalten und den Ertrag seiner individuellen Fähigkeiten nach Belieben zu genießen. Von außen her wird die Zersetzung gefördert durch Eingriffe konkurrierender sozialer Gebilde: z. B. auch rein fiskalischer Interessen an intensiverer Ausnutzung der individuellen Steuerkraft – welche den Interessen an der Zusammenhaltung des Besitzes zugunsten der militärischen Prästationsfähigkeit entgegenwirken können.

Die normale Folge jener Zersetzungstendenzen ist zunächst die Zunahme der Teilung der Hausgemeinschaften im Erbfall oder bei Heirat von Kindern. Die historische Entwicklung hat, nachdem in der Frühzeit, also bei relativ werkzeuglosem Ackerbau, die Arbeitskumulation das einzige ertragssteigernde Mittel gewesen war, und der Umfang der Hausgemeinschaften eine Periode der Zunahme durchgemacht hatte, mit der Entwicklung des individualisierten Erwerbs im ganzen seine stetige Abnahme herbeigeführt, bis heute die Familie von Eltern und Kindern ihr normales Ausmaß bildet. Dahin wirkte die grundstürzende Änderung der funktionellen Stellung der Hausgemeinschaft, welche derart verschoben ist, daß für den Einzelnen zunehmend weniger Anlaß besteht, sich einem kommunistischen großen Haushalt zu fügen. Abgesehen davon, daß die Sicherheitsgarantie für ihn nicht mehr durch Haus und Sippe, sondern durch den anstaltsmäßigen Verband der politischen Gewalt geleistet wird, haben »Haus« und »Beruf« sich auch örtlich geschieden und ist der Haushalt nicht mehr Stätte gemeinsamer Produktion, sondern Ort gemeinsamen Konsums. Der Einzelne empfängt ferner seine gesamte Schulung für das Leben, auch das rein persönliche, zunehmend von außerhalb des Hauses und durch Mittel, welche nicht das Haus, sondern »Betriebe« aller Art: Schule, Buchhandel, Theater, Konzertsaal, Vereine, Versammlungen, ihm liefern. Er kann die Hausgemeinschaft nicht mehr als die Trägerin derjenigen objektiven Kulturgüter anerkennen, in deren Dienst er sich stellt, und es ist nicht eine als sozialpsychische »Stufe« auftretende Zunahme des »Subjektivismus«, sondern der die Zunahme bedingende objektive Sachverhalt, welcher jene Verkleinerung der Hausgemeinschaften begünstigt. Dabei ist nicht zu übersehen, daß es auch Hemmungen dieser Entwicklung gibt und zwar gerade auf den »höchsten« Stufen der ökonomischen Skala. Auf agrarischem Gebiet ist die Möglichkeit freier Teilung des Bodens an technisch-ökonomische Bedingungen geknüpft: ein mit wertvollen Baulichkeiten belastetes in sich abgerundetes Gut, selbst ein großes Bauerngut, kann nur mit Verlusten geteilt werden. Die Teilung wird technisch erleichtert durch Gemengelage von Äckern und Dorfsiedelung, erschwert durch isolierte Lage. Einzelhöfe und größere kapitalintensive Besitzungen neigen daher zur Einzelerbfolge, der kleine, im Gemenge liegende arbeitsintensiv bewirtschaftete Besitz zur immer weiteren Zersplitterung, um so mehr als der erstere ein weit geeigneteres Objekt für die Belastung mit Tributrechten an den beweglichen Besitz in Gestalt unserer zur Vermögenslage geeigneten Dauerhypotheken und Pfandbriefe ist, die ihn zugunsten der Gläubiger zusammenschmieden. Der große Besitz ferner lockt, einfach weil er Besitz und als solcher Träger einer sozialen Position ist, schon an sich zur Zusammenhaltung in der Familie, im Gegensatz zu dem kleinbäuerlichen Boden, der bloße Arbeitsstätte ist. Das seigneuriale Niveau der Lebensführung, welches seinen Stil in festgefügten Konventionen findet, begünstigt das subjektive Ertragen großer Hausgemeinschaften, welche, in der Weiträumigkeit etwa eines Schlosses und bei der auf diesem Unterbau sich von selbst einstellenden »inneren Distanz« auch zwischen den nächsten Angehörigen, den Einzelnen nicht in dem Maße in der von ihm beanspruchten Freiheitssphäre beengt, wie ein an Personenzahl ebensogroßer, räumlich aber begrenzterer und des adligen Distanzgefühls entbehrender bürgerlicher Haushalt es gegenüber seinen, in ihren Lebensinteressen meist weit mehr differenzierten, Insassen tut. Außerhalb jener seigneurialen Lebensformen ist die große Hausgemeinschaft heute nur etwa auf dem Boden intensivster ideeller Gemeinschaft einer sei es religiösen oder etwa sozial-ethischen oder auch künstlerischen Sekte eine adäquate Lebensform – entsprechend Klöstern und klosterartigen Gemeinschaften der Vergangenheit.

Auch dort wo die Hauseinheit äußerlich ungetrennt erhalten bleibt, schreitet im Verlauf der Kulturentwicklung der innere Zersetzungsprozeß des Hauskommunismus durch die zunehmende »Rechenhaftigkeit« unaufhaltsam fort. Wir betrachten hier die Art der Wirkung dieses Motivs noch etwas näher.

In den großen kapitalistischen Hausgemeinschaften der mittelalterlichen Städte (z. B. Florenz) hat schon jeder Einzelne sein »Konto«. Er hat ein Taschengeld (danari borsinghi) zur freien Verfügung. Für bestimmte Ausgaben (z. B. Logierbesuch, den der Einzelne einlädt) sind Maxima vorgeschrieben. Im übrigen wird mit ihm abgerechnet, wie in jedem modernen Handelsgeschäft unter den Teilhabern. Er hat Kapitalanteile »innerhalb« der Gemeinschaft und Vermögen (»fuori della compagnia«), welches er zwar in ihren Händen läßt und welches sie ihm verzinst, das aber nicht als Kapital gerechnet wird und daher nicht am Gewinn teilnimmt. An die Stelle der »geborenen« Teilnahme am Gemeinschaftshandeln des Hauses mit seinen Vorteilen und Pflichten ist also eine rationale Vergesellschaftung getreten. Der Einzelne wird in die Hausgemeinschaft zwar »hineingeboren«, aber er ist als Kind schon potentieller »Kommis« und »Kompagnon« des rational geordneten Erwerbsgeschäfts, welches durch die Gemeinschaft getragen wird. Es liegt offen zutage, daß eine solche Behandlung erst auf dem Boden reiner Geldwirtschaft möglich wurde und daß deren Entfaltung also die führende Rolle bei dieser inneren Zersetzung spielt. Die Geldwirtschaft ergibt einerseits die objektive Berechenbarkeit der individuellen Erwerbsleistungen der Einzelnen und ihres Verbrauchs und eröffnet ihnen nach der anderen Seite – durch die Entfaltung des geldvermittelten »indirekten Tauschs« – überhaupt erst die Möglichkeit, individuelle Bedürfnisse frei zu befriedigen.

Keineswegs freilich ist der Parallelismus von Geldwirtschaft und Schwächung der Hausautorität ein auch nur annähernd vollständiger. Hausgewalt und Hausgemeinschaft stellen vielmehr den jeweiligen ökonomischen Bedingungen gegenüber trotz deren großer Bedeutung ein an sich selbständiges, von ihnen aus gesehen: irrationales, Gebilde dar, welches oft seinerseits durch seine historisch gegebene Struktur die ökonomischen Beziehungen stark beeinflußt. Die ungebrochene Fortdauer der patria potestas des römischen Familienhaupts bis an sein Lebensende z. B. ist in ihrer Entstehung teils ökonomisch und sozial, teils politisch, teils religiös bedingt gewesen (Zusammenhalt des Vermögens des vornehmen Hauses, militärische Gliederung nach Sippen und, vermutlich, Häusern, Hauspriesterstellung des Vaters). Sie hat aber die denkbar verschiedensten ökonomischen Entwicklungsstadien überdauert, ehe sie, unter den politischen Bedingungen der Kaiserzeit, auch den Kindern gegenüber Abschwächungen erfuhr. In China ist der gleichartige Zustand durch das, von dem Pflichtenkodex ins Extrem gesteigerte, von der Staatsgewalt und bürokratischen Standesethik des Konfuzianismus auch aus Zwecken politischer Domestikation der Untertanen geförderte, Pietätsprinzip bedingt, dessen Durchführung teilweise (so in den Trauervorschriften) immer wieder zu nicht nur ökonomisch, sondern auch politisch undurchführbaren und bedenklichen Konsequenzen führte (massenhafte Ämtervakanzen, weil die Pietät gegen den toten Hausvater – ursprünglich: die Angst vor dem Neid des Toten – wie die Nichtbenutzung anderen Besitzes, so den Verzicht auf das Amt fordert). Ganz ebenso ist die Antwort auf die Frage: ob nach dem Tode des Hausherrn Einzelnachfolge (oder Anerbenrecht) oder Teilung stattfindet, zwar, wie dargelegt, in ihrem Ursprung sehr stark ökonomisch bedingt gewesen und unter ökonomischen Einflüssen auch wandelbar, aber (wie namentlich die modernen Arbeiten Serings u. A. gezeigt haben) schlechterdings nicht rein ökonomisch, vollends aber nicht aus den heutigen ökonomischen Bedingungen, ableitbar. Denn unter gleichartigen Bedingungen und in unmittelbarer Nachbarschaft bestehen darin sehr oft, speziell nach der ethnischen Zugehörigkeit (z. B. Polen oder Deutsche) ganz verschiedene Systeme. Die weittragenden ökonomischen Folgen dieser verschiedenen Strukturen resultieren also aus ökonomisch oft weitgehend, entweder von Anfang an irrationalen oder, infolge Änderung der ökonomischen Bedingungen, irrational gewordenen Motiven.

Unbeschadet dessen greifen aber doch die ökonomischen Tatbestände in einschneidender Weise ein. Vor allem bestehen charakteristische Unterschiede, je nachdem der Erwerb mehr dem Ertrag gemeinsamer Arbeit oder mehr dem gemeinsamen Besitze zugerechnet wird. Ersterenfalls ist die Hausgewalt, mag sie an sich noch so autokratisch sein, oft labil in ihrem Bestande. Die bloße Trennung vom Elternhaus zwecks Begründung eines eigenen Haushalts genügt, um sich der Hausgewalt zu entziehen. So meist bei den großen Hausgemeinschaften primitiver Ackerbauvölker. Die sog. »emancipatio legis Saxonicae« des deutschen Rechts hat ihren ökonomischen Grund sicherlich in der zur Zeit ihrer Entstehung vorwiegenden Bedeutung der persönlichen Arbeitsleistung. Dagegen ist die Hausgewalt dort besonders unzerbrechlich, wo Viehbesitz, überhaupt aber Besitz als solcher die vornehmliche Grundlage der Existenz bildet. Namentlich der Bodenbesitz, sobald der Bodenüberfluß sich in Bodenknappheit verwandelt hat. Überall ist der feste Zusammenhalt des Geschlechtes, aus den schon mehrfach erwähnten Gründen, ein spezifisches Attribut des Grundadels und der grundbesitzlose oder grundbesitzarme Mann entbehrt überall auch des Geschlechtsverbandes. – Der gleiche Unterschied aber findet sich auf kapitalistischer Stufe wieder. Zur gleichen Zeit, wo die Florentiner und andere norditalienischen großen Hausgemeinschaften das Prinzip der Solidarhaft und der Zusammenhaltung des Besitzes vertraten, war in Handelsplätzen des Mittelmeers, speziell auch Siziliens und Süditaliens, das gerade Umgekehrte der Fall: jeder erwachsene Hausgenosse konnte jederzeit die Abschichtung mit seinem Anteil schon bei Lebzeiten des Erblassers verlangen, und auch die persönliche Solidarhaft nach außen bestand nicht. Bei jenen norditalienischen Familienbetrieben stellte das ererbte Kapital schon in höherem Grade die Grundlage der ökonomischen Machtstellung dar als die persönliche Erwerbsarbeit der Beteiligten. Im Süden dagegen war das Umgekehrte der Fall und wurde der gemeinsame Besitz daher als Produkt gemeinsamer Arbeit behandelt. Mit steigender Bedeutung des Kapitals gewann die erstere Behandlung an Boden. Die in einer theoretisch konstruierbaren Reihe der Entwicklungsstufen, vom ungebrochenen Gemeinschaftshandeln an gerechnet, »spätere«, kapitalistische, Wirtschaftsform bedingt hier die theoretisch »frühere« Struktur: größere Gebundenheit der Haushörigen und größere Ungebrochenheit der Hausgewalt. – Eine weit gewichtigere und dem Okzident eigentümliche

Umformung der Hausgewalt und Hausgemeinschaft aber hatte sich deutlich schon in diesen Florentiner und den ihnen gleichartigen kapitalistisch erwerbenden Hausgemeinschaften des Mittelalters vollzogen. Die Ordnungen für das gesamte ökonomische Leben der großen Hausgemeinschaft werden periodisch durch Kontrakte geregelt. Und während ursprünglich dabei die Regelung des »Taschengeldes« mit der Regelung der Geschäftsorganisation in Eins geht, ändert sich das allmählich. Der kontinuierlich gewordene kapitalistische Erwerb wurde ein gesonderter »Beruf«, ausgeübt innerhalb eines »Betriebes«, der sich im Wege einer Sondervergesellschaftung aus dem hausgemeinschaftlichen Handeln zunehmend in der Art aussonderte, daß die alte Identität von Haushalt, Werkstatt und Kontor, wie sie der ungebrochenen Hausgemeinschaft und auch dem später zu erörternden »Oikos« des Altertums selbstverständlich war, zerfiel. Zunächst schwand die reale Hausgemeinschaft als notwendige Basis der Vergesellschaftung im gemeinsamen Geschäft. Der Kompagnon ist nicht mehr notwendig (oder doch normalerweise) Hausgenosse. Damit mußte man notwendig das Geschäftsvermögen vom Privatbesitz des einzelnen Teilhabers trennen. Ebenso schied sich nun der Angestellte des Geschäfts vom persönlichen Hausdiener. Vor allem mußten die Schulden des Handlungshauses als solche von den privaten Haushaltsschulden der einzelnen Teilhaber unterschieden und die Solidarhaft der Teilhaber auf die ersteren beschränkt werden, welche man nun daran erkannte, daß sie unter der »Firma«, dem Gesellschaftsnamen des Geschäftsbetriebes abgeschlossen waren. Das Ganze ist offensichtlich eine genaue Parallelentwicklung zu der bei der Analyse der »Herrschaft« zu besprechenden Sonderung des bürokratischen Amtes als »Berufs« aus dem Privatleben, des »Büros« aus dem Privathaushalt des Beamten, des aktiven und passiven Amtsvermögens von seinem Privatvermögen, der Amtshandlungen von seinen Privatgeschäften. Der kapitalistische »Betrieb«, den derart die Hausgemeinschaft aus sich heraus setzt und aus dem sie sich zurückzieht, zeigt so im Keime schon die Ansätze der Verwandtschaft mit dem »Büro«, und zwar jener heute offensichtlichen Bürokratisierung auch des Privatwirtschaftslebens. Aber nicht etwa die räumliche Sonderung des Haushalts von der Werkstatt und dem Laden ist hier das entscheidende Entwicklungsmoment. Denn diese ist gerade dem Bazarsystem des Orients, welches durchweg auf der für islamische Städte charakteristischen Trennung von Burg (Kasbeh), Bazar (Suk) und Wohnstätten beruht, eigentümlich. Sondern die »buchmäßige« und rechtliche Scheidung von »Haus« und »Betrieb« und die Entwicklung eines auf diese Trennung zugeschnittenen Rechts: Handelsregisters, Abstreifung der Familiengebundenheit der Assoziation und der Firma, Sondervermögen der offenen und Kommanditgesellschaft und entsprechende Gestaltung des Konkursrechts. Daß diese fundamental wichtige Entwicklung dem Okzident eigentümlich ist und nur hier die Rechtsformen unseres noch heute geltenden Handelsrechts fast alle schon im Mittelalter entwickelt sind, – während sie dem Recht des Altertums mit seinem quantitativ in manchen Zeiten großartiger entwickelten Kapitalismus fast ganz fremd geblieben waren, – dies gehört in den Kreis jener zahlreichen Erscheinungen, welche die qualitative Einzigartigkeit der Entwicklung zum modernen Kapitalismus mit am deutlichsten kennzeichnen. Denn sowohl die Zusammenhaltung des Vermögens der Familien zum Zweck gegenseitiger ökonomischer Stützung wie die Ansätze der Entwicklung einer »Firma« aus dem Familiennamen finden wir z. B. auch in China. Auch hier steht die Solidarhaft der Familie hinter den Schulden des Einzelnen. Die im Geschäftsverkehr übliche Bezeichnung einer Handlung gibt auch hier über den wirklichen Inhaber keine Auskunft: die »Firma« ist auch hier an den Geschäftsbetrieb und nicht an den Haushalt gebunden. Aber die konsequente Entwicklung eines Sondervermögens- und entsprechenden Konkursrechts nach europäischer Art scheint zu fehlen. Vor allem aber gilt zweierlei: Assoziation ebenso wie Kredit waren bis in die Gegenwart der Tatsache nach im höchsten Grade an Sippengemeinschaft gebunden. Und auch die Zwecke der Zusammenhaltung des Vermögens in den wohlhabenden Sippen und der gegenseitigen Kreditgewährung innerhalb der Sippe waren spezifisch andere. Nicht vornehmlich um kapitalistischen Gewinn, sondern vornehmlich um Zusammenbringung der Kosten für die Vorbereitung von Familiengliedern zum Examen und nachher für den Kauf eines Amts für ihn handelte es sich. War das Amt einmal erlangt, dann gab es den Verwandten die Chance, aus den legalen und noch mehr den illegalen Einkünften die es abwarf, ihre Auslagen mit Gewinn erstattet zu erhalten und daneben noch die Protektion des Amtsinhabers sich zunutze zu machen. Die Chancen des politisch, nicht des ökonomisch bedingten Erwerbs also waren es, die hier zum »kapitalistischen« Zusammenhalt der, auch und gerade der ökonomisch starken, Familie führten. – Die wenigstens formal völlig von aller sippenhaften und persönlichen Unterlage losgelöste Art der kapitalistischen Assoziation, unserer »Aktiengesellschaft« entsprechend, findet ihre Antezedenzien im Altertum wesentlich nur auf dem Gebiet des politisch orientierten Kapitalismus: für die Steuerpächtergesellschaften, im Mittelalter zunächst ebenfalls teils für kolonisatorische Unternehmungen (wie die Großkommanditen der Maone in Genua), teils für Staatskredit (wie die Gläubigerassoziation in Genua, welche die Stadtfinanzen faktisch in Sequester hatte). Innerhalb des Privaterwerbs ist die rein geschäftliche und rein kapitalistische Assoziation zunächst – ganz der Art des Gelegenheitshandelns entsprechend – nur in Form der Gelegenheitsgesellschaft (commenda) für den Fernhandel (Kapitaleinlage eines Geldgebers bei einem reisenden Kaufmann für die konkrete Reise mit Gewinn- und Verlustteilung) entwikkelt, die sich schon im altbabylonischen Recht und dann ganz universell findet. Die von der politischen Gewalt monopolistisch privilegierten Unternehmungen, namentlich die Kolonialunternehmungen in Form von Aktiengesellschaften bildeten dann den Übergang zur Verwendung dieser Formen auch im rein privaten Geschäft.

§ [3] Die Entwicklung zum »Oikos«

Diese Unternehmungsformen, welche als Unterlage eines kapitalistischen Betriebs, dessen radikalste Loslösung von der urwüchsigen Identität mit der Hausgemeinschaft bedeuten, haben uns hier nicht speziell zu beschäftigen. Vielmehr geht uns jetzt eine Evolution der Hausgemeinschaft an, welche einen, in den entscheidenden Punkten gerade entgegengesetzten, Typus zeigt. Der inneren Zersetzung der Hausgewalt und Hausgemeinschaft durch – im weitesten Sinn – »Tausch nach außen« und seine Folgen bis zur Geburt des kapitalistischen »Betriebes« steht als eine gerade entgegengesetzte Art der Entwicklung gegenüber: die innere Gliederung der Hausgemeinschaft: ihre Ausgestaltung zum »Oikos«, wie Rodbertus die hier zu besprechende Erscheinung genannt hat. Ein »Oikos« im technischen Sinne ist nicht etwa einfach jede »große« Hausgemeinschaft oder jede solche, die mannigfache Produkte, z. B. gewerbliche neben landwirtschaftlichen, in Eigenproduktion herstellt, sondern er ist der autoritär geleitete Großhaushalt eines Fürsten, Grundherrn, Patriziers, dessen letztes Leitmotiv nicht kapitalistischer Gelderwerb, sondern organisierte naturale Deckung des Bedarfs des Herrn ist. Dazu kann er sich aller Mittel, auch des Tauschs nach außen, in größtem Maßstab bedienen. Entscheidend bleibt: daß das formende Prinzip für ihn »Vermögensnutzung« und nicht »Kapitalverwertung« ist. Der »Oikos« bedeutet seinem entscheidenden Wesen nach: organisierte Bedarfsdeckung, mögen ihm zu diesem Zweck auch erwerbswirtschaftliche Einzelbetriebe angegliedert sein. Zwischen beiden Prinzipien gibt es natürlich eine Skala unmerklicher Übergänge und auch ein häufiges Gleiten und Umschlagen vom einen in das andere. In der Realität des Empirischen ist der »Oikos«, bei irgend entwickelter materieller Kultur, in wirklich rein gemeinwirtschaftlicher Form notwendig selten. Denn ganz rein, d. h. unter dauernder Ausschaltung des Tauscherwerbsgesichtspunkts kann er allerdings nur bestehen, wenn er, mindestens dem Streben nach, in ökonomischer »Autarkie«, d. h. also: als möglichst tauschlose Eigenwirtschaft auftritt. Ein Apparat von haushörigen Arbeitskräften mit oft sehr weitgehender Arbeitsspezialisierung erzeugt dann den gesamten, nicht nur ökonomischen, sondern auch militärischen und sakralen, Bedarf des Herrn an Gütern und persönlichen Diensten, der eigene Boden gibt alle Rohstoffe her, eigene Werkstätten mit eigenhörigen Arbeitskräften erzeugen alle anderen Sachgüter, eigenhörige Dienstboten, Beamte, Hauspriester, Kriegsmannen beschaffen die sonstigen Leistungen, und der Tausch dient nur allenfalls der Abstoßung gelegentlicher Überschüsse und der Ergänzung des schlechterdings nicht selbst Erzeugbaren. Dies ist ein Zustand, welchem in der Tat die Königswirtschaften des Orients, namentlich Ägyptens, und in kleinerem Maßstab die Wirtschaft der Adligen und Fürsten des homerischen Typus sich weitgehend annähern und mit dem die Hofhaltungen der Perser- und auch der Frankenkönige starke Verwandtschaft besitzen, in dessen Richtung sich die Grundherrschaften der römischen Kaiserzeit mit zunehmendem Umfang, zunehmender Knappheit der Sklavenzufuhr und zunehmender bürokratischer und leiturgischer Einengung des kapitalistischen Erwerbs zunehmend entwickelten – während die mittelalterlichen Grundherrschaften im ganzen mit wachsender allgemeiner Bedeutung des Güterverkehrs, der Städte und der Geldwirtschaft die gerade entgegengesetzte Entwicklungstendenz zeigten. Rein eigenwirtschaftlich ist aber der Oikos in all diesen Formen niemals gewesen. Der Pharao trieb auswärtigen Handel und ebenso die große Mehrzahl gerade der primitiven Könige und Adligen des Mittelmeerbeckens: sehr wesentlich auch auf dessen Erträgen beruhten ihre Schätze. Die Einnahmen der Grundherren enthielten schon im Frankenreich zum erheblichen Teil Geld oder geldeswerte Bezüge und Renten aller Art. Die Kapitularien setzen den Verkauf der für den Bedarf des Hofes und Heeres nicht erforderlichen Überschüsse der königlichen fisci als ziemlich regelmäßige Erscheinung voraus. Die unfreien Arbeitskräfte der großen Boden- und Menschenbesitzer sind in allen näher bekannten Beispielen nur zum Teil gänzlich in die Herrenwirtschaft gebannt gewesen. Im strengen Sinn gilt dies für die persönlichen Dienstboten und für diejenigen anderen Arbeitskräfte, welche in einer gänzlich der naturalen Bedarfsdeckung des Herrn dienenden Wirtschaft tätig sind und vom Herrn vollständig verpflegt werden auf der einen Seite: »eigenwirtschaftliche Verwendung« – andererseits aber gerade auch für solche unfreie Arbeiter, welche der Herr in einem eigenen Betrieb für den Markt arbeiten ließ, wie die karthagischen, sizilianischen und römischen Grundherren ihre kasernierten Sklaven in den Plantagen oder wie etwa der Vater des Demosthenes seine Sklaven in seinen beiden Ergasterien, und wie in moderner Zeit russische Grundherren ihre Bauern in ihren »Fabriken«: – »erwerbswirtschaftliche Verwendung«. Diese Plantagen- und Ergasterien-Sklaven aber sind zum sehr bedeutenden Bruchteil Kaufsklaven, also ein auf dem Markt gekauftes, nicht selbst erzeugtes Produktionsmittel. Im eigenen Haushalt erzeugte unfreie Arbeiter setzen die Existenz von unfreien »Familien« voraus, also eine Dezentralisierung der Hausgebundenheit und normalerweise einen teilweisen Verzicht auf restlose Ausnutzung der Arbeitskraft für den Herren. Weitaus die Mehrzahl solcher erblich unfreien Arbeitskräfte wird daher nicht in zentralisierten Betrieben verwendet, sondern hat dem Herrn nur einen Teil ihrer Leistungsfähigkeit zur Verfügung zu stellen und liefert ihm Abgaben in mehr oder minder willkürlicher oder traditionsgebundener Höhe, sei es in Naturalien, sei es in Geld. Ob der Herr vorzieht, die Unfreien als Arbeitskräfte oder als Rentenfonds zu benutzen, hängt vor allem davon ab, wie er sie am einträglichsten verwerten kann. Familienlose Kasernensklaven setzen zur Ergänzung des Arbeiterbedarfs große Billigkeit und Stetigkeit des Sklavenangebots, also stetige Menschenraubkriege und billige Ernährung der Sklaven: südliches Klima, voraus. Erblich abhängige Bauern ferner können Geldabgaben nur zahlen, wenn sie ihre Produkte auf einen ihnen zugänglichen, also im allgemeinen: einen lokalen, Markt bringen können, wenn mithin die Städte des Gebiets entwickelt sind. Wo die städtische Entwicklung dürftig war und also die Ernte nur durch Export voll verwertet werden konnte, – wie im deutschen und europäischen Osten in der beginnenden Neuzeit im Gegensatz zum Westen und auf der »schwarzen Erde« Rußlands im 19. Jahrhundert, – da war die Benutzung der Bauern als Arbeitskräfte in einer eigenen Fronwirtschaft des Herrn oft der einzige Weg, sie zur Erzielung von Geldeinnahmen nutzbar zu machen und entwickelte sich daher innerhalb des »Oikos« ein landwirtschaftlicher »Großbetrieb«. Die Schaffung von eigenen gewerblichen Großbetrieben mit unfreien Arbeitskräften oder unter Zuhilfenahme oder ausschließlicher Verwendung gemieteter unfreier oder noch freier Arbeitskräfte in eigenen oder auch in gemieteten Ergasterien kann den Herren eines Oikos, der sich solche Betriebe angliedert, ganz dicht an einen kapitalistischen Unternehmer heranrücken oder ganz in einen solchen umschlagen lassen, wie dies z. B. bei den Schöpfern der schlesischen »Starosten-Industrie« vollständig geschehen ist. Denn nur der letzte Sinn: rentenbringende Nutzung eines vorhandenen Vermögensbestandes, charakterisiert den »Oikos«, und dieser kann von einem primären Verwaltungsinteresse vom Unternehmerkapital tatsächlich ununterscheidbar und schließlich auch inhaltlich mit ihm identisch werden. Innerhalb einer »Starosten-Industrie« wie der schlesischen ist z. B. der Umstand, der an die grundherrliche Entstehung erinnert, vor allem die Art der Kombination verschiedener Unternehmungen: etwa riesiger Forstbetriebe mit Ziegeleien, Brennereien, Zuckerfabriken, Kohlengruben, also: von Betrieben, welche nicht so verknüpft sind, wie etwa eine Reihe von Betrieben die miteinander in einer modernen »kombinierten« oder »gemischten« Unternehmung vereinigt werden, weil sie verschiedene Verarbeitungsstadien der gleichen Rohstoffe: Ausnutzung von Nebenprodukten und Abfall enthalten oder sonst durch Marktbedingungen verbunden werden. Allein der Grundherr, der an seine Kohlengruben ein Hüttenwerk und eventuell Stahlwerke, an seine Forstwirtschaft Sägmühlen und Zellulosefabriken angliedert, kann praktisch dasselbe Ergebnis herbeiführen und nur der Ausgangspunkt, nicht das Resultat, sind dann hier und dort verschieden. Ansätze zu durch den Besitz eines Rohstoffs gegebenen Kombinationen finden sich schon auf dem Boden der Ergasterien der Antike. Der Vater des Demosthenes, einer attischen Kaufmannsfamilie entstammend, war Importeur von Elfenbein, welches er (τῷ βουλομένῳ) verkaufte und das zur Einlage sowohl in Messergriffe wie in Möbel verwendet wurde. Er hatte schon begonnen, eigene angelernte Sklaven in eigener Werkstatt Messer herstellen zu lassen und mußte von einem zahlungsunfähigen Möbeltischler dessen Ergasterion, d. h. wesentlich: die darin arbeitenden Sklaven, übernehmen. Er kombinierte von dem Besitze je ein Messerschmiede- und ein Tischler-Ergasterion. Die Entwicklung der Ergasterien hat dann auf hellenistischem, besonders wohl alexandrischem und auch noch auf altislamischem Boden Fortschritte gemacht. Die Ausnutzung gewerblicher unfreier Arbeitskräfte als Rentenquelle ist im ganzen Altertum, im Orient wie im Okzident, im frühen Mittelalter und in Rußland bis zur Aufhebung der Leibeigenschaft üblich gewesen. Der Herr vermietet seine Sklaven als Arbeitskräfte: so tat Nikias mit ungelernten

Sklaven in größtem Maßstab an die Bergwerksbesitzer. Er läßt sie eventuell zum Zweck besserer Verwertung zu gelernten Handwerkern ausbilden, was sich im ganzen Altertum, angefangen von einem Kontrakt, in dem der Kronprinz Kambyses als Besitzer des Lehrmeisters genannt ist, bis zu den Pandekten ganz wie noch in Rußland im 18. und 19. Jahrhundert findet. Oder er überläßt es ihnen, nachdem er sie hat ausbilden lassen, ihre Arbeitskraft als Handwerker zu eigenem Nutzen zu verwerten, und sie müssen ihm dafür eine Rente (griechisch: apophora, babylonisch: mandaku, deutsch: Halssteuer, russisch: obrok) zahlen. Der Herr kann ihnen dabei auch die Arbeitsstätte stellen und sie mit Betriebsmitteln (peculium) und Erwerbskapital (merx peculiaris) ausrüsten. Von einer, der Tatsache nach, fast völligen Bewegungsfreiheit bis zu gänzlicher Einschnürung in eine kasernenartige Existenz im Eigenbetrieb des Herrn sind alle denkbaren Zwischenstufen historisch bezeugt. Die nähere ökonomische Eigenart der so, sei es in der Hand des Herren, sei es in der der Abhängigen, auf dem Boden des Oikos erwachsenen »Betriebe« gehört im einzelnen in einen anderen Problemkreis. Die Entwicklung des »Oikos« zur patrimonialen Herrschaft dagegen werden wir im Zusammenhang mit der Analyse der Herrschaftsformen zu betrachten haben.

Markt

Allen bisher besprochenen Gemeinschaftsgebilden, welche regelmäßig nur eine partielle Rationalisierung ihres Gemeinschaftshandelns in sich schließen, im übrigen aber in ihrer Struktur höchst verschieden geartet sind, – mehr oder minder amorph oder vergesellschaftet, mehr oder minder kontinuierlich oder diskontinuierlich, mehr oder minder offen oder geschlossen, – tritt nun als der Typus alles rationalen Gesellschaftshandelns die Vergesellschaftung durch Tausch auf dem M a r k t gegenüber. Von einem Markt soll gesprochen werden, sobald auch nur auf einer Seite eine Mehrheit von Tauschreflektanten um Tauschchancen konkurrieren. Daß sie sich örtlich auf dem Lokalmarkt, Fernverkehrsmarkt (Jahrmarkt, Messe), Kaufmannsmarkt (Börse) zusammenfinden, ist nur die konsequenteste Form der Marktbildung, welche allerdings allein die volle Entfaltung der spezifischen Erscheinung des Markts: des Feilschens, ermöglicht. Da die Erörterung der Marktvorgänge den wesentlichen Inhalt der Sozialökonomik bildet, sind sie hier nicht darzustellen. Soziologisch betrachtet, stellt der Markt ein Mit- und Nacheinander rationaler Vergesellschaftungen dar, deren jede insofern spezifisch ephemer ist, als sie mit der Übergabe der Tauschgüter erlischt, sofern nicht etwa bereits eine Ordnung oktroyiert ist, welche den Tauschenden ihren Tauschgegnern gegenüber die Garantie des rechtmäßigen Erwerbs des Tauschgutes (Eviktionsgarantie) auferlegt. Der realisierte Tausch konstituiert eine Vergesellschaftung nur mit dem Tauschgegner. Das vorbereitende Feilschen aber ist stets ein Gemeinschaftshandeln, insofern die beiden Tauschreflektanten ihre Angebote an dem potentiellen Handeln unbestimmt vieler realer oder vorgestellter mitkonkurrierender anderer Tauschinteressenten, nicht nur an dem des Tauschgegners, orientieren, und um so mehr, je mehr dies geschieht. Jeder Tausch mit Geldgebrauch (Kauf) ist überdies Gemeinschaftshandeln kraft der Verwendung des Geldes, welches seine Funktion lediglich kraft der Bezogenheit auf das potentielle Handeln anderer versieht. Denn daß es genommen wird, beruht ausschließlich auf den Erwartungen, daß es seine spezifische Begehrtheit und Verwendbarkeit als Zahlmittel bewahren werde. Die Vergemeinschaftung kraft Geldgebrauchs ist der charakteristische Gegenpol jeder Vergesellschaftung durch rational paktierte oder oktroyierte Ordnung. Es wirkt vergemeinschaftend kraft realer Interessenbeziehungen von aktuellen und potentiellen Markt- und Zahlungsinteressenten, daß das Resultat: bei Vollentwicklung die sog. Geldwirtschaft, die sehr spezifischer Art ist, sich so verhält, als ob eine auf seine Herbeiführung abgezweckte Ordnung geschaffen worden wäre. Dies eben ist die Konsequenz davon, daß innerhalb der Marktgemeinschaft der Tauschakt, zumal aber der Geldtauschakt, sich nicht isoliert an dem Handeln des Partners, sondern, je rationaler er erwogen wird, desto mehr an dem Handeln aller potentiellen Tauschinteressenten orientiert. Die Marktgemeinschaft als solche ist die unpersönlichste praktische Lebensbeziehung, in welche Menschen miteinander treten können. Nicht weil der Markt einen Kampf unter den Interessenten einschließt. Jede, auch die intimste, menschliche Beziehung, auch die noch so unbedingte persönliche Hingabe ist in irgendeinem Sinn relativen Charakters und kann ein Ringen mit dem Partner, etwa um dessen Seelenrettung, bedeuten. Sondern weil er spezifisch sachlich, am Interesse an den Tauschgütern und nur an diesem, orientiert ist. Wo der Markt seiner Eigengesetzlichkeit überlassen ist, kennt er nur Ansehen der Sache, kein Ansehen der Person, keine Brüderlichkeits- und Pietätspflichten, keine der urwüchsigen von den persönlichen Gemeinschaften getragenen menschlichen Beziehungen. Sie alle bilden Hemmungen der freien Entfaltung der nackten Marktvergemeinschaftung und deren spezifische Interessen wiederum die spezifische Versuchung für sie alle. Rationale Zweckinteressen bestimmen die Marktvorgänge in besonders hohem Maße und rationale Legalität, insbesondere: formale Unverbrüchlichkeit des einmal Versprochenen, ist die Qualität, welche vom Tauschpartner erwartet wird und den Inhalt der Marktethik bildet, welche in dieser Hinsicht ungemein strenge Auffassungen anerzieht: in den Annalen der Börse ist es fast unerhört, daß die unkontrollierteste und unerweislichste, durch Zeichen geschlossene Vereinbarung gebrochen wird. Eine solche absolute Versachlichung widerstrebt, wie namentlich Sombart wiederholt in oft glänzender Form betont hat, allen urwüchsigen Strukturformen menschlicher Beziehungen. Der »freie«, d. h. der durch ethische Normen nicht gebundene Markt mit seiner Ausnutzung der Interessenkonstellation und Monopollage und seinem Feilschen gilt jeder Ethik als unter Brüdern verworfen. Der Markt ist in vollem Gegensatz zu allen anderen Vergemeinschaftungen, die immer persönliche Verbrüderung und meist Blutsverwandtschaften voraussetzen, jeder Verbrüderung in der Wurzel fremd. Der freie Tausch findet zunächst nur nach außerhalb der Nachbargemeinschaft und aller persönlichen Verbände statt; der Markt ist eine Beziehung zwischen Orts-, Bluts- und Stammgrenzen, ursprünglich die einzige formell friedliche Beziehung zwischen ihnen. Einen Handel mit der Absicht, Tauschgewinn zu erzielen, kann es ursprünglich zwischen Gemeinschaftsgenossen nicht geben, wie er ja auch unter ihnen, in Zeiten agrarischer Eigenwirtschaften, kein Bedürfnis ist. Eine der charakteristischen Formen unentwickelten Handelns: der stumme Tausch – Tausch unter Vermeidung persönlicher Berührung, bei dem das Angebot durch Niederlegung von Waren an üblicher Stelle, das Gegenangebot ebenso, das Feilschen durch Vermehrung der beiderseits angebotenen Objekte erfolgt, bis eine Partei entweder unbefriedigt abzieht oder befriedigt die Waren des Gegners mitnimmt – bringt den Gegensatz gegen die persönliche Verbrüderung drastisch zum Ausdruck. Die Garantie der Legalität des Tauschpartners beruht letztlich auf der beiderseits normalerweise mit Recht gemachten Voraussetzung, daß jeder von beiden an der Fortsetzung der Tauschbeziehungen, sei es mit diesem, sei es mit anderen Tauschpartnern auch für die Zukunft ein Interesse habe, daher gegebene Zusagen halten und mindestens eklatante Verletzungen von Treu und Glauben unterlassen werde. Soweit jenes Interesse besteht, gilt der Satz: »honesty is the best policy«, der natürlich keineswegs universale rationale Richtigkeit und daher auch schwankende empirische Geltung besitzt, die höchste natürlich für rationale Betriebe mit dauernd gegebenem Kundenkreis. Denn auf dem Boden fester und daher einer Verknüpfung mit gegenseitiger persönlicher Würdigung in bezug auf die ethischen Marktqualitäten fähiger Kundschaftsverhältnisse können die Tauschbeziehungen, getragen von dem Interesse der Beteiligten, den Charakter des schrankenlosen Feilschens am leichtesten wieder zugunsten einer im eigenen Interesse relativen Beschränkung der Preisschwankungen und der Ausnutzung der Augenblickskonstellation abstreifen. Die Einzelheiten der für die Preisbildung wichtigen Konsequenzen gehören nicht hierher. Der feste, d. h. der für alle Abnehmer gleiche Preis und die strikte Reellität ist nicht nur den regulierten lokalen Nachbarschaftsmärkten des Mittelalters im Okzident in spezifisch hohem Grade und im Gegensatz zum Orient und fernen Osten eigen, sondern er ist außerdem eine Voraussetzung und dann auch wieder Produkt eines bestimmten Stadiums kapitalistischer, nämlich der frühkapitalistischen Wirtschaft. Sie fehlt, wo dies Stadium nicht mehr besteht. Sie fehlt ferner allen denjenigen Ständen und anderen Gruppen, welche nicht regelmäßig und aktiv, sondern nur gelegentlich und passiv am Tausch beteiligt sind. Der Satz: caveat emptor gilt z. B. erfahrungsgemäß am meisten für den Verkehr mit feudalen Schichten oder etwa beim Pferdekauf unter Kameraden von der Kavallerie, wie jeder Offizier weiß. Die spezifische Marktethik ist ihnen fremd, der Handel für ihre Vorstellung wie für den bäuerlichen

Nachbarverband ein für allemal identisch mit einem Gebaren, bei dem die Frage lediglich die ist, wer betrogen wird.

Typische Schranken des Marktes sind durch sakrale Tabuierungen oder durch ständisch monopolistische Vergesellschaftungen, welche den Gütertausch nach außen unmöglich machen, gegeben. Gegen diese Schranken brandet nun unausgesetzt die Marktgemeinschaft an, deren bloße Existenz die Versuchung zur Teilnahme an ihren Gewinnchancen enthält. Ist der Appropriationsprozeß in einer monopolistischen Gemeinschaft einmal so weit fortgeschritten, daß sie nach außen geschlossen ist, sind also der Grund und Boden oder die Marktnutzungsrechte in einer Dorfgemeinschaft definitiv und erblich appropriiert, so entsteht mit steigender Geldwirtschaft, welche steigende Differenzierung der durch indirekten Tausch zu befriedigenden Bedürfnisse und eine Existenz losgelöst vom Bodenbesitz ermöglicht, ein normalerweise steigendes Interesse der einzelnen Beteiligten daran, den appropriierten Besitz auch nach außen hin durch Tausch meistbietend verwerten zu können. Genau wie etwa Mitteilhaber einer ererbten Fabrik auf die Dauer fast stets zur Aktiengründung schreiten, um ihre Anteile frei veräußern zu können. Und von außen her andererseits verlangt eine entstehende kapitalistische Erwerbswirtschaft, je mehr sie erstarkt, desto mehr die Möglichkeit, sachliche Produktionsmittel und Arbeitsleistungen auf dem Markt, ungehemmt durch sakrale oder ständische Bindung, einhandeln und ihre Absatzchancen von den Schranken ständischer Absatzmonopole befreit zu sehen. Die kapitalistischen Interessenten sind solange Interessenten der zunehmenden Erweiterung des freien Marktes, bis es einigen von ihnen gelingt, entweder durch Einhandelung von Privilegien aus der Hand der politischen Gewalt, oder lediglich kraft ihrer Kapitalmacht ihrem Güterabsatz oder auch für die Gewinnung ihrer sachlichen Produktionsmittel Monopole zu erringen und nun ihrerseits den Markt zu schließen. Der vollen Appropriation aller sachlichen Produktionsmittel folgt daher, – wenn die

Interessenten des Kapitalismus in der Lage sind, die den Güterbesitz und die Art seiner Verwertung regulierenden Gemeinschaften zugunsten ihrer Interessen zu beeinflussen oder wenn innerhalb ständischer Monopolgemeinschaften die Interessen an der Verwertung des appropriierten Besitzes auf dem Markt die Übermacht gewinnen, – zunächst die Sprengung der ständischen Monopole. Ferner die Beschränkung der durch den Zwangsapparat der den Güterbesitz regulierenden Gemeinschaft garantierten erworbenen und erwerbbaren Rechte lediglich auf sachliche Güter und Ansprüche aus Schuldverhältnissen mit Einschluß vereinbarter Arbeitsleistungen. Dagegen werden alle anderen Appropriationen, insbesondere alle Kundschaftsappropriationen und ständischen Absatzmonopole, vernichtet. Dies ist der Zustand, den wir freie Konkurrenz nennen und der solange dauert, bis andere: kapitalistische Monopole, auf dem Markt durch die Macht des Besitzes errungen, an seine Stelle treten. Diese kapitalistischen Monopole aber unterscheiden sich von den ständischen durch ihre rein ökonomisch rationale Bedingtheit. Die ständischen Monopole schließen durch Beschränkung entweder der Verkaufsmöglichkeit überhaupt, oder der zulässigen Verkaufsbedingungen den Marktmechanismus mit seinem Feilschen und vor allem mit seiner rationalen Kalkulation innerhalb ihres Machtbereichs aus. Die durch die Macht des Besitzes allein bedingten Monopole dagegen beruhen gerade umgekehrt auf rationaler Monopolistenpolitik, also auf einer durch rationalen Kalkül geleiteten Beherrschung der möglicherweise formell gänzlich freibleibenden Marktvorgänge. Die sakralen, ständischen und traditionellen Gebundenheiten sind die allmählich beseitigten Schranken der rationalen Marktpreisbildung, die rein ökonomisch bedingten Monopole sind umgekehrt deren letzte Konsequenz. Die ständischen Monopolisten behaupten ihre Macht gegen den Markt, schränken ihn ein, der rationale ökonomische Monopolist herrscht durch den Markt. Wir wollen diejenigen Interessenten, deren ökonomische Lage sie in den Stand setzt, vermöge der formalen Marktfreiheit zur Macht zu gelangen, die Marktinteressenten nennen.

Ein konkreter Markt kann einer autonom von den Marktbeteiligten vereinbarten oder einer von den verschiedensten Gemeinschaften, namentlich von politischen oder religiösen Verbänden oktroyierten Ordnung unterworfen sein. Soweit diese nicht eine Einschränkung der Marktfreiheit, d. h. des Feilschens und Konkurrierens, enthält oder Garantien für die Innehaltung der Marktlegalität, die Art der Zahlungen und Zahlungsmittel festsetzt, bezweckt sie in Epochen interlokaler Unsicherheit vor allem die Gewährleistung des Marktfriedens, dessen Garantie, da der Markt ursprünglich eine Vergesellschaftung mit Ungenossen, also Feinden, ist, zunächst regelmäßig, ebenso wie die völkerrechtsartigen Kriegsbräuche, göttlichen Mächten anheimgegeben wird. Sehr oft wird der Marktfrieden unter den Schutz eines Tempels gestellt, weiterhin pflegt aber dieser Friedensschutz vom Häuptling oder Fürsten zu einer Gebührenquelle gemacht zu werden. Denn der Tausch ist die spezifisch friedliche Form der Gewinnung ökonomischer Macht. Selbstverständlich kann er sich mit Gewaltsamkeit alternativ verbinden. Der Seefahrer der Antike und des Mittelalters nimmt sehr gern unentgeltlich, was er gewaltsam bekommen kann, und verlegt sich auf das friedliche Feilschen nur da, wo er dies entweder gegenüber ebenbürtiger Macht tun muß oder im Interesse sonst gefährdeter künftiger Tauschchancen es zu tun für klug hält. Die intensive Expansion der Tauschbeziehungen geht aber überall parallel mit einer relativen Befriedung. Die Landfrieden des Mittelalters stehen alle im Dienst von Tauschinteressen, und die Aneignung von Gütern durch freien, rein ökonomisch rationalen Tausch ist in der Form, wie Oppenheimer immer wieder betont hat, der begriffliche Gegenpol der Aneignung von Gütern durch Zwang irgendwelcher Art, am meisten: physischen Zwang, dessen geregelte Ausübung insbesondere für die politische Gemeinschaft konstitutiv ist.

Die Wirtschaft und die Ordnungen

§ 1 Rechtsordnung und Wirtschaftsordnung

Der soziologische Begriff und Sinn der Rechtsordnung [182] – Soziologische und ökonomische Wirkungen der Rechtsordnung für den Einzelnen [187] – Staatliches und außerstaatliches Recht [189]

Wenn von »Recht«, »Rechtsordnung«, »Rechtssatz« die Rede ist, so muß besonders streng auf die Unterscheidung juristischer und soziologischer Betrachtungsweise geachtet werden. Die erstere fragt: was als Recht ideell gilt. Das will sagen: welche Bedeutung, und dies wiederum heißt: welcher normative Sinn einem als Rechtsnorm auftretenden sprachlichen Gebilde logisch richtigerweise zukommen sollte. Die letztere dagegen fragt: was innerhalb einer Gemeinschaft faktisch um deswillen geschieht, weil die Chance besteht, daß am Gemeinschaftshandeln beteiligte Menschen, darunter insbesondere solche, in deren Händen ein sozial relevantes Maß von faktischem Einfluß auf dieses Gemeinschaftshandeln liegt, bestimmte Ordnungen als geltend subjektiv ansehen und praktisch behandeln, also ihr eigenes Handeln an ihnen orientieren. – Darnach bestimmt sich auch die prinzipielle Beziehung zwischen Recht und Wirtschaft.

Die juristische, genauer: die rechtsdogmatische, Betrachtung stellt sich die Aufgabe: Sätze, deren Inhalt sich als eine Ordnung darstellt, welche für das Verhalten eines irgendwie bezeichneten Kreises von Menschen maßgebend sein soll, auf ihren richtigen Sinn und das heißt: auf die Tatbestände, welche ihr und die Art, wie sie ihr unterliegen, zu untersuchen. Dabei verfährt sie dergestalt, daß sie die verschiedenen einzelnen Sätze jener Art, ausgehend von ihrer unbezweifelten empirischen Geltung, ihrem logisch richtigen Sinn dergestalt zu bestimmen trachtet, daß sie dadurch in ein logisch in sich widerspruchsloses System gebracht werden. Dies System ist die »Rechtsordnung« im juristischen Sinn des Wortes. – Die Sozialökonomik dagegen betrachtet dasjenige tatsächliche Handeln der Menschen, welches durch die Notwendigkeit der Orientierung am »wirtschaftlichen Sachverhalt« bedingt ist, in seinen tatsächlichen Zusammenhängen. Die durch die Art des Interessenausgleichs jeweils einverständnismäßig entstandene Verteilung der faktischen Verfügungsgewalt über Güter und ökonomische Dienste und die Art, wie beide kraft jener auf Einverständnis ruhenden faktischen Verfügungsgewalt dem gemeinten Sinn nach tatsächlich verwendet werden, nennen wir »Wirtschaftsordnung«. Es liegt auf der Hand, daß beide Betrachtungsweisen sich gänzlich heterogene Probleme stellen und ihre »Objekte« unmittelbar gar nicht in Berührung miteinander geraten können, daß die ideelle »Rechtsordnung« der Rechtstheorie direkt mit dem Kosmos des faktischen wirtschaftlichen Handelns nichts zu schaffen hat, da beide in verschiedenen Ebenen liegen: die eine in der des ideellen Geltensollens, die andere in der des realen Geschehens. Wenn nun trotzdem Wirtschafts- und Rechtsordnung in höchst intimen Beziehungen zueinander stehen, so ist eben diese letztere dabei nicht in juristischem, sondern in soziologischem Sinne verstanden: als empirische Geltung. Der Sinn des Wortes »Rechtsordnung« ändert sich dann völlig. Sie bedeutet dann nicht einen Kosmos logisch als »richtig« erschließbarer Normen, sondern einen Komplex von faktischen Bestimmungsgründen realen menschlichen Handelns. Dies bedarf der näheren Interpretation.

Daß irgendwelche Menschen sich in einer bestimmten Art verhalten, weil sie dies als durch Rechtssätze so vorgeschrieben ansehen, ist allerdings eine wesentliche Komponente des realen empirischen Inslebentretens und auch des Fortbestandes einer »Rechtsordnung«. Aber natürlich – wie das früher über die Bedeutung der »Existenz« rationaler Ordnungen Gesagte ergibt – gehört keineswegs dazu:

daß alle oder auch nur die Mehrzahl der an jenem Verhalten Beteiligten dies Verhalten aus jenem Motiv heraus einschlagen. Das pflegt vielmehr niemals der Fall zu sein. Die breiten Schichten der Beteiligten verhalten sich der Rechtsordnung entsprechend, entweder weil die Umwelt dies billigt und das Gegenteil nicht billigt, oder nur aus stumpfer Gewohnheit an die als Sitte eingelebten Regelmäßigkeiten des Lebens, nicht aber aus einer als Rechtspflicht gefühlten Obödienz. Wäre diese letztere Haltung universell, dann würde allerdings das Recht seinen subjekten Charakter als solches gänzlich einbüßen und subjektiv als bloße Sitte beachtet werden. So gering objektiv die Chance, daß der Zwangsapparat gegebenenfalls jene Normen erzwingt, auch sein mag, so würden sie uns dennoch als »Recht« gelten müssen. Unnötig ist ebenfalls – nach dem früher Gesagten –, daß alle, welche die Überzeugung von einer bestimmten Art der Normiertheit eines bestimmten Handelns durch einen Rechtssatz teilen, dem nun auch wirklich immer nachleben. Das ist ebenfalls nie der Fall und, da nach unserer allgemeinen Definition die Tatsache einer »Orientiertheit« des Handelns an einer Ordnung, nicht aber: deren »Befolgen«, über die »Geltung« entscheidet, nicht nötig. »Recht« ist für uns eine »Ordnung« mit gewissen spezifischen Garantien für die Chance ihrer empirischen Geltung. Und zwar soll unter »garantiertem objektiven Recht« der Fall verstanden werden: daß die Garantien in dem Bestehen eines »Zwangsapparates« im früher definierten Sinn, also einer oder mehrerer sich eigens zur Durchsetzung der Ordnung durch speziell dafür vorgesehene Zwangsmittel (Rechtszwang) bereithaltenden Personen besteht. Die Zwangsmittel können psychischer oder physischer Art, direkt oder indirekt wirkende sein, sich im Einzelfall gegen die an der Einverständnisgemeinschaft oder Vergesellschaftung, dem Verband oder der Anstalt, für welche die Ordnung (empirisch) gilt, Beteiligten oder auch nach außen richten. Sie sind die »Rechtsordnungen« der betreffenden Vergemeinschaftung.

Bei weitem nicht alle Ordnungen, welche einverständnismäßig für einc Vergemeinschaftung gelten, sind – wie später zu erörtern – »Rechtsordnungen«. Auch nicht alles geordnete »Organhandeln« der den Zwangsapparat einer Vergemeinschaftung bildenden Personen geht auf Rechtszwang, sondern nur jenes wollen wir darunter begreifen, dessen geltender Sinn dahin zielt: die Befolgung einer Ordnung durchzusetzen lediglich als solche, also rein formal um deswillen, weil sie als verbindlich geltend in Anspruch genommen wird, nicht aber – dem geltenden Sinn nach – je nach Zweckmäßigkeits- oder andern materialen Bedingungen. Es versteht sich, daß die Durchsetzung der Geltung einer Ordnung faktisch im Einzelfall durch die allermannigfachsten Motive bedingt sein kann: als garantiertes »Recht« wollen wir sie aber nur da bezeichnen, wo die Chance besteht, es werde gegebenenfalls »um ihrer selbst willen« Zwang, »Rechtszwang« eintreten. Nicht jedes (objektive) »Recht« ist – wie wir noch mehrfach sehen werden – »garantiertes« Recht. Wir wollen von Recht – »indirekt garantiertem« oder »ungarantiertem« Recht – auch überall da sprechen, wo die Bedeutung der Geltung einer Norm darin besteht: daß die Art der Orientierung des Handelns an ihr überhaupt irgendwelche »Rechtsfolgen« hat. Das heißt: wo irgendwelche anderen Normen gelten, welche an die »Befolgung« oder »Verletzung« jener ersten bestimmte, ihrerseits durch Rechtszwang garantierte Chancen eines Einverständnishandelns knüpfen. Wir werden diesen für ein sehr breites Gebiet des Rechtslebens zutreffenden Fall gelegentlich durch Beispiele zu illustrieren haben, wollen aber zur Vereinfachung a potiori, wenn von »Recht« geredet wird, an direkt durch Rechtszwang garantierte Normen denken. Bei weitem nicht jedes garantierte (objektive) Recht ist ferner durch »Gewalt« (Inaussichtstehen von physischem Zwang) garantiert. Diese oder gar die der heutigen Prozeßtechnik angehörige Art der Geltendmachung von Privatrechtsansprüchen: »Klage« vor einem »Gericht« mit darauffolgender Zwangsvollstreckung ist uns nicht das soziologisch entscheidende Merkmal des Rechts oder auch nur des »garantierten Rechts«. Das Gebiet des heutigen sogenannten »öffentlichen« Rechts, das heißt: der Normen für das Organhandeln und für das anstaltsbezogene Handeln in der Staatsanstalt kennt heute zahlreiche subjektive Rechte und objektive Rechtsnormen, gegen deren Verletzung nur im Wege einer »Beschwerde« oder nur durch Remonstration von dazu berufenen Personenkreisen ein Zwangsapparat in Bewegung gesetzt werden kann, sehr oft ein solcher, dem jedes Mittel eventuellen physischen Zwanges gänzlich fehlt. Die Frage, ob dann ein garantiertes »Recht« vorliegt, entscheidet sich für die Soziologie darnach, ob der Zwangsapparat für diese nicht gewaltsame Ausübung von Rechtszwang geordnet ist und ob er faktisch ein solches Gewicht besitzt, daß durchschnittlich eine Chance: die geltende Norm werde infolge Anspruchs jenes Rechtszwanges Nachachtung finden, in praktisch relevantem Maße besteht. Heute ist der gewaltsame Rechtszwang Monopol der Staatsanstalt. In bezug auf den gewaltsamen Rechtszwang gelten heute alle anderen, einen solchen ausübenden Vergemeinschaftungen als heteronom und meist auch heterokephal. Dies ist aber eine Eigenart bestimmter Entwicklungsstufen. Von »staatlichem«, das heißt: staatlich garantiertem Recht wollen wir da und insoweit sprechen, als die Garantie dafür: der Rechtszwang durch die spezifischen, im Normalfall also: direkt physischen Zwangsmittel der politischen Gemeinschaft geübt wird. Im Sinne des »staatlichen« Rechts bedeutet also das empirische Bestehen eines »Rechtssatzes«: daß für den Fall des Eintritts bestimmter Ereignisse auf Grund eines Einverständnisses mit Wahrscheinlichkeit darauf gezählt werden kann, daß ein Verbandshandeln von Organen des politischen Verbandes eintritt, welches durch die bloße Tatsache, daß es eventuell in Aussicht steht, geeignet ist, den aus jenem Rechtssatz, nach der gangbaren Art seiner Deutung, zu entnehmenden Anordnungen Nachachtung oder wo dies unmöglich geworden ist, »Genugtuung« und »Entschädigung« zu verschaffen. Jenes Ereignis, an welches sich diese Folge: der staatliche Rechtszwang knüpft, kann in einem bestimmten menschlichen Verhalten (Vertragsschluß, Vertragsverletzung, Delikt) bestehen. Doch ist dies nur ein Sonderfall. Denn auch z. B. für den Fall des Steigens eines Flusses über einen bestimmten Pegelstand kann kraft empirisch geltender Rechtssätze die Anwendung der spezifischen Zwangsmittel der politischen Gewalt gegen Personen und Sachen in Aussicht stehen. Ganz und gar nicht zum Begriffe der Geltung eines »Rechtssatzes« in diesem normalen Sinn gehört: daß etwa diejenigen, welche sich der Ordnung, die er enthält, fügen, dies tun vorwiegend oder auch nur überhaupt um deswillen schon, weil ein Zwangsapparat (im erörterten Sinn) dafür zur Verfügung steht. Davon ist – wie bald noch zu erörtern – keine Rede. Vielmehr können die Motive der Fügsamkeit gegenüber dem Rechtssatz die denkbar verschiedensten sein. In ihrer Mehrzahl haben sie – je nachdem – mehr utilitarischen oder mehr ethischen oder subjektiv konventionellen, die Mißbilligung der Umwelt scheuenden Charakter. Die jeweils vorwaltende Art dieser Motive ist von sehr großer Wichtigkeit für die Geltungsart und die Geltungschancen des Rechtes selbst. Aber für seinen formalen soziologischen Begriff, so wie wir ihn verwenden wollen, sind diese psychologischen Tatbestände irrelevant, es kommt vielmehr – beim garantierten Recht – nur darauf an, daß eine hinlänglich starke Chance des Eingreifens eines eigens hierauf eingestellten Personenkreises auch in Fällen, wo nur der Tatbestand der Normverletzung rein als solcher vorliegt, also auf Grund der Geltendmachung lediglich dieses formalen Anlasses tatsächlich besteht.

Durch das empirische »Gelten« einer Ordnung als eines »Rechtssatzes« werden die Interessen der Einzelnen in mannigfachem Sinn berührt. Insbesondere können Einzelpersonen daraus berechenbare Chancen erwachsen, ökonomische Güter in ihrer Verfügung zu behalten oder künftig, unter bestimmten Voraussetzungen, die Verfügung über solche zu erwerben. Solche Chancen zu eröffnen oder zu sichern ist bei gesatztem Recht naturgemäß normalerweise der Zweck, den die, eine Rechtsnorm Vereinbarenden oder Oktroyierenden damit verbinden. Die Art der Zuwendung der Chance aber kann doppelten Charakter haben. Entweder sie ist bloße »Reflexwirkung« der empirischen Geltung der Norm: der einverständnismäßig geltende Sinn dieser geht nicht dahin, dem Einzelnen die tatsächlich ihm zufallenden Chancen zu garantieren. Oder umgekehrt, der einverständnismäßig geltende Sinn der Norm geht gerade dahin, dem Einzelnen eine solche Garantie: ein »subjektives« Recht, zu geben. Daß jemand kraft staatlicher Rechtsordnung ein (subjektives) »Recht« hat, bedeutet also im Normalfall, den wir hier zunächst zugrunde legen, für die soziologische Betrachtung: er hat die durch den einverständnismäßig geltenden Sinn einer Rechtsnorm faktisch garantierte Chance, für bestimmte (ideelle oder materielle) Interessen die Hilfe eines dafür bereitstehenden »Zwangsapparates« zu verlangen. Die Hilfe besteht, im Normalfall wenigstens, darin, daß bestimmte Personen sich dafür bereit halten, falls jemand sich in den dafür üblichen Formen an sie wendet und geltend macht, daß ein »Rechtssatz« ihm jene »Hilfeleistung« garantiere, sie zu leisten. Und zwar rein infolge jener »Geltung«, ohne Rücksicht darauf, ob bloße Zweckmäßigkeitsgründe dafür sprechen und auch nicht nach freiem Belieben und Gnade oder Willkür. Rechtsgeltung besteht, wo die Rechtshilfe in diesem Sinne des Wortes in einem relevanten Maße funktioniert, sei es auch ohne alle physische oder andere drastische Zwangsmittel. Oder (ungarantiertes Recht) wenn ihre Mißachtung (z. B. die Nichtachtung von Wahlrechten bei Wahlen) kraft einer empirisch geltenden Norm Rechtsfolgen (z. B. Ungültigkeit einer Wahl) hat, für deren Durchführung eine entsprechende Instanz mit Rechtszwang besteht. Wir lassen die nur in Form von »Reflexwirkungen« gewährten Chancen hier der Einfachheit halber zunächst ganz beiseite. Ein subjektives Recht im »staatlichen« Sinn des Worts steht unter der Garantie der Machtmittel der politischen Gewalt. Wo andere Zwangsmittel einer anderen als der politischen Gewalt in Aussicht stehen – z. B. einer hierokratischen Gewalt – und die Garantie eines »Rechtes« bilden, soll von »außerstaatlichem« Recht gesprochen werden, dessen verschiedene Kategorien zu erörtern hier nicht die Aufgabe ist. Hier ist zunächst nur daran zu erinnern, daß es auch nicht gewaltsame Zwangsmittel gibt, welche mit der gleichen oder unter Umständen mit stärkerer Gewalt wirken wie jene. Die Androhung eines Ausschlusses aus einem Verband, eines Boykotts oder ähnlicher Mittel, und ebenso das Inaussichtstellen diesseitiger magisch bedingter Vorteile oder Unannehmlichkeiten oder jenseitiger Belohnungen oder Strafen für den Fall eines bestimmten Verhaltens wirken unter gegebenen Kulturbedingungen häufig – für ziemlich große Gebiete: regelmäßig – sehr viel sicherer, als der in seinen Funktionen nicht immer berechenbare politische Zwangsapparat. Der gewaltsame Rechtszwang durch die Zwangsapparate der politischen Gemeinschaft hat sehr häufig gegenüber den Zwangsmitteln anderer, z. B. religiöser Mächte den Kürzeren gezogen und überhaupt ist es durchaus Frage des Einzelfalles, wie weit sich ihre faktische Tragweite erstreckt. Sie bleiben als »Rechtszwang« in ihrer soziologischen Realität trotzdem bestehen, solange ihre Machtmittel eine sozial relevante Wirkung ausüben. Davon, daß ein »Staat« nur dann und da »bestehe«, wo die Zwangsmittel der politischen Gemeinschaft faktisch gegenüber jeder anderen die stärkeren sind, weiß die Soziologie nichts. Das »Kirchenrecht« ist Recht auch da, wo es mit dem »staatlichen« Recht in Konflikt gerät, was wieder und wieder der Fall gewesen ist und z. B. bei der katholischen – aber auch bei anderen – Kirchen dem modernen Staat gegenüber unvermeidlich immer wieder geschehen wird. Die slawische »Zadruga« in Österreich entbehrte nicht etwa nur der staatlichen Rechtsgarantie, sondern ihre Ordnungen standen zum Teil sogar in Widerspruch mit dem offiziellen Recht. Da das sie konstituierende Einverständnishandeln für seine Ordnungen einen eigenen Zwangsapparat besitzt, stellen diese letzteren dennoch »Recht« dar, welches nur im Fall der Anrufung des staatlichen Zwangsapparates von diesem nicht anerkannt, sondern zerbrochen wurde. Besonders außerhalb des europäisch-kontinentalen Rechtskreises ist es andererseits gar nichts Seltenes, daß das moderne staatliche Recht auch die Normen anderer Verbände ausdrücklich als »gültig« behandelt und konkrete Entscheidungen dieser überprüft. So schützt das amerikanische Recht vielfach die »label« der Gewerkschaften, normiert die Bedingungen, unter denen ein Wahlkandidat einer Partei als »gültig« aufgestellt zu betrachten ist, greift der englische Richter auf Anrufen in die Gerichtsbarkeit des Klubs ein, untersucht selbst der deutsche Richter in Beleidigungsprozessen die »Kommentmäßigkeit« der Ablehnung einer Forderung zum Zweikampf, obwohl doch dieser gesetzlich verboten ist usw. Wir gehen hier in die Kasuistik: inwieweit dadurch jene Ordnungen zu »staatlichem Recht« werden, nicht ein. Aus all diesen Gründen, außerdem aber aus der hier festgehaltenen Terminologie heraus, wird von uns selbstredend abgelehnt, wenn man von »Recht« nur da spricht, wo kraft Garantie der politischen Gewalt Rechtszwang in Aussicht steht. Dazu besteht für uns kein praktischer Anlaß. Wir wollen vielmehr überall da von »Rechtsordnung« sprechen, wo die Anwendung irgendwelcher, physischer oder psychischer, Zwangsmittel in Aussicht steht, die von einem Zwangsapparat, d. h. von einer oder mehreren Personen ausgeübt wird, welche sich zu diesem Behuf für den Fall des Eintritts des betreffenden Tatbestandes bereithalten, wo also eine spezifische Art der Vergesellschaftung zum Zweck des »Rechtszwanges« existiert. Der Besitz eines solchen Apparates für die Ausübung physischen Zwanges war nicht immer ein Monopol der politischen Gemeinschaft. Für psychischen Zwang besteht ein solches Monopol – wie die Bedeutung des kirchlich garantierten Rechts zeigt – auch heute nicht. Es wurde ferner schon gesagt, daß direkte Garantie objektiven Rechts und subjektiven Rechts durch einen Zwangsapparat nur einen Fall des Bestehens von »Recht« und »Rechten« bildet. Selbst innerhalb dieses engeren Gebiets aber kann der Zwangsapparat sehr verschieden geartet sein. Im Grenzfall kann er in der einverständnismäßig geltenden Chance der Zwangshilfe jedes an einer Vergemeinschaftung Beteiligten im Fall der Bedrohung einer geltenden Ordnung bestehen. Als »Zwangsapparat« kann er alsdann freilich nur in dem Fall noch gelten, wenn die Art der Verbindlichkeit zu dieser Zwangshilfe fest geordnet ist. Der Zwangsapparat und die Art des Zwanges kann auch bei Rechten, welche die politische Anstalt durch ihre Organe verbürgt, außerdem durch die Zwangsmittel von Interessentenverbänden verstärkt werden: die scharfen Zwangsmaßregeln der Kreditoren- und Hausbesitzerverbände: organisierter Kredit- bzw. Wohnungs-Boykott (schwarze Listen) gegen unzuverlässige Schuldner wirken oft stärker als die Chance der gerichtlichen Klage. Und natürlich kann sich dieser Zwang auch auf staatlich gar nicht garantierte Ansprüche erstrecken: dann sind diese trotzdem subjektiven Rechts, nur mit anderen Gewalten. Das Recht der Staatsanstalt stellt sich Zwangsmitteln anderer Verbände nicht selten in den Weg: so macht die englische »libel act« schwarze Liste durch Ausschluß des Wahrheitsbeweises unmöglich. Aber nicht immer mit Erfolg. Die auf dem »Ehrenkodex« des Duells als Mittel des Streitaustrages beruhenden, dem Wesen nach meist ständischen Verbände und Gruppen mit ihren Zwangsmitteln: im wesentlichen Ehrengerichte und Boykott, sind im allgemeinen die stärkeren und erzwingen meist mit spezifischem Nachdruck (als »Ehrenschulden«) gerade staatsanstaltlich nicht geschützte oder perhorreszierte, aber für ihre Gemeinschaftszwecke unentbehrliche

Verbindlichkeiten (Spielschulden, Duellpflicht). Die Staatsanstalt hat vor ihnen teilweise die Segel gestrichen. Es ist zwar juristisch schief, wenn das Verlangen gestellt wird, ein spezifisch beschaffenes Delikt, wie der Zweikampf, solle einfach als »Totschlagsversuch« oder als »Körperverletzung« bestraft werden – Delikte, deren Merkmal es nicht teilt –; aber die Tatsache bleibt bestehen, daß die Zweikampfbereitschaft, trotz der Strafgesetze, in Deutschland für die Offiziere noch heute[1] staatliche Rechtspflicht ist, weil staatliche Rechtsfolgen an ihr Fehlen geknüpft sind. Anders steht es außerhalb des Offizierstandes. Das typische Rechtszwangsmittel »privater« Gemeinschaften gegen renitente Mitglieder ist der Ausschluß aus dem Verband und seinen materiellen oder ideellen Vorteilen. Bei Berufsverbänden von Ärzten und Anwälten ebenso wie bei geselligen und politischen Klubs ist es die ultima ratio. Der moderne politische Verband hat sehr vielfach die Kontrolle dieser Zwangsmittel usurpiert. So ist den Ärzten und Anwälten jenes äußerste Mittel auch bei uns abgesprochen, in England die Überprüfung des Ausschlusses aus Klubs, in Amerika selbst für politische Parteien, ferner die Prüfung der Rechtmäßigkeit der »Label«-Führung auf Anrufung den staatlichen Gerichten zugewiesen. Dieser Kampf zwischen den Zwangsmitteln verschiedener Verbände ist so alt wie das Recht. Er hat in der Vergangenheit sehr oft nicht mit dem Siege der Zwangsmittel des politischen Verbandes geendet und auch heute ist dies nicht immer der Fall. So ist eine Handhabe, die Unterbietungs-Konkurrenz gegen einen Kartellbrüchigen zu unterbinden, heute nicht gegeben. Ebenso sind die schwarzen Listen der Börsenhändler gegen solche, die den Differenzeinwand erheben, bei uns nicht antastbar, während im Mittelalter die entsprechenden Statutenbestimmungen der Kaufleute gegen die Anrufung der geistlichen Gerichte sicher kanonisch-rechtlich nichtig wa-

1 Vor der Revolution geschrieben [Anm. Marianne Webers].

ren, dennoch aber fortbestanden. Und auch da muß das staatliche Recht heute die Zwangsmacht der Verbände weitgehend dulden, wo sie nicht nur gegen Mitglieder, sondern auch oder gerade gegen Außenstehende sich wendet und diese ihren Normen zu unterwerfen trachtet (Kartelle nicht nur gegen Mitglieder, sondern gegen solche, die sie zum Eintritt zu zwingen beabsichtigen, Gläubigerverbände gegen Schuldner und Mieter).

Es stellt einen wichtigen solchen Grenzfall des soziologischen Begriffs von zwangsgarantiertem »Recht« dar, wenn seine Garanten nicht, wie in den modernen politischen (und ebenso den eigenes »Recht« anwendenden religiösen) Gemeinschaften durchweg, den Charakter eines »Richters« oder anderen »Organs«, also prinzipiell eines nicht durch »persönliche« Beziehungen mit dem Prätendenten des subjektiven Rechts verknüpften, sondern eines »unparteiischen« und persönlich »uninteressierten« Dritten haben, sondern wenn gerade umgekehrt nur die durch bestimmte nahe persönliche Beziehungen mit dem Rechtsprätendenten verknüpften Genossen, also z. B. seine »Sippe«, ihm die Zwangsmittel zur Verfügung halten, und wenn also, wie der »Krieg« im modernen Völkerrecht, so hier die »Rache« und »Fehde« des Interessenten und seiner Blutsfreunde die einzige oder normale Form zwangsweiser Geltendmachung subjektiver Rechte ist. In diesem Fall besteht das subjektive »Recht« des oder der Einzelnen für die soziologische Betrachtung lediglich vermöge der Chance, daß die Sippengenossen ihrer (primär ursprünglich durch die Scheu vor dem Zorn übersinnlicher Autoritäten garantierten) Pflicht der Fehdehilfe und Blutrache nachkommen und daß sie auch die Macht besitzen, seinem prätendierten Recht Nachdruck, wenn auch nicht notwendig endgültigen Sieg, zu verleihen. – Den Sachverhalt: daß die »Beziehungen«, das heißt: das aktuelle oder potentielle Handeln konkreter oder nach Merkmalen konkret angebbarer Personen den Inhalt subjektiver Rechte bildet, wollen wir die Existenz eines

»Rechtsverhältnisses« zwischen den betreffenden Personen nennen. Sein Inhalt an subjektiven Rechten kann je nach dem stattfindenden faktischen Handeln wechseln. In diesem Sinne kann auch ein konkreter »Staat« als »Rechtsverhältnis« bezeichnet werden, auch dann, wenn (im theoretischen Grenzfall) der Herrscher allein als subjektiv – zum Befehlen – berechtigt gilt und also die Chancen aller andern Einzelnen nur als Reflexe seiner »Reglements« bestehen.

§ 2 Rechtsordnung, Konvention und Sitte

Ein Gebiet, in welches die Rechtsordnung in lückenloser Stufenleiter übergeht, ist dasjenige der »Konvention« und weiterhin – was wir begrifflich davon scheiden wollen – der »Sitte«. Wir wollen unter »Sitte« den Fall eines typisch gleichmäßigen Verhaltens verstehen, welches lediglich durch seine »Gewohntheit« und unreflektierte »Nachahmung« in dem überkommenen Geleise gehalten wird, ein »Massenhandeln« also, dessen Fortsetzung dem Einzelnen von Niemandem in irgendeinem Sinn »zugemutet« wird. Unter »Konvention« wollen wir dagegen den Fall verstehen, daß auf ein bestimmtes Verhalten zwar eine Hinwirkung stattfindet, aber durch keinerlei physischen oder psychischen Zwang, und überhaupt zum mindesten normalerweise und unmittelbar durch gar keine andere Reaktion als durch die bloße Billigung oder Mißbilligung eines Kreises von Menschen, welche eine spezifische »Umwelt« des Handelnden bilden. Streng zu scheiden ist die »Konvention« von dem Fall des »Gewohnheitsrechts«. Diesen wenig brauchbaren Begriff selbst kritisieren wir hier nicht. Die Geltung als Gewohnheitsrecht soll nach der üblichen Terminologie ja gerade die Chance bedeuten, daß für die Realisierung einer nicht kraft Satzung, sondern nur kraft Einverständnis geltenden Norm ein Zwangsapparat sich einsetzen wird. Bei der Konvention dagegen fehlt gerade der »Zwangsapparat«: der (wenigstens relativ) fest abgegrenzte Umkreis von Menschen, welche sich für die spezielle Aufgabe des Rechtszwangs (bedient sich dieser nun auch nur psychischer Mittel) ein für allemal bereit halten. Schon der Tatbestand der bloßen nackten konventionsfreien »Sitte« kann auch ökonomisch von weittragender Bedeutung sein. Der ökonomische Bedürfnisstand insbesondere, die Grundlage aller »Wirtschaft«, ist in der umfassendsten Weise durch bloße »Sitte« bestimmt, welche der Einzelne, in gewissem Umfang wenigstens, ohne irgendwelche Mißbilligung zu finden, abschütteln könnte, der er aber sich faktisch meist sehr schwer entzieht und deren Alterationen gewöhnlich nur langsam auf dem Wege der Nachahmung irgendeiner anderen »Sitte« eines anderen Menschenkreises sich vollziehen. Wir sahen schon, daß Gemeinsamkeiten bloßer »Sitten« für die Entstehung sozialer Verkehrsgemeinschaften und für das Konnubium wichtig werden können und daß sie auch einen gewissen, allerdings in seiner Tragweite schwer bestimmbaren, Einschuß in die Bildung von »ethnischen« Gemeinsamkeitsgefühlen zu geben pflegen und dadurch gemeinschaftsbildend wirken können. Vor allem aber ist die Innehaltung des faktisch »gewohnten« Gewordenen als solchem ein so überaus starkes Element alles Handelns und folglich auch alles Gemeinschaftshandelns, daß der Rechtszwang da, wo er aus einer »Sitte« (z. B. durch Berufung auf das »Übliche«) eine »Rechtspflicht« macht, ihrer Wirksamkeit oft fast nichts hinzufügt und, wo er sich gegen sie wendet, sehr oft in dem Versuch, das faktische Handeln zu beeinflussen, gescheitert ist. Erst recht aber kann der Tatbestand der »Konvention«, da der Einzelne in unzähligen Lebensbeziehungen auf durchaus freiwilliges, durch keinerlei diesseitige oder jenseitige Autorität garantiertes Entgegenkommen seiner Umwelt angewiesen ist, für sein Verhalten oft weit bestimmender werden, als die Existenz eines Rechtszwangsapparates.

Der Übergang von bloßer »Sitte« zur »Konvention« ist natürlich gänzlich flüssig. Je weiter rückwärts, desto umfassender ist die Art des Handelns und speziell auch des Gemeinschaftshandelns ausschließlich durch die Eingestelltheit auf das »Gewohnte« rein als solches, bestimmt, und scheinen Abweichungen davon ähnlich beunruhigend und auf den Durchschnittsmenschen psychisch ganz ähnlich zu wirken wie Störungen organischer Funktionen und hierdurch garantiert zu sein. Der Fortschritt von hier zu dem zunächst zweifellos vage und dumpf empfundenen »Einverständnis«-Charakter des Gemeinschaftshandelns, d. h. zur Konzeption einer »Verbindlichkeit« bestimmter gewohnter Arten des Handelns ist nach Umfang und Inhalt des Gebiets, das er ergreift, heute aus den Arbeiten der Ethnographie meist höchst unbestimmt erkennbar und kümmert uns deshalb hier nicht. Es wäre absolut Frage der Terminologie und Zweckmäßigkeit, in welchem Stadium dieses Prozesses man dann die subjektive Konzeption einer »Rechtspflicht« annehmen will. Objektiv gab es die Chance des faktischen Eintritts gewaltsamen Reagierens gegen bestimmte Arten des Handelns, wie bei den Tieren, so bei den Menschen von jeher, ohne daß man aber im mindesten behaupten könnte: daß in solchen Fällen subjektiv so etwas wie eine »Einverständnisgeltung« vorliege oder überhaupt ein deutlich erfaßter »gemeinter Sinn« des betreffenden Handelns. Rudimente einer »Pflicht«-Konzeption bestimmen das Verhalten mancher Haustiere in vielleicht größerem Umfang als das eines »Urmenschen«, wenn wir diesen höchst bedenklichen Begriff hier einmal als in diesem Fall unmißverständlich zulassen. Wir kennen aber die »subjektiven« Vorgänge im »Urmenschen« nicht und mit der stets wiederkehrenden Redensart von der angeblichen absoluten Urtümlichkeit oder gar »Apriorität« des »Rechts« oder der Konvention kann keine empirische Soziologie etwas anfangen. Nicht weil eine »Regel« oder »Ordnung« als »verbindlich« gilt, zeigt das Sichverhalten des »Urmenschen« nach außen, insbesondere zu seinesgleichen, faktische »Regelmäßigkeiten«, sondern umgekehrt: an die von uns in ihrer psychophysischen Realität hinzunehmenden, organisch bedingten Regelmäßigkeiten knüpft sich die Konzeption »verbindlicher Regeln« an. Daß die innere seelische »Eingestelltheit« auf jene Regelmäßigkeiten fühlbare »Hemmungen« gegen Neuerungen in sich schließt, – wie jeder das auch heute in seinem Alltag an sich erfahren kann – das, müssen wir annehmen, ist für den Glauben an jene »Verbindlichkeit« eine sehr starke Stütze. Wir fragen bei diesem Anlaß: Wie entstehen in dieser Welt der Eingestelltheit auf das »Regelmäßige« und das »Geltende« irgendwelche »Neuerungen«? Von außen her: durch Änderung der äußeren Lebensbedingungen, das ist kein Zweifel. Aber diese geben nicht die geringste Gewähr, daß nicht der Untergang des Lebens statt einer Neuordnung ihnen antwortet; und vor allem sind sie keineswegs die unentbehrliche, gerade bei vielen höchst weittragenden Fällen von Neuordnungen nicht einmal eine mitwirkende Bedingung. Sondern nach allen Erfahrungen der Ethnologie scheint die wichtigste Quelle der Neuordnung der Einfluß von Individuen zu sein, welche bestimmt gearteter »abnormer« (vom Standpunkt der heutigen Therapie nicht selten – aber auch: nicht etwa immer regelmäßig – als »pathologisch« gewerteter) Erlebnisse und, durch diese, bedingter Einflüsse auf andere fähig sind. Wir sprechen hier nicht von der Art, wie die infolge ihrer »Abnormität« als »neu« erscheinenden Erlebnisse entstehen, sondern von der Art ihrer Wirkung. Diese Einflüsse, welche die »Trägheit« des Gewohnten überwinden, können auf verschiedene psychologische Weise vor sich gehen. Zwei Formen in ihrer, bei allen Übergängen, Gegensätzlichkeit terminologisch klar herausgehoben zu haben, ist das Verdienst von Hellpach. Die eine ist: plötzliche Erweckung der Vorstellung eines Handelns des Beeinflußten als eines »gesollten«, durch drastisch wirkende Mittel: »Eingebung«. Die andere: Miterleben eigenen inneren Verhaltens des Beeinflussenden durch die Beeinflußten: »Einfühlung«. Die Art des durch diese Vermittlung entstehenden Handelns kann im Einzelfall die allerverschiedenste sein. Sehr häufig aber entsteht ein auf den Beeinflussenden und sein Erleben bezogenes massenhaftes »Gemeinschaftshandeln«, aus dem sich dann »Einverständnisse« entsprechenden Inhalts entwickeln können. Sind sie den äußeren Lebensbedingungen »angepaßt«, so überdauern sie diese. Die Wirkungen von »Einfühlung« und namentlich »Eingebung« – meist unter dem vieldeutigen Namen »Suggestion« zusammengefaßt – gehören zu den »Hauptquellen« der Durchsetzung von faktischen Neuerungen, deren »Einübung« als Regelmäßigkeit dann bald wieder das Gefühl der »Verbindlichkeit« stützt, von dem sie – eventuell – begleitet sind. Zwar »Verbindlichkeitsgefühl« selbst aber kann – sobald auch nur die Rudimente einer solchen sinnhaften Konzeption vorhanden sind – unzweifelhaft auch bei Neuerungen als das originäre und primäre auftreten, insbesondere als ein psychologischer Bestandteil der »Eingebung«. Es ist verwirrend, wenn als primärer und grundlegender Vorgang die »Nachahmung« eines neuartigen Verhaltens als Weg seiner Verbreitung angesehen wird. Diese ist gewiß von ganz außerordentlicher Wichtigkeit. Aber sie ist in der Regel sekundär und immer nur ein Spezialfall. Es ist doch nicht eine Nachahmung des Menschen, wenn der Hund – sein ältester Gefährte – sich sein Verhalten von ihm »eingeben« läßt. Genau so aber ist in einem sehr breiten Umkreis von Fällen die Beziehung zwischen Beeinflussenden und Beeinflußten geartet. In anderen dürfte sie sich mehr dem Typus der »Einfühlung«, in noch anderen dem der »Nachahmung« – der zweckrationalen oder der »massenpsychologisch« bewirkten – annähern. In jedem Fall aber befindet sich die entstehende Neuerung dann am meisten auf dem Wege dazu, »Einverständnis« und schließlich »Recht« entstehen zu lassen, wenn eine nachhaltige »Eingebung« oder eine intensive »Einfühlung« ihre Quelle war. Sie schafft dann »Konvention« oder, unter Umständen, direkt einverständnismäßiges Zwangshandeln gegen Renitente. Aus der »Konvention«, der Billigung oder Mißbilligung der Umwelt heraus entwickelt sich nach aller historischen Erfahrung, solange religiöser Glaube stark ist, immer wieder die Hoffnung und Vorstellung, daß auch die übersinnlichen Mächte jenes von der Umwelt gebilligte oder mißbilligte Verhalten belohnen und bestrafen werden. Weiterhin – in geeigneten Fällen – die Annahme, daß nicht nur der Nächstbeteiligte, sondern auch seine Umwelt unter der Rache jener übersinnlichen Gewalten zu leiden haben könnten, also dagegen entweder Jeder einzeln oder durch den Zwangsapparat eines Verbandes zu reagieren habe. Oder die infolge stets wiederholter Innehaltung einer bestimmten Art von Handeln erwachsende Vorstellung der speziellen Ordnungsgaranten, daß es sich schon jetzt nicht nur um eine Sitte oder Konvention, sondern um eine zu erzwingende Rechtspflicht handle: eine derart praktisch geltende Norm nennt man Gewohnheitsrecht. Oder schließlich das rational erwogene Verlangen von Interessenten, daß die konventionelle oder auch die gewohnheitsrechtliche Pflicht, um sie gegen Erschütterungen zu sichern, ausdrücklich unter die Garantie eines Zwangsapparates gestellt, also ein gesatztes Recht werde. Vor allem gleitet erfahrungsgemäß auf dem Gebiet der internen Gewaltverteilung zwischen den »Organen« eines anstaltsmäßigen Zweckverbandes fortwährend der Inhalt von nur konventionell garantierten Regeln des Verhaltens in das Gebiet des rechtlich Geforderten und Garantierten hinüber: die Entwicklung der englischen »Verfassung« ist ein Hauptbeispiel dafür. Und endlich kann jede Auflehnung gegen die Konvention dazu führen, daß die Umwelt gegen den Rebellen von ihren zwangsmäßig garantierten subjektiven Rechten einen ihm lästigen Gebrauch macht, z. B. der Hausherr gegen jemanden, der die rein konventionellen Regeln des geselligen Zusammenseins verletzt, von seinem Hausrecht, der Kriegsherr gegen Verletzungen des Ehrenkodex vom Recht der Dienstentlassung. Dann ist die Konventionalregel tatsächlich indirekt durch Zwangsmittel gestützt. Der Unterschied vom »ungarantierten« Recht beruht dann darin, daß der Eintritt dieser Zwangsmittel zwar eventuelle faktische, aber nicht »Rechtsfolge« der Konventionsverletzung ist: das »Hausrecht« hat der Hausherr rechtlich ohnehin, während ein direkt garantieloser Rechtssatz seine Bedeutung als solcher dadurch empfängt, daß seine Nichtachtung irgendwie kraft einer garantierten »Rechtsnorm« Folgen hat. Wo andererseits ein Rechtssatz auf die »guten Sitten«, d. h. auf billigenswerte Konventionen Bezug nimmt, ist die Innehaltung der konventionellen Pflichten zugleich Rechtspflicht (indirekt garantiertes Recht) geworden. Es existieren ferner in nicht ganz geringer Zahl solche Zwischenbildungen, wie etwa die s. Z. in der Provence mit »Gerichtsbarkeit« in erotischen Dingen betrauten »Liebeshöfe« der Trobadors, ferner der »Richter« in seiner ursprünglichen, schiedsrichterlichen, nur Vermittelung zwischen den Fehdeparteien übernehmenden, gegebenenfalls einen Wahrspruch abgebenden, aber jeder eigenen Zwangsgewalt entbehrenden Stellung oder etwa heute die internationalen »Schiedsgerichte«. In solchen Fällen ist aus der rein amorphen Billigung und Mißbilligung der Umwelt ein autoritär formuliertes Gebieten, Verbieten und Erlauben geworden, also ein konkret organisierter psychischer Zwang, und man wird in solchen Fällen daher wenigstens dann von »Recht« sprechen, wenn es sich nicht – wie bei den »Liebeshöfen« – um bloßes Spiel handelt und wenn hinter dem Urteil mehr als nur die unmaßgebliche Ansicht des Urteilenden steht, also zum mindesten die irgendwie von einem Apparat von Personen getragene Boykott-»Selbsthilfe« (der Sippe oder des verletzten Staats) als normale Folge zu erwarten ist, wie in den beiden zuletzt genannten Fällen. Für den Begriff der »Konvention« ist nach unserer Begriffsbestimmung nicht genügend, daß ein Handeln bestimmter Art überhaupt, sei es auch von noch so vielen Einzelnen »gebilligt«, ein entgegengesetztes »mißbilligt« wird, sondern: daß in einer »spezifischen Umwelt« – worunter natürlich nicht eine örtliche Umwelt gemeint ist – des Handelnden die Chance einer solchen Stellungnahme bestehe. Das heißt: es muß irgendein Merkmal angebbar sein, welches den betreffenden Umkreis von Personen, der diese »Umwelt« ausmacht, begrenzt, sei jenes nun beruflicher, verwandtschaftlicher, nachbarschaftlicher, ständischer, ethnischer, religiöser, politischer oder welcher Art immer und sei die Zugehörigkeit eine noch so labile. Dagegen ist für die Konvention in unserem Sinn nicht Voraussetzung, daß jener Umkreis einen »Verband« (in unserem Sinne) bildet; das Gegenteil ist vielmehr gerade bei ihr sehr häufig. Die Geltung von »Recht« in unserem Sinne ist dagegen, weil es nach unserer Definition einen »Zwangsapparat« voraussetzt, stets ein Bestandteil eines (aktuellen oder potentiellen) »Verbandshandelns« – was, wie wir wissen, natürlich nicht etwa bedeutet, daß lediglich »Verbandshandeln« (oder selbst nur: lediglich »Gemeinschaftshandeln«) durch den Verband rechtlich geregelt: »verbandsgeregeltes« Handeln wird. In diesem Sinn kann man den »Verband« als »Träger« des Rechts bezeichnen. Andererseits aber ist Gemeinschaftshandeln, Einverständnis- oder Gesellschaftshandeln, Verbandshandeln, Anstaltshandeln – welches ja seinerseits schon einen Ausschnitt aus dem soziologisch relevanten Geschehen, Sichverhalten, Handeln darstellt – außerordentlich weit davon entfernt, sich subjektiv nur in »Rechtsregeln« im hier angenommenen Sinn des Wortes zu orientieren, wie wir immer wieder an Beispielen sehen werden. Wenn man unter der »Ordnung« eines Verbandes alle tatsächlich feststellbaren Regelmäßigkeiten des Sichverhaltens versteht, welche für den faktischen Verlauf des ihn konstituierenden oder von ihm beeinflußten Gemeinschaftshandelns charakteristisch oder als Bedingung wesentlich sind, dann ist diese »Ordnung« nur zum verschwindenden Teil die Folge der Orientierung an »Rechtsregeln«. Soweit sie überhaupt bewußt an »Regeln« orientiert sind, – und nicht bloßer dumpfer »Gewöhnung« entspringen – sind es teils solche der »Sitte« und »Konvention«, teils aber, und sehr oft gänzlich überwiegend, Maximen subjektiv zweckrationalen Handelns im eigenen Interesse jedes der daran Beteiligten, auf dessen Wirksamkeit sie oder die andern zählen und oft auch ohne weiteres, sehr häufig aber überdies noch kraft spezieller, aber nicht rechtszwanggeschützter Vergesellschaftungen oder Einverständnisse objektiv zählen können. Die Chance des Rechtszwangs, welche, wie schon erwähnt, das »rechtmäßige« Verhalten des Handelnden nur in geringem Grade bestimmt, steht als eventuelle Garantie auch objektiv nur hinter einem Bruchteil des tatsächlichen Ablaufs des Einverständnishandelns.

Ersichtlich ist für die Soziologie der Übergang von bloßer »Sitte« zu »Konvention« und von dieser zum »Recht« flüssig.

§ 3 Bedeutung und Grenzen des Rechtszwangs für die Wirtschaft

Die Rechtsgarantien und also diejenigen Normvorstellungen, auf denen sie als Motiv ihrer Schaffung, Auslegung, Anwendung beruhen oder mitberuhen, kommen für eine nach empirischen Regelmäßigkeiten und Typen forschende Disziplin, wie die Soziologie es ist, in Betracht sowohl als Folge, wie, vor allem, als Ursache oder Mitursache von Regelmäßigkeiten, sowohl des soziologisch direkt relevanten Handelns von Menschen wie, dadurch hervorgerufen, der soziologisch indirekt relevanten Naturgeschehnisse. Faktische Regelmäßigkeiten des Verhaltens (»Sitte«) können, sahen wir, Quelle der Entstehung von Regeln für das Verhalten (»Konvention«, »Recht«) werden. Ebenso aber umgekehrt. Nicht nur solche Regelmäßigkeiten werden durch die (konventionellen oder) Rechtsnormen erzeugt oder miterzeugt, welche direkt den Inhalt ihrer Anordnungen ausmachen, sondern auch andere. Daß z. B. ein Beamter täglich regelmäßig auf seinem Büro erscheint, ist direkt Folge der Anordnung einer praktisch als »geltend« behandelten rechtlichen Norm. Daß dagegen der »Reisende« einer Fabrik sich jährlich regelmäßig zur Entgegennahme von Aufträgen bei den »Detaillisten« einstellt, ist nur indirekt, durch die faktische Zulassung der Konkurrenz um die Kundschaft und die durch diese Zulassung mitbedingte Nötigung dazu, von Rechtsnormen mitbestimmt. Daß weniger Kinder zu sterben pflegen, wenn das Fernbleiben der stillenden Mütter von der Arbeit als konventionelle oder rechtliche »Norm« gilt, ist gewiß Folge des Geltens jener Norm, und wenn sie eine gesatzte Rechtsnorm ist, auch einer der rationalen Zwecke von deren Schöpfern. Aber »anordnen« können sie natürlich nur dieses Fernbleiben, nicht jenes Wenigersterben. Und auch für das direkt befohlene oder verbotene Handeln ist die praktische Wirksamkeit der Geltung einer Zwangsnorm natürlich problematisch: ihre Befolgung ist nur ihre »adäquate«, nicht ihre ausnahmslose Folge. Starke Interessen können vielmehr dazu führen, daß trotz des Zwangsapparats nicht nur vereinzelt, sondern überwiegend und dauernd der durch diesen »geltenden« Rechtsnorm ungestraft zuwidergehandelt wird. Die garantierende Zwangsgewalt pflegt, wenn ein Zustand dieser Art konstant geworden ist und die Beteiligten infolgedessen die Überzeugung von der Normgemäßheit ihres Tuns, statt des durch die prätendierend geltende Rechtsregel geforderten, gewonnen haben, schließlich diese letztere nicht mehr zu erzwingen und der Rechtsdogmatiker spricht dann von »Derogation durch Gewohnheitsrecht«.

Allein auch ein Zustand chronischen Konflikts zwischen nebeneinander »geltenden« Rechtsnormen, die der Zwangsapparat der politischen Gewalt garantiert, und konventionellen Regeln ist – wie auf dem Gebiet des Zweikampfs als einer konventionellen Umbildung der Privatrache – möglich und bereits früher besprochen worden. Und während es allerdings nichts Seltenes ist, daß Rechtsnormen rational gesatzt werden, um bestehende »Sitten« und Konventionen zu ändern, ist dennoch der normale Sachverhalt der: daß die Rechtsordnung nicht etwa infolge des Bestehens der Zwangsgarantie in der Realität empirisch »gilt«, sondern deshalb, weil ihre Geltung als »Sitte« eingelebt und »eingeübt« ist und die Konvention die flagrante Abweichung von dem ihr entsprechenden Verhalten meist mißbilligt. Für den Rechtsdogmatiker ist die (ideelle) Geltung der Rechtsnorm das begriffliche prius, ein Verhalten, welches rechtlich nicht (direkt) normiert ist, ist ihm rechtlich »erlaubt« und also insofern von der Rechtsordnung (ideell) dennoch mitbetroffen. Für den Soziologen ist umgekehrt die rechtliche, und insbesondere die rational gesatzte, Regelung eines Verhaltens empirisch nur eine Komponente in der Motivation des Gemeinschaftshandelns, und zwar eine historisch meist spät auftretende und sehr verschieden stark wirkende. Die überall im Dunkel liegenden Anfänge faktischer Regelmäßigkeiten und »Sitten« des Gemeinschaftshandelns betrachtet er, wie wir sahen, als entstanden durch die auf Trieben und Instinkten ruhende Einübung eines den gegebenen Lebensnotwendigkeiten »angepaßten« Sichverhaltens, welches zunächst jedenfalls nicht durch eine gesatzte Ordnung bedingt war und auch nicht durch eine solche verändert wurde. Das zunehmende Eingreifen gesatzter Ordnungen aber ist für unsere Betrachtung nur ein besonders charakteristischer Bestandteil jenes Rationalisierungs- und Vergesellschaftungsprozesses, dessen fortschreitendes Umsichgreifen in allem Gemeinschaftshandeln wir auf allen Gebieten als wesentlichste Triebkraft der Entwicklung zu verfolgen haben werden.

Zusammenfassend ist über die hier allein zu erörternden allgemeinsten Beziehungen von Recht und Wirtschaft zu sagen: 1. Das Recht (immer im soziologischen Sinn) garantiert keineswegs nur ökonomische, sondern die allerverschiedensten Interessen, von den normalerweise elementarsten: Schutz rein persönlicher Sicherheit bis zu rein ideellen Gütern wie der eigenen »Ehre« und derjenigen göttlicher Mächte. Es garantiert vor allem auch politische, kirchliche, familiäre oder andere Autoritätsstellungen, und überhaupt soziale Vorzugslagen aller Art, welche zwar in den mannigfachsten Beziehungen ökonomisch bedingt und relevant sein mögen, aber selbst nichts Ökonomisches und auch nichts notwendig oder vorwiegend aus ökonomischen Gründen Begehrtes sind. 2. Eine »Rechtsordnung« kann unter Umständen unverändert bestehen bleiben, obwohl die Wirtschaftsbeziehungen sich radikal ändern. Theoretisch, und in der Theorie operiert man zweckmäßig mit extremen Beispielen – könnte ohne die Änderung auch nur eines einzigen Paragraphen unserer Gesetze eine »sozialistische« Produktionsordnung durchgeführt werden, wenn man einen sukzessiven Erwerb der Produktionsmittel durch die politische Gewalt im Wege freier Verträge sich durchgeführt denkt –, ein gewiß höchst unwahrscheinlicher, aber (was theoretisch genügt) keineswegs sinnloser Gedanke. Die Rechtsordnung würde dann mit ihrem Zwangsapparat nach wie vor bereitstehen müssen für den Fall, daß zur Erzwingung der für die privatwirtschaftliche Produktionsordnung charakteristischen Verpflichtungen ihre Hilfe angerufen würde. Nur würde dieser Fall tatsächlich nie eintreten.

3. Die rechtliche Ordnung eines Tatbestandes kann vom Standpunkt der juristischen Denkkategorien aus betrachtet fundamental verschieden sein, ohne daß die Wirtschaftsbeziehungen dadurch in irgend erheblichem Maß berührt werden, wenn nämlich nur in den ökonomisch der Regel nach relevanten Punkten der praktische Effekt für die Interessenten der gleiche ist. Das ist, obwohl an irgendeinem Punkte wohl jede Verschiedenheit der Rechtskonstruktion

irgendwelche ökonomischen Folgen zeitigen kann, in sehr weitem Maße möglich und auch der Fall. Je nachdem etwa eine »Bergwerkspacht« juristisch als »Pacht« oder als »Kauf« zu konstruieren wäre, hätte man in Rom ein gänzlich verschiedenes Klageschema verwenden müssen. Aber der praktische Effekt des Unterschiedes für die Wirtschaftsordnung wäre sicher sehr gering gewesen.

4. Natürlich steht die Rechtsgarantie in weitestem Umfang direkt im Dienst ökonomischer Interessen. Und soweit dies scheinbar oder wirklich nicht direkt der Fall ist, gehören ökonomische Interessen zu den allermächtigsten Beeinflussungsfaktoren der Rechtsbildung, da jede eine Rechtsordnung garantierende Gewalt irgendwie vom Einverständnishandeln der zugehörigen sozialen Gruppen in ihrer Existenz getragen wird und die soziale Gruppenbildung in hohem Maße durch Konstellationen materieller Interessen mitbedingt ist.

5. Das Maß von Erfolgen, welches durch die hinter der Rechtsordnung stehende Eventualität des Zwanges erzielt werden kann, speziell auf dem Gebiet des wirtschaftlichen Handelns, ist außer durch andere Umstände auch durch dessen Eigenart begrenzt. Zwar ist es bloßer Wortstreit, wenn man versichert: das Recht könne überhaupt »Zwang« zu einem bestimmten wirtschaftlichen Handeln nicht ausüben, weil für alle seine Zwangsmittel der Satz bestehe: coactus tamen voluit. Denn das gilt für ausnahmslos allen Zwang, welcher den zu Zwingenden nicht lediglich wie ein totes Naturobjekt behandelt. Auch die drastischsten Zwangs- und Strafmittel versagen, wo die Beteiligten sich ihnen schlechterdings nicht fügen. Dies heißt aber innerhalb eines weiten Bereiches immer: wo sie nicht zu dieser Fügsamkeit »erzogen« sind. Die Erziehung zur Fügsamkeit in das jeweils geltende Recht ist im allgemeinen mit steigender Befriedung stark gestiegen. Also müßte, scheint es, auch die Erzwingbarkeit des Wirtschaftshandelns prinzipiell gestiegen sein. Trotzdem aber ist gleichzeitig die Macht des

Rechts über die Wirtschaft in vieler Hinsicht nicht stärker, sondern schwächer geworden, als sie es unter anderen Verhältnissen war. Preistaxen z. B. sind zwar stets in ihrer Wirksamkeit prekär gewesen, sie haben aber unter den heutigen Bedingungen im ganzen noch weit weniger Chancen des Erfolgs als jemals früher. Der Grad der Möglichkeit, das wirtschaftliche Verhalten der Menschen zu beeinflussen, ist also nicht einfach Funktion der generellen Fügsamkeit gegenüber dem Rechtszwang. Die Schranken des faktischen Erfolgs des Rechtszwangs auf dem Gebiet der Wirtschaft ergeben sich vielmehr teils aus den Schranken des ökonomischen Könnens der Betroffenen: nicht nur der Gütervorrat selbst ist jeweils beschränkt, sondern auch seine jeweils möglichen Verwendungsarten sind begrenzt durch die eingeübten Arten der Verwendung und des Verkehrs der Wirtschaften untereinander, welche sich heteronomen Ordnungen, wenn überhaupt, dann nur nach schwierigen Neuorientierungen aller ökonomischen Dispositionen und meist mit Verlusten, jedenfalls also unter Reibungen fügen können. Diese werden um so stärker, je entwickelter und universeller eine spezifische Form des Einverständnishandelns: die Marktverflechtung der Einzelwirtschaften, und also ihre Abhängigkeit von fremdem Handeln ist. Zum anderen Teil liegen sie auf dem Gebiet des relativen Stärkeverhältnisses zwischen den privaten ökonomischen und den an der Befolgung der Rechtsvorschriften engagierten Interessen. Die Neigung, ökonomische Chancen preiszugeben, nur um legal zu handeln, ist naturgemäß gering, wo nicht eine sehr lebendige Konvention die Umgehung des formalen Rechtes stark mißbilligt, und das wird, wenn die von einer gesetzlichen Neuerung benachteiligten Interessen sehr verbreitet sind, nicht leicht der Fall sein, Umgehungen eines Gesetzes sind gerade auf ökonomischem Gebiet oft leicht verhehlbar. Ganz besonders unzugänglich aber sind erfahrungsgemäß dem Einfluß des Rechts die direkt aus den letzten Quellen ökonomischen Handelns fließenden Wirkungen: die ökonomischen Güterwertschätzungen, und damit die Preisbildung. Besonders dann, wenn ihre Determinanten in Produktion und Konsum nicht innerhalb eines vollkommen übersehbaren und direkt beherrschbaren Kreises von Einverständnishandelnden liegen. Ferner aber ist die rationale Kenntnis der Markt- und Interessenlage generell naturgemäß weit größer bei den am Marktverkehr mit ihren eigenen ökonomischen Interessen kontinuierlich Beteiligten, als bei den nur ideell interessierten Schöpfern und ausführenden Organen von Rechtsvorschriften. In einer auf universeller Marktverschlungenheit ruhenden Wirtschaft entziehen sich namentlich die möglichen und ungewollten Nebenerfolge einer Rechtsvorschrift weitgehend der Voraussicht der Schöpfer der letzteren, weil sie ja in der Hand der privaten Interessenten liegen. Gerade sie können aber den beabsichtigten Zweck der Vorschrift im Erfolg bis zur Umkehrung ins gerade Gegenteil entstellen, wie dies oft geschehen ist. Wieweit diesen Schwierigkeiten gegenüber in der Realität jeweils die faktische Macht des Rechts in bezug auf die Wirtschaft reicht, ist nicht generell, sondern nur für die einzelnen Fälle zu ermitteln und also bei den Einzelproblemen der Sozialökonomik zu erörtern. Generell läßt sich nur sagen, daß, rein theoretisch betrachtet, die vollkommene Monopolisierung und also Übersichtlichkeit eines Markts auch die Beherrschung des betreffenden Ausschnitts der Wirtschaft durch Rechtszwang normalerweise technisch erleichtert. Wenn sie trotzdem faktisch die Chancen dafür keineswegs immer erhöht, so liegt dies regelmäßig an dem Partikularismus des Rechts infolge des Bestehens konkurrierender politischer Verbände – wovon noch zu reden sein wird – und daneben an der Macht der durch die Monopolisten beherrschbaren privaten Interessen, welche sich seiner Anwendung widersetzen.

6. Die »staatliche« Garantie der Rechte ist rein theoretisch betrachtet für keine grundlegende ökonomische Erscheinung unentbehrlich. Besitzschutz leistet auch die Sip-

penhilfe. Den Schutz der Schuldverpflichtungen haben zuweilen religiöse Gemeinschaften (durch Androhung von Kirchenbann) wirksamer als politische dargeboten. Und auch »Geld« hat es, in fast allen seinen Formen, ohne staatliche Garantie seiner Annahme als Zahlungsmittel gegeben. Auch »chartales«, d. h. nicht durch den Stoffgehalt, sondern durch die Zeichnung von Stücken des Zahlungsmittels geschaffenes Geld ist ohne sie denkbar. Und gelegentlich kommt trotz staatlichen Rechtsschutzes chartales Geld nicht staatlichen Ursprungs vor: die »Münze« im Sinn eines durch die politische Gewalt mit Zwangskurs für Schulden versehenen Zahlungsmittels fehlt der altbabylonischen Zeit; aber es scheinen sich Kontrakte zu finden, wonach z. B. Fünftelschekelstücke mit dem Stempel einer bestimmten »Firma« (wie wir sagen würden) zur Zahlaung zu verwenden sind; die »proklamatorisch« in Aussicht gestellte staatliche Garantie also fehlt, auch die gewählte »Werteinheit« ist nicht staatlichen, sondern kontraktlichen Ursprungs, – dennoch aber ist das Zahlungsmittel von »chartaler« Qualität und steht die staatliche Zwangsgarantie wenigstens hinter der getroffenen konkreten Vereinbarung. Rein »begrifflich« notwendig ist der »Staat« für die Wirtschaft also nirgends. Aber allerdings ist speziell eine Wirtschaftsordnung moderner Art ohne eine Rechtsordnung von sehr besonderen Eigenschaften, wie sie praktisch nur als »staatliche« Ordnung möglich ist, zweifellos nicht durchführbar. Die heutige Wirtschaft beruht auf durch Kontrakte erworbenen Chancen. Soweit auch das eigene Interesse an der »Vertragslegalität« und die gemeinsamen Interessen der Besitzenden am gegenseitigen Besitzschutz reichen und so stark Konvention und Sitte den Einzelnen in gleichem Sinne auch heute noch bestimmen, so hat doch der Einfluß dieser Mächte infolge der Erschütterung der Tradition – einerseits der traditionsgeordneten Verhältnisse und andererseits des Glaubens an ihre Heiligkeit – auch außerordentlich an Bedeutung eingebüßt, auf der andern Seite sind die Interessen der Klassen so scharf wie je voneinander geschieden, verlangt die moderne Verkehrsgeschwindigkeit ein prompt und sicher funktionierendes, d. h.: ein durch die stärkste Zwangsgewalt garantiertes Recht und hat, vor allem, die moderne Wirtschaft kraft ihrer Eigenart die andern Verbände, welche Träger von Recht und also Rechtsgarantie waren, vernichtet. Dies ist das Werk der Marktentwicklung. Die universelle Herrschaft der *Markt*vergesellschaftung verlangt einerseits ein nach rationalen Regeln *kalkulierbares* Funktionieren des Rechts. Und andererseits begünstigt die Marktverbreiterung, die wir als charakteristische Tendenz jener kennen lernen werden, kraft der ihr immanenten Konsequenzen die Monopolisierung und Reglementierung aller »legitimen« Zwangsgewalt durch *eine* universalistische Zwangsanstalt, durch die Zersetzung aller partikulären, meist auf ökonomischen Monopolen ruhenden ständischen und anderen Zwangsgebilde.

[Dritter Teil]

Macht und Herrschaft. Übergangsformen

»Herrschaft« in ihrem allgemeinsten, auf keinen konkreten Inhalt bezogenen Begriff ist eines der wichtigsten Elemente des Gemeinschaftshandelns. Zwar zeigt nicht alles Gemeinschaftshandeln herrschaftliche Struktur. Wohl aber spielt Herrschaft bei den meisten seiner Arten eine sehr erhebliche Rolle, auch da, wo man nicht sofort daran denkt. So z. B. auch in den Sprachgemeinschaften. Nicht nur hat die durch Herrschaftsbefehl erfolgende Erhebung eines Dialekts zur Kanzleisprache des politischen Herrschaftsbetriebs sehr oft bei der Entwicklung großer einheitlicher Literatursprachgemeinschaften entscheidend mitgewirkt (so in Deutschland) und umgekehrt ebenso oft bei politischer Trennung, auch eine entsprechende Differenzierung der Sprachen endgültig festgelegt (Holland gegen Deutschland), sondern vor allem stereotypiert die in der »Schule« gehandhabte Herrschaft am nachhaltigsten und endgültigsten die Art und das Übergewicht der offiziellen Schulsprache. Ausnahmslos alle Gebiete des Gemeinschaftshandelns zeigen die tiefste Beeinflussung durch Herrschaftsgebilde. In außerordentlich vielen Fällen ist es die Herrschaft und die Art ihrer Ausübung, welche aus einem amorphen Gemeinschaftshandeln erst eine rationale Vergesellschaftung erstehen läßt und in anderen Fällen, wo dem nicht so ist, ist es dennoch die Struktur der Herrschaft und deren Entfaltung, welche das Gemeinschaftshandeln formt und namentlich seine Ausgerichtetheit auf ein »Ziel« überhaupt erst eindeutig determiniert. Das Bestehen von »Herrschaft« spielt insbesondere gerade bei den ökonomisch relevantesten sozialen Gebilden der Vergangenheit und der Gegenwart: der Grundherrschaft einerseits, dem kapitalistischen Großbetrieb andererseits, die entscheidende Rolle. Herrschaft ist, wie gleich zu erörtern, ein Sonderfall von Macht. Wie bei anderen Formen der Macht, so ist auch bei der Herrschaft im speziellen es keineswegs der ausschließliche oder auch nur regelmäßige Zweck ihrer Inhaber, kraft derselben rein ökonomische Interessen zu verfolgen, insbesondere etwa nur: eine ausgiebige Versorgung mit wirtschaftlichen Gütern für sich zu erreichen. Aber allerdings ist die Verfügung über wirtschaftliche Güter, also die ökonomische Macht, eine häufige, sehr oft auch eine planvoll gewollte Folge von Herrschaft und ebenso oft eines ihrer wichtigsten Mittel. Nicht jede ökonomische Machtstellung äußert sich aber – wie gleich festzustellen sein wird, – als eine »Herrschaft« in dem hier gebrauchten Sinn des Worts. Und nicht jede »Herrschaft« bedient sich zu ihrer Begründung und Erhaltung ökonomischer Machtmittel. Wohl aber ist dies bei den weitaus meisten und darunter gerade den wichtigsten Herrschaftsformen in irgendeiner Art und oft in einem solchen Maß der Fall, daß die Art der Verwendung der ökonomischen Mittel zum Zweck der Erhaltung der Herrschaft ihrerseits die Art der Herrschaftsstruktur bestimmend beeinflußt. Ferner zeigt die große Mehrzahl aller, und darunter gerade der wichtigsten und modernsten Wirtschaftsgemeinschaften herrschaftliche Struktur. Und endlich ist die Struktur der Herrschaft, so wenig etwa ihre Eigenart eindeutig mit bestimmten Wirtschaftsformen verknüpft ist, doch meist ein in hohem Maß ökonomisch relevantes Moment und ebenso meist irgendwie ökonomisch mitbedingt.

Wir suchen hier zunächst möglichst nur allgemeine und deshalb unvermeidlich wenig konkret und zuweilen auch notwendig etwas unbestimmt formulierbare Sätze über die Beziehungen zwischen den Formen der Wirtschaft und der Herrschaft zu gewinnen. Dazu bedarf es zunächst einer näheren Bestimmung: was »Herrschaft« für uns bedeutet und wie sie sich zu dem allgemeinen Begriff: »Macht« verhält. Herrschaft in dem ganz allgemeinen Sinne von Macht, also von: Möglichkeit, den eigenen Willen dem Verhalten anderer aufzuzwingen, kann unter den allerverschiedensten Formen auftreten. Man kann, wie es gelegentlich geschehen ist, z. B. die Ansprüche, welche das Recht dem einen gegen den oder die anderen zuweist, als eine Gewalt, dem Schuldner oder dem Nichtberechtigten Befehle zu erteilen, und also den gesamten Kosmos des modernen Privatrechts als eine Dezentralisation der Herrschaft in den Händen der kraft Gesetzes »Berechtigten« auffassen. Dann hätte der Arbeiter Befehlsgewalt, also »Herrschaft« gegenüber dem Unternehmer in Höhe seines Lohnanspruchs, der Beamte gegenüber dem König in Höhe seines Gehaltanspruchs usw., was einen terminologisch etwas gezwungenen und jedenfalls nur provisorischen Begriff ergäbe, da die Befehle z. B. der richterlichen Gewalt an den Verurteilten doch von jenen »Befehlen« des Berechtigten selbst an den noch nicht verurteilten Schuldner qualitativ geschieden werden müssen. Eine auch üblicherweise als »beherrschend« bezeichnete Stellung kann dagegen ebensowohl in den gesellschaftlichen Beziehungen des Salons sich entfalten, wie auf dem Markt, vom Katheder eines Hörsaals herunter wie an der Spitze eines Regiments, in einer erotischen oder charitativen Beziehung wie in einer wissenschaftlichen Diskussion oder im Sport. Bei einem weiten Begriffsumfang wäre aber »Herrschaft« keine wissenschaftlich brauchbare Kategorie. Eine umfassende Kasuistik aller Formen, Bedingungen und Inhalte des »Herrschens« in jenem weitesten Sinn ist hier unmöglich. Wir vergegenwärtigen uns daher nur, daß es, neben zahlreichen anderen möglichen, zwei polar einander entgegengesetzte Typen von Herrschaft gibt. Einerseits die Herrschaft kraft Interessenkonstellation (insbesondere kraft monopolistischer Lage), und andererseits die Herrschaft kraft Autorität (Befehlsgewalt und Gehorsamspflicht). Der reinste Typus der ersteren ist die monopolistische Herrschaft auf dem Markt, der letzteren die hausväterliche oder amtliche oder fürstliche Gewalt. Die erstere gründet sich im reinen Typus lediglich auf die kraft irgendwie gesicherten Besitzes (oder auch marktgängiger Fertigkeit) geltend zu machenden Einflüsse auf das lediglich dem eigenen Interesse folgende formal »freie« Handeln der Beherrschten, die letztere auf eine in Anspruch genommene, von allen Motiven und Interessen absehende schlechthinige Gehorsamspflicht. Beide gehen gleitend ineinander über. Z. B. übt jede große Zentralbank und üben große Kreditbanken kraft monopolistischer Stellung auf dem Kapitalmarkt oft einen »beherrschenden« Einfluß aus. Sie können den Kreditsuchenden Bedingungen der Kreditgewährung oktroyieren, also deren ökonomische Gebarung im Interesse der Liquidität ihrer eigenen Betriebsmittel weitgehend beeinflussen, weil sich die Kreditsuchenden im eigenen Interesse jenen Bedingungen der ihnen unentbehrlichen Kreditgewährung fügen und diese Fügsamkeit eventuell durch Garantien sicherstellen müssen. Eine »Autorität«, d. h. ein unabhängig von allem Interesse bestehendes Recht auf »Gehorsam« gegenüber den tatsächlich Beherrschten nehmen aber die Kreditbanken dadurch nicht in Anspruch, sie verfolgen eigene Interessen und setzen diese durch gerade dann, wenn die Beherrschten formell »frei« handelnd ihren eigenen, also durch die Umstände zwingend diktierten, rationalen Interessen folgen. Jeder Inhaber auch eines nur unvollständigen Monopols, der in weitem Umfang trotz bestehender Konkurrenz Tauschgegnern und Tauschkonkurrenten die Preise »vorschreiben«, d. h. durch eigenes Verhalten sie zu einem ihm genehmen Verhalten nötigen kann, obwohl er ihnen nicht die geringste »Pflicht« zumutet, sich diese Herrschaft gefallen zu lassen, ist in gleicher Lage. Jede typische Art von Herrschaft kraft Interessenkonstellation, insbesondere kraft monopolistischer Lage, kann aber allmählich in eine autoritäre Herrschaft übergeführt werden. Zur besseren Kontrolle verlangen z. B. die Banken als Geldgeber Aufnahme ihrer Direktoren in den Aufsichtsrat kreditsuchender Aktienunternehmungen: der Aufsichtsrat aber erteilt dem Vorstand maßgebende Befehle kraft dessen Gehorsamspflicht. Oder eine Notenbank veranlaßt die Großbanken zum Abschluß eines Konditionenkartells und versucht dabei, sich selbst kraft ihrer Machtstellung eine einschneidende, fortlaufend reglementierende Oberaufsicht über deren Gebarung den Kunden gegenüber anzueignen, sei es nun zu währungspolitischen oder zu konjunkturpolitischen oder, sofern sie selbst wieder der Beeinflussung durch die politische Gewalt ausgesetzt ist, zu rein politischen Zwecken, z. B. zur Sicherung der finanziellen Kriegsbereitschaft. Gelänge die Durchführung einer solchen Kontrolle und würde dann weiterhin ihre Art und Richtung etwa in Reglements niedergelegt, würden vollends besondere Instanzen und Instanzenzüge für die Entscheidung von Zweifeln geschaffen, und würde sie vor allem tatsächlich immer straffer gestaltet, – was alles theoretisch denkbar ist, – so könnte im Effekt diese Herrschaft sich der autoritären Herrschaft einer staatlichen bürokratischen Instanz gegenüber den ihr Untergebenen sehr weit angleichen und die Unterordnung den Charakter eines autoritären Gehorsamsverhältnisses annehmen. Ebenso die Beherrschung der von den Brauereien mit Betriebsmitteln ausgestatteten abhängigen Bierdetaillisten oder der von einem zukünftigen deutschen Verlegerkartell etwa zu konzessionierenden Sortimenter oder der Petroleumhändler gegenüber der Standard Oil Company, oder der vom Kontor des Kohlensyndikates versorgten Kohlenhändler. Sie alle könnten, bei konsequenter Entwicklung, schrittweise in angestellte und auf Tantieme gesetzte Vertriebsagenten ihrer Auftragsgeber verwandelt werden, welche in der Art ihrer Abhängigkeit von sonstigen, der Autorität eines Betriebschefs unterstehenden, auswärts arbeitenden Monteuren und anderen Privatbeamten schließlich vielleicht kaum noch zu unterscheiden wären. Von faktischer Schuldabhängigkeit zur formellen Schuldversklavung im Altertum, und ebenso im Mittelalter und der Neuzeit von der Abhängigkeit des Handwerkers im Exportgewerbe gegenüber dem marktkundigen Kaufmann zur hausindustriellen Abhängigkeit in ihren verschieden straffen Formen und schließlich zur Heimarbeit mit autoritärer Arbeitsregelung führen gleitende Übergänge. Und von da aus führen wiederum gleitende Übergänge bis zu der Stellung eines durch formal »gleichberechtigten« Tauschvertrag auf dem Arbeitsmarkt, unter formal »freiwilliger« Annahme der »angebotenen« Bedingungen, angeworbenen Kontoristen, Technikers, Arbeiters innerhalb der Werkstatt, deren Disziplin sich ihrerseits dem Wesen nach nicht mehr unterscheidet von der Disziplin eines staatlichen Büros und schließlich einer militärischen Kommandobehörde. Jedenfalls ist der Unterschied der letzten beiden Fälle: daß die Arbeits- und Amtsstellung freiwillig eingegangen und verlassen wird, die Militärdienstpflicht aber (bei uns, im Gegensatz zum alten Solddienstvertrag) durchweg unfreiwillig war, wichtiger als die zwischen staatlicher und privater Anstellung. Da aber auch das politische Untertanenverhältnis freiwillig eingegangen werden und in gewissem Umfang freiwillig gelöst werden kann, ebenso aber die feudalen und unter Umständen selbst die patrimonialen Abhängigkeiten der Vergangenheit, so ist der Übergang bis zum durchweg unfreiwillig und für den Unterworfenen normalerweise unlöslichen reinen Autoritätsverhältnis (z. B. der Sklaven) ebenfalls gleitend. Natürlich bleibt auch in jedem autoritären Pflichtverhältnis faktisch ein gewisses Minimum von eigenem Interesse des Gehorchenden daran, daß er gehorcht, normalerweise eine unentbehrliche Triebfeder des Gehorsams. Alles ist also auch hier gleitend und flüssig. Dennoch werden wir die scharfe polare Gegensätzlichkeit z. B. der rein aus dem durch Interessenkompromisse regulierten Marktaustausch, also aus dem Besitz rein als solchem, erwachsenen faktischen Macht gegenüber der autoritären Gewalt eines an die schlechthinige Pflicht des Gehorchens appellierenden Hausvaters oder Monarchen streng festhalten müssen, um überhaupt zu fruchtbaren Unterscheidungen innerhalb des stets übergangslosen Flusses der realen Erscheinungen zu gelangen. Denn die Mannigfaltigkeit der Machtformen ist mit den gewählten Beispielen nicht erschöpft. Schon der Besitz als solcher wirkt keineswegs nur in der Form der Marktmacht machtbegründend. Wie wir schon sahen, verleiht er auch in gesellschaftlich undifferenzierten Verhältnissen rein als solcher, wenn er mit entsprechender Lebensführung verbunden ist, weitgehende soziale Macht ganz entsprechend der heutigen gesellschaftlichen Stellung dessen, der »ein Haus macht« oder der Frau, die »einen Salon hat«. Alle diese Beziehungen können unter Umständen direkt autoritäre Züge annehmen. Und nicht nur der Marktaustausch, sondern auch die konventionellen Tauschverhältnisse der Geselligkeit stiften »Herrschaft« in jenem weiteren Sinn, vom »Salonlöwen« bis zum patentierten »arbiter elegantiarum« des kaiserlichen Rom und den Liebeshöfen der Damen der Provence. Und nicht nur direkt auf dem Gebiet privater Märkte oder Beziehungen finden sich derartige Herrschaftslagen. Ein »Empire State« – korrekter: die in ihm autoritär oder marktmäßig ausschlaggebenden Menschen, – wie ihn in typischer Art Preußen im Zollverein und im Deutschen Reich, in weit geringerem Grade auch New York in Amerika darstellt, kann auch ohne alle formelle Befehlsgewalt eine weitgehende, zuweilen despotische Hegemonie ausüben: die preußische Beamtenschaft im Zollverein, weil ihr Staatsgebiet als größtes Absatzgebiet der ausschlaggebende Markt war, im deutschen Bundesstaat teils, weil sie das größte Eisenbahnnetz, die größte Zahl von Universitätslehrstühlen usw. beherrschen und die betreffenden Verwaltungen der formell gleichberechtigten Bundesstaaten lahmlegen können[1], teils aus anderen ähnlichen Gründen, – New York aber auf engerem politischem Gebiet als Sitz der großen Finanzmächte. Alles dies sind Machtformen kraft Interessenkonstellation, dem marktmäßigen Machtverhältnis gleich oder ähnlich, welche

1 Vor 1914 geschrieben [Anm. Marianne Webers].

aber im Verlauf einer Entwicklung sehr leicht in formell geregelte Autoritätsverhältnisse verwandelt, korrekt formuliert: zur Heterokephalie der Befehlsgewalt und des Zwangsapparats vergesellschaftet werden können. Die bloß marktmäßige oder durch Interessenkonstellation bedingte Herrschaft kann ferner gerade wegen ihrer Ungeregeltheit weit drückender empfunden werden als eine ausdrücklich durch bestimmte Gehorsamspflichten regulierte Autorität. Nicht darauf aber kann es für die soziologische Begriffsbildung ankommen. Wir wollen im folgenden den Begriff der Herrschaft in dem engeren Sinn gebrauchen, welcher der durch Interessenkonstellationen, insbesondere marktmäßig, bedingten Macht, die überall formell auf dem freien Spiel der Interessen beruht, gerade entgegengesetzt, also identisch ist mit: autoritärer Befehlsgewalt.

Unter »Herrschaft« soll hier also der Tatbestand verstanden werden: daß ein bekundeter Wille (»Befehl«) des oder der »Herrschenden« das Handeln anderer (des oder der »Beherrschten«) beeinflussen will und tatsächlich in der Art beeinflußt, daß dies Handeln, in einem sozial relevanten Grade, so abläuft, als ob die Beherrschten den Inhalt des Befehls, um seiner selbst willen, zur Maxime ihres Handelns gemacht hätten (»Gehorsam«).

Klassen, Stand, Parteien

Jede (nicht nur die »staatliche«) Rechtsordnung wirkt durch ihre Gestaltung direkt auf die *Machtverteilung* innerhalb der betreffenden Gemeinschaft ein, die der ökonomischen Macht sowohl wie auch jeder anderen. Unter »Macht« wollen wir dabei hier ganz allgemein die Chance eines Menschen oder einer Mehrzahl solcher verstehen, den eigenen Willen in einem Gemeinschaftshandeln auch gegen den Widerstand anderer daran Beteiligten durchzusetzen. »Ökonomisch bedingte« Macht ist natürlich nicht identisch mit »Macht« überhaupt. Die Entstehung ökonomischer Macht kann vielmehr umgekehrt Folge der aus anderen Gründen vorhandenen Macht sein. Macht wird aber ihrerseits nicht nur zu ökonomischen (Bereicherungs-)Zwecken erstrebt. Sondern Macht, auch ökonomische, kann »um ihrer selbst willen« gewertet werden und sehr häufig ist das Streben nach ihr mitbedingt durch die soziale »Ehre«, die sie bringt. Aber nicht jede Macht bringt soziale Ehre. Der typische amerikanische Boß ebenso wie der typische Großspekulant verzichtet bewußt auf sie, und ganz allgemein ist insbesondere gerade die »bloß« ökonomische Macht, namentlich die »nackte« Geldmacht, keineswegs eine anerkannte Grundlage sozialer »Ehre«. Und andererseits ist nicht nur Macht die Grundlage sozialer Ehre. Sondern umgekehrt kann soziale Ehre (Prestige) die Basis von Macht auch ökonomischer Art sein und war es sehr häufig. Die Rechtsordnung kann ebenso wie Macht, so auch Ehre garantieren. Aber sie ist wenigstens normalerweise nicht deren primäre Quelle, sondern auch hier ein Superadditum, welches die Chance ihres Besitzes steigert, ihn aber nicht immer sichern kann. Die Art, wie soziale »Ehre« in einer Gemeinschaft sich zwischen typischen Gruppen der daran Beteiligten verteilt, wollen wir die »*soziale Ordnung*« nennen. Zur »Rechtsordnung« verhält sie sich natürlich ähnlich, wie die Wirtschaftsordnung es tut. Mit dieser ist sie nicht identisch, denn die Wirtschaftsordnung ist uns ja lediglich die Art der Verteilung und Verwendung der ökonomischen Güter und Leistungen. Aber sie ist natürlich in hohem Maße durch sie bedingt und wirkt wieder auf sie zurück. –

Phänomene der Machtverteilung innerhalb einer Gemeinschaft sind nun die »Klassen«, »Stände« und »Parteien«.

»Klassen« sind keine Gemeinschaften in dem hier festgehaltenen Sinn, sondern stellen nur mögliche (und häufige) Grundlagen eines Gemeinschaftshandelns dar. Wir wollen da von einer »Klasse« reden, wo 1. einer Mehrzahl von Menschen eine spezifische ursächliche Komponente ihrer Lebenschancen gemeinsam ist, soweit 2. diese Komponente lediglich durch ökonomische Güterbesitz- und Erwerbsinteressen und zwar 3. unter den Bedingungen des (Güter- oder Arbeits-)Markts dargestellt wird (»Klassenlage«). Es ist die allerelementarste ökonomische Tatsache, daß die Art wie die Verfügung über sachlichen Besitz innerhalb einer sich auf dem Markt zum Zweck des Tauschs begegnenden und konkurrierenden Menschenvielheit verteilt ist, schon für sich allein spezifische Lebenschancen schafft. Sie schließt die Nichtbesitzenden nach dem Grenznutzgesetz vom Mitkonkurrieren von allen Gütern hoher Bewertung zugunsten der Besitzenden aus und monopolisiert deren Erwerb faktisch für diese. Sie monopolisiert, unter sonst gleichen Umständen, die Tauschgewinnchancen für alle jene, welche, mit Gütern versorgt, auf den Tausch nicht schlechthin angewiesen sind, und steigert, generell wenigstens, ihre Macht im Preiskampf mit denen, welche besitzlos, nichts als ihre Arbeitsleistungen in Naturform oder in Form von Produkten eigener Arbeit anbieten können und diese unbedingt losschlagen müssen, um überhaupt ihre Existenz zu fristen. Sie monopolisiert die Möglichkeit, Besitz aus der Sphäre der Nutzung als »Vermögen« in die Sphäre der Verwertung als »Kapital« zu überführen, also die Unternehmerfunktion und alle Chancen direkter oder indirekter Teilnahme am Kapitalgewinn für die Besitzenden. Alles dies innerhalb der Sphäre des Geltens reiner Marktbedingungen. »Besitz« und »Besitzlosigkeit« sind daher die Grundkategorien aller Klassenlagen, einerlei, ob diese im Preiskampf oder im Konkurrenzkampf wirksam werden. Innerhalb dieser aber differenzieren sich die Klassenlagen weiter, je nach der Art des zum Erwerb verwertbaren Besitzes einerseits, der auf dem Markt anzubietenden Leistungen andererseits. Wohngebäudebesitz, Werkstätten- oder Lagerhaus- oder Verkaufslädenbesitz, landwirtschaftlich nutzbarer Grundbesitz und innerhalb dieser wieder großer und kleiner – ein quantitativer Unterschied mit eventuell qualitativen Folgen, – Bergwerksbesitz, Viehbesitz, Menschen- (Sklaven-)Besitz, Verfügung über mobile Produktionswerkzeuge oder Erwerbsmittel aller Art, vor allem über Geld oder spezifisch leicht jederzeit gegen Geld auszutauschende Objekte, über Produkte eigener oder fremder Arbeit, verschieden je nach den verschiedenen Stadien der Genußreife, über verkehrsfähige Monopole irgendwelcher Art, – alle diese Unterschiede differenzieren die Klassenlagen der Besitzenden ebenso wie der »Sinn«, welchen sie der Verwertung ihres Besitzes, vor allem ihres geldwerten Besitzes, geben können und geben, je nachdem sie also z. B. zur Rentnerklasse oder zur Unternehmerklasse gehören. Und ebenso stark differenzieren sich die besitzlosen Anbieter von Arbeitsleistungen je nach der Art dieser sowohl, wie je nachdem sie diese in kontinuierlicher Beziehung zu einem Abnehmer oder von Fall zu Fall verwerten. Immer aber ist für den Klassenbegriff gemeinsam: daß die Art der Chance auf dem M a r k t diejenige Instanz ist, welche die gemeinsame Bedingung des Schicksals der Einzelnen darstellt. »Klassenlage« ist in diesem Sinn letztlich: »Marktlage«. Nur Vorstufe wirklicher »Klassen«-Bildung ist jene Wirkung des nackten Besitzes rein als solchen, welche unter Viehzüchtern den Besitzlosen als Sklaven oder Hörigen in die Gewalt des Viehbesitzers gibt.

Aber allerdings taucht hier, in der Viehleihe und der nackten Härte des Schuldrechts solcher Gemeinschaften, zum erstenmal der bloße »Besitz« als solcher als bestimmend für das Schicksal des Einzelnen auf, sehr im Gegensatz zu den auf der Arbeit ruhenden Ackerbaugemeinschaften. Zur Grundlage von »Klassenlagen« wurde das Gläubiger-Schuldner-Verhältnis erst in den Städten, wo sich ein – noch so primitiver – »Kreditmarkt« mit je nach der Notlage steigenden Zinsfüßen und faktischer Monopolisierung des Darleihers [Darleihens?] durch eine Plutokratie entwickelte. Damit beginnen »Klassenkämpfe«. Eine Vielheit von Menschen dagegen, deren Schicksal nicht durch die Chance der eigenen Verwertung von Gütern oder Arbeit auf dem Markt bestimmt wird – wie z. B. die Sklaven –, sind im technischen Sinn keine »Klasse« (sondern: ein »Stand«).

Es sind nach dieser Terminologie eindeutig ökonomische Interessen und zwar an die Existenz des »Markts« gebundene, welche die »Klasse« schaffen. Gleichwohl aber ist der Begriff »Klassen*interesse*« ein vieldeutiger und zwar nicht einmal eindeutig empirischer Begriff, sobald man darunter etwas anderes versteht als: die aus der Klassenlage mit einer gewissen Wahrscheinlichkeit folgende faktische Interessenrichtung eines gewissen »Durchschnitts« der ihr Unterworfenen. Bei gleicher Klassenlage und auch sonst gleichen Umständen kann nämlich die Richtung, in welcher etwa der einzelne Arbeiter seine Interessen mit Wahrscheinlichkeit verfolgen wird, höchst verschieden sein, je nachdem er z. B. für die betreffende Leistung nach seiner Veranlagung hoch, durchschnittlich oder schlecht qualifiziert ist. Ebenso, je nachdem aus der »Klassenlage« ein Gemeinschaftshandeln eines mehr oder minder großen Teils der von ihr gemeinsam Betroffenen oder sogar eine Vergesellschaftung unter ihnen (z. B. eine »Gewerkschaft«) erwachsen ist, von der sich der Einzelne bestimmte Resultate versprechen kann, oder nicht. Eine universelle Erscheinung ist das Herauswachsen einer Vergesellschaftung oder selbst eines Gemeinschaftshandelns aus der gemeinsamen Klassenlage keineswegs. Vielmehr kann sich ihre Wirkung auf die Erzeugung eines im wesentlichen gleichartigen Reagierens, also (in der hier gewählten Terminologie): eines »Massenhandelns«, beschränken oder nicht einmal dies zur Folge haben. Oft ferner entsteht nur ein amorphes Gemeinschaftshandeln. So etwa das in der altorientalischen Ethik bekannte »Murren« der Arbeiter: die sittliche Mißbilligung des Verhaltens des Arbeitsherrn, welche in seiner praktischen Bedeutung vermutlich einer gerade der neuesten gewerblichen Entwicklung wieder zunehmend typischen Erscheinung gleichkam: dem »Bremsen« (absichtliche Einschränkung der Arbeitsleistung) der Arbeiterschaft kraft stillschweigenden Einverständnisses. Der Grad, in welchem aus dem »Massenhandeln« der Klassenzugehörigen ein »Gemeinschaftshandeln« und eventuell »Vergesellschaftungen« entstehen, ist an allgemeine Kulturbedingungen, besonders intellektueller Art, und an den Grad der entstandenen Kontraste, wie namentlich an die Durchsichtigkeit des Zusammenhangs zwischen den Gründen und den Folgen der »Klassenlage« gebunden. Eine noch so starke Differenzierung der Lebenschancen an sich gebiert ein »Klassenhandeln« (Gemeinschaftshandeln der Klassenzugehörigen) nach allen Erfahrungen keineswegs. Es muß die Bedingtheit und Wirkung der Klassenlage deutlich erkennbar sein. Denn dann erst kann der Kontrast der Lebenschancen als etwas nicht schlechthin Gegebenes und Hinzunehmendes, sondern entweder 1. aus der gegebenen Besitzverteilung oder 2. aus der Struktur der konkreten Wirtschaftsordnung Resultierendes empfunden und dagegen nicht nur durch Akte eines intermittierenden und irrationalen Protestes, sondern in Form rationaler Vergesellschaftung reagiert werden. »Klassenlagen« der ersten Kategorie gab es in einer solchen spezifisch nackten und durchsichtigen Art in der Antike und im Mittelalter in den städtischen Zentren, namentlich dann, wenn große Vermögen durch faktisch monopolisierten Handel in gewerblichen Produkten des betreffenden Orts oder in Nahrungsmitteln angehäuft wurden, unter Umständen ferner in der Landwirtschaft der allerverschiedensten Zeiten bei anwachsender erwerbswirtschaftlicher Ausnutzung. Das wichtigste historische Beispiel der zweiten Kategorie ist die Klassenlage des modernen »Proletariats«.

Jede Klasse kann also zwar Träger irgendeines, in unzähligen Formen möglichen »Klassenhandelns« sein, aber sie muß es nicht sein, und jedenfalls ist sie selbst keine Gemeinschaft, und führt es zu Schiefheiten, wenn man sie mit Gemeinschaften begrifflich gleichwertig behandelt. Und der Umstand, daß Menschen in gleicher Klassenlage auf so fühlbare Situationen, wie es die ökonomischen sind, regelmäßig durch ein Massenhandeln in der dem Durchschnitt adäquatesten Interessenrichtung reagieren, – eine für das Verständnis geschichtlicher Ereignisse ebenso wichtige wie im Grunde einfache Tatsache – darf vollends nicht zu jener Art von pseudowissenschaftlichem Operieren mit dem Begriff der »Klasse«, des »Klasseninteresses« führen, die heut vielfach üblich ist und ihren klassischsten Ausdruck in der Behauptung eines begabten Schriftstellers gefunden hat: daß zwar der Einzelne sich über seine Interessen irren könne, die »Klasse« über die ihrigen aber »unfehlbar« sei.

Wenn also die Klassen an sich keine Gemeinschaften »sind«, so entstehen Klassenlagen doch nur auf dem Boden von Vergemeinschaftung. Nur ist das Gemeinschaftshandeln, welches sie zur Entstehung bringt, dem Schwerpunkt nach nicht ein solches der Zugehörigen der gleichen Klasse, sondern ein solches zwischen Angehörigen verschiedener Klassen. Dasjenige Gemeinschaftshandeln z. B., welches unmittelbar die Klassenlage der Arbeiter und Unternehmer bestimmt, sind: der Arbeitsmarkt, der Gütermarkt und der kapitalistische Betrieb. Die Existenz eines kapitalistischen Betriebes setzt ihrerseits aber wiederum das Bestehen eines sehr besonders gearteten, den Güterbesitz rein als solchen, insbesondere die prinzipiell freie Verfügungsmacht Einzelner über Produktionsmittel, schützenden Gemeinschaftshandelns: einer »Rechtsordnung«, und zwar einer solchen von spezifischer Art, voraus. Jede Art von Klassenlage, als vor allem auf der Macht des Besitzes rein als solchen ruhend, kommt am reinsten dann zur Wirksamkeit, wenn alle anderen Bestimmungsgründe der gegenseitigen Beziehungen in ihrer Bedeutung möglichst ausgeschaltet sind, und so die Verwertung der Macht des Besitzes auf dem Markt möglichst souverän zur Geltung gelangt. Zu den Hemmnissen einer konsequenten Durchführung des nackten Marktprinzips gehören nun die »Stände«, welche uns vorerst nur unter diesem Gesichtspunkt in diesem Zusammenhang interessieren. Ehe wir sie kurz betrachten, sei nur noch bemerkt: Über die speziellere Art der Gegensätze der »Klassen« (in dem hier festgehaltenen Sinne) ist nicht viel Allgemeines zu sagen. Die große Verschiebung, welche von der Vergangenheit zur Gegenwart hin sich vollzogen hat, läßt sich mit Inkaufnahme einiger Ungenauigkeit wohl dahin zusammenfassen: daß der die Klassenlage auswirkende Kampf sich zunehmend vom Konsumtivkredit zunächst zum Konkurrenzkampf auf dem Gütermarkt und dann zum Preiskampf auf dem Arbeitsmarkt verschoben hat. Die »Klassenkämpfe« der Antike, – soweit sie wirklich »Klassenkämpfe« und nicht vielmehr Ständekämpfe waren – waren zunächst Kämpfe bäuerlicher, (und daneben wohl auch: handwerklicher) von der Schuldknechtschaft bedrohter Schuldner gegen stadtsässige Gläubiger. Denn die Schuldknechtschaft ist, wie bei den Viehzüchtern, so auch noch in den Handels-, zumal den Seehandelsstädten die normale Folge der Vermögensdifferenzierung. Das Schuldverhältnis als solches erzeugte Klassenhandeln noch bis in Catilinas Zeit. Daneben trat, mit zunehmender Versorgung der Stadt durch auswärtige Getreidezufuhren, der Kampf um die Nahrungsmittel, in erster Linie die Brotversorgung und der Brotpreis, welcher die Antike und das ganze Mittelalter hindurch andauert und die Besitzlosen als solche gegen die wirklichen und vermeintlichen Interessenten der Brotteuerung zusammenscharte und alle überhaupt für die Lebensführung, auch für die Handwerksproduktion wesentlichen Waren ergreift. Von Lohnkämpfen ist in der Antike und im Mittelalter und bis in die Neuzeit nur in langsam wachsenden Ansätzen die Rede, sie treten völlig nicht nur hinter den Sklavenaufständen, sondern auch hinter den Kämpfen auf dem Gütermarkt zurück.

Monopole, Vorkauf, Aufkauf, Zurückhaltung von Gütern vom Markt zwecks Preissteigerung sind das, wogegen in Antike und Mittelalter von den Besitzlosen protestiert wurde. Lohnpreisbildung ist dagegen heute der zentrale Punkt. Den Übergang stellen jene Kämpfe um den Zutritt zum Markt und um die Produktenpreisbildung dar, welche zwischen Verlegern und hausindustriellen Handwerkern im Übergang zur Neuzeit vorkamen. Ein ganz allgemeines und daher hier zu erwähnendes Phänomen der durch die Marktlage bedingten Klassengegensätze ist es, daß sie am bittersten zwischen den wirklich direkt am Preiskampf als Gegner Beteiligten zu herrschen pflegen. Nicht der Rentner, Aktionär, Bankier ist es, welcher vom Groll der Arbeiter getroffen wird – obwohl doch gerade in seine Kasse teils mehr, teils »arbeitsloserer« Gewinn fließt als in die des Fabrikanten oder Betriebsdirektors, – sondern fast ausschließlich dieser selbst, als der direkte Preiskampfgegner. Dieser einfache Tatbestand ist für die Rolle der Klassenlage in der politischen Parteibildung sehr oft ausschlaggebend gewesen. Er hat z. B. die verschiedenen Spielarten des patriarchalen Sozialismus und die wenigstens früher häufigen Bündnisversuche bedrohter ständischer Schichten mit dem Proletariat gegen die »Bourgeoisie« ermöglicht.

Stände sind, im Gegensatz zu den Klassen, normalerweise Gemeinschaften, wenn auch oft solche von amorpher Art. Im Gegensatz zur rein ökonomisch bestimmten »Klassenlage« wollen wir als »ständische Lage« bezeichnen jede typische Komponente des Lebensschicksals von Menschen, welche durch eine spezifische, positive oder negative, soziale Einschätzung der »Ehre« bedingt ist, die sich an irgendeine gemeinsame Eigenschaft vieler knüpft. Diese Ehre kann sich auch an eine Klassenlage knüpfen: die Unterschiede der Klassen gehen die mannigfaltigsten Verbindungen mit ständischen Unterschieden ein, und der Besitz als solcher gelangt, wie schon bemerkt, nicht immer, aber doch außerordentlich regelmäßig auf die Dauer auch zu ständischer Geltung. Im eigenwirtschaftlichen Nachbarverband ist in der ganzen Welt sehr häufig einfach der reichste Mann rein als solcher »Häuptling«, was oft einen reinen Ehrenvorzug bedeutet. In der sog. reinen, d. h. jeder ausdrücklich geordneten ständischen Privilegierung Einzelner entbehrenden, modernen »Demokratie« kommt es z. B. vor, daß nur die Familien von annähernd gleicher Steuerklasse miteinander tanzen (wie dies z. B. für einzelne kleinere Schweizer Städte erzählt wird). Aber die ständische Ehre muß nicht notwendig an eine »Klassenlage« anknüpfen, sie steht normalerweise vielmehr mit den Prätensionen des nackten Besitzes als solchem in schroffem Widerspruch. Auch Besitzende und Besitzlose können dem gleichen Stande angehören und tun dies häufig und mit sehr fühlbaren Konsequenzen, so prekär diese »Gleichheit« der sozialen Einschätzung auf die Dauer auch werden mag. Die ständische »Gleichheit« des amerikanischen »gentleman« kommt z. B. darin zum Ausdruck: daß außerhalb der rein sachlich bedingten Unterordnung im »Betrieb« es – wo noch die alte Tradition herrscht – für streng verpönt gelten würde, wenn auch der reichste »Chef« seinen »Kommis« etwa abends im Klub, am Billard, am Kartentisch, in irgendeinem Sinn nicht als voll ebenbürtig behandeln und ihm etwa jenes, den Unterschied der »Stellung« markierende herablassende »Wohlwollen« angedeihen lassen wollte, welches der deutsche Chef niemals aus seinem Empfinden verbannen kann, – einer der wichtigsten Gründe, aus denen dort das deutsche

Klubwesen niemals die Anziehungskraft des amerikanischen Klubs hat erreichen können.

Inhaltlich findet die ständische Ehre ihren Ausdruck normalerweise vor allem in der Zumutung einer spezifisch gearteten Lebensführung an jeden, der dem Kreise angehören will. Damit zusammenhängend in der Beschränkung des »gesellschaftlichen«, d. h. des nicht ökonomischen oder sonst geschäftlichen, »sachlichen« Zwecken dienenden Verkehrs, einschließlich namentlich des normalen Konnubium, auf den ständischen Kreis bis zu völliger endogener [endogamer?] Abschließung. Sobald nicht eine bloß individuelle und sozial irrelevante Nachahmung fremder Lebensführung, sondern ein einverständliches Gemeinschaftshandeln dieses Charakters vorliegt, ist die »ständische« Entwicklung im Gang. In charakteristischer Art entwickelt sich dergestalt die »ständische« Gliederung auf der Basis konventioneller Lebensführung zur Zeit in den Vereinigten Staaten aus der hergebrachten Demokratie heraus. Zum Beispiel so: daß nur der Einwohner einer bestimmten Straße (»the Street«) als zur »society« gehörig und verkehrsfähig angesehen, besucht und eingeladen wird. Vor allem aber so, daß die strikte Unterwerfung unter die jeweils in der Society herrschende Mode in einem bei uns unbekannten Grade auch bei Männern, als ein Symptom dafür, daß der Betreffende die Qualität als Gentleman prätendiere, gilt und infolgedessen darüber mindestens prima facie entscheidet, daß er auch als solcher behandelt wird, was z. B. für seine Anstellungschancen in »guten« Geschäften, vor allem aber für Verkehr und Konnubium mit »angesehenen« Familien ebenso wichtig wird, wie etwa die »Satisfaktionsfähigkeit« bei uns. Und im übrigen usurpieren etwa bestimmte, lange Zeit ansässige (und natürlich: entsprechend wohlhabende) Familien (so die »F. F. V.« = »first families of Virginia«) oder die wirklichen und angeblichen Abkömmlinge der »Indianerprinzessin« Pocahontas oder der Pilgerväter, Knickerbocker, die Zugehörigen einer schwer zugänglichen

Sekte und allerhand durch irgendein anderes Merkmal sich abhebende Kreise »ständische« Ehre. In diesem Fall handelt es sich um rein konventionelle, wesentlich auf Usurpation (wie allerdings im Ursprung normalerweise fast alle ständische »Ehre«) ruhende Gliederung. Aber der Weg von da zur rechtlichen Privilegierung (positiv und negativ) ist überall leicht gangbar, sobald eine bestimmte Gliederung der sozialen Ordnung faktisch »eingelebt« ist und, infolge der Stabilisierung der ökonomischen Machtverteilung, auch ihrerseits Stabilität erlangt hat. Wo die äußersten Konsequenzen gezogen werden, entwickelt sich der Stand zur geschlossenen »Kaste«. Das heißt: es findet neben der konventionellen und rechtlichen auch noch eine rituelle Garantie der ständischen Scheidung statt, dergestalt, daß jede physische Berührung mit einem Mitglied einer als »niedriger« geschätzten Kaste für Angehörige der »höheren« als rituell verunreinigender, religiös zu sühnender Makel gilt, und die einzelnen Kasten teilweise ganz gesonderte Kulte und Götter entwickeln.

Zu diesen Konsequenzen steigert sich die ständische Gliederung im allgemeinen allerdings nur da, wo ihr Differenzen zugrunde liegen, die als »ethnische« angesehen werden. Die »Kaste« ist geradezu die normale Form, in welcher ethnische, an Blutsverwandtschaft glaubende, das Konnubium und den sozialen Verkehr nach außen ausschließende Gemeinschaften miteinander »vergesellschaftet« zu leben pflegen. So in der gelegentlich schon erörterten, über die ganze Welt verbreiteten Erscheinung der »Paria«-Völker: Gemeinschaften, welche spezifische Berufstraditionen handwerklicher oder anderer Art erworben haben, den ethnischen Gemeinsamkeitsglauben pflegen und nun in der »Diaspora«, streng geschieden von allem nicht unumgänglichen persönlichen Verkehr und in rechtlich prekärer Lage, aber kraft ihrer ökonomischen Unentbehrlichkeit geduldet und oft sogar privilegiert, politischen Gemeinschaften eingesprengt leben: die Juden sind das großartigste historische

Beispiel. Die zur »Kaste« gesteigerte, »ständische« und die bloß »ethnische« Scheidung differieren in ihrer Struktur darin, daß die erstere aus dem horizontalen unverbundenen Nebeneinander der letzteren ein vertikales soziales Übereinander macht. Korrekt ausgedrückt: daß eine umgreifende Vergesellschaftung die ethnisch geschiedenen Gemeinschaften zu einem spezifischen, politischen Gemeinschaftshandeln zusammenschließt. In ihrer Wirkung differieren sie eben darin: daß das ethnische Nebeneinander, welches die gegenseitige Abstoßung und Verachtung bedingt, aber jeder ethnischen Gemeinschaft gestattet, ihre eigene Ehre für die höchste zu halten, in der Kastengliederung ein soziales Untereinander, ein anerkanntes »Mehr« an »Ehre« zugunsten der privilegierten Kasten und Stände mit sich bringt, weil hier die ethnischen Unterschiede zu solchen der »Funktion« innerhalb der politischen Vergesellschaftung wurden (Krieger, Priester, politisch für Krieg und Bauten wichtige Handwerker usw.). Aber selbst das verachtetste Pariavolk pflegt irgendwie das den ethnischen und ständischen Gemeinschaften gleichmäßig eigene: den Glauben an die eigene spezifische »Ehre«, weiter zu pflegen (so die Juden). Nur nimmt bei den negativ privilegierten »Ständen« das »Würdegefühl« – der subjektive Niederschlag sozialer Ehre und der konventionellen Ansprüche, welche der positiv privilegierte »Stand« an die Lebensführung seiner Glieder stellt, – eine spezifisch abweichende Wendung. Das Würdegefühl der positiv privilegierten Stände bezieht sich naturgemäß auf ihr nicht über sich selbst hinausweisendes »Sein«, ihre »Schönheit und Tüchtigkeit« (καλο-κἀγαθία). Ihr Reich ist »von dieser Welt« und lebt für die Gegenwart und von der großen Vergangenheit. Das Würdegefühl der negativ privilegierten Schichten kann sich naturgemäß auf eine jenseits der Gegenwart liegende, sei es diesseitige oder jenseitige Zukunft beziehen, es muß sich mit anderen Worten aus dem Glauben an eine providentielle »Mission«, an eine spezifische Ehre vor Gott als »auserwähltes Volk«, also daraus speisen, daß entweder in einem Jenseits »die letzten die ersten« sein werden oder daß im Diesseits ein Heiland erscheinen und die vor der Welt verborgene Ehre des von ihr verworfenen Pariavolkes (Juden) oder -Standes an das Licht bringen werde. Dieser einfache Sachverhalt, dessen Bedeutung in anderem Zusammenhang zu besprechen ist, und nicht das in Nietzsches vielbewunderter Konstruktion (in der »Genealogie der Moral«) so stark hervorgehobene »Ressentiment« ist die Quelle des – übrigens, wie wir sahen, – nur begrenzt und für eins von Nietzsches Hauptbeispielen (Buddhismus) gar nicht zutreffenden Charakters der von den Pariaständen gepflegten Religiosität. Im übrigen ist der ethnische Ursprung der Ständebildung keineswegs die normale Erscheinung. Im Gegenteil. Und da keineswegs jedem subjektiv »ethnischen« Gemeinsamkeitsgefühl objektive »Rassenunterschiede« zugrunde liegen, so ist mit Recht die letztlich rassenmäßige Begründung ständischer Gliederungen durchaus eine Frage des konkreten Einzelfalls: sehr oft ist der »Stand«, der ja gewiß in starkem Grade extrem wirkt, und auf einer Auslese der persönlich Qualifizierten (der Ritterstand: der kriegerisch physisch und psychisch Brauchbaren) beruht, seinerseits Mittel der Reinzüchtung eines anthropologischen Typus. Aber die persönliche Auslese ist weit davon entfernt, der einzige oder vorwiegende Weg der Ständebildung zu sein: die politische Zugehörigkeit oder Klassenlage entschied von jeher mindestens ebenso oft und heute die letztere weit überwiegend. Denn die Möglichkeit »ständischer« Lebensführung pflegt naturgemäß ökonomisch mitbedingt zu sein.

Praktisch betrachtet, geht die ständische Gliederung überall mit einer Monopolisierung ideeller und materieller Güter oder Chancen in der uns schon als typisch bekannten Art zusammen. Neben der spezifischen Standesehre, die stets auf Distanz und Exklusivität ruht, und neben Ehrenvorzügen wie dem Vorrecht auf bestimmte Trachten, auf bestimmte, durch Tabuierung anderen versagte Speisen, dem in seinen Folgen höchst fühlbaren Vorrecht des Waffentragens, dem Recht auf bestimmte nicht erwerbsmäßige, sondern dilettierende Arten der Kunstübung (bestimmte Musikinstrumente z. B.) stehen allerhand materielle Monopole. Selten ausschließlich, aber fast immer zu irgend einem Teil geben naturgemäß gerade sie die wirksamsten Motive für die ständische Exklusivität. Für das ständische Konnubium steht dem Monopol auf die Hand der Töchter des betreffenden Kreises das Interesse der Familien auf die Monopolisierung der ihm angehörigen potentiellen Freier zur Versorgung eben dieser Töchter mindestens gleichbedeutend zur Seite. Die konventionellen Vorzugschancen auf bestimmte Anstellungen steigern sich bei zunehmender ständischer Abschließung zu einem rechtlichen Monopol auf bestimmte Ämter für bestimmte ständisch abgegrenzte Gruppen. Bestimmte Güter, in typischer Art überall die »Rittergüter«, oft auch der Leibeigenen- oder Hörigenbesitz, endlich bestimmte Erwerbszweige werden Gegenstand ständischer Monopolisierung. Sowohl positiv: so, daß der betreffende Stand allein sie besitzen und betreiben darf, wie negativ: so, daß er sie um der Erhaltung seiner spezifischen Lebensführung willen nicht besitzen und betreiben darf. Denn die maßgebende Rolle der »Lebensführung« für die ständische »Ehre« bringt es mit sich, daß die »Stände« die spezifischen Träger aller »Konventionen« sind: alle »Stilisierung« des Lebens, in welchen Äußerungen es auch sei, ist entweder ständischen Ursprungs oder wird doch ständisch konserviert. Bei aller großen Verschiedenheit zeigen die Prinzipien der ständischen Konventionen namentlich bei den höchstprivilegierten Schichten doch gewisse typische Züge. Ganz allgemein besteht die ständische Disqualifizierung ständisch privilegierter Gruppen für die gewöhnliche physische Arbeit, die, entgegen den alten gerade entgegengesetzten Traditionen, jetzt auch in Amerika einsetzt. Sehr häufig gilt jede rationale Erwerbstätigkeit, insbesondere auch »Unternehmertätigkeit« als ständisch disqualifizierend und gilt ferner als entehrende Arbeit auch die künstlerische und literarische, sobald sie zum Erwerb ausgenutzt wird oder mindestens dann, wenn sie mit harter physischer Anstrengung verbunden ist, wie z. B. der im Staubkittel, wie ein Steinmetz arbeitende Bildhauer im Gegensatz zum Maler mit seinem salonartigen »Atelier« und zu den ständisch akzeptierten Formen der Musikübung.

Die so sehr häufige Disqualifikation des »Erwerbstätigen« als solchen ist, neben später zu berührenden Einzelgründen, eine direkte Folge des »ständischen« Prinzips der sozialen Ordnung und seines Gegensatzes zur rein marktmäßigen Regulierung der Verteilung von Macht. Der Markt und die ökonomischen Vorgänge auf ihm kannte, wie wir sahen, kein »Ansehen der Person«: »sachliche« Interessen beherrschen ihn. Er weiß nichts von »Ehre«. Die ständische Ordnung bedeutet gerade umgekehrt: Gliederung nach »Ehre« und ständischer Lebensführung und ist als solche in der Wurzel bedroht, wenn der bloße ökonomische Erwerb und die bloße, nackte, ihren außerständischen Ursprung noch an der Stirn tragende, rein ökonomische Macht als solche jedem, der sie gewonnen hat, gleiche oder – da bei sonst gleicher ständischer Ehre doch überall der Besitz noch ein wenn auch uneingestandenes Superadditum darstellt – sogar dem Erfolg nach höhere »Ehre« verleihen könnte wie sie die ständischen Interessenten kraft ihrer Lebensführung für sich prätendieren. Die Interessenten jeder ständischen Gliederung reagieren daher mit spezifischer Schärfe gerade gegen die Prätensionen des reinen ökonomischen Erwerbs als solchen und meist dann um so schärfer, je bedrohter sie sich fühlen: die respektvolle Behandlung des Bauern etwa bei Calderon, im Gegensatz zu der gleichzeitigen ostensiblen Verachtung der »Kanaille« bei Shakespeare zeigt diese Unterschiede des Reagierens einer festgefügten, gegenüber einer ökonomisch ins Wanken geratenen ständischen Gliederung und ist Ausdruck eines überall wiederkehrenden Sachverhalts. Die ständisch privilegierten Gruppen akzeptierten eben deshalb den »Parvenu« niemals persönlich wirklich vorbehaltlos – mag seine Lebensführung sich der ihrigen noch so völlig angepaßt haben –, sondern erst seine Nachfahren, welche in den Standeskonventionen ihrer Schicht erzogen sind und die ständische Ehre nie durch eigene Erwerbsarbeit befleckt haben. –

Als Wirkung ständischer Gliederung läßt sich demgemäß ganz allgemein nur ein allerdings sehr wichtiges Moment feststellen: die Hemmung der freien Marktentwicklung. Zunächst für diejenigen Güter, welche die Stände durch Monopolisierung dem freien Verkehr direkt entziehen, es sei rechtlich oder konventionell, wie z. B. das ererbte Gut in vielen hellenischen Städten der spezifisch ständischen Epoche und (wie die alte Entmündigungsformel für Verschwender zeigt) ursprünglich auch in Rom, ebenso die Rittergüter, Bauerngüter, Priestergüter und vor allem die Kundschaft eines zünftigen Gewerbes oder Gildehandels. Der Markt wird eingeschränkt, die Macht des nackten Besitzes rein als solchen, welche der »Klassenbildung« den Stempel aufdrückt, zurückgedrängt. Die Wirkungen davon können die allerverschiedensten sein und liegen natürlich keineswegs etwa notwendig in der Richtung einer Abschwächung der Kontraste der ökonomischen Situation; oft im Gegenteil. Jedenfalls aber ist von wirklich freier Marktkonkurrenz im heutigen Sinn überall da keine Rede, wo ständische Gliederungen eine Gemeinschaft so stark durchziehen, wie dies in allen politischen Gemeinschaften der Antike und des Mittelalters der Fall war. Aber eher noch weittragender als diese direkte Aussperrung gewisser Güter vom Markt ist der aus der erwähnten Gegensätzlichkeit der ständischen gegen die rein ökonomische Ordnung folgende Umstand, daß der ständische Ehrbegriff in den meisten Fällen gerade das Spezifische des Markts: das Feilschen, überhaupt perhorresziert, sowohl unter Standesgenossen, wie zuweilen für Mitglieder eines Standes überhaupt, und daß es daher überall Stände, und zwar meist die einflußreichsten, gibt, für welche fast jede Art von offener Beteiligung am Erwerb schlechthin als ein Makel gilt.

Man könnte also, mit etwas zu starker Vereinfachung, sagen: »Klassen« gliedern sich nach den Beziehungen zur Produktion und zum Erwerb der Güter, »Stände« nach den Prinzipien ihres Güterkonsums in Gestalt spezifischer Arten von »Lebensführung«. Auch ein »Berufsstand« ist »Stand«, d. h. prätendiert mit Erfolg soziale »Ehre« normalerweise erst kraft der, eventuell durch den Beruf bedingten, spezifischen »Lebensführung«. Die Unterschiede vermischen sich freilich oft, und gerade die nach ihrer »Ehre« am strengsten geschiedenen ständischen Gemeinschaften: die indischen Kasten, zeigen heute – allerdings innerhalb bestimmter, sehr fester Schranken – ein relativ hohes Maß von Indifferenz gegenüber dem »Erwerb«, der namentlich seitens der Brahmanen in der allerverschiedensten Form gesucht wird.

Über die allgemeinen ökonomischen Bedingungen des Vorherrschens »ständischer« Gliederung läßt sich im Zusammenhang mit dem eben Festgestellten ganz allgemein nur sagen: daß eine gewisse (relative) Stabilität der Grundlagen von Gütererwerb und Güterverteilung sie begünstigt, während jede technisch-ökonomische Erschütterung und Umwälzung sie bedroht und die »Klassenlage« in den Vordergrund schiebt. Zeitalter und Länder vorwiegender Bedeutung der nackten Klassenlage sind der Regel nach technisch-ökonomische Umwälzungszeiten, während jede Verlangsamung der ökonomischen Umschichtungsprozesse alsbald zum Aufwachsen »ständischer« Bildungen führt und die soziale »Ehre« wieder in ihrer Bedeutung restituiert. –

Während die »Klassen« in der »Wirtschaftsordnung«, die »Stände« in der »sozialen Ordnung«, also in der Sphäre der Verteilung der »Ehre«, ihre eigentliche Heimat haben und von hier aus einander gegenseitig und die Rechtsordnung beeinflussen und wiederum durch sie beeinflußt werden, sind »Parteien« primär in der Sphäre der »Macht« zu Hause. Ihr Handeln ist auf soziale »Macht«, und das heißt: Einfluß auf ein Gemeinschaftshandeln gleichviel welchen Inhalts ausgerichtet: es kann Parteien prinzipiell in einem geselligen »Klub« ebensogut geben wie in einem »Staat«. Das »parteimäßige« Gemeinschaftshandeln enthält, im Gegensatz zu dem von »Klassen« und »Ständen«, bei denen dies nicht notwendig der Fall ist, stets eine Vergesellschaftung. Denn es ist stets auf ein planvoll erstrebtes Ziel, sei es ein »sachliches«: die Durchsetzung eines Programms um ideeller oder materieller Zwecke willen, sei es ein »persönliches«: Pfründen, Macht und, als Folge davon, Ehre für ihre Führer und Anhänger oder, und zwar gewöhnlich, auf dies alles zugleich gerichtet. Sie sind daher auch möglich nur innerhalb von Gemeinschaften, welche ihrerseits irgendwie vergesellschaftet sind, also irgendwelche rationale Ordnung und einen Apparat von Personen besitzen, welche sich zu deren Durchführung bereit halten. Denn eben diesen Apparat zu beeinflussen und womöglich aus Parteianhängern zusammenzusetzen ist Ziel der Parteien. Sie können im Einzelfall durch »Klassenlage« oder »ständische Lage« bedingte Interessen vertreten und ihre Anhängerschaft entsprechend rekrutieren. Aber sie brauchen weder reine »Klassen«- noch rein »ständische« Parteien zu sein und sind es meist nur zum Teil, oft gar nicht. Sie können ephemere oder perennierende Gebilde darstellen und ihre Mittel zur Erlangung der Macht können die allerverschiedensten sein, von nackter Gewalt jeder Art bis zum Werben um Wahlstimmen mit groben oder feinen Mitteln: Geld, sozialem Einfluß, Macht der Rede, Suggestion und plumper Übertölpelung, und bis zur mehr groben oder mehr kunstvollen Taktik der Obstruktion innerhalb parlamentarischer Körperschaften. Ihre soziologische Struktur ist notwendig grundverschieden je nach derjenigen des Gemeinschaftshandelns, um dessen Beeinflussung sie kämpfen, je nachdem die Gemeinschaft z. B. ständisch oder klassenmäßig gegliedert ist oder nicht, und vor allem je nach der Struktur der »Herrschaft« innerhalb derselben. Denn um deren Eroberung handelt es sich ja für ihre Führer normalerweise. Sie sind, in dem allgemeinen Begriff, den wir hier festhalten, nicht erst Erzeugnisse spezifisch moderner Herrschaftsformen: auch die antiken und mittelalterlichen Parteien wollen wir als solche bezeichnen, trotz ihrer von den modernen so grundverschiedenen Struktur. Aber allerdings läßt sich infolge dieser Strukturunterschiede der Herrschaft auch über die Struktur der Partei, die stets ein um Herrschaft kämpfendes Gebilde ist und daher selbst, oft sehr straff, »herrschaftlich« organisiert zu sein pflegt, nichts ohne Erörterung der Strukturformen der sozialen Herrschaft überhaupt aussagen. Diesem zentralen Phänomen alles Sozialen wenden wir uns daher jetzt zu. –

Vorher ist über die »Klassen«, »Stände« und »Parteien« nur noch im allgemeinen zu sagen: Daraus, daß sie notwendig eine sie umgreifende Vergesellschaftung, speziell ein politisches Gemeinschaftshandeln, innerhalb deren sie ihr Wesen treiben, voraussetzen, ist nicht gesagt, daß sie selbst an die Grenzen je einer einzelnen politischen Gemeinschaft gebunden wären. Im Gegenteil ist es von jeher an der Tagesordnung gewesen, von der Interessensolidarität der Oligarchen und Demokraten in Hellas, der Guelfen und Ghibellinen im Mittelalter, der calvinistischen Partei in der Zeit der religiösen Kämpfe bis zur Solidarität der Grundbesitzer (internationaler Agrarierkongreß), Fürsten (heilige Allianz, Karlsbader Beschlüsse), sozialistischen Arbeiter, Konservativen (Sehnsucht der preußischen Konservativen nach russischer Intervention 1850), daß die Vergesellschaftung, und zwar auch eine auf gemeinsamen Gebrauch von militärischer Gewalt abzielende Vergesellschaftung, über die Grenzen der politischen Verbände hinausgreift. Nur ist ihr Ziel dabei nicht notwendig die Herstellung einer neuen internationalen, politischen, das heißt aber: Gebietsherrschaft, sondern meist die Beeinflussung der bestehenden.

Bürokratie

Der entscheidende Grund für das Vordringen der bürokratischen Organisation war von jeher ihre rein technische Überlegenheit über jede andere Form. Ein voll entwickelter bürokratischer Mechanismus verhält sich zu diesen genau wie eine Maschine zu den nicht mechanischen Arten der Gütererzeugung. Präzision, Schnelligkeit, Eindeutigkeit, Aktenkundigkeit, Kontinuierlichkeit, Diskretion, Einheitlichkeit, straffe Unterordnung, Ersparnisse an Reibungen, sachlichen und persönlichen Kosten sind bei streng bürokratischer, speziell: monokratischer Verwaltung durch geschulte Einzelbeamte gegenüber allen kollegialen oder ehren- und nebenamtlichen Formen auf das Optimum gesteigert. Sofern es sich um komplizierte Aufgaben handelt, ist bezahlte bürokratische Arbeit nicht nur präziser, sondern im Ergebnis oft sogar billiger als die formell unentgeltliche ehrenamtliche. Ehrenamtliche Tätigkeit ist Tätigkeit im Nebenberuf, funktioniert schon deshalb normalerweise langsamer, weniger an Schemata gebunden und formloser, daher unpräziser, uneinheitlicher, weil nach oben unabhängiger, diskontinuierlicher und schon infolge der fast unvermeidlich unwirtschaftlicheren Beschaffung und Ausnutzung des Subaltern- und Kanzleiapparats auch oft faktisch sehr kostspielig. Dies gilt namentlich dann, wenn man nicht nur an die baren Kosten der öffentlichen Kasse – die allerdings sich bei bürokratischer Verwaltung besonders im Vergleich mit ehrenamtlicher Honoratiorenverwaltung wesentlich zu steigern pflegen –, sondern an die häufigen wirtschaftlichen Verluste der Beherrschten durch Zeitversäumnis und mangelnde Präzision denkt. Die Möglichkeit ehrenamtlicher Honoratiorenverwaltung ist dauernd normalerweise nur da gegeben, wo die Geschäfte »im Nebenamt« ausreichend besorgt werden können. Sie erreicht mit der qualitativen Steigerung der Aufgaben, vor welche sich die Verwaltung gestellt sieht – heute auch in England –, ihre Grenze. Kollegial organisierte Arbeit andererseits bedingt Reibungen und Verzögerungen, Kompromisse zwischen kollidierenden Interessen und Ansichten und verläuft dadurch unpräziser, nach oben unabhängiger, daher uneinheitlicher und langsamer. Alle Fortschritte der preußischen Verwaltungsorganisation sind gewesen und werden auch künftig sein: Fortschritte des bürokratischen, speziell des monokratischen Prinzips.

Die Forderung einer nach Möglichkeit beschleunigten, dabei präzisen, eindeutigen, kontinuierlichen Erledigung von Amtsgeschäften wird heute an die Verwaltung in erster Linie von seiten des modernen kapitalistischen Wirtschaftsverkehrs gestellt. Die ganz großen modernen kapitalistischen Unternehmungen sind selbst normalerweise unerreichte Muster straffer bürokratischer Organisation. Ihr Geschäftsverkehr ruht durchgehends auf zunehmender Präzision, Stetigkeit und vor allem Schleunigkeit der Operationen. Dies wieder wird durch die Eigenart der modernen Verkehrsmittel bedingt, zu welcher u. a. auch der Nachrichtendienst in der Presse gehört. Die außerordentliche Beschleunigung in der Übermittlung von öffentlichen Bekanntmachungen, von wirtschaftlichen oder auch rein politischen Tatsachen übt nun schon rein als solche einen stetigen scharfen Druck in der Richtung auf möglichste Beschleunigung des Reaktionstempos der Verwaltung gegenüber den jeweils gegebenen Situationen, und das Optimum darin ist normalerweise nur durch straffe bürokratische Organisation gegeben. (Daß der bürokratische Apparat auch wieder bestimmte Hemmungen für eine dem individuellen Fall angepaßte Erledigung erzeugen kann und tatsächlich erzeugt, gehört im einzelnen nicht hierher.)

Vor allem aber bietet die Bürokratisierung das Optimum an Möglichkeit für die Durchführung des Prinzips der Arbeitszerlegung in der Verwaltung nach rein sachlichen Gesichtspunkten, unter Verteilung der einzelnen Arbeiten auf spezialistisch abgerichtete und in fortwährender Übung immer weiter sich einschulende Funktionäre. »Sachliche« Erledigung bedeutet in diesem Fall in erster Linie Erledigung »ohne Ansehen der Person« nach berechenbaren Regeln. »Ohne Ansehen der Person« aber ist auch die Parole des »Marktes« und aller nackt ökonomischen Interessenverfolgung überhaupt. Die konsequente Durchführung der bürokratischen Herrschaft bedeutet die Nivellierung der ständischen »Ehre«, also, wenn das Prinzip der Marktfreiheit nicht gleichzeitig eingeschränkt wird, die Universalherrschaft der »Klassenlage«. Wenn diese Konsequenz bürokratischer Herrschaft nicht überall parallel mit dem Maße der Bürokratisierung eingetreten ist, hat [das] seinen Grund in der Verschiedenheit der möglichen Prinzipien der Bedarfsdeckung der politischen Gemeinschaften. Aber auch für die moderne Bürokratie hat das zweite Element: die »berechenbaren Regeln« die eigentlich beherrschende Bedeutung. Die Eigenart der modernen Kultur, speziell ihres technisch-ökonomischen Unterbaues aber, verlangt gerade diese »Berechenbarkeit« des Erfolges. Die Bürokratie in ihrer Vollentwicklung steht in einem spezifischen Sinn auch unter dem Prinzip des »sine ira ac studio«. Ihre spezifische, dem Kapitalismus willkommene, Eigenart entwickelt sie um so vollkommener, je mehr sie sich »entmenschlicht«, je vollkommener, heißt das hier, ihr die spezifische Eigenschaft, welche ihr als Tugend nachgerühmt wird, die Ausschaltung von Liebe, Haß und allen rein persönlichen, überhaupt aller irrationalen, dem Kalkul sich entziehenden, Empfindungselementen aus der Erledigung der Amtsgeschäfte gelingt. Statt des durch persönliche Anteilnahme, Gunst, Gnade, Dankbarkeit, bewegten Herren der älteren Ordnungen verlangt eben die moderne Kultur für den äußeren Apparat, der sie stützt, je komplizierter und spezialisierter sie wird, desto mehr den menschlich unbeteiligten, daher streng »sachlichen« Fachmann. All dies aber bietet die bürokratische Struktur in günstigster Verbindung. Namentlich schafft regelmäßig erst sie der Rechtsprechung den Boden für die Durchführung eines begrifflich systematisierten und rationalen Rechts, auf der Grundlage von »Gesetzen«, wie es in hoher technischer Vollendung zuerst die spätere römische Kaiserzeit geschaffen hat. Im Mittelalter ging die Rezeption dieses Rechts Hand in Hand mit der Bürokratisierung der Rechtspflege: dem Eindringen des rational geschulten Fachspezialistentums an Stelle der alten, an die Tradition oder irrationale Voraussetzungen gebundenen Rechtsfindung.

[...]

Die bürokratische Struktur geht Hand in Hand mit der Konzentration der sachlichen Betriebsmittel in der Hand des Herrn. So in bekannter typischer Art in der Entwicklung der privatkapitalistischen Großbetriebe, die darin ihr wesentliches Merkmal finden. Entsprechend aber auch bei den öffentlichen Gemeinschaften. Das bürokratisch geleitete Heer der Pharaonen, der Spätzeit der römischen Republik und des Prinzipats und vor allem des modernen Militärstaats ist gegenüber den Volksheeren agrarischer Stämme, ebenso den Bürgerheeren der antiken und den Milizen der frühmittelalterlichen Städte und gegenüber allen Lehensheeren dadurch charakterisiert, daß bei diesen die Selbstequipierung und Selbstverpflegung der Heerfolgepflichtigen das Normale ist, beim bürokratischen Heere aber die Ausrüstung und Verpflegung aus den Magazinen des Herrn erfolgt. Der heutige Krieg als Maschinenkrieg macht dies letztere technisch ebenso unbedingt notwendig wie die Herrschaft der Maschine im Gewerbe die Konzentration der Betriebsmittel beförderte. Die bürokratischen, vom Herrn equipierten und verpflegten Heere der Vergangenheit dagegen sind meist entstanden, wenn soziale und wirtschaftliche Entwicklungen die Schicht der zur Selbstequipierung ökonomisch fähigen Bürger absolut oder relativ vermindert hatten, so daß deren Zahl zur Aufstellung der erforderlichen

Heere nicht mehr ausreichte. Mindestens relativ: nämlich im Verhältnis zum beanspruchten Machtumfang des Staatswesens, nicht. Denn nur die bürokratische Heeresform ermöglichte die Aufstellung stehender Berufsheere, wie sie sowohl zur dauernden Befriedung großer Flächenstaaten als zur Kriegführung gegen weit entfernte Feinde, namentlich über See, notwendig sind. Auch die spezifische militärische Disziplin und technische Abrichtung ist normalerweise, mindestens in ihrem modernen Höhengrade nur im bürokratischen Heere voll entfaltungsfähig.

Ganz ebenso geht in anderen Sphären die Bürokratisierung der Verwaltung mit der Konzentration der Betriebsmittel Hand in Hand. Die alte Satrapen- und Statthalterverwaltung, ebenso die Verwaltung durch Amtspächter, Amtskäufer, und am meisten die Verwaltung durch Lehensleute dezentralisiert die sachlichen Betriebsmittel: der lokale Bedarf der Provinz, einschließlich der Kosten des Heeres und der Unterbeamten, wird regelmäßig vorab aus den lokalen Einnahmen bestritten und nur der Überschuß gelangt in die Zentralkasse. Der belehnte Beamte verwaltet ganz aus eigener Tasche. Der bürokratische Staat dagegen bringt die gesamten staatlichen Verwaltungskosten auf seinen Etat und stattet die Unterinstanzen mit den laufenden Betriebsmitteln aus, in deren Verwendung er sie reglementiert und kontrolliert. Für die »Wirtschaftlichkeit« der Verwaltung bedeutet dies das gleiche wie der kapitalistisch zentralisierte Großbetrieb.

[...]

Wenn trotz all dieser zweifellosen technischen Überlegenheit der Bürokratie diese überall ein relativ spätes Entwicklungsprodukt gewesen ist, so trugen dazu zunächst eine Reihe von Hemmungen bei, welche erst unter bestimmten sozialen und politischen Bedingungen endgültig zurücktraten. Die bürokratische Organisation ist nämlich regelmäßig zur Herrschaft gelangt:

auf der Basis einer, mindestens relativen, Nivellierung der ökonomischen und sozialen Unterschiede in ihrer Bedeutsamkeit für die Innehabung der Verwaltungsfunktionen. Sie ist insbesondere eine unvermeidliche Begleiterscheinung der modernen Massendemokratie im Gegensatz zu der demokratischen Selbstverwaltung kleiner homogener Einheiten. Zunächst schon infolge des ihr charakteristischen Prinzips: der abstrakten Regelhaftigkeit der Herrschaftsausübung. Denn diese folgt aus dem Verlangen nach »Rechtsgleichheit« im persönlichen und sachlichen Sinn, also: aus der Perhorreszierung des »Privilegs« und aus der prinzipiellen Ablehnung der Erledigung »von Fall zu Fall«. Dann aber auch aus den sozialen Vorbedingungen ihrer Entstehung. Jede nicht bürokratische Verwaltung eines quantitativ großen sozialen Gebildes beruht in irgendeiner Art darauf, daß ein bestehender sozialer, materieller oder Ehrenvorrang mit Verwaltungsfunktionen und -pflichten in Verbindung gebracht ist. Regelmäßig mit der Folge, daß die direkt oder indirekt ökonomische oder auch die »soziale« Ausbeutung der Stellung, welche jede Art von verwaltender Tätigkeit ihren Trägern verleiht, den Entgelt für deren Übernahme darstellt. Die Bürokratisierung und Demokratisierung bedeutet daher innerhalb der staatlichen Verwaltung trotz ihres normalerweise »wirtschaftlicheren« Charakters gegenüber jenen Formen eine Steigerung der baren Ausgaben der öffentlichen Kassen. Die Überlassung fast der gesamten Lokalverwaltung und der niederen Gerichtsbarkeit an die Grundherren im Osten Preußens war bis in die neueste Zeit die – wenigstens vom Kassenstandpunkt des Staats aus gesehen – billigste Art der Deckung des Bedürfnisses nach Verwaltung. Ebenso die Friedensrichterverwaltung in England. Die Massendemokratie, welche mit feudalen, patriomonialen und – wenigstens der Absicht nach – plutokratischen Vorrechten in der Verwaltung aufräumt, muß unweigerlich bezahlte Berufsarbeit an die Stelle der überkommenen nebenamtlichen Honoratiorenverwaltung setzen. Dies gilt nicht nur von staatlichen Gebilden. Es ist kein Zufall, daß gerade die demokratischen Massenparteien (in Deutschland die Sozialdemokratie und die agrarische Massenbewegung, in England zuerst die von Birmingham aus seit den 70er Jahren organisierte Gladstone-Chamberlainsche Caucusdemokratie, in Amerika beide Parteien seit Jacksons Administration) in ihrer eigenen Parteiorganisation am vollständigsten mit der überkommenen und bei den altkonservativen, aber auch bei den alten liberalen Parteien noch vielfach vorherrschenden, auf persönlichen Beziehungen und persönlichem Ansehen ruhenden Honoratiorenherrschaft gebrochen und sich bürokratisch unter der Leitung von Parteibeamten, berufsmäßigen Partei- und Gewerkschaftssekretären usw. organisiert haben. In Frankreich scheiterte immer wieder der Versuch einer straffen Organisation politischer Parteien auf der Basis eines diese erzwingenden Wahlsystems wesentlich an dem Widerstand der lokalen Honoratiorenkreise gegen die dann auf die Dauer unvermeidliche, ihren Einfluß brechende, das ganze Land umspannende Parteibürokratisierung. Denn jeder Fortschritt der einfachen mit Ziffern rechnenden Wahltechnik, wie etwa (wenigstens unter Großstaatverhältnissen) das Proportionalwahlsystem, bedeutet straffe, interlokale bürokratische Organisation der Parteien und damit zunehmende Herrschaft der Parteibürokratie und der Disziplin unter Ausschaltung der lokalen Honoratiorenkreise. Innerhalb der staatlichen Verwaltung selbst liegt der Fortschritt der Bürokratisierung in Frankreich, Nordamerika, jetzt England als Parallelerscheinung der Demokratie offen zutage. Dabei ist natürlich stets zu beachten, daß der Name »Demokratisierung« irreführend wirken kann: der Demos im Sinn einer ungegliederten Masse »verwaltet« in größeren Verbänden nie selbst, sondern wird verwaltet und wechselt nur die Art der Auslese der herrschenden Verwaltungsleiter und das Maß von Beeinflussung, welches er oder richtiger: andere Personenkreise aus seiner Mitte durch die Ergänzung einer sog. »öffentlichen Meinung« auf den Inhalt und die Richtung der Verwaltungstätigkeit auszuüben imstande sind. »Demokratisierung« in dem hier gemeinten Sinn muß nicht etwa notwendig Zunahme des aktiven Anteils der Beherrschten an der Herrschaft innerhalb des betreffenden Sozialgebildes bedeuten. Diese kann Folge des hier gemeinten Vorgangs sein, muß es aber nicht sein. Vielmehr hat man sich gerade hier sehr nachdrücklich ins Bewußtsein zu rufen: daß der politische Begriff der Demokratie aus der »Rechtsgleichheit« der Beherrschten noch die ferneren Postulate: 1. Hinderung der Entwicklung eines geschlossenen »Beamtenstandes«, im Interesse der allgemeinen Zugänglichkeit der Ämter und 2. Minimisierung ihrer Herrschaftsgewalt im Interesse tunlichster Vertreibung [Vortreibung?] der Einflußsphäre der »öffentlichen Meinung« ableitet, also, wo immer möglich, kurzfristige Besetzung durch widerrufliche Wahl ohne Bindung an fachmäßige Qualifikation erstrebt. Dadurch gerät sie mit den von ihr – infolge ihres Kampfes gegen die Honoratiorenherrschaft – erzeugten Tendenzen der Bürokratisierung unvermeidlich in Widerstreit. Mithin kommt die überhaupt unpräzise Bezeichnung »Demokratisierung« hier nicht in Betracht, sofern darunter die Minimisierung der Herrschaftsgewalt der »Berufsbeamten« zugunsten der möglichst »direkten« Herrschaft des »Demos«, das heißt aber praktisch: seiner jeweiligen Parteiführer, verstanden wird. Das Entscheidende ist vielmehr hier ausschließlich die Nivellierung der beherrschten gegenüber der herrschenden, bürokratisch gegliederten Gruppe, welche dabei ihrerseits sehr wohl faktisch, oft aber auch formal, eine ganz autokratische Stellung besitzen kann.

[...]

Eine einmal voll durchgeführte Bürokratie gehört zu den am schwersten zu zertrümmernden sozialen Gebilden. Die Bürokratisierung ist das spezifische Mittel, »Gemeinschaftshandeln« in rational geordnetes »Gesellschaftshandeln« zu überführen. Als Instrument der »Vergesellschaftung« der Herrschaftbeziehungen war und ist sie daher ein Machtmittel allerersten Ranges für den, der über den bürokratischen Apparat verfügt. Denn unter sonst gleichen Chancen ist planvoll geordnetes und geleitetes »Gesellschaftshandeln« jedem widerstrebenden »Massen«- oder auch »Gemeinschaftshandeln« überlegen. Wo die Bürokratisierung der Verwaltung einmal restlos durchgeführt ist, da ist eine praktisch so gut wie unzerbrechliche Form der Herrschaftsbeziehungen geschaffen. Der einzelne Beamte kann sich dem Apparat, in den er eingespannt ist, nicht entwinden. Der Berufsbeamte ist, im Gegensatz zum ehren- und nebenamtlich verwaltenden »Honoratioren«, mit seiner ganzen materiellen und ideellen Existenz an seine Tätigkeit gekettet. Er ist – der weit überwiegenden Mehrzahl nach – nur ein einzelnes, mit spezialisierten Aufgaben betrautes, Glied in einem nur von der höchsten Spitze her, nicht aber (normalerweise) von seiner Seite, zur Bewegung oder zum Stillstand zu veranlassenden, rastlos weiterlaufenden Mechanismus, der ihm eine im wesentlichen gebundene Marschroute vorschreibt. Und er ist durch all dies vor allem festgeschmiedet an die Interessengemeinschaft aller in diesen Mechanismus eingegliederten Funktionäre daran, daß dieser weiterfunktioniere und die vergesellschaftet ausgeübte Herrschaft fortbestehe. Die Beherrschten ihrerseits ferner können einen einmal bestehenden bürokratischen Herrschaftsapparat weder entbehren noch ersetzen, da er auf Fachschulung, arbeitsteiliger Fachspezialisierung und festem Eingestelltsein auf gewohnte und virtuos beherrschte Einzelfunktionen in planvoller Synthese beruht. Stellt er seine Arbeit ein oder wird sie gewaltsam gehemmt, so ist die Folge ein Chaos, zu dessen Bewältigung schwer ein Ersatz aus der Mitte der Beherrschten zu improvisieren ist. Dies gilt ganz ebenso auf dem Gebiet der öffentlichen wie der privatwirtschaftlichen Verwaltung. Die Gebundenheit des materiellen Schicksals der Masse an das stetige korrekte Funktionieren der zunehmend bürokratisch geordneten privatkapitalistischen Organisationen nimmt stetig zu, und der Gedanke an die Möglichkeit ihrer Ausschaltung wird dadurch immer utopischer. Die »Akten« einerseits und andererseits die Beamtendisziplin, d. h. Eingestelltheit der Beamten auf präzisen Gehorsam innerhalb ihrer gewohnten Tätigkeit werden damit im öffentlichen wie privaten Betrieb zunehmend die Grundlage aller Ordnung. Vor allem aber – so praktisch wichtig die Aktenmäßigkeit der Verwaltung ist – die »Disziplin«. Der naive Gedanke des Bakunismus: durch Vernichtung der Akten zugleich die Basis der »erworbenen Rechte« und die »Herrschaft« vernichten zu können, vergißt, daß unabhängig von den Akten die Eingestelltheit der Menschen auf die Innehaltung der gewohnten Normen und Reglements fortbesteht. Jede Neuordnung geschlagener und aufgelöster Truppenformationen und ebenso jede Herstellung einer durch Revolten, Panik oder andere Katastrophen zerstörten Verwaltungsordnung vollzieht sich durch einen Appell an jene bei den Beamten einerseits, den Beherrschten andererseits gezüchtete Eingestelltheit auf das gehorsame Sichfügen in jene Ordnungen, der, wenn er Erfolg hat, den gestörten Mechanismus sozusagen wieder zum »Einschnappen« bringt. Die objektive Unentbehrlichkeit des einmal bestehenden Apparats in Verbindung mit der ihm eigenen »Unpersönlichkeit« bringt es andererseits mit sich, daß er – im Gegensatz zu den feudalen, auf persönlicher Pietät ruhenden Ordnungen – sich sehr leicht bereit findet, für jeden zu arbeiten, der sich der Herrschaft über ihn einmal zu bemächtigen gewußt hat. Ein rational geordnetes Beamtensystem funktioniert, wenn der Feind das Gebiet besetzt, in dessen Hand unter Wechsel lediglich der obersten Spitzen tadellos weiter, weil es im Lebensinteresse aller Beteiligten, einschließlich vor allem des Feindes selbst, liegt, daß dies geschehe. Nachdem Bismarck im Laufe langjähriger Herrschaft seine Ministerkollegen durch Eliminierung aller selbständigen Staatsmänner in bedingungslose bürokratische Abhängigkeit von sich gebracht hatte, mußte er bei seinem Rücktritt zu seiner Überraschung erleben, daß diese ihres Amts unbekümmert und unverdrossen weiter walteten, als sei nicht der geniale Herr und Schöpfer dieser Kreaturen, sondern eine beliebige Einzelfigur im bürokratischen Mechanismus gegen eine andere ausgewechselt worden. Unter allem Wechsel der Herren in Frankreich seit der Zeit des ersten Kaiserreichs blieb der Herrschaftsapparat im wesentlichen derselbe. Indem dieser Apparat, wo immer er über die modernen Nachrichten- und Verkehrsmittel (Telegraph) verfügt, eine »Revolution« im Sinn der gewaltsamen Schaffung ganz neuer Herrschaftsbildungen rein technisch und auch durch seine innere durchrationalisierte Struktur zunehmend zur Unmöglichkeit macht, hat er – wie in klassischer Weise Frankreich demonstriert – an die Stelle der »Revolutionen« die »Staatsstreiche« gesetzt, – denn alle gelingenden Umwälzungen liefen dort auf solche hinaus. –

[...]

Stets ist die Machtstellung der vollentwickelten Bürokratie eine sehr große, unter normalen Verhältnissen eine überragende. Einerlei, ob der »Herr«, dem sie dient, ein mit der Waffe der »Gesetzesinitiative«, des »Referendums« und der Beamtenabsetzung ausgerüstetes »Volk«, ein mit dem Recht oder der faktischen Maßgeblickeit des »Mißtrauensvotums« ausgerüstetes, nach mehr aristokratischer oder mehr »demokratischer« Basis gewähltes Parlament oder ein rechtlich oder faktisch sich selbst ergänzendes aristokratisches Kollegium oder ein vom Volk gewählter Präsident oder ein erblicher »absoluter« oder »konstitutioneller« Monarch ist, – stets befindet er sich den im Betrieb der Verwaltung stehenden geschulten Beamten gegenüber in der Lage des »Dilettanten« gegenüber dem »Fachmann«. Diese Überlegenheit des berufsmäßig Wissenden sucht jede Bürokratie noch durch das Mittel der Geheimhaltung ihrer Kenntnisse und Absichten zu steigern. Bürokratische Verwaltung ist ihrer Tendenz nach stets Verwaltung mit Ausschluß der Öffentlichkeit. Die Bürokratie verbirgt ihr Wissen und Tun vor der Kritik, soweit sie irgend kann. Preußische Kirchenbehörden drohen jetzt für den Fall, daß ihre an die Pfarrer gerichteten Verweise oder andere Maßregelungen von diesen überhaupt irgendwie Dritten zugänglich gemacht werden, Disziplinarmaßregeln an, weil dadurch die Möglichkeit einer Kritik an ihnen »verschuldet« werde. Die Rechnungsbeamten des persischen Schah machten aus der Etatisierungskunst direkt eine Geheimlehre und bedienten sich einer Geheimschrift. Die preußische amtliche Statistik publiziert im allgemeinen nur, was den Absichten der machthabenden Bürokratie nicht schädlich sein kann. Die Tendenz zur Sekretierung folgt auf bestimmten Verwaltungsgebieten aus deren sachlicher Natur: überall da nämlich, wo es sich um die Machtinteressen des betreffenden Herrschaftsgebildes nach außen handelt: sei es gegenüber ökonomischen Konkurrenten eines Privatbetriebs, sei es, bei politischen Gebilden, um fremde, potentiell feindliche politische Gebilde. Der Betrieb der Diplomatie kann nur in sehr beschränktem Sinn und Maß ein öffentlich kontrollierter sein, wenn er Erfolg zeitigen soll. Die Militärverwaltung muß, mit Zunahme der Bedeutung des rein Technischen, zunehmend auf Sekretierung ihrer wichtigsten Maßregeln halten. Die politischen Parteien verfahren nicht anders, und zwar trotz aller ostensiblen Öffentlichkeit der Katholikentage und Parteikongresse zunehmend mit zunehmender Bürokratisierung des Parteibetriebs. Die Handelspolitik führt z. B. in Deutschland zur Sekretierung der Produktionsstatistik. Jede Kampfstellung sozialer Gebilde nach außen wirkt eben immer, rein als solche, im Sinn der Stärkung der Position der in der Macht befindlichen Gewalten. Allein weit über diese Gebiete rein sachlich motivierter Geheimhaltung wirkt das reine Machtinteresse der Bürokratie als solches. Der Begriff des »Amtsgeheimnisses« ist ihre spezifische Erfindung und nichts wird von ihr mit solchem Fanatismus verteidigt wie eben diese, außerhalb jener spezifisch qualifizierten Gebiete rein sachlich nicht motivierbare, Attitude. Steht die Bürokratie einem Parlament gegenüber, so kämpft sie aus sicherem Machtinstinkt gegen jeden Versuch desselben, durch eigene Mittel (z. B. das sog. »Enquêterecht«) sich Fachkenntnisse von den Interessenten zu verschaffen: ein schlecht informiertes und daher machtloses Parlament ist der Bürokratie naturgemäß willkommener, – soweit jene Unwissenheit irgendwie mit ihren eigenen Interessen verträglich ist. Auch der absolute Monarch und in gewissem Sinne gerade er am meisten ist der überlegenen bürokratischen Fachkenntnis gegenüber machtlos. Alle zornigen Verfügungen Friedrichs des Großen über die »Abschaffung der Leibeigenschaft« entgleisten, sozusagen, auf dem Wege zur Realisierung, weil der Amtsmechanismus sie einfach als dilettantische Gelegenheitseinfälle ignorierte. Der konstitutionelle König hat, wo immer er sich in Übereinstimmung mit einem sozial gewichtigen Teil der Beherrschten befindet, sehr oft einen bedeutenderen Einfluß auf den, infolge der wenigstens relativen Öffentlichkeit der Kritik an der Verwaltung auch für ihn kontrollierbareren, Gang derselben als der absolute Monarch, der auf die Informationen durch die Bürokratie selbst allein angewiesen ist. Der russische Zar des alten Regimes war selten imstande, das geringste dauernd durchzusetzen, was seiner Bürokratie mißfiel und gegen deren Machtinteressen verstieß. Seine ihm als Selbstherrscher direkt unterstellten Ministerien bildeten, wie Leroy-Beaulieu bereits sehr zutreffend bemerkt hat, ein Konglomerat von Satrapien, die sich untereinander mit allen Mitteln persönlicher Intrigue bekämpften, insbesondere fortwährend mit voluminösen »Denkschriften« bombardierten, denen gegenüber der Monarch als Dilettant hilflos war. Die mit jedem Übergang zum Konstitutionalismus unvermeidliche Konzentration der Macht der Zentralbürokratie in einer Hand: ihre Unterstellung unter eine monokratische Spitze: den Ministerpräsidenten, durch dessen Hände alles gehen muß, was an den Monarchen gelangt, stellt diesen letzteren weitgehend unter die Vormundschaft des Chefs der Bürokratie, wogegen Wilhelm II. in seinem bekannten Konflikt mit Bismarck ankämpfte, um sehr bald seinen Angriff auf jenes Prinzip zurücknehmen zu müssen. Unter der Herrschaft des Fachwissens kann eben der reale Einfluß des Monarchen Stetigkeit nur noch erlangen durch den stetigen, von der zentralen Spitze der Bürokratie planvoll geleiteten Verkehr mit den Chefs der letzteren. Zugleich bindet der Konstitutionalismus die Bürokratie und den Herrscher in Interessengemeinschaft gegen das Machtstreben der Parteichefs in den Parlamenten aneinander. Gegen die Bürokratie aber ist der konstitutionelle Monarch eben deshalb machtlos, wenn er keine Stütze im Parlament findet. Der Abfall der »Großen des Reichs«: der preußischen Minister und höchsten Reichsbeamten, hat noch im November 1918 in Deutschland einen Monarchen in annähernd die gleiche Lage gebracht, wie der auf dem Boden des Lehensstaates entsprechende Vorgang im Jahre 1056. Indessen ist dies immerhin Ausnahme. Denn die Machtstellung des Monarchen ist gegenüber bürokratischen Beamten, angesichts der stets vorhandenen avancementslustigen Anwärter, durch die er unbequeme unabhängige Beamte leicht ersetzen kann, im ganzen doch weit stärker als im Feudalstaat und auch im »stereotypierten« Patrimonialstaat. Nur ökonomisch unabhängige, d. h. besitzenden Schichten angehörige Beamte können sich, unter sonst gleichen Umständen, gestatten, den Verlust des Amts zu riskieren: Rekrutierung von besitzlosen Schichten steigert heute wie von jeher die Macht der Herren. Und nur Beamte, welche einer sozial einflußreichen Schicht angehören, mit der der Monarch als Stütze seiner Person rechnen zu müssen glaubt (wie in Preußen die sog. »Kanalrebellen«), können seinen Willen dauernd inhaltlich gänzlich paralysieren.

Überlegen ist der Sachkenntnis der Bürokratie nur die Sachkenntnis der privatwirtschaftlichen Interessenten auf dem Gebiet der »Wirtschaft«. Diese deshalb, weil für sie die genaue Tatsachenkenntnis auf ihrem Gebiet direkt wirtschaftliche Existenzfrage ist: Irrtümer in einer amtlichen Statistik haben für den schuldigen Beamten keine direkten wirtschaftlichen Folgen, – Irrtümer in der Kalkulation eines kapitalistischen Betriebes kosten diesem Verluste, vielleicht den Bestand. Und auch das »Geheimnis« als Machtmittel ist im Hauptbuch eines Unternehmers immerhin noch sicherer geborgen als in den Akten der Behörden. Schon deshalb ist die behördliche Beeinflussung des Wirtschaftslebens im kapitalistischen Zeitalter an so enge Schranken gebunden und entgleisen die Maßregeln des Staats auf diesem Gebiete so oft in unvorhergesehene und unbeabsichtigte Bahnen oder werden durch die überlegene Sachkenntnis der Interessenten illusorisch gemacht. –

[...]

Nicht analysiert werden können hier die weittragenden allgemeinen Kulturwirkungen, welche das Vordringen der rationalen bürokratischen Herrschaftsstruktur rein als solcher und ganz unabhängig von dem Gebiet, welches sie ergreift, entfaltet. Sie steht natürlich im Dienste des Vordringens des »Rationalismus« der Lebensgestaltung. Aber dieser Begriff läßt sehr verschiedenartige Inhalte zu. Ganz allgemein läßt sich nur sagen: daß die Entwicklung zur rationalen »Sachlichkeit«, zum »Berufs«- und »Fachmenschentum« mit allen ihren weitverzweigten Wirkungen durch die Bürokratisierung aller Herrschaft sehr stark gefördert wird. Es kann nur ein wichtiger Bestandteil dieses Prozesses hier kurz angedeutet werden: die Wirkung auf die Art der Erziehung und Bildung. Unsere kontinentalen, okzidentalen Erziehungsanstalten, speziell die höheren: Universitäten, technische Hochschulen, Handelshochschulen, Gymnasien und andere Mittelschulen, stehen unter dem beherrschenden Einfluß des Bedürfnisses nach jener Art von »Bildung«, welche das für den modernen Bürokratismus zunehmend unentbehrliche Fachprüfungswesen züchtet: der Fachschulung. Die »Fachprüfung« im heutigen Sinn fand und findet sich auch außerhalb eigentlich bürokratischer Gebilde, so heute für die »freien« Berufe des Arztes und Anwalts und in den zünftig organisierten Gewerben. Sie ist auch nicht unentbehrliche Begleiterscheinung der Bürokratisierung: die französische, englische, amerikanische Bürokratie haben ihrer lange in starkem Maß oder ganz entbehrt: die Schulung und Leistung im Parteibetrieb ersetzte sie. Die »Demokratie« steht auch der Fachprüfung, wie allen Erscheinungen der von ihr selbst geförderten Bürokratisierung in zwiespältiger Stellungnahme gegenüber: einerseits bedeutet sie oder scheint sie doch zu bedeuten: »Auslese« der Qualifizierten aus allen sozialen Schichten an Stelle der Honoratiorenherrschaft. Andererseits fürchtet sie von der Prüfung und dem Bildungspatent eine privilegierte »Kaste« und kämpft daher dagegen. Und endlich findet sich die Fachprüfung auch schon in vorbürokratischen oder halbbürokratischen Epochen. Ihr regelmäßiger erster geschichtlicher Standort sind präbendal organisierte Herrschaften. Exspektanzen auf Pfründen, zunächst geistliche – wie im islamischen Orient und im okzidentalen Mittelalter –, dann, wie namentlich in China, auch weltliche, sind der typische Preis, um dessentwillen studiert und examiniert wird. Aber diese Prüfungen haben allerdings nur zum Teil wirklichen »Fach«-Charakter. – Erst die moderne Vollbürokratisierung bringt das rationale, fachmäßige Examenswesen zur unaufhaltsamen Entfaltung. Die civil service reform importiert allmählich die Fachschulung und Fachprüfung nach Amerika und auch in alle anderen Länder dringt sie aus ihrer (in Europa) hauptsächlichen Brutstätte: Deutschland, vor. Die steigende Bürokratisierung der Verwaltung steigert ihre Bedeutung in England, der Versuch des Ersatzes des halbpatrimonialen alten Bürokratismus durch den modernen brachte sie (an Stelle des ganz andersartigen alten Examenswesens) nach China, die Bürokratisierung des Kapitalismus und sein Bedarf nach fachgeschulten Technikern, Kommis usw. trägt sie in alle Welt. Diese Entwicklung wird vor allem durch das soziale Prestige der durch Fachprüfung erworbenen Bildungspatente mächtig gefördert, um so mehr, als dieses seinerseits wieder in ökonomische Vorteile umgesetzt wird. Was die Ahnenprobe als Voraussetzung der Ebenbürtigkeit, Stiftsfähigkeit und, wo immer der Adel sozial mächtig blieb, auch der staatlichen Amtsqualifikation in der Vergangenheit war, wird heute das Bildungspatent. Die Ausgestaltung der Universitäts-, technischen und Handelshochschuldiplome, der Ruf nach Schaffung von Bildungspatenten auf allen Gebieten überhaupt, dienen der Bildung einer privilegierten Schicht in Büro und Kontor. Ihr Besitz stützt den Anspruch auf Konnubium mit den Honoratioren (auch im Kontor werden naturgemäß Vorzugschancen auf die Hand der Töchter der Chefs davon erhofft), auf Zulassung zum Kreise des »Ehrenkodex«, auf »standesgemäße« Bezahlung statt der Entlohnung nach der Leistung, auf gesichertes Avancement und Altersversorgung, vor allem aber auf Monopolisierung der sozial und wirtschaftlich vorteilhaften Stellungen zugunsten der Diplomanwärter. Wenn wir auf allen Gebieten das Verlangen nach der Einführung von geregelten Bildungsgängen und Fachprüfungen laut werden hören, so ist selbstverständlich nicht ein plötzlich erwachender »Bildungsdrang«, sondern das Streben nach Beschränkung des Angebotes für die Stellungen und deren Monopolisierung zugunsten der Besitzer von Bildungspatenten der Grund. Für diese Monopolisierung ist heute die »Prüfung« das universelle Mittel, deshalb ihr unaufhaltsames Vordringen. Und da der zum Erwerb des Bildungspatents erforderliche Bildungsgang erhebliche Kosten und Karenzzeiten verursacht, so bedeutet jenes Streben zugleich die Zurückdrängung der Begabung (des »Charisma«) zugunsten des Besitzes, – denn die »geistigen« Kosten der Bildungspatente sind stets geringe und nehmen mit der Massenhaftigkeit nicht zu sondern ab. Das Erfordernis ritterlicher Lebensführung in der alten Lehensqualifikation wird dabei bei uns durch die Teilnahme an deren heutigen Rudimenten in dem Verbindungswesen der die Bildungspatente erteilenden Hochschulen, in den angelsächsischen Ländern durch das Sport- und Klubwesen ersetzt. Auf der anderen Seite strebt die Bürokratie überall nach der Entwicklung einer Art von »Recht am Amt« durch Schaffung eines geordneten Disziplinarverfahrens, Beseitigung der ganz arbiträren Verfügung der »Vorgesetzten« über den Beamten, sucht ihm seine Stellung, sein geordnetes Aufrücken, seine Versorgung im Alter zu sichern und wird darin durch die »demokratische«, nach Minimisierung der Herrschaft verlangende, Stimmung der Beherrschten unterstützt, welche in jeder Abschwächung der arbiträren Verfügung des Herren über die Beamten eine Schwächung der Herrengewalt selbst erblicken zu können glaubt. Insofern also ist die Bürokratie, und zwar innerhalb der Kaufmannskontore wie im öffentlichen Dienst, ganz ebenso Trägerin einer spezifisch »ständischen« Entwicklung wie die ganz anders gearteten Amtsträger der Vergangenheit. Und es wurde schon früher darauf hingewiesen, daß diese ständischen Qualitäten in ihrer Art zur technischen Brauchbarkeit der Bürokratie für ihre spezifischen Aufgaben mit verwertet zu werden pflegen. Eben gegen diesen unvermeidlichen »ständischen« Charakter reagiert nun aber wiederum das Streben der »Demokratie«, an Stelle der ernannten Beamten die kurzfristige Beamtenwahl und an Stelle des geordneten Disziplinarverfahrens die Beamtenabsetzung durch Volksabstimmung zu setzen, also die arbiträre Verfügung des hierarchisch übergeordneten »Herren« durch die ebenso arbiträre Verfügung der Beherrschten bzw. der sie beherrschenden Parteichefs zu ersetzen.

[. . .]

Die bürokratische Organisation hat bei ihrem Vordringen nicht nur die schon mehrfach erwähnten, wesentlich negativen Hemmungen der für sie erforderlichen Nivellierung zu überwinden gehabt. Sondern mit ihr kreuzten und kreuzen sich Formen der Verwaltungsstruktur, welche auf heterogenen Prinzipien beruhen und teilweise bereits gestreift wurden. Von diesen sind hier nicht etwa alle real existierenden Typen – das würde viel zu weit führen –, aber einige besonders wichtige Strukturprinzipien in möglichst vereinfachtem Schema kurz zu erörtern. Nicht nur, aber stets auch unter der Fragestellung: 1. inwieweit sie ökonomischer Bedingtheit unterliegen oder etwa durch andere, z. B. rein politische, Umstände oder endlich durch eine in ihrer technischen Struktur selbst liegende »Eigengesetzlichkeit« für sie Entwicklungschancen geschaffen werden, und 2. ob und welche spezifischen ökonomischen Wirkungen sie ihrerseits etwa entfalten. Dabei muß natürlich von Anfang an die Flüssigkeit und das Ineinanderübergehen aller dieser Organisationsprinzipien im Auge behalten werden. Ihre »reinen« Typen sind ja lediglich als für die Analyse besonders wertvolle und unentbehrliche Grenzfälle zu betrachten, zwischen welchen sich die fast stets in Mischformen auftretende historische Realität bewegt hat und noch bewegt.

Die bürokratische Struktur ist überall spätes Entwicklungsprodukt. Je weiter wir in der Entwicklung zurückgehen, desto typischer wird für die Herrschaftsformen das Fehlen der Bürokratie und des Beamtentums überhaupt. Die Bürokratie ist »rationalen« Charakters: Regel, Zweck, Mittel, »sachliche« Unpersönlichkeit beherrschen ihr Gebaren. Ihre Entstehung und Ausbreitung hat daher überall in jenem besonderen, noch zu besprechenden Sinne »revolutionär« gewirkt, wie dies der Vormarsch des Rationalismus überhaupt auf allen Gebieten zu tun pflegt. Sie vernichtete dabei Strukturformen der Herrschaft, welche einen, in diesem speziellen Sinn, rationalen Charakter nicht hatten. Wir fragen also: welche diese waren?

Patrimonialismus

Von den vorbürokratischen Strukturprinzipien ist nun das weitaus wichtigste die patriarchale Struktur der Herrschaft. Ihrem Wesen nach ruht sie nicht auf der Dienstpflicht für einen sachlichen, unpersönlichen »Zweck« und der Obödienz gegenüber abstrakten Normen, sondern gerade umgekehrt auf streng persönlichen Pietätsbeziehungen. Ihr Keim liegt in der Autorität eines Hausherrn innerhalb einer häuslichen Gemeinschaft. Seiner persönlichen autoritären Stellung ist gemeinsam mit der sachlichen Zwecken dienenden bürokratischen Herrschaft: die Stetigkeit des Bestandes, der »Alltagscharakter«. Beide finden ferner ihre innere Stütze letztlich in der Fügsamkeit der Gewaltunterworfenen an »Normen«. Diese sind aber bei der bürokratischen Herrschaft rational geschaffen, appellieren an den Sinn für abstrakte Legalität, ruhen auf technischer Einschulung, bei der patriarchalen dagegen ruhen sie auf der »Tradition«: dem Glauben an die Unverbrüchlichkeit des immer so Gewesenen als solchen. Und die Bedeutung der Normen ist für beide grundverschieden. Bei der bürokratischen Herrschaft ist es die gesatzte Norm, welche die Legitimation des konkreten Gewalthabers zum Erlaß eines konkreten Befehls schafft. Bei der patriarchalen Herrschaft ist es die persönliche Unterwerfung unter den Herrn, welche die von diesem gesetzten Regeln als legitim garantiert, und nur die Tatsache und die Schranken seiner Herrengewalt entstammen ihrerseits »Normen«, aber ungesatzten, durch die Tradition geheiligten Normen. Immer aber geht die Tatsache, daß dieser konkrete Herr eben der »Herr« ist, im Bewußtsein der Unterworfenen allen anderen voraus; und soweit seine Gewlt nicht durch die Tradition oder durch konkurrierende Gewalten begrenzt ist, übt er sie schrankenlos und nach freiem Belieben, vor allem: regelfrei. Während für den bürokratischen Beamten im Prinzip gilt: daß sein konkreter Befehl nur soweit reicht, als er sich dafür auf eine spezielle »Kompetenz«, die durch eine »Regel« festgestellt ist, stützen kann. Die objektive Grundlage der bürokratischen Macht ist ihre durch spezialistische Fachkenntnis begründete technische Unentbehrlichkeit. Bei der Hausautorität sind uralte naturgewachsene Situationen die Quelle des auf Pietät ruhenden Autoritätsglaubens. Für alle Hausunterworfenen das spezifisch enge, persönliche, dauernde Zusammenleben im Hause mit seiner äußeren und inneren Schicksalsgemeinschaft. Für das haushörige Weib die normale Überlegenheit der physischen und geistigen Spannkraft des Mannes. Für das jugendliche Kind seine objektive Hilfsbedürftigkeit. Für das erwachsene Kind die Gewöhnung, nachwirkende Erziehungseinflüsse und festgewurzelte Jugenderinnerungen. Für den Knecht seine Schutzlosigkeit außerhalb des Machtbereichs seines Herrn, in dessen Gewalt sich zu fügen er von Kindheit an durch die Tatsachen des Lebens eingestellt ist. Vatergewalt und Kindespietät ruhen primär nicht auf realem Blutsband, so sehr dessen Bestehen für sie normal sein mag. Gerade die primitiv patriarchale Auffassung behandelt vielmehr, und zwar auch nach der (keineswegs »primitiven«) Erkenntnis der Zusammenhänge von Zeugung und Geburt, die Hausgewalt durchaus eigentumsartig: die Kinder aller in der Hausgewalt eines Mannes, es sei als Weib oder Sklavin, stehenden Frauen gelten ohne Rücksicht auf physische Vaterschaft, sobald er es so will, als »seine« Kinder, wie die Früchte seines Viehs als sein Vieh. Neben Vermietung (in das mancipium) und Verpfändung von Kindern und auch Weibern ist der Kauf fremder und Verkauf eigener Kinder noch entwickelten Kulturen eine geläufige Erscheinung. Er ist geradezu die ursprüngliche Form des Ausgleichs von Arbeitskräften und Arbeitsbedarf zwischen den verschiedenen Hausgemeinschaften. So sehr, daß als Form der Eingehung eines »Arbeitsvertrags« seitens eines freien Selbständigen noch in babylonischen Kontrakten der zeitlich befristete Selbstverkauf in die Sklaverei sich findet. Daneben dient der Kindeskauf anderen, speziell religiösen Zwecken (Sicherung der Totenopfer), als Vorläufer der »Adoption«.

Innerhalb des Hauses entwickelte sich allerdings eine soziale Differenzierung, sobald Sklaverei als reguläre Institution entstand und das Blutsband an Wirklichkeit gewachsen war: nun wurden die Kinder als freie Gewaltunterworfene (»liberi«) von den Sklaven unterschieden. Freilich galt der Willkür des Gewalthabers gegenüber die Scheidewand wenig. Darüber, wer sein Kind sein solle, entschied er allein. Er konnte im römischen Recht noch der historischen Zeit prinzipiell seinen Sklaven letztwillig zum Erbherren machen (liber et heres esto) und sein Kind als Sklaven verkaufen. Aber solange dies nicht geschah, schied den Sklaven vom Hauskind die Chance des letzteren, selbst Hausherr zu werden. Meist ist ihm diese Gewalt allerdings verwehrt oder beschränkt. Wo ferner sakrale und von der politischen Gewalt, zunächst im militärischen Interesse geschaffene Schranken der Verfügungsgewalt bestanden, galten sie nur oder doch wesentlich stärker für die Kinder. Aber diese Schranken wurden erst sehr allmählich fest.

Objektive Grundlage der Zusammengehörigkeit ist überall, im vormuhammedanischen Arabien z. B. ganz ebenso wie noch nach der Terminologie mancher hellenischen Rechte der historischen Zeit, überhaupt aber nach den meisten ungebrochenen patriarchalen Rechtsordnungen, die rein tatsächliche perennierende Gemeinschaft von Wohnstätte, Speise, Trank und alltäglichen Gebrauchsgütern. Ob Inhaber der Hausgewalt auch ein Weib sein kann, ob der älteste oder (wie zuweilen in der russischen Großfamilie) der ökonomisch tüchtigste Sohn es wurde, konnte sehr verschieden geordnet sein und hing von mannigfachen ökonomischen, politischen und religiösen Bedingungen ab, ebenso, ob die Hausgewalt durch heteronome Satzung Beschränkungen erfuhr und welche, oder ob dies, wie in Rom und China, im Prinzip nicht der Fall war. Bestanden solche heteronome Schranken, so konnten diese, wie heute durchweg, kriminal- und privatrechtlich sanktioniert sein, oder nur sakralrechtlich, wie in Rom, oder, wie ursprünglich überall nur durch die Tatsache des »Brauchs«, dessen unmotivierte Verletzung Unzufriedenheit der Gehorchenden und soziale Mißbilligung erregte. Auch dies war ein wirksamer Schutz. Denn alles innerhalb dieser Struktur ist letztlich immer durch die eine grundlegende Macht der Tradition«, des Glaubens an die Unverbrüchlichkeit des »ewig Gestrigen«, festgelegt. Der Talmudsatz: »Niemals ändere der Mensch einen Brauch«, ruht in seiner praktischen Wirksamkeit außer auf der durch die innere »Eingestelltheit« bedingten Macht des Gewohnten rein als solchem ursprünglich auf der Furcht vor unbestimmten magischen Übeln, welche den Neuerer selbst und die soziale Gemeinschaft, die sein Tun billigt, von Geistern, deren Interessen dadurch irgendwie berührt wurden, treffen könnten. Was dann mit Entwicklung der Gotteskonzeptionen durch den Glauben ersetzt wird: daß die Götter das Althergebrachte als Norm gesetzt haben und es deshalb als heilig schirmen würden. Die Pietät der Tradition und die Pietät gegen die Person des Herrn waren die beiden Grundelemente der Autorität. Die Macht der ersteren, auch die Herren bindenden Motive, kam den formal rechtlosen Gewaltunterworfenen, z. B. den Sklaven, zugute, deren Lage unter dem traditionsgebundenen Patriarchalismus des Orients daher wesentlich geschützter war als dort, wo sie, wie in den karthagisch-römischen Plantagen, Objekt rationaler durch jene Schranken nicht mehr gebändigter Ausnutzung wurden. –

Die patriarchale Herrschaft ist nicht die einzige auf Traditionsheiligkeit ruhende Autorität. Neben ihr steht vor allem, als selbständige Form einer normalerweise traditionellen Autorität, die Honoratiorenherrschaft, auf deren Eigenart wir schon gelegentlich zu sprechen kamen und noch öfter zu sprechen kommen werden. Sie besteht überall da, wo soziale Ehre (»Prestige«) innerhalb eines Kreises

Grundlage einer Herrschaftsstellung mit autoritärer Befehlsgewalt wird – was bei weitem nicht bei jeder sozialen Ehre der Fall ist. Was sie von der patriarchalen Herrschaft scheidet, ist das Fehlen jener, mit der Zugehörigkeit zu einem Hausverband, grundherrlichen, leibherrlichen, patrimonialen Verband verknüpften und dadurch motivierten, spezifischen Pietätsbeziehungen persönlicher Art: Kindes- und Diener-Pietät. Die spezifische Autorität des Honoratioren (insbesondere des durch Vermögen, Bildungsqualifikation oder Lebensführung Ausgezeichneten im Kreise der Nachbarn) beruht dagegen gerade nicht auf Kindes- oder Diener-Pietät, sondern auf »Ehre«. Wir wollen diesen Unterschied prinzipiell festhalten, obwohl natürlich hier wie immer die Übergänge gänzlich flüssige sind. Grundlage, Qualität und Tragweite der Autorität der »Honoratioren« sind untereinander sehr verschieden. Es wird davon bei gelegeneren Anlässen zu reden sein. Jetzt aber haben wir es nur mit der patriarchalen Herrschaft, als der formal konsequentesten Strukturform einer auf Traditionsheiligkeit ruhenden Autorität, zu tun.

Bei ganz reiner Ausprägung ist die Hausherrschaft mindestens rechtlich schrankenlos und geht beim Tode oder sonstigen Wegfall des alten gleich schrankenlos auf den neuen Hausherrn über, der z. B. auch die geschlechtliche Benutzung der Weiber seines Vorgängers (eventuell also seines Vaters) einfach miterwirbt. Das Nebeneinanderstehen mehrerer Inhaber der Hausgewalt mit konkurrierender Autorität ist nicht beispiellos, aber naturgemäß selten. Die Abspaltung von Teilen der Hausgewalt, z. B. selbständige Autoritätsstellung einer Hausmutter neben der normalerweise übergeordneten Autorität kommt vor. Wo sie bestand, hing sie mit der ältesten typischen Arbeitsteilung: derjenigen zwischen den Geschlechtern, zusammen. Die weiblichen Häuptlinge, wie sie sich z. B. unter den Sachems der Indianer finden, die nicht selten vorkommenden weiblichen Nebenhäuptlinge (wie etwa die Lukokescha im Reiche des

Muata Jamvo) mit ihrer in ihrem Bereich selbständigen Autorität, gehen historisch meist (wenn auch nicht immer) auf die Funktion der Frauen als ältester Trägerin der eigentlichen »Wirtschaft«: der auf Bodenanbau und Speisenzubereitung ruhenden stetigen Nahrungsfürsorge zurück oder sind die Folge des durch gewisse Arten der Militärorganisation bedingten gänzlichen Ausscheidens der waffenfähigen Männer aus dem Hause.

Wir haben früher, bei Besprechung der Hausgemeinschaft, gesehen, wie deren urwüchsiger Kommunismus sowohl auf sexuellem wie auf ökonomischem Gebiet zunehmenden Schranken unterworfen wird, die »Geschlossenheit nach Innen« immer weiter um sich greift, der rationale »Betrieb« aus der kapitalistischen Erwerbsgemeinschaft des Hauses sich abgliedert und das Prinzip des »Rechnens« und des festen Anteils immer weiter um sich greift, Frau, Kinder, Sklaven persönlich und vermögensrechtlich eigene Rechte gewinnen. Das alles sind ebenso viele Einschränkungen der ungebrochenen Hausgewalt. Als Gegenpol zu der Entwicklung des aus der Erwerbswirtschaft des Hauses entstehenden und von ihr sich aussondernden kapitalistischen »Betriebs« lernten wir ferner die gemeinwirtschaftliche Form einer inneren Gliederung des Hauses: den »Oikos« kennen. Hier haben wir jetzt diejenige Form der Herrschaftsstruktur zu betrachten, welche auf dem Boden des Oikos und damit auf dem Boden der gegliederten Hausgewalt erwachsen ist: die patrimoniale Herrschaft.

Zunächst nur eine Dezentralisation der Hausgemeinschaft ist es, wenn auf ausgedehntem Besitz Unfreie (auch: Haussöhne) mit eigener Behausung und eigener Familie auf Landparzellen ausgesetzt und mit Viehbesitz (daher: peculium) und Inventar ausgestattet werden. Aber gerade diese einfachste Form der Entwicklung des Oikos führt unvermeidlich zu einer inneren Abschwächung der vollen Hausgewalt. Da zwischen Hausherrn und Haushörigen Vergesellschaftungen durch verbindliche Kontrakte ursprünglich nicht stattfinden – die Abänderung des gesetzlichen Inhalts der Vatergewalt durch Kontrakt ist ja in allen Kulturstaaten auch heute noch rechtlich unmöglich – so regeln sich die inneren und äußeren Beziehungen zwischen Herren und Unterworfenen auch in diesem Fall lediglich nach dem Interesse des Herrn und der inneren Struktur des Gewaltverhältnisses. Dies Abhängigkeitsverhältnis selbst bleibt ein Pietäts- und Treueverhältnis. Eine auf solcher Grundlage beruhende Beziehung aber, mag sie auch zunächst eine rein einseitige Herrschaft darstellen, entfaltet aus sich heraus stets den Anspruch der Gewaltunterworfenen auf Gegenseitigkeit, und dieser Anspruch erwirbt durch die »Natur der Sache« als »Brauch« soziale Anerkennung. Denn während für den kasernierten Sklaven die physische Peitsche, für den »freien« Arbeiter diejenige des Lohnes und der drohenden Arbeitslosigkeit die Leistung garantiert, der Kaufsklave relativ billig zu ersetzen sein muß (sonst rentiert seine Verwendung überhaupt nicht), die Ersetzung des »freien« Arbeiters aber gar nichts kostet so lange andere Arbeitswillige da sind – ist der Herr bei dezentralisierter Ausnutzung seiner Haushörigen in weitem Maß auf deren gutwillige Pflichterfüllung und immer auf die Erhaltung ihrer Prästationsfähigkeit angewiesen. Auch der Herr »schuldet« also dem Unterworfenen etwas, zwar nicht rechtlich, aber der Sitte nach. Vor allem – schon im eigenen Interesse – Schutz nach außen und Hilfe in Not, daneben »menschliche« Behandlung, insbesondere eine dem »Üblichen« entsprechende Begrenzung der Ausbeutung seiner Leistungsfähigkeit. Auf dem Boden einer nicht dem Gelderwerb, sondern der Deckung des Eigenbedarfs des Herrn dienenden Herrschaft ist eine solche Beschränkung der Ausbeutung ohne Verletzung der Interessen des Herrn namentlich deshalb möglich, weil in Ermangelung qualitativer, prinzipiell schrankenlos ausdehnbarer Bedarfsentfaltung seine Ansprüche nur quantitativ von denen der Unterworfenen verschieden sind. Und sie ist dem Herrn positiv nützlich, weil nicht nur die Sicherheit seiner Herrschaft, sondern auch deren Erträge stark von der Gesinnung und Stimmung der Untertanen abhängen. Der Unterworfene schuldet der Sitte nach dem Herrn Hilfe mit allen ihm verfügbaren Mitteln. Ökonomisch schrankenlos ist diese Pflicht in außerordentlichen Fällen, z. B. zur Befreiung von Schulden, Ausstattung von Töchtern, Auslösung aus der Gefangenschaft usw. Persönlich schrankenlos ist seine Hilfspflicht im Fall von Krieg und Fehde. Er leistet Heerfolge als Knappe, Wagenlenker, Waffenträger, Troßknecht – so in den Ritterheeren des Mittelalters und in den schwerbewaffneten Hoplitenheeren der Antike – oder auch als privater Vollkrieger des Herrn. Dies letztere galt wohl auch für die römischen Klienten, die auf precarium: ein jederzeit widerrufliches, der Funktion nach wahrscheinlich dienstlehenartiges Verhältnis, gesetzt waren. Es galt für die Parzellenpächter (coloni) schon in der Zeit der Bürgerkriege. Ebenso natürlich für die Hintersassen von Grundherren und Klöstern im Mittelalter. Ganz ebenso waren aber schon die Heere des Pharao und der orientalischen Könige und großen Grundherrn zum nicht geringen Teil patrimonial aus dessen Kolonen rekrutiert, aus dem Herrenhaushalt ausgestattet und ernährt. Gelegentlich, namentlich für den Flottendienst, aber nicht nur für ihn, finden sich Aufgebote von Sklaven, die im antiken Orient mit der Besitzmarke des Herrn versehen waren. Im übrigen leistet der Hintersasse Frohnden und Dienste, Ehrengeschenke, Abgaben, Unterstützungen, dem Rechte nach je nach Bedarf und Ermessen des Herrn, der Tatsache nach gemäß eingelebtem Brauch. Von Rechtswegen bleibt es dem Herrn natürlich unbenommen, ihn nach Gutdünken des Besitzes zu entsetzen, und auch die Sitte hält es ursprünglich für selbstverständlich, daß er über die nachgelassenen Personen und Güter nach Gutdünken verfügt. Wir wollen diesen Spezialfall patriarchaler Herrschaftsstruktur: die mittels Ausgabe von Land und eventuell Inventar an Haussöhne oder andere abhängige Haushörige dezentralisierte Hausgewalt, eine »patrimoniale« Herrschaft nennen.

Alles was an Stetigkeit und zunächst rein tatsächlicher Begrenzung der Willkür des Herrn in die patrimonialen Beziehungen hineinwächst, entsteht durch den zunächst rein faktischen Einfluß der Übung. An sie knüpft dann die »heiligende« Macht der Tradition an. Neben den überall sehr starken, rein tatsächlichen Reibungswiderständen gegen alles Ungewohnte als solches wirkt die Mißbilligung etwaiger Neuerungen des Hausherrn durch seine Umwelt und seine Furcht vor religiösen Mächten, welche überall die Tradition und die Pietätsverhältnisse schützen. Schließlich und nicht zuletzt aber auch seine begründete Befürchtung, daß jede starke Erschütterung des traditionellen Pietätsgefühls durch unmotivierte, als ungerecht empfundene Eingriffe in die traditionelle Verteilung von Pflichten und Rechten sich an seinen eigenen Interessen, speziell auch den ökonomischen, schwer rächen könnte. Denn der Allmacht gegenüber dem einzelnen Abhängigen steht auch hier die Ohnmacht gegenüber ihrer Gesamtheit zur Seite. So hat sich fast überall eine dem Recht nach labile, faktisch aber sehr stabile Ordnung gebildet, welche den Bereich der freien Willkür und Gnade des Herrn zugunsten des Bezirks der Bindung durch die Tradition zurückschiebt. Diese traditionelle Ordnung kann sich der Herr veranlaßt sehen in die Form einer Hof- und Dienstordnung zu bringen, nach Art der modernen Arbeitsordnungen in der Fabrik, nur daß diese rational geschaffene Gebilde zu rationalen Zwecken sind, jene Ordnungen dagegen ihre bindende Macht gerade daraus schöpfen, daß sie nicht nach dem zukünftigen Zweck, sondern nach dem von altersher Bestehenden fragen. Die erlassene Ordnung entbehrt natürlich der rechtlichen Verpflichtung für den Herrn. Wenn er aber, entweder infolge des unübersichtlichen Umfangs seines an Haushörige ausgetanen Besitzes oder wegen dessen weit zerstreuter Lage oder wegen kontinuierlicher politisch-militärischer Inanspruchnahme besonders stark auf den guten Willen derjenigen angewiesen ist, von welchen er seine Einkünfte bezieht, so kann sich im Anschluß an solche Ordnungen eine genossenschaftliche Rechtsbildung vollziehen, die eine sehr starke faktische Bindung des Herrn an seine eigenen Verfügungen entwickelt. Denn jede solche Ordnung macht die ihr Unterstellten aus bloßen Interessengenossen zu Rechtsgenossen (einerlei ob im juristischen Sinn), steigert dadurch ihr Wissen von der Gemeinsamkeit ihrer Interessen und damit die Neigung und Fähigkeit, sie wahrzunehmen, und führt dazu, daß die Gesamtheit der Unterworfenen nun dem Herrn, zunächst nur gelegentlich, dann regelmäßig als eine geschlossene Einheit gegenübertritt. Das ist ganz ebenso die Folge der »leges« (= »Statuten«, nicht: »Gesetze«), die namentlich in Hadrians Zeit für die kaiserlichen Domänen erlassen wurden, wie der »Hofrechte« des Mittelalters gewesen. Bei konsequenter Entwicklung wird dann das »Weistum« des »Hofgerichts« unter Beteiligung der Hofhörigen die Quelle authentischer Interpretationen der Ordnung. Es besteht nun eine Art von »Konstitution«, – nur daß eine solche im modernen Sinn der Produktion immer neuer Gesetze und der Machtverteilung zwischen Bürokratie [und Unterworfenen?] bei der zweckvollen Reglementierung gesellschaftlicher Beziehungen dient, die Weistümer dagegen der Ausdeutung der Tradition als solcher. Nicht nur diese nur stellenweise vollendete Entwicklung, sondern schon die früheren Stadien der Stereotypierung patrimonialer Beziehungen durch die Tradition bedeuten eine starke Zerbröckelung des reinen Patriarchalismus. Ein streng traditionsgebundenes spezifisches Herrschaftsgebilde: die Grundherrschaft, entsteht, welche den Herrn und den Grundholden durch feste, einseitig nicht lösliche, Bande aneinanderknüpft. Dies in der ganzen Welt verbreitete grundlegend wichtige Institut ist in seinen Schicksalen an dieser Stelle nicht weiter zu verfolgen. –

Patrimoniale Herrschaftsverhältnisse haben als Grundlage politischer Gebilde eine außerordentliche Tragweite gehabt. Ägypten erscheint, wie wir sehen werden, der Sache nach fast wie ein einziger ungeheurer patrimonial regierter Oikos des Pharao. Die ägyptische Verwaltung hat Züge von Oikenwirtschaft immer beibehalten, und das Land wurde von den Römern im wesentlichen wie eine riesige kaiserliche Domäne behandelt. Der Inkastaat und namentlich der Staat der Jesuiten in Paraguay waren vollends ausgeprägt fronhofartige Gebilde. Aber regelmäßig bilden die direkt in Form einer Grundherrschaft verwalteten Besitzungen des Fürsten nur einen Teil seines politischen Machtbereichs, der außerdem noch andere, nicht direkt als Domäne des Fürsten betrachtete, sondern nur politisch von ihm beherrschte Gebiete umfaßt. Aber auch die reale politische Macht der Sultane des Orients, der mittelalterlichen Fürsten und der Herrscher des fernen Ostens gruppierte sich dennoch um diese großen, patrimonial bewirtschafteten Domänen als Kern. In diesen letztgenannten Fällen ist das politische Gebilde als Ganzes der Sache nach annähernd identisch mit einer riesenhaften Grundherrschaft des Fürsten.

Von der Verwaltung dieser Domänen geben vor allem die Reglements der Karolingerzeit, nächst ihnen die erhaltenen Ordnungen der kaiserlichen Domänen Roms ein anschauliches Bild. In riesenhaftem Maßstabe enthielten die vorderasiatischen und hellenistischen Herrschaftsgebilde Gebietsteile, deren Bevölkerung als Grundholden oder persönliche Hörige des Monarchen galten und nach Art von Domänen von seinem Haushalt aus verwaltet wurden.

Wo nun der Fürst seine politische Macht, also seine nicht dominiale, physischen Zwang gegen die Beherrschten anwendende Herrschaft über extrapatrimoniale Gebiete und Menschen: die politischen Untertanen, prinzipiell ebenso organisiert wie die Ausübung seiner Hausgewalt, da sprechen wir von einem patrimonialstaatlichen Gebilde. Die Mehrzahl aller großen Kontinentalreiche haben bis an die Schwelle der Neuzeit und auch noch in der Neuzeit ziemlich stark patrimonialen Charakter an sich getragen.

Auf rein persönliche, vornehmlich private Haushaltsbedürfnisse des Herrn ist die patrimoniale Verwaltung ursprünglich zugeschnitten. Die Gewinnung einer »politischen« Herrschaft, das heißt der Herrschaft eines Hausherrn über andere, nicht der Hausgewalt unterworfene Hausherrn bedeutet dann die Angliederung von, soziologisch betrachtet, nur dem Grade und Inhalt, nicht der Struktur nach verschiedenen Herrschaftsbeziehungen an die Hausgewalt. Welches der Inhalt der politischen Gewalt ist, entscheidet sich nach sehr verschiedenen Bedingungen. Die beiden für unsere Vorstellung spezifisch politischen Gewalten: Militärhoheit und Gerichtsgewalt, übt der Herr in voller Schrankenlosigkeit, über die ihm patrimonial Unterworfenen als Bestandteil der Hausgewalt. Die »Gerichtsgewalt« des Häuptlings den nicht Hausunterworfenen gegenüber ist dagegen in allen Epochen bäuerlicher Dorfwirtschaft eine wesentlich nur schiedsrichterliche Stellung: in dem Fehlen der selbstherrlichen, Zwangsmittel anwendenden Autorität liegt auf diesem Gebiet die kenntlichste Scheidung der »bloß« politischen Herrschaft von der Hausherrschaft. Aber mit steigender Machtstellung strebt der Gerichtsherr durch Usurpation von »Bann«-Gewalten nach immer ausgeprägterer Herrenstellung bis zu, praktisch angesehen, oft völliger Gleichheit mit der prinzipiell schrankenlosen Hausgerichtsgewalt. Eine besondere politische »Militärhoheit« über nicht Haushörige oder – bei Sippenfehden – Versippte kennt die Frühzeit nur in Form der Gelegenheitsvergesellschaftung zum Raubzug oder zur Abwehr eines solchen und dann normalerweise in Unterordnung unter einen ad hoc gewählten oder erstandenen Führer, dessen Herrschaftsgewalt wir in ihrer Struktur noch erörtern werden. Die perennierende Militärhoheit eines politischen Patrimonialherrn wird dann gleichfalls nur eine dem Grade nach von der patrimonialen Heerfolgepflicht verschiedene Aufgebotsgewalt gegenüber den politisch Beherrschten. Das patrimonial verwaltete politische Gebilde selbst aber kennt als vornehmlichste Pflicht der Beherrschten gegenüber dem politischen Herrn, ganz ebenso wie eine patrimoniale Herrschaft und von ihr nur dem Grade nach verschieden, vor allem dessen rein materielle Versorgung. Zunächst dem interessierenden politischen »Gelegenheitshandeln« entsprechend, in der Form von Ehrengeschenken und Aushilfe in besonderen Fällen. Mit zunehmender Kontinuierlichkeit und Rationalisierung der politischen Herrengewalt aber in immer umfassenderem, den patrimonialen Verpflichtungen immer gleichartigerem Umfang, so daß im Mittelalter Herkunft von Pflichtigkeiten aus politischer oder aus patrimonialer Gewalt oft sehr schwer zu unterscheiden sind. In klassischer Form vollzieht sich diese Versorgung des Herren in allen auf Naturalwirtschaft angewiesenen Flächenstaaten der Antike, Asiens und des Mittelalters so, daß die Tafel, Kleidungs-, Rüstungs- und sonstigen Bedürfnisse des Herrn und seines Hofhalts als Naturallieferungen auf die einzelnen Abteilungen des Herrschaftsgebiets umgelegt sind und der Hof da, wo er jeweils sich aufhält, von den Untertanen zu unterhalten ist. Die auf Naturalleistung und Naturalabgabe rechnende Gemeinwirtschaft ist die primäre Form der Bedarfsdeckung patrimonialistischer, politischer Gebilde. Der uns überlieferte Unterschied der persischen Hofhaltung, welche für die Stadt, in welcher der König sich aufhielt, schwere Lasten bedeutete, von der geldwirtschaftlichen hellenistischen, welche für sie eine Verdienstquelle war, illustriert die ökonomische Wirkung. Mit Entwicklung des Handels und der Geldwirtschaft kann aus jener oikenmäßigen Bedarfsdeckung des patrimonialen Herrschers ein erwerbswirtschaftlicher Monopolismus herauswachsen, wie im größten Maßstab in Ägypten, wo schon der Pharao der naturalwirtschaftlichen Frühzeit Eigenhandel trieb, die Ptolemäerzeit und erst recht die Römerherrschaft aber ein System der verschiedensten Monopole neben zahllosen

Geldsteuern einführte, die an Stelle der alten leiturgischen Bedarfsdeckung der Epochen vorwiegender Naturalwirtschaft getreten waren. Denn mit Rationalisierung seiner Finanzen gleitet der Patrimonialismus unvermerkt in die Bahnen einer rationalen bürokratischen Verwaltung mit geregeltem Geldabgabesystem hinüber. Während das alte Kennzeichen der »Freiheit« das Fehlen der nur aus patrimonialen Beziehungen ableitbaren regelmäßigen Abgabenpflicht und der Freiwilligkeitscharakter der Leistungen für den Herrscher ist, müssen mit voller Entfaltung der Herrengewalt auch »freie«, d. h. nicht der Patrimonialgewalt des Herren unterworfene Untertanen dazu durch leiturgische oder steuermäßige Leistungen beitragen, die Kosten seiner Fehden und Repräsentation zu bestreiten. Der Unterschied beider Kategorien drückt sich dann regelmäßig nur in der engeren und festeren Begrenzung jener Leistungen und in gewissen Rechtsgarantien für die »freien«, d. h. nur politischen, Untertanen aus.

Welche Leistungen der Fürst von den extrapatrimonial, also politisch Beherrschten in Anspruch nehmen kann, hängt von seiner Macht über sie, also vom Prestige seiner Stellung und von der Leistungsfähigkeit seines Apparats ab, ist aber stets weitgehend traditionsgebunden. Ungewöhnliche und neue Leistungen zu fordern kann er nur unter günstigen Umständen wagen. Namentlich dann, wenn ihm eine Militärtruppe, über die er unabhängig von dem guten Willen der Untertanen verfügen kann, zur Seite steht.

Charismatismus

Die bürokratische, ganz ebenso wie die ihr in so vielem antagonistische, patriarchale Struktur sind Gebilde, zu deren wichtigsten Eigenarten die Stetigkeit gehört, in diesem Sinne also: »Alltagsgebilde«. Zumal die patriarchale Gewalt wurzelt in der Deckung des stets wiederkehrenden, normalen Alltagsbedarfs und hat daher ihre urwüchsige Stätte in der Wirtschaft, und zwar in denjenigen ihrer Zweige, welche mit normalen, alltäglichen Mitteln zu decken sind. Der Patriarch ist der »natürliche Leiter« des Alltags. Die bürokratische Struktur ist darin nur ihr ins Rationale transponiertes Gegenbild. Auch sie ist Dauergebilde und, mit ihrem System rationaler Regeln, auf Befriedigung berechenbarer Dauerbedürfnisse mit normalen Mitteln zugeschnitten. Die Deckung allen über die Anforderungen des ökonomischen Alltags hinausgehenden Bedarfs dagegen ist, je mehr wir historisch zurücksehen, desto mehr, prinzipiell gänzlich heterogen und zwar: charismatisch, fundamentiert gewesen. Das bedeutet: die »natürlichen« Leiter in psychischer, physischer, ökonomischer, ethischer, religiöser, politischer Not waren weder angestellte Amtspersonen noch Inhaber eines als Fachwissen erlernten und gegen Entgelt geübten »Berufs« im heutigen Sinne dieses Wortes, sondern Träger spezifischer, als übernatürlich (im Sinne von: nicht jedermann zugänglich) gedachter Gaben des Körpers und Geistes. Dabei wird der Begriff »Charisma« hier gänzlich »wertfrei« gebraucht. Die Fähigkeit zur Heldenekstase des arabischen [nordischen?] »Berserkers«, der wie ein tollwütiger Hund in seinen Schild und um sich herum beißt bis er im rasenden Blutdurst losstürzt, oder des irischen Heros Cuculain oder des homerischen Achilleus, ist ein – wie man für die Berserker lange behauptet hat, durch akute Vergiftung künstlich erzeugter – manischer Anfall (man hielt in Byzanz eine Anzahl zu solchen Anfällen veranlagter »blonder Bestien« ebenso wie früher etwa die Kriegselefanten); die Schamanenekstase ist an konstitutionelle Epilepsie geknüpft, deren Besitz und Erprobung die charismatische Qualifikation darstellt – beides also für unser Gefühl nichts »Erhebendes«, ebensowenig wie die Art der »Offenbarung« etwa des heiligen Buchs der Mormonen, die, wenigstens vielleicht vom Standpunkt der Wertung, ein plumper »Schwindel« genannt werden müßte. Allein darnach fragt die Soziologie nicht: der Mormonenchef ebenso wie jene »Helden« und »Zauberer« bewährten sich in dem Glauben ihrer Anhänger als charismatisch Begabte. Kraft dieser Gabe (»Charisma«) und – wenn die Gottesidee schon deutlich konzipiert war – kraft der darin liegenden göttlichen Sendung übten sie ihre Kunst und Herrschaft. Dies galt für Ärzte und Propheten ganz ebenso wie für Richter, militärische Führer oder Leiter von großen Jagdexpeditionen. Es ist für einen geschichtlich wichtigen Spezialfall (die Entwicklungsgeschichte der früheren christlichen Kirchengewalt) Rudolf Sohms Verdienst, die soziologische Eigenart dieser Kategorie von Gewaltstruktur gedanklich konsequent und daher notwendigerweise, rein historisch betrachtet, einseitig herausgearbeitet zu haben. Aber der prinzipiell gleiche Sachverhalt kehrt, obwohl auf religiösem Gebiet oft am reinsten ausgeprägt, sehr universell wieder.

Im Gegensatz gegen jede Art bürokratischer Amtsorganisation kennt die charismatische Struktur weder eine Form oder ein geordnetes Verfahren der Anstellung oder Absetzung noch der »Karriere« oder des »Avancements«, noch einen »Gehalt«, noch eine geregelte Fachbildung des Trägers des Charisma oder seiner Gehilfen, noch eine Kontroll- oder Berufungsinstanz, noch sind ihr örtliche Amtssprengel oder exklusive sachliche Kompetenzen zugewiesen, noch endlich bestehen von den Personen und dem Bestande ihres rein persönlichen Charisma unabhängige ständige Institutionen nach Art bürokratischer »Behörden«. Sondern das Charisma kennt nur innere Bestimmtheiten und Grenzen seiner selbst. Der Träger des Charisma ergreift die ihm angemessene Aufgabe und verlangt Gehorsam und Gefolgschaft kraft seiner Sendung. Ob er sie findet, entscheidet der Erfolg. Erkennen diejenigen, an die er sich gesendet fühlt, seine Sendung nicht an, so bricht sein Anspruch zusammen. Erkennen sie ihn an, so ist er ihr Herr, so lange er sich durch »Bewährung« die Anerkenntnis zu erhalten weiß. Aber nicht etwa aus ihrem Willen, nach Art einer Wahl, leitet er dann sein »Recht« ab, – sondern umgekehrt: die Anerkennung des charismatisch Qualifizierten ist die Pflicht derer, an welche sich seine Sendung wendet. Wenn die chinesische Theorie das Herrenrecht des Kaisers von der Anerkennung des Volkes abhängig macht, so ist das ebensowenig Anerkennung einer Volkssouveränität, wie die Notwendigkeit der »Anerkennung« des Propheten in der altchristlichen Gemeinde durch die Gläubigen. Sondern es kennzeichnet den charismatischen, an der persönlichen Qualifikation und Bewährung haftenden Charakter der Monarchenstellung. Das Charisma kann sein und ist selbstverständlich regelmäßig ein qualitativ besondertes: dann folgt daraus von innen her, nicht durch äußere Ordnung, die qualitative Schranke der Sendung und Macht seines Trägers. Die Sendung kann sich ihrem Sinn und Gehalt nach an eine örtlich, ethnisch, sozial, politisch, beruflich, oder irgendwie sonst abgegrenzte Gruppe von Menschen richten und tut dies normalerweise: dann findet sie in deren Umkreis ihre Grenze. Die charismatische Herrschaft ist in allen Dingen, und so auch in ihrer ökonomischen Substruktion, das gerade Gegenteil der bürokratischen. Ist diese an stetige Einnahmen, daher wenigstens a potiori an Geldwirtschaft und Geldsteuern gewiesen, so lebt das Charisma in und doch nicht von dieser Welt. Das will richtig verstanden sein. Nicht selten zwar perhorresziert es ganz bewußt den Geldbesitz und die Geldeinnahme als solche, wie der heilige Franz und viele seinesgleichen. Allein natürlich nicht als Regel. Auch ein genialer Seeräuber kann ja eine »charismatische« Herrschaft im hier gemeinten wertfreien Sinn üben und die charismatischen politischen Helden suchen Beute und darunter vor allem gerade: Gold. Immer aber – das ist das Entscheidende – lehnt das Charisma den planvollen rationalen Geldgewinn, überhaupt alles rationale Wirtschaften, als würdelos ab. Darin liegt sein schroffer Gegensatz auch gegen alle »patriarchale« Struktur, welche auf der geordneten Basis des »Haushalts« ruht. In seiner »reinen« Form ist das Charisma für seine Träger nie private Erwerbsquelle im Sinn ökonomischer Ausnutzung nach Art eines Tausches von Leistung und Gegenleistung, aber auch nicht in der anderen einer Besoldung, und ebenso kennt es keine Steuerordnung für den sachlichen Bedarf seiner Mission. Sondern es wird, wenn seine Mission eine solche des Friedens ist, ökonomisch mit den erforderlichen Mitteln entweder durch individuelle Mäzenate oder durch Ehrengeschenke, Beiträge und andere freiwillige Leistungen derjenigen, an welche es sich wendet, ausgestattet, oder – wie bei den charismatischen Kriegshelden – gibt die Beute zugleich einen der Zwecke und die materiellen Mittel der Mission ab. Das »reine« Charisma ist im Gegensatz gegen alle (in dem hier gebrauchten Sinn des Worts) »patriarchale« Herrschaft – der Gegensatz aller geordneten Wirtschaft: es ist eine, ja geradezu d i e Macht der Unwirtschaftlichkeit, auch und gerade dann, wenn es auf Güterbesitz ausgeht, wie der charismatische Kriegsheld. Es kann dies, weil es, seinem Wesen nach, kein stetiges »institutionelles« Gebilde ist, sondern, wo es in seinem »reinen« Typus sich auswirkt, das gerade Gegenteil. Die Träger des Charisma: der Herr wie die Jünger und Gefolgsleute, müssen, um ihrer Sendung genügen zu können, außerhalb der Bande dieser Welt stehen, außerhalb der Alltagsberufe ebenso wie außerhalb der alltäglichen Familienpflichten. Der Ausschluß der Annahme kirchlicher Ämter durch das Ordensstatut der Jesuiten, die Besitzverbote für die Mitglieder der Orden oder auch – nach der ursprünglichen Regel des Franziskus – für den Orden selbst, das Zölibat des Priesters und Ordensritters, die faktische Ehelosigkeit zahlreicher Träger eines prophetischen oder künstlerischen Charisma sind alle der Ausdruck der unvermeidlichen »Weltabgewendetheit« derjenigen, welche Teil (»κλῆρος«) haben am Charisma. Je nach der Art des Charisma und der seinen Sinn realisierenden Lebensführung (z. B. ob religiös oder künstlerisch) können aber dabei die ökonomischen Bedingungen der Teilhaberschaft äußerlich gerade entgegengesetzt aussehen. Es ist ebenso konsequent, wenn moderne charismatische Bewegungen künstlerischen Ursprungs »selbständige Berufslose« (in der Alltagssprache ausgedrückt: Rentiers) als die normalerweise qualifizierteste Gefolgschaft des charismatisch Berufenen bezeichnen, wie das ökonomisch das gerade Umgekehrte fordernde Armutsgebot des mittelalterlichen Klosterbruders es war.

Der Bestand der charismatischen Autorität ist ihrem Wesen entsprechend spezifisch labil: Der Träger kann das Charisma einbüßen, sich als »von seinem Gott verlassen« fühlen, wie Jesus am Kreuz, sich seinen Anhängern als »seiner Kraft beraubt« erweisen: dann ist seine Sendung erloschen und die Hoffnung erwartet und sucht einen neuen Träger. Ihn aber verläßt seine Anhängerschaft, denn das reine Charisma kennt noch keine andere »Legitimität« als die aus eigener, stets neu bewährter Kraft folgende. Der charismatische Held leitet seine Autorität nicht wie eine amtliche »Kompetenz« aus Ordnungen und Satzungen und nicht wie die patrimoniale Gewalt aus hergebrachtem Brauch oder feudalem Treueversprechen ab, sondern er gewinnt und behält sie nur durch Bewährung seiner Kräfte im Leben. Er muß Wunder tun, wenn er ein Prophet, Heldentaten, wenn er ein Kriegsführer sein will. Vor allem aber muß sich seine göttliche Sendung darin »bewähren«, daß es denen, die sich ihm gläubig hingeben, wohlergeht. Wenn nicht, so ist er offenbar nicht der von den Göttern gesandte Herr. Dieser sehr ernsthafte Sinn des genuinen Charisma steht offensichtlich in radikalem Gegensatz zu den bequemen Prätentionen des heutigen »Gottesgnadentums« mit seiner Verweisung auf den »unerforschlichen« Ratschluß Gottes, »welchem allein der Monarch verantwortlich sei«, – während der genuin-charismatische Herrscher gerade umgekehrt den Beherrschten verantwortlich ist. Dafür nämlich und ausschließlich dafür: daß gerade er persönlich wirklich der gottgewollte Herr sei. Der Träger einer in wichtigen Resten noch echt charismatischen Gewalt, wie es z. B. (der Theorie nach) diejenige des chinesischen Monarchen war, klagt sich, wenn es seiner Verwaltung nicht gelingt, eine Not der Beherrschten zu bannen, handele es sich um Überschwemmungen oder unglückliche Kriege, öffentlich vor allem Volk seiner eigenen Sünden und Unzulänglichkeiten an, wie wir dies noch in den letzten Jahrzehnten erlebt haben. Versöhnt auch diese Buße die Götter nicht, so gewärtigt er Absetzung und Tod, der oft genug als Sühnopfer vollzogen wird. Diesen sehr spezifischen Sinn hat z. B. bei Meng-tse (Mencius) der Satz, daß des Volkes Stimme »Gottes Stimme« (nach ihm: die einzige Art, in der Gott spricht!) sei: mit Aufhören der Anerkennung des Volkes ist (wie ausdrücklich gesagt wird) der Herr ein einfacher Privatmann und wenn er mehr sein will, ein strafwürdiger Usurpator. In ganz unpathetischen Formen findet sich der diesen höchst revolutionär klingenden Sätzen entsprechende Tatbestand unter primitiven Verhältnisse wieder, wo der charismatische Charakter fast allen primitiven Autoritäten mit Ausnahme der Hausgewalt im engsten Sinn, anhaftet und der Häuptling oft genug einfach verlassen wird, wenn der Erfolg ihm untreu ist.

Die, je nachdem, mehr aktive oder mehr passive rein faktische »Anerkennung« seiner persönlichen Mission durch die Beherrschten, auf welcher die Macht des charismatischen Herrn ruht, hat ihre Quelle in gläubiger Hingabe an das Außerordentliche und Unerhörte, aller Regel und Tradition Fremde und deshalb als göttlich Angesehene, wie sie aus

Not und Begeisterung geboren wird. Die genuin charismatische Herrschaft kennt daher keine abstrakten Rechtssätze und Reglements und keine »formale« Rechtsfindung. Ihr »objektives« Recht ist konkreter Ausfluß höchst persönlichen Erlebnisses von himmlischer Gnade und göttergleicher Heldenkraft und bedeutet Ablehnung der Bindung an alle äußerliche Ordnung zugunsten der alleinigen Verklärung der echten Propheten- und Heldengesinnung. Sie verhält sich daher revolutionär alles umwertend und souverän brechend mit aller traditionellen oder rationalen Norm: »es steht geschrieben – ich aber sage euch«. Die spezifische charismatische Form der Streitschlichtung ist die Offenbarung durch den Propheten oder das Orakel oder der aus streng konkreten und individuellen, aber absolute Geltung beanspruchenden Wertabwägungen heraus gefundene »salomonische« Schiedsspruch eines charismatisch qualifizierten Weisen. Hier liegt die eigentliche Heimat der »Kadi-Justiz« im sprichwörtlichen – nicht im historischen Sinn des Worts. Denn die Justiz des islamischen Kadi in seiner realen historischen Erscheinung ist gerade gebunden an die heilige Tradition und deren oft höchst formalistische Auslegung und erhebt sich zu regelfreier individueller Wertung des Einzelfalles nur da – da aber allerdings – wo jene Erkenntnismittel versagen. Die echt charismatische Justiz tut dies immer: sie ist in ihrer reinen Form der extremste Gegensatz formaler und traditioneller Bindung und steht der Heiligkeit der Tradition ebenso frei gegenüber wie rationalistische Deduktionen aus abstrakten Begriffen. Es ist hier nicht zu erörtern, wie sich die Verweisung auf das »aequum et bonum« in der römischen Rechtspflege und der ursprüngliche Sinn der englischen »equity« zur charismatischen Justiz im allgemeinen und zur theokratischen Kadi-Justiz des Islam im speziellen verhalten. Beide sind aber Produkte teils einer schon stark rationalisierten Rechtspflege, teils abstrakt naturrechtlicher Begriffe und jedenfalls das »ex fide bona« enthält eine Verweisung auf die guten »Sitten« des Geschäftsverkehrs und bedeutet also ebensowenig noch eine echte irrationale Justiz wie etwa unser »freies richterliches Ermessen«. Derivate charismatischer Justiz sind dagegen natürlich alle Arten des Ordals als Beweismittel. Indem sie aber an Stelle der persönlichen Autorität eines Charismaträgers einen regelgebundenen Mechanismus zur formalen Ermittlung des göttlichen Willens setzen, gehören sie schon in das Gebiet jener »Versachlichung« des Charisma, von welcher bald die Rede sein soll. –

Einen historisch besonders wichtigen Fall der charismatischen Legitimierung von Institutionen stellt nun diejenige des politischen Charisma dar: die Entwicklung des Königtums.

Der König ist überall primär ein Kriegsfürst. Das Königtum wächst aus charismatischem Heldentum heraus. In seiner aus der Geschichte der Kulturvölker bekannten Ausprägung ist es nicht die entwicklungsgeschichtlich älteste Form der »politischen« Herrschaft, d. h. einer über die Hausgewalt hinausreichenden, von ihr prinzipiell zu scheidenden, weil nicht in erster Linie der Leitung des friedlichen Ringens des Menschen mit der Natur gewidmeten, sondern den gewaltsamen Kampf einer Menschengemeinschaft mit anderen leitenden Gewalt. Seine Vorfahren sind die Träger aller derjenigen Charismata, welche die Abhilfe außerordentlicher äußerer und innerer Not oder das Gelingen außerordentlicher Unternehmungen verbürgten. Der Häuptling der Frühzeit, der Vorläufer des Königtums, ist noch eine zwiespältige Figur: patriarchales Familien- oder Sippenhaupt auf der einen Seite, charismatischer Anführer zur Jagd und zum Kriege, Zauberer, Regenmacher, Medizinmann, also Priester und Arzt, und endlich Schiedsrichter auf der anderen Seite. Nicht immer, aber oft spalten sich diese charismatischen Funktionen in ebensoviele Sonder-Charismata mit besonderen Trägern. Ziemlich oft steht neben dem aus der Hausgewalt geborenen Friedenshäuptling (Sippenhaupt) mit wesentlich ökonomischen Funktionen der Jagd- und Kriegshäuptling, und dann wird der letztere im Gegensatz zum ersteren durch Bewährung seines Heldentums in mit freiwilliger Gefolgschaft unternommenen erfolgreichen Zügen auf Sieg und Beute erworben (deren Aufzählung noch in den assyrischen Königsinschriften, untermischt mit den Zahlen der erschlagenen Feinde und dem Umfang der mit ihren abgezogenen Häuten bedeckten Stadtmauern eroberter Plätze, Jagdbeute und für Bauzwecke mitgeschleppte Libanonzedern umfaßt). Der Erwerb der charismatischen Stellung erfolgt dann ohne Rücksicht auf die Stellung in den Sippen und Hausgemeinschaften, überhaupt ohne Regel irgendwelcher Art. Dieser Dualismus zwischen Charisma und Alltag findet sich sowohl bei den Indianern, z. B. im Irokesenbunde, wie in Afrika und sonst sehr häufig. Wo Krieg und Jagd auf große Tiere fehlen, fehlt auch der charismatische Häuptling, der »Fürst«, wie wir ihn zur Vermeidung der üblichen Verwirrung im Gegensatz zum Friedenshäuptling nennen wollen. Es kann dann, besonders wenn Naturschrecknisse, namentlich Dürre oder Krankheiten häufig sind, ein charismatischer Zauberer eine im wesentlichen gleichartige Macht in Händen haben: ein Priesterfürst. Der Kriegsfürst mit seinem je nach Bewährung oder aber auch je nach Bedarf im Bestande labilen Charisma wird zur ständigen Erscheinung, wenn der Kriegszustand chronisch wird. Ob man nun dann das Königtum, und mit ihm den Staat, erst mit der An- und Eingliederung von Fremden, Unterworfenen in die eigene Gemeinschaft anfangen lassen will, ist an sich eine bloß terminologische Frage: den Ausdruck »Staat« werden wir weiterhin zweckmäßigerweise für unsern Bedarf wesentlich enger zu begrenzen haben. Sicher ist, daß die Existenz des Kriegsfürsten als regulärer Erscheinung an dem Bestande einer Stammesherrschaft über Unterworfene anderer Stämme und auch an dem Vorhandensein individueller Sklaven nicht hängt, sondern lediglich an dem Bestande des chronischen Kriegszustandes und einer auf ihn abgestellten umfassenden Organisation. Richtig ist auf der anderen Seite, daß die Entfaltung des Königtums zu einer regulären königlichen Verwaltung wenigstens ungemein häufig erst auf der Stufe der Beherrschung arbeitender oder zinsender Massen durch eine Gefolgschaft königlicher Berufskrieger auftritt, ohne daß doch die gewaltsame Unterwerfung fremder Stämme ein absolut unentbehrliches Zwischenglied der Entwicklung wäre: die inneren Klassenschichten infolge der Entwicklung des charismatischen Kriegsgefolges zu einer herrschenden Kaste kann ganz die gleiche soziale Differenzierung mit sich bringen. In jedem Fall aber strebt die Fürstengewalt und streben ihre Interessenten, die Fürstengefolgschaft, sobald die Herrschaft stetig geworden ist, nach »Legitimität«, d. h. nach einem Merkmal des charismatisch berufenen Herrschers.

Umbildung des Charisma

Auch die bürokratische Rationalisierung kann, wie wir sahen, gegenüber der Tradition eine revolutionäre Macht ersten Ranges sein und ist es oft gewesen. Aber sie revolutioniert durch technische Mittel, im Prinzip – wie namentlich jede Umgestaltung der Ökonomik es tut – »von außen« her, die Dinge und Ordnungen zuerst, dann von da aus die Menschen, die letzteren im Sinne der Verschiebung ihrer Anpassungsbedingungen und eventuell der Steigerung ihrer Anpassungsmöglichkeiten an die Außenwelt durch rationale Zweck- und Mittelsetzung. Das Charisma dagegen ruht in seiner Macht auf Offenbarungs- und Heroenglauben, auf der emotionalen Überzeugung von der Wichtigkeit und dem Wert einer Manifestation religiöser, ethischer, künstlerischer, wissenschaftlicher, politischer oder welcher Art immer, auf Heldentum sei es der Askese oder des Krieges, der richterlichen Weisheit, der magischen Begnadung oder welcher Art sonst. Dieser Glaube revolutioniert »von innen heraus« die Menschen und sucht Dinge und Ordnungen nach seinem revolutionären Wollen zu gestalten. Der Gegensatz will freilich richtig verstanden sein. Bei aller abgrundtiefen Verschiedenheit der Sphären, in denen sie sich bewegen, sind religiöse, künstlerische, ethische, wissenschaftliche und alle anderen, insbesondere auch politisch oder sozial organisatorische »Ideen« entstanden, psychologisch angesehen, auf wesentlich gleiche Art. Es ist ein »der Zeit dienendes«, subjektives »Werten«, welches die einen dem »Verstande«, die andern der »Intuition« (oder wie immer man sonst scheidet) zuweisen möchten: die mathematische »Phantasie« etwa eines Weyerstraß ist »Intuition« genau im gleichen Sinn wie diejenige irgendeines Künstlers, Propheten und – Demagogen: nicht da liegt der Unterschied. (Und übrigens beiläufig auch in der uns hier nicht angehenden »Wert«-Sphäre treffen sie sämtlich darin überein: daß sie alle – auch die künstlerische Intuition, – um sich zu objektivieren, also um überhaupt ihre Realität zu bewähren, ein »Ergreifen« oder, wenn man will, Ergriffenwerden von Forderungen des »Werks« bedeuten, und nicht ein subjektives »Fühlen« oder »Erleben« wie irgend ein anderes.) Er liegt, das ist zum Verständnis der Bedeutung des »Rationalismus« nachdrücklich festzustellen, überhaupt nicht in der Person oder in den seelischen »Erlebnissen« des Schöpfers der Ideen oder »Werke«. Sondern in der Art, wie sie von den Beherrschten oder Geführten, innerlich »angeeignet«, von ihnen »erlebt« werden. Wir haben früher gesehen, daß die Rationalisierung so verläuft, daß die breite Masse der Geführten lediglich die äußeren, technischen, für ihre Interessen praktischen Resultanten sich aneignen oder ihnen sich anpassen (so wie wir das Einmaleins »lernen«, und nur allzuviele Juristen die Rechtstechnik), während der »Idee«-Gehalt ihrer Schöpfer für sie irrelevant bleibt. Dies will der Satz besagen: daß die Rationalisierung und die rationale »Ordnung« »von außen« her revolutionieren, während das Charisma, wenn es überhaupt seine spezifischen Wirkungen übt, umgekehrt von innen, von einer zentralen »Metanoia« der Gesinnung der Beherrschten her, seine revolutionäre Gewalt manifestiert. Während die bürokratische Ordnung nur den Glauben an die Heiligkeit des immer Gewesenen, die Normen der Tradition, durch die Fügsamkeit in zweckvoll gesatzte Regeln und in das Wissen ersetzt, daß sie, wenn man die Macht dazu hat, durch andere zweckvolle Regeln vertretbar, also nichts »Heiliges« sind, – sprengt das Charisma in seinen höchsten Erscheinungsformen Regel und Tradition überhaupt und stülpt alle Heiligkeitsbegriffe geradezu um. Statt der Pietät gegen das seit alters Übliche, deshalb Geheiligte, erzwingt es die innere Unterwerfung unter das noch nie Dagewesene, absolut Einzigartige, deshalb Göttliche. Es ist in diesem rein empirischen und wertfreien Sinn allerdings die spezifisch »schöpferische« revolutionäre Macht der Geschichte.

Wenn sowohl die charismatische wie die patriarchale Gewalt auf persönlicher Hingabe und persönlicher Autorität an und von »natürlichen Leitern« im Gegensatz zu den »gesetzten« Leitern der bürokratischen Ordnung beruhen, so ist diese Pietät und Autorität in beiden Fällen doch sehr verschieden. Der Patriarch genießt sie, wie der Beamte, als Träger von Ordnungen, die nur nicht, wie Gesetze und Reglements der Bürokratie, menschlich zweckvoll gesetzten, sondern von unvordenklichen Zeiten her unverbrüchlich gültigen Charakters sind. Der Träger des Charisma genießt sie kraft einer in seiner Person verkörpert gedachten Sendung, welche revolutionären, alle Rangordnung der Werte umkehrenden, Sitte, Gesetz und Tradition umstoßenden Charakters, wenn nicht unbedingt und immer sein muß, so jedenfalls in ihren höchsten Ausprägungen gewesen ist. Wie labil der Bestand einer patriarchalen Gewalt in der Hand ihres konkreten Trägers auch sein möge, in jedem Fall ist sie als solche diejenige soziale Herrschaftsstruktur, welche im Gegensatz zu der aus der Not und Begeisterung außerordentlicher Situationen geborenen charismatischen Struktur dem Alltage mit seinen Anforderungen dient und, wie der Alltag, in allem Wechsel der Träger und des Umkreises dennoch in ihrer Funktion perenniert. Beiden Strukturformen sind an sich alle Lebensgebiete zugänglich: Patriarchal, nach Geschlechtern unter Führung des Familienhauptes fochten viele der altgermanischen Heere. Patrimonial organisiert waren die alten Kolonenheere orientalischer Monarchen und die unter ihren »seniores« ausziehenden Hintersassenkontingente des fränkischen Heeres. Die religiöse Funktion des Hausherrn und der Hausgottesdienst perenniert neben dem amtlichen Gemeindekult einerseits und den großen, der Sache nach fast immer revolutionären Bewegungen charismatischen Prophetentums. Neben dem Friedenshäuptling, der die ökonomischen Alltagsgeschäfte der Gemeinschaft besorgt und neben dem Volksaufgebot in Fällen eines gemeinsamen Krieges aber steht – bei Germanen wie Indianern – der charismatische Kriegsheld, der mit freiwilliger Gefolgschaft auszieht und auch im offiziellen Volkskriege ersetzt die normalen Friedensautoritäten sehr oft der ad hoc auf Grund seiner Bewährung als Held in solchen Aventuren zum »Herzog« ausgerufene Kriegsfürst. Auf politischem wie religiösem Gebiet sind es die traditionellen, gewohnten Alltagsbedürfnisse, welchen die auf Gewöhnung, Respekt vor der Tradition, Eltern und Ahnenpietät und persönlicher Dienertreue ruhende patriarchalische Struktur dient, im Gegensatz zu der revolutionären Rolle des Charisma. So steht es auch auf ökonomischem Gebiet. Die Wirtschaft als geordneter perennierender Ablauf von Handlungen zum Zweck der planmäßigen Vorsorge für die Gewinnung des materiellen Güterbedarfs ist die spezifische Heimat patriarchaler und mit ihrer zunehmenden Rationalisierung zum »Betrieb«, bürokratischer Struktur der Herrschaft. Dennoch ist auch sie keineswegs charismafremd. Charismatische Züge zeigt unter primitiven Verhältnissen sehr häufig ein damals wichtiger, mit zunehmender materieller Kultur aber abnehmend bedeutsamer Zweig der Bedarfsversorgung: die Jagd, welche dem Kriege ähnlich organisiert ist und auch später noch lange mit ihm ganz äquivalent behandelt wird (so noch in den assyrischen Königsinschriften). Aber auch auf dem Gebiet spezifisch kaptitalistischer Wirtschaft findet sich der Antagonismus von Charisma und Alltag, nur daß hier nicht Charisma und »Haus«, sondern Charisma und »Betrieb« einander gegenüberstehen: wenn Henry Villard zum Zweck eines auf der Börse durchgeführten Handstreichs auf den Aktienbesitz der Northern Pacific Railroad den berühmten »blind pool« arrangierte, sich vom Publikum ohne Angabe des Zwecks 50 Millionen £ zu einer nicht näher zu bezeichnenden Unternehmung erbat und auf sein Renommee hin ohne Sicherheitsstellung geliehen erhielt, so sind diese und ähnliche Erscheinungen eines grandiosen Beutekapitalismus und einer ökonomischen Beutegefolgschaft in ihrer ganzen

Struktur, ihrem »Geist« nach, grundverschieden von der rationalen Leitung eines regulären großkapitalistischen »Betriebs«, gleichartig dagegen den ganz großen Finanz- und Kolonialausbeutungsunternehmungen und dem mit Seeraub und Sklavenjagd vermengten »Gelegenheitshandel«, wie es sie seit den ältesten Zeiten gegeben hat. Das Verständnis der Doppelnatur dessen, was man »kapitalistischen Geist« nennen kann und ebenso das Verständnis der spezifischen Eigenart des modernen, »berufsmäßig« bürokratisierten Alltagskapitalismus ist geradezu davon abhängig, daß man diese beiden, sich überall verschlingenden, im letzten Wesen aber verschiedenen Strukturelemente, begrifflich scheiden lernt. –

Der Bestand einer »rein« charismatischen Autorität im hier gebrauchten Sinn des Wortes bedeutet, obwohl sie, je reiner sie ihren Charakter wahrt, desto weniger als eine »Organisation« im gewöhnlichen Sinn einer Ordnung von Menschen und Dingen nach dem Prinzip von Zweck und Mittel erfaßt werden kann, – dennoch nicht etwa einen Zustand amorpher Strukturlosigkeit, sondern ist eine ausgeprägte soziale Strukturform mit persönlichen Organen und einem der Mission des Charismaträgers angepaßten Apparat von Leistungen und Sachgütern. Die persönlichen Hilfskräfte und in ihnen zugleich eine spezifische Art von charismatischer Aristokratie innerhalb der Gruppe stellt eine, nach dem Prinzip des Jüngertums und der Gefolgschaftstreue zusammengeschlossene und ebenfalls nach persönlicher charismatischer Qualifikation ausgelesene engere Gruppe von Anhängern. Die Sachgüterleistungen, obwohl formell freiwillig, satzungslos, unstet, gelten in einem den Bedarf deckenden Maße doch als Gewissenspflicht der charismatisch Beherrschten und werden nach Bedarf und Leistungsfähigkeit dargeboten. Die Gefolgschaft oder Jüngerschaft empfängt ihre materiellen Unterhaltsmittel und ihre soziale Position je mehr die Reinheit der charismatischen Struktur gewahrt ist, desto weniger in Gestalt von Pfründen, Gehältern oder irgendeiner Art von Entgelt oder Lohn, Titeln oder geordneten Rangverhältnissen. Sondern materiell, soweit der Unterhalt des Einzelnen nicht anderweit sichergestellt ist, in autoritär geleiteter Gemeinschaft der Nutzung jener Güter, welche dem Meister, je nachdem, als Ehrengeschenk, Beute, Stiftung zufließen, er teilt sie mit ihnen ohne Abrechnung und Vertrag, eventuell also haben sie Anspruch auf Tischgemeinschaft, auf Ausstattungen und Ehrengeschenke, die er ihnen zuwendet, ideell auf Anteilnahme an der sozialen, politischen, religiösen Schätzung und Ehre, die ihm selbst bezeugt wird. Jede Abweichung davon trübt die Reinheit der charismatischen Struktur und führt in die Bahnen anderer Strukturformen.

Das Charisma ist also, neben der Hausgemeinschaft, der zweite, von ihr verschiedene, große historische Träger des Kommunismus, wenn wir darunter hier das Fehlen der »Rechenhaftigkeit« beim Güterverbrauch und nicht die rationale Organisation der Güterproduktion für eine – irgendwie – gemeinsame »Rechnung« (»Sozialismus«) verstehen wollen. Aller historisch überhaupt bekannte »Kommunismus« in diesem Sinn hat seine Stätte entweder auf traditionellem und das heißt patriarchalem Boden (Hauskommunismus), und nur in dieser Form ist er eine Erscheinung des Alltags gewesen und ist es noch, oder er ruht auf dem außeralltäglichen Boden der charismatischen Gesinnung und ist dann, wenn voll durchgeführt, entweder 1. Lager- und Beutekommunismus oder 2. Liebeskommunismus des Klosters mit seinen Abarten und seiner Verstümmelung zur »caritas« und zum Almosen. Der Lager- und Beutekommunismus (in verschiedener Reinheit der Durchführung) findet sich in den charismatischen Kriegsorganisationen aller Zeiten, von dem Räuberstaat der ligurischen Inseln angefangen bis zu der Organisation des Islam unter dem Khalifen Omar und den kriegerischen Orden der Christenheit und des japanischen Buddhismus. Der Liebeskommunismus hat in irgendeiner Form an der Spitze aller Religionen gestanden, lebt innerhalb der berufsmäßigen Gottesgefolgschaft: des Mönchtums, fort und findet sich in den zahlreichen pietistischen (Labadie) und anderen hochgespannten religiösen Sondergemeinschaften. Sowohl die Erhaltung erster [echter?] Heldengesinnung wie erster [echter?] Heiligkeit erscheint ihren genuinen Vertretern an die Konservierung der kommunistischen Grundlage und an das Fehlen des Strebens nach individuellem Sonderbesitz geknüpft. Und mit Recht: das Charisma ist eine prinzipiell außeralltägliche und deshalb notwendig außerwirtschaftliche Macht, alsbald in seiner Virulenz gefährdet, wenn die Interessen des ökonomischen Alltags zur Übermacht gelangen, wie dies überall zu geschehen droht: die »Präbende«, – das an Stelle der alten kommunistischen Versorgung aus den gemeinsamen Vorräten tretende zugemessene »Deputat« –, deren Entstehung hier ihre eigentlichste Stätte hat, ist der erste Schritt dazu. Mit allen Mitteln suchen die Vertreter des genuinen Charisma dieser Zersetzung Schranken zu ziehen. Alle spezifischen Kriegerstaaten, wie in typischer Art Sparta, behielten Reste des charismatischen Kommunismus bei und suchten den Helden vor der »Versuchung« durch die Sorge um Besitz, rationalen Erwerb, Familiensorge ebenso zu bewahren, wie die religiösen Orden es tun. Der Ausgleich zwischen diesen Resten der alten charismatischen Prinzipien und den individuell-ökonomischen, mit der Präbendalisierung einsetzenden und beständig an die Türe pochenden Interessen vollzieht sich auf der verschiedensten Basis. Immer aber ist die schließlich eintretende schrankenlose Freigabe von Familiengründung und Erwerb das Ende der Herrschaft des genuinen Charisma. Nur die gemeinsame Gefahr des Feldlagers oder die Liebesgesinnung weltfremder Jüngerschaft hält den Kommunismus zusammen, und nur dieser wiederum garantiert die Reinheit des Charisma gegenüber den Interessen des Alltags.

Auf diesem Wege von einem stürmisch-emotionalen wirtschaftsfremden Leben zum langsamen Erstickungstode unter der Wucht der materiellen Interessen befindet sich aber jedes Charisma in jeder Stunde seines Daseins und zwar mit jeder weiteren Stunde in steigendem Maße.

Die Schöpfung einer charismatischen Herrschaft in dem geschilderten »reinen« Sinn ist stets das Kind ungewöhnlicher äußerer, – speziell politischer oder ökonomischer oder innerer seelischer, namentlich religiöser – Situationen oder beider zusammen, und entsteht aus der einer Menschengruppe gemeinsamen, aus dem Außerordentlichen geborenen Erregung und aus der Hingabe an das Heroentum gleichviel welchen Inhalts. Daraus allein schon folgt: in ungebrochener Macht, Einheitlichkeit und Stärke wirkt sich sowohl der Glaube des Trägers selbst und seiner Jünger an sein Charisma, – sei dies nun prophetischen oder welchen Inhalts sonst – wie die gläubige Hingabe derjenigen, an welche er sich gesendet fühlt, an ihn und seine Sendung regelmäßig nur in statu nascendi aus. Flutet die Bewegung, welche eine charismatisch geleitete Gruppe aus dem Umlauf des Alltags heraushob, in die Bahnen des Alltags zurück, so wird zum mindesten die reine Herrschaft des Charisma regelmäßig gebrochen, ins »Institutionelle« transponiert und umgebogen, und dann entweder geradezu mechanisiert oder unvermerkt durch ganz andere Strukturprinzipien zurückgedrängt oder mit ihnen in den mannigfachsten Formen verschmolzen und verquickt, so daß sie dann eine faktisch untrennbar mit ihnen verbundene, oft bis zur Unkenntlichkeit entstellte, nur für die theoretische Betrachtung rein herauszupräparierende Komponente des empirischen historischen Gebildes darstellt.

Die »reine« charismatische Herrschaft ist also in einem ganz spezifischen Sinne labil und alle ihre Alterationen haben im letzten Grunde ein und dieselbe Quelle. Normalerweise der Wunsch des Herrn selbst, stets der seiner Jünger und am meisten die Sehnsucht der charismatisch beherrschten Anhänger geht überall dahin: das Charisma und die charismatische Beglückung der Beherrschten aus einer einmaligen, äußerlich vergänglichen freien Gnadengabe außerordentlicher Zeiten und Personen in ein Dauerbesitztum des Alltags zu verwandeln. Damit wandelt sich aber unerbittlich der innere Charakter der Struktur. Einerlei ob aus der charismatischen Gefolgschaft eines Kriegshelden ein Staat, aus der charismatischen Gemeinde eines Propheten, Künstlers, Philosophen, ethischen oder wissenschaftlichen Neuerers einer Kirche, Sekte, Akademie, Schule, aus einer charismatisch geleiteten, eine Kulturidee verfolgenden Gefolgschaft eine Partei oder auch nur ein Apparat von Zeitungen und Zeitschriften wird, – stets ist die Existenzform des Charisma nun den Bedingungen des Alltags und den ihn beherrschenden Mächten, vor allem: den ökonomischen Interessen ausgeliefert. Stets ist dies der Wendepunkt, mit welchem aus charismatischen Gefolgsleuten und Jüngern zunächst – wie in der »trustis« des fränkischen Königs – durch Sonderrechte ausgezeichnete Tischgenossen des Herrn, dann Lehensträger, Priester, Staatsbeamte, Parteibeamte, Offiziere, Sekretäre, Redakteure und Herausgeber, Verleger, welche von der charismatischen Bewegung leben wollen, oder Angestellte, Lehrer oder andere berufsmäßige Interessenten, Pfründenbesitzer, Inhaber patrimonialer Ämter oder dergleichen werden. Die charismatisch Beherrschten andererseits werden regulär zinsende »Untertanen«, steuernde Kirchen-, Sekten- oder Partei- oder Vereinsmitglieder, nach Regel und Ordnung zum Dienst gepreßte, abgerichtete und disziplinierte Soldaten oder gesetzestreue »Staatsbürger«. Die charismatische Verkündigung wird, auch wenn der Apostel mahnt: »den Geist nicht zu dämpfen«, unvermeidlich – je nachdem – Dogma, Lehre, Theorie oder Reglement oder Rechtssatzung oder Inhalt einer sich versteinernden Tradition. Zumal das Ineinanderfließen der beiden, in der Wurzel einander fremden und feindlichen Mächte: Charisma und Tradition, ist dabei regelmäßige Erscheinung. Begreiflicherweise: beider Macht ruht nicht auf plan- und zweckvoll geschaffenen Regeln und deren Kenntnis, sondern auf dem Glauben an die spezifische absolute oder relative, für den Beherrschten: – Kind, Klient, Jünger, Gefolgs- oder Lehensmann – schlechthin gültige Heiligkeit der Autorität konkreter Personen und auf der Hingabe an Pietätsbeziehungen und -pflichten ihnen gegenüber, die bei beiden stets eine irgendwie religiöse Weihe an sich tragen. Auch die äußeren Formen der beiden Herrschaftsstrukturen gleichen einander oft bis zur Identität. Ob die Tischgemeinschaft eines Kriegsfürsten mit seinem Gefolge »patrimonialen« oder »charismatischen« Charakter hat, kann man ihr äußerlich nicht ansehen, – es hängt von dem »Geist« ab, der die Gemeinschaft beseelt und das heißt: von dem Grunde, auf den sich die Stellung des Herrn stützt: durch Tradition geheiligte Autorität oder persönlicher Heldenglaube. Und der Weg vom ersteren zum letzteren ist eben flüssig. Sobald die charismatische Herrschaft den sie vor der Traditionsgebundenheit des Alltags auszeichnenden akut emotionalen Glaubenscharakter und die rein persönliche Unterlage einbüßt, ist das Bündnis mit der Tradition zwar nicht das einzig Mögliche, wohl aber, zumal in Perioden mit unentwickelter Rationalisierung der Lebenstechnik, das unbedingt Nächstliegende, meist unvermeidlich. Damit scheint nun das Wesen des Charisma endgültig preisgegeben und verloren, und das ist, soweit sein eminent revolutionärer Charakter in Betracht kommt, auch in der Tat der Fall. Denn es bemächtigen sich seiner nunmehr – und dies ist der Grundzug dieser typisch sich wiederholenden Entwicklung – die Interessen aller in ökonomischen oder sozialen Machtstellungen Befindlichen an der Legitimierung ihres Besitzes durch Ableitung von einer charismatischen, also heiligen, Autorität und Quelle. Statt also, seinem genuinen Sinn gemäß, allem Traditionellen oder auf »legitimem« Rechtserwerb Ruhenden gegenüber revolutionär zu wirken, wie im status nascendi, wirkt es nun seinerseits gerade umgekehrt als Rechtsgrund »erworbener Rechte«. Und, in eben dieser ihm innerlich wesensfremden Funktion wird es nun Bestandteil des Alltags.

[Charisma und Disziplin]

Das Schicksal des Charisma ist es, durchweg mit dem Einströmen in die Dauergebilde des Gemeinschaftshandelns zurückzuebben zugunsten der Mächte entweder der Tradition oder der rationalen Vergesellschaftung. Sein Schwinden bedeutet, im ganzen betrachtet, eine Zurückdrängung der Tragweite individuellen Handelns. Von allen jenen Gewalten aber, welche das individuelle Handeln zurückdrängen, ist die unwiderstehlichste eine Macht, welche neben dem persönlichen Charisma auch die Gliederung nach ständischer Ehre entweder ausrottet oder doch in ihrer Wirkung rational umformt: die rationale Disziplin. Sie ist inhaltlich nichts anderes als die konsequent rationalisierte, d. h. planvoll eingeschulte, präzise, alle eigene Kritik bedingungslos zurückstellende, Ausführung des empfangenen Befehls, und die unablässige innere Eingestelltheit ausschließlich auf diesen Zweck. Diesem Merkmal tritt das weitere der Gleichförmigkeit des befohlenen Handelns hinzu; ihre spezifischen Wirkungen beruhen auf ihrer Qualität als Gemeinschaftshandeln eines Massengebildes – wobei die Gehorchenden keineswegs notwendig eine örtlich vereinigte, simultan gehorchende oder quantitativ besonders große Masse sein müssen. Entscheidend ist die rationale Uniformierung des Gehorsams einer Vielheit von Menschen. Nicht daß die Disziplin etwa an sich dem Charisma und der Standesehre feindlich gegenüberstände. Im Gegenteil: Ständische Gruppen, welche ein quantitativ großes Gebiet oder Gebilde beherrschen wollen, wie etwa die venezianische Ratsaristokratie oder die Spartiaten oder die Jesuiten in Paraguay oder ein modernes Offizierkorps mit seinem Fürsten an der Spitze, können nur durch das Mittel einer ganz straffen Disziplin innerhalb ihrer eigenen Gruppe die sichere schlagfertige Überlegenheit gegenüber den Beherrschten behaupten und den »blinden« Gehorsam der letzteren ebenfalls nur durch deren Erziehung zur Unterordnung unter die Disziplin und unter sonst nichts anderes ihnen »einüben«. Immer wird dadurch diese Festhaltung an der Stereotypierung und Pflege ständischen Prestiges und ständischer Lebensführung nur aus Gründen der Disziplin etwas in starkem Maße bewußt und rational Gewolltes, und dies hat – hier nicht zu erörternde – Rückwirkungen auf die gesamten, durch jene Gemeinschaften irgendwie beeinflußten Kulturinhalte. Und ebenso kann ein charismatischer Held die »Disziplin« in seinen Dienst nehmen und muß dies, wenn er seine Herrschaft quantitativ weit erstrecken will: Napoleon hat jene streng disziplinäre Organisation Frankreichs geschaffen, welche noch heute nachwirkt.

Die »Disziplin« im allgemeinen wie ihr rationalstes Kind: die Bürokratie im speziellen, ist etwas »Sachliches« und stellt sich in unbeirrter »Sachlichkeit« an sich jeder Macht zur Verfügung, welche auf ihren Dienst reflektiert und sie zu schaffen weiß. Das hindert nicht, daß sie selbst im innersten Wesen dem Charisma und der ständischen, speziell der feudalen, Ehre fremd gegenübersteht. Der Berserker mit seinen manischen Wutanfällen und der Ritter mit seinem persönlichen Sichmessenwollen mit einem persönlichen, durch Heldenehre ausgezeichneten Gegner zur Gewinnung persönlicher Ehre sind der Disziplin gleichermaßen fremd, der erste wegen der Irrationalität seines Handelns, der zweite wegen der Unsachlichkeit seiner inneren Einstellung. An Stelle der individuellen Heldenekstase, der Pietät, enthusiastischen Begeisterung und Hingabe an den Führer als Person und des Kultes der »Ehre« und der Pflege der persönlichen Leistungsfähigkeit als einer »Kunst« setzt sie die »Abrichtung« zu einer durch »Einübung« mechanisierten Fertigkeit und, soweit sie an starke Motive »ethischen« Charakters überhaupt appelliert, »Pflicht« und »Gewissenhaftigkeit« voraus (»man of conscience«, gegenüber dem »man of honours« in der Sprache Cromwells), alles aber im

Dienst des rational berechneten Optimum von physischer und psychischer Stoßkraft der gleichmäßig abgerichteten Massen. Nicht daß der Enthusiasmus und die Rückhaltlosigkeit der Hingabe in ihr etwa keine Stätte hätten. Im Gegenteil: jede moderne Kriegführung erwägt gerade die »moralischen« Elemente der Leistungsfähigkeit der Truppe oft mehr als alles andere, arbeitet mit emotionalen Mitteln aller Art – wie, in ihrer Art, ganz ebenso das raffinierteste religiöse Disziplinierungsmittel: die exercitia spiritualia des Ignatius – und sucht in der Schlacht durch »Eingebung« und noch mehr durch Erziehung zur »Einfühlung« der Geführten in den Willen des Führenden zu wirken. Das soziologisch Entscheidende ist aber 1. daß dabei alles, und zwar gerade auch diese »Imponderabilien« und irrationalen, emotionalen Momente rational »kalkuliert« werden, im Prinzip wenigstens ebenso wie man die Ausgiebigkeit von Kohlen- und Erzlagern kalkuliert. Und 2. daß die »Hingabe«, mag sie auch im konkreten Fall eines hinreißenden Führers noch so stark »persönlich« gefärbt sein, doch ihrer Abgezwecktheit und ihrem normalen Inhalt nach »sachlichen« Charakters ist, Hingabe an die gemeinsame »Sache«, an einen rational erstrebten »Erfolg«, und nicht an eine Person als solche bedeutet. Anders steht es nur da, wo die Herrengewalt eines Sklavenhalters die Disziplin schafft – im Plantagenbetrieb oder im Sklavenheere des frühen Orients oder auf der mit Sklaven oder Sträflingen bemannten Galeere in der Antike und im Mittelalter. Da ist in der Tat die mechanisierte Abrichtung und die Einfügung des Einzelnen in einen für ihn unentrinnbaren, ihn zum »Mitlaufen« zwingenden Mechanismus, der den Einzelnen, in die Cadres Einrangierten, sozusagen »zwangsläufig« dem Ganzen einfügt – ein starkes Element der Wirksamkeit aller und jeder Disziplin, vor allem auch in jedem diszipliniert geführten Kriege –, das einzige wirksame Element, und als »caput mortuum« bleibt dies überall da, wo die »ethischen« Qualitäten: Pflicht und Gewissenhaftigkeit, versagen. –

Der wechselvolle Kampf zwischen Disziplin und individuellem Charisma hat seine klassische Stätte in der Entwicklung der Struktur der Kriegführung. Er ist auf diesem Gebiet in seinem Verlauf natürlich in einem gewissen Maße rein kriegstechnisch bestimmt. Die Art der Waffen: Spieß, Schwert, Bogen ist aber nicht unbedingt entscheidend. Denn sie alle lassen sich zum disziplinierten wie zum individuellen Gefecht verwenden. Wohl aber haben am Beginn der uns zugänglichen Geschichte Vorderasiens und des Okzidents in entscheidender Art der Import des Pferdes und wohl auch in einem gewissen, aber unsicheren, Grad die in jeder Hinsicht so epochemachende beginnende Vorherrschaft des Eisens als Werkzeugmetall eine Rolle gespielt. Das Pferd brachte den Kriegswagen und damit den mit ihm in den Kampf fahrenden, eventuell auch von ihm herab individuell fechtenden Helden, wie er die Kriegführung der orientalischen, indischen, altchinesischen Könige und den ganzen Okzident bis zu den Kelten und bis nach Irland, hier bis in späte Zeiten, beherrscht hat. Die Reiterei ist dem Kriegswagen gegenüber das Spätere, aber Dauerndere: durch sie entstand der »Ritter«, der persische so gut wie der thessalische, athenische, römische, keltische, germanische. Die Fußkämpfer, die sicherlich vorher in der Richtung einer gewissen Disziplinierung ins Gewicht gefallen waren, traten demgegenüber auf längere Zeit weit zurück. Zu den Momenten, welche dann die Entwicklung wieder in das entgegengesetzte Geleise lenkten, hat allerdings wohl auch der Ersatz der bronzenen Wurfspeere durch die eisernen Nahwaffen gehört. Aber nicht das Eisen als solches brachte den Wandel – denn auch die Fernwaffen und Ritterwaffen wurden ja eisern –, so wenig wie im Mittelalter das Schießpulver als solches den Umschwung herbeiführte. Sondern die Hoplitendisziplin der Hellenen und Römer. Schon Homer kennt an einer oft zitierten Stelle die Anfänge der Disziplin mit ihrem Verbot des Aus-der-Reihe-Fechtens, und für Rom symbolisiert die Legende von der Hinrichtung jenes Konsulsohnes, der nach alter Heldenart den gegnerischen Feldherrn im individuellen Kampf erschlagen hatte, die große Wendung. Zuerst das einexerzierte Heer der spartiatischen Berufssoldaten, dann der einexerzierte heilige Lochos der Böotier, dann die einexerzierte Sarissenphalanx der Makedonen, dann die einexerzierte beweglichere Manipeltaktik der Römer gewannen die Suprematie über die persischen Ritter, die hellenischen und italischen Bürgermilizen und die Volksheere der Barbaren. Die Frühzeit des hellenischen Hoplitentums zeigt Ansätze, die Fernwaffen als unritterlich »völkerrechtlich« auszuschließen (so wie man die Armbrust im Mittelalter zu verbieten suchte) – man sieht, daß die Art der Waffe Folge, nicht Ursache der Disziplinierung war. Die Exklusivität der infanteristischen Nahkampftaktik führte im Altertum überall zum Verfall der Reiterei und dazu, daß in Rom der »Rittercensus« praktisch gleichbedeutend war mit Militärdienstfreiheit. Im ausgehenden Mittelalter ist es der Gewalthaufen der Schweizer und seine Parallel- und Folgeentwicklungen, welche zuerst das Kriegsmonopol des Rittertums brachen, obwohl auch die Schweizer noch die Hellebardiere aus dem Haufen, nachdem dieser geschlossen vorgestoßen war, dessen Außenseiten die »Spießgesellen« einnahmen, zum Heldenkampf herausbrechen ließen. Mehr als die Zerstreuung der ritterlichen, individuellen Kampfart leisteten sie zunächst nicht. Die Reiterei als solche spielte, freilich in zunehmend disziplinierter Form, auch in den Schlachten des 16. und 17. Jahrhunderts noch eine ganz entscheidende Rolle; Offensivkriege und ein wirkliches Niederringen des Gegners blieben ohne Kavallerie unmöglich, wie z. B. der Gang des englischen Bürgerkriegs zeigt. Die Disziplin aber, und nicht das Schießpulver, war es, welche die Umwandlung zuerst einleitete. Eines der ersten modern disziplinierten, aller »ständischen« Privilegien – z. B. der bis dahin durchgesetzten Ablehnung der Schanzarbeiten (als »opera servilia«) durch die Landsknechte – entkleideten Heere war das holländische unter Moritz von Oranien. Die Siege Cromwells über die stürmische Tapferkeit der Kavaliere wurde der nüchternen und rationalen puritanischen Disziplin verdankt. Seine »Eisenseiten«, die »men of conscience«, im Trabe und fest zusammengeschlossen anreitend, gleichzeitig ruhig feuernd, dann einhauend und nach dem Erfolg der Attacke – darin lag der Hauptgegensatz – geschlossen zusammenbleibend oder sich sofort wieder ordnend, waren dem Elan der Kavaliere technisch überlegen. Denn deren Gepflogenheit, sich nach der im Rausch der Karriere durchgeführten Attacke disziplinlos aufzulösen, entweder zur Plünderung des feindlichen Lagers oder zu einer verfrühten individuellen Verfolgung Einzelner, um Gefangene (wegen des Lösegelds) zu machen, verscherzte alle Erfolge ganz ebenso wieder, wie dies in typischer Art im Altertum und Mittelalter (z. B. bei Tagliacozzo) so oft der Fall war. Das Schießpulver und alles, was an Kriegstechnik an ihm hing, entfaltete seine Bedeutung erst auf dem Boden der Disziplin und in vollem Umfang erst des Kriegsmaschinenwesens, welches jene voraussetzt.

Für die Möglichkeit der Entwicklung der Disziplin war die ökonomische Basis, auf welcher die Heeresverfassung jeweils ruhte, nicht allein bestimmend, aber doch von sehr erheblicher Bedeutung. Noch mehr aber beeinflußte umgekehrt die größere oder geringere Rolle, welche die Disziplin einexerzierter Heere in der Kriegführung spielte, auf das Nachhaltigste die politische und soziale Verfassung. Aber dieser Einfluß ist nicht eindeutig. Die Disziplin als Basis der Kriegführung ist die Mutter sowohl des patriarchalen, aber durch die Gewalt der Heereskommandanten (nach Art der spartanischen Ephoren) konstitutionell beschränkten Zulukönigtums, wie der hellenischen Polis mit ihren Gymnasien und ihrer bei höchster Virtuosität des Infanteriedrills (Sparta) unvermeidlich »aristokratischen«, bei Flottendisziplin dagegen (Athen) »demokratischen« Struktur, wie der sehr anders gearteten Schweizer »Demokratie« – die in der

Zeit des Reislaufens bekanntlich eine Beherrschung von (hellenisch gesprochen) »Periöken«- sowohl wie Heloten-Gebieten einschloß –, wie der römischen Honoratiorenherrschaft und endlich des ägyptischen, assyrischen und modernen europäischen, bürokratischen Staatswesens. Die Kriegsdisziplin kann, wie jene Beispiele zeigen, mit gänzlich verschiedenen ökonomischen Bedingungen Hand in Hand gehen. Nur pflegen stets irgendwelche, wechselnd geartete, Folgen für Staats-, Wirtschafts- und eventuell Familienverfassung in ihrem Gefolge einzutreten. Denn ein voll diszipliniertes Heer war in der Vergangenheit notwendig »Berufsheer« und die Art der Beschaffung des Unterhalts der Krieger daher stets das grundlegende Problem. Die urwüchsige Form der Schaffung jederzeit schlagfertig bereitstehender geschulter und der Disziplinierung fähiger Truppen ist der schon erwähnte Kriegerkommunismus, entweder in der Form des über den größten Teil der Erde verbreiteten »Männerhauses«, einer Art von »Kaserne« oder »Kasino« der Berufskrieger oder des ligurischen kommunistischen Seeräubergemeinwesens, oder der spartiatischen, nach dem »Picknick«-Prinzip geordneten Syssitien, oder nach Art der Organisation des Khalifen Omar oder der religiösen Kriegsorden [Kriegerorden?] des Mittelalters. Die Kriegergemeinschaft kann dabei – wie wir schon früher gesehen haben – entweder eine ganz autonome, nach außen geschlossene Vergesellschaftung sein oder sie kann – wie in der Regel – einem fest begrenzten politischen Gebietsverband als Bestandteil von dessen (freilich der Sache nach von ihr maßgebend bestimmten) Ordnung eingefügt und also in der Rekrutierung durch dessen Ordnung gebunden sein. Diese Bindung ist meist relativ. Auf »Blutsreinheit« hielten z. B. auch die Spartiaten nicht unbedingt: die Teilnahme an der in anderem Zusammenhang zu besprechenden kriegerischen Erziehung war auch dort das Entscheidende. Die Existenz der Kriegerschaft ist unter diesen Bedingungen ein vollkommenes Pendant zur Mönchsexistenz, deren Klosterkasernierung und Klosterkommunismus ja ebenfalls dem Zweck der Disziplin im Dienst ihres jenseitigen (und im Gefolge davon eventuell auch: diesseitigen) Herrn dient. Auch außerhalb der direkt nach Analogie der Mönchsorden geschaffenen zölibatären Ritterorden geht bei voller Entwicklung der Institution die Loslösung aus der Familie und von allen privatwirtschaftlichen Sonderinteressen oft bis zum völligen Ausschluß von Familienbeziehungen. Die Insassen des Männerhauses kaufen oder rauben sich Mädchen oder beanspruchen, daß die Mädchen der beherrschten Gemeinschaft, solange sie nicht in die Ehe verkauft sind, ihnen zur Verfügung stehen. Die Kinder des herrschenden Standes der Ariloi in Melanesien werden getötet. In sexuelle Dauergemeinschaften mit Sonderwirtschaft kann der Mann erst nach vollendeter »Dienstzeit«, also mit Ausscheiden aus dem Männerhaus, treten, also oft erst in vorgeschrittenem Alter. Sowohl die auch für die Regulierung der Sexualbeziehungen bei manchen Völkern wichtige »Altersklassen«-Gliederung wie die angeblichen Reste ursprünglicher sexueller »endogener Promiskuität« innerhalb der Gemeinschaft oder geradezu eines oft als »urwüchsig« hingestellten »Anrechts« aller Genossen auf die noch nicht einem einzelnen appropriierten Mädchen, ebenso der Frauenraub als angeblich »älteste« Form einer »Ehe« und vor allem das »Mutterrecht« dürften in den allermeisten Fällen Reste derartiger, bei chronischem Fehdezustand weit verbreiteter Militärverfassungen sein, welche die Aushäusigkeit und Familienlosigkeit des Kriegers bedingten. Wohl überall ist diese kommunistische Kriegergemeinschaft das caput mortuum der Gefolgschaft charismatischer Kriegsfürsten, welche sich zu einer chronischen Institution »vergesellschaftet« hat und, nunmehr auch in Friedenszeiten bestehend, das Kriegsfürstentum hat verfallen lassen. Unter günstigen Umständen freilich kann der Kriegsfürst seinerseits zum schrankenlosen Herrn der disziplinierten Kriegerschaften emporwachsen. Ein extremes Gegenbild gegen diesen, durch Abgaben der

Frauen, Nichtwaffenfähigen und eventuell Hörigen und durch Bauten [Beute?] gespeisten Kommunismus der Kriegerschaft bietet demgemäß der »Oikos« als Grundlage der Militärverfassung: das von einem Herren und seinen Vorräten sustentierte, equipierte und kommandierte patrimoniale Heer, wie es namentlich Ägypten kannte, wie es aber in Fragmenten innerhalb andersartiger Heeresverfassungen sich sehr weit verbreitet findet und dann die Basis despotischer Fürstenmacht bildet. Die umgekehrte Erscheinung: Emanzipation der Kriegergemeinschaft von der schrankenlosen Herrengewalt – wie sie Sparta durch die Einsetzung der Ephoren zeigt – geht nur so weit, als die Interessen der Disziplin es zulassen. Daher gilt in der Polis meist die Abschwächung der Königsgewalt und das heißt: der Disziplin, nur im Frieden und in der Heimat (»domi«, nach dem technischen Ausdruck des römischen Amtsrechts, im Gegensatz zu »militiae«). Die Herrengewalt des Königs ist bei den Spartiaten nur in Friedenszeiten dem Nullpunkt nahe, im Felde ist der König im Interesse der Disziplin allmächtig.

Eine durchgängige Abschwächung der Disziplin pflegt dagegen mit jeder Art von dezentralisierter, sei es präbendaler, sei es feudaler Militärverfassung verbunden zu sein. Dem Grade nach sehr verschieden. Das einexerzierte Spartiatenheer, die κλῆροι der sonstigen hellenischen und der makedonischen und mancher orientalischen Militärverfassungen, die türkischen präbendenartigen Lehen, endlich die Lehen des japanischen und okzidentalen Mittelalters sind lauter Stufen der ökonomischen Dezentralisation, welche mit einer Abschwächung der Disziplin und einem Aufsteigen der Bedeutung des individuellen Heldentums Hand in Hand zu gehen pflegt. Der sich selbst nicht nur equipierende und verproviantierende und seinen Troß mit sich führende, sondern auch Untervasallen, die sich ebenfalls selbst ausrüsten, aufbietende grundherrliche Lehensmann ist vom Standpunkt der Disziplin ganz ebenso das äußerste Gegenbild des patrimonialen oder bürokratischen Soldaten, wie er es, ökonomisch betrachtet, ist, und das erstere ist die Konsequenz des letzteren. Sowohl die im späten Mittelalter und im Beginn der Neuzeit herrschende ganz oder halb privatkapitalistische Beschaffung von Soldheeren durch einen Kondottiere wie die gemeinwirtschaftliche Aushebung und Ausrüstung der stehenden Heere durch die politische Gewalt bedeutet demgegenüber Steigerung der Disziplin auf der Basis der zunehmenden Konzentration der Kriegsbetriebsmittel in den Händen des Kriegsherren. Die zunehmende Rationalisierung der Bedarfsdeckung des Heeres von Moritz von Oranien bis zu Wallenstein, Gustav Adolf, Cromwell, den Heeren der Franzosen, Friedrichs des Großen und der Maria Theresia, der Übergang vom Berufsheere zum Volksaufgebot durch die Revolution und die Disziplinierung des Aufgebots durch Napoleon zum (teilweisen) Berufsheer, endlich die Durchführung der allgemeinen Wehrpflicht im 19. Jahrhundert sind hier im einzelnen nicht zu schildern. Die ganze Entwicklung bedeutet im Erfolg eindeutig eine Steigerung der Bedeutung der Disziplin und ebenso eindeutig die konsequente Durchführung jenes ökonomischen Prozesses.

Ob im Zeitalter der Maschinenkriege die exklusive Herrschaft der allgemeinen Dienstpflicht das letzte Wort bleiben wird, steht dahin. Die Rekordschießleistungen der englischen Flotte z. B. scheinen durch die jahrelange Kontinuität des Ensembles der die Geschütze bedienenden Söldner bedingt. Es steht wohl fest, daß, zumal wenn der zur Zeit freilich in Europa stockende Prozeß der Verkürzung der Dienstzeit seinen Fortgang nehmen sollte, die esoterisch, in manchen Offizierskreisen, bereits vielfach bestehende Ansicht, daß für gewisse Truppengattungen vielleicht der Berufssoldat kriegstechnisch stark überlegen sei, an Macht gewinnen wird; schon die französische Herstellung der dreijährigen Dienstpflicht (1913) wurde hie und da mit der, mangels jeder Differenzierung nach den Truppengattungen, wohl etwas deplacierten Parole: »Berufsheer« motiviert.

Diese noch sehr vieldeutigen Möglichkeiten und ihre denkbaren, auch politischen, Konsequenzen sind hier nicht zu erörtern, sie alle werden jedenfalls die exklusive Bedeutung der Massendisziplin nicht ändern. Hier kam es auf die Feststellung an, daß die Trennung des Kriegers von den Kriegsbetriebsmitteln und deren Konzentration in den Händen des Kriegsherren, vollziehe sie sich oikenmäßig, kapitalistisch, bürokratisch, überall eine der typischen Grundlagen dieser Massendisziplin gewesen ist. –

Die Disziplin des Heeres ist aber der Mutterschoß der Disziplin überhaupt. Der zweite große Erzieher zur Disziplin ist der ökonomische Großbetrieb. Von den pharaonischen Werkstätten und Bauarbeiten an – so wenig im einzelnen über ihre Organisation bekannt ist – zur karthagisch-römischen Plantage, zum spätmittelalterlichen Bergwerk, zur Sklavenplantage der Kolonialwirtschaft und endlich zur modernen Fabrik führen zwar keinerlei direkte historische Übergänge, gemeinsam ist ihnen aber: die Disziplin. Die Sklaven der antiken Plantagen lebten ehe- und eigentumslos und schliefen kaserniert, eine Einzelwohnung – etwa nach Art unserer Unteroffizierswohnungen oder nach Art eines Gutsbeamten moderner landwirtschaftlicher Großbetriebe – hatten nur die Beamten, insbesondere der villicus, nur er auch – normalerweise – ein Quasieigentum (peculium, ursprünglich: Viehbesitz) und eine Quasiehe (contubernium). Die Arbeitssklaven traten morgens »korporalschaftsweise« (in »decuriae«) an und wurden durch Einpeitscher (monitores) zur Arbeit geführt; ihre Bedarfsgegenstände waren, im Kasernenbegriff ausgedrückt, »auf Kammer« in Verwahrung und wurden nach Bedarf ausgegeben, Lazarett und Arrestzelle fehlten nicht. Wesentlich lokkerer, weil traditionell stereotypiert und daher die Gewalt des Herren immerhin einschränkend, ist die Disziplin der Frohnhöfe des Mittelalters und der Neuzeit. Daß dagegen die »militärische Disziplin« ganz ebenso wie für die antike Plantage auch das ideale Muster für den modernen kapitalistischen Werkstattbetrieb ist, bedarf nicht des besonderen Nachweises. Die Betriebsdisziplin ruht, im Gegensatz zur Plantage, hier völlig auf rationaler Basis, sie kalkuliert zunehmend, mit Hilfe geeigneter Messungsmethoden, den einzelnen Arbeiter ebenso, nach seinem Rentabilitätsoptimum, wie irgendein sachliches Produktionsmittel. Die höchsten Triumphe feiert die darauf aufgebaute rationale Abrichtung und Einübung von Arbeitsleistungen bekanntlich in dem amerikanischen System des »scientific management«, welches darin die letzten Konsequenzen der Mechanisierung und Disziplinierung des Betriebs zieht. Hier wird der psychophysische Apparat des Menschen völlig den Anforderungen, welche die Außenwelt, das Werkzeug, die Maschine, kurz die Funktion an ihn stellt, angepaßt, seines, durch den eigenen organischen Zusammenhang gegebenen, Rhythmus entkleidet und unter planvolle Zerlegung in Funktionen einzelner Muskeln und Schaffung einer optimalen Kräfteökonomie den Bedingungen der Arbeit entsprechend neu rhythmisiert. Dieser gesamte Rationalisierungsprozeß geht hier wie überall, vor allem auch im staatlichen bürokratischen Apparat, mit der Zentralisation der sachlichen Betriebsmittel in der Verfügungsgewalt des Herrn parallel.

So geht mit der Rationalisierung der politischen und ökonomischen Bedarfsdeckung das Umsichgreifen der Disziplinierung als eine universelle Erscheinung unaufhaltsam vor sich und schränkt die Bedeutung des Charisma und des individuell differenzierten Handelns zunehmend ein.

[Neufassung]

[Erster Teil]

Soziologische Grundbegriffe

§ 1. Soziologie (im hier verstandenen Sinn dieses sehr vieldeutig gebrauchten Wortes) soll heißen: eine Wissenschaft, welche soziales Handeln deutend verstehen und dadurch in seinem Ablauf und seinen Wirkungen ursächlich erklären will. »Handeln« soll dabei ein menschliches Verhalten (einerlei ob äußeres oder innerliches Tun, Unterlassen oder Dulden) heißen, wenn und insofern als der oder die Handelnden mit ihm einen subjektiven Sinn verbinden. »Soziales« Handeln aber soll ein solches Handeln heißen, welches seinem von dem oder den Handelnden gemeinten Sinn nach auf das Verhalten anderer bezogen wird und daran in seinem Ablauf orientiert ist.

§ 2. Wie jedes Handeln kann auch das soziale Handeln bestimmt sein 1. zweckrational: durch Erwartungen des Verhaltens von Gegenständen der Außenwelt und von anderen Menschen und unter Benutzung dieser Erwartungen als »Bedingungen« oder als »Mittel« für rational, als Erfolg, erstrebte und abgewogene eigne Zwecke, – 2. wertrational: durch bewußten Glauben an den – ethischen, ästhetischen, religiösen oder wie immer sonst zu deutenden – unbedingten Eigenwert eines bestimmten Sichverhaltens rein als solchen und unabhängig vom Erfolg, – 3. affektuell, insbesondere emotional: durch aktuelle Affekte und Gefühlslagen, – 4. traditional: durch eingelebte Gewohnheit.

§ 3. Soziale »Beziehung« soll ein seinem Sinngehalt nach aufeinander gegenseitig eingestelltes und dadurch orientiertes Sichverhalten mehrerer heißen. Die soziale Beziehung besteht also durchaus und ganz ausschließlich: in der Chance, daß in einer (sinnhaft) angebbaren Art sozial gehandelt wird, einerlei zunächst: worauf diese Chance beruht.

§ 4. Es lassen sich innerhalb des sozialen Handelns tatsächliche Regelmäßigkeiten beobachten, d. h. in einem typisch gleichartig gemeinten Sinn beim gleichen Handelnden sich wiederholende oder (eventuell auch: zugleich) bei zahlreichen Handelnden verbreitete Abläufe von Handeln. Mit diesen Typen des Ablaufs von Handeln befaßt sich die Soziologie, im Gegensatz zur Geschichte als der kausalen Zurechnung wichtiger, d. h. schicksalhafter, Einzelzusammenhänge.

Eine tatsächlich bestehende Chance einer Regelmäßigkeit der Einstellung sozialen Handelns soll heißen Brauch, wenn und soweit die Chance ihres Bestehens innerhalb eines Kreises von Menschen lediglich durch tatsächliche Übung gegeben ist. Brauch soll heißen Sitte, wenn die tatsächliche Übung auf langer Eingelebtheit beruht. Sie soll dagegen bezeichnet werden als »bedingt durch Interessenlage« (»interessenbedingt«), wenn und soweit die Chance ihres empirischen Bestandes lediglich durch rein zweckrationale Orientierung des Handelns der Einzelnen an gleichartigen Erwartungen bedingt ist.

§ 5. Handeln, insbesondre soziales Handeln und wiederum insbesondre eine soziale Beziehung, können von seiten der Beteiligten an der Vorstellung vom Bestehen einer legitimen Ordnung orientiert werden. Die Chance, daß dies tatsächlich geschieht, soll »Geltung« der betreffenden Ordnung heißen.

§ 6. Die Legitimität einer Ordnung kann garantiert sein:

I. rein innerlich und zwar
   1. rein affektuell: durch gefühlsmäßige Hingabe;
   2. wertrational: durch Glauben an ihre absolute Geltung als Ausdruck letzter verpflichtender Werte (sittlicher, ästhetischer oder irgendwelcher anderer);
   3. religiös: durch den Glauben an die Abhängigkeit eines Heilsgüterbesitzes von ihrer Innehaltung;

II. auch (oder: nur) durch Erwartungen spezifischer äußerer Folgen, also: durch Interessenlage; aber: durch Erwartungen von besonderer Art.

Eine Ordnung soll heißen:

a) Konvention, wenn ihre Geltung äußerlich garantiert ist durch die Chance, bei Abweichung innerhalb eines angebbaren Menschenkreises auf eine (relativ) allgemeine und praktisch fühlbare Mißbilligung zu stoßen, –

b) Recht, wenn sie äußerlich garantiert ist durch die Chance (physischen oder psychischen) Zwanges durch ein auf Erzwingung der Innehaltung oder Ahndung der Verletzung gerichtetes Handeln eines eigens darauf eingestellten Stabes von Menschen.

§ 7. Legitime Geltung kann einer Ordnung von den Handelnden zugeschrieben werden:

a) kraft Tradition: Geltung des immer Gewesenen;

b) kraft affektuellen (insbesondere: emotionalen) Glaubens: Geltung des neu Offenbarten oder des Vorbildlichen;

c) kraft wertrationalen Glaubens: Geltung des als absolut gültig Erschlossenen;

d) kraft positiver Satzung, an deren Legalität geglaubt wird.

Diese Legalität kann als legitim gelten

α) kraft Vereinbarung der Interessenten für diese;

β) kraft Oktroyierung auf Grund einer als legitim geltenden Herrschaft von Menschen über Menschen und Fügsamkeit.

§ 8. *Kampf* soll eine soziale Beziehung insoweit heißen, als das Handeln an der Absicht der Durchsetzung des eignen Willens gegen Widerstand des oder der Partner orientiert ist. »Friedliche« Kampfmittel sollen solche heißen, welche nicht in aktueller physischer Gewaltsamkeit bestehen. Der »friedliche« Kampf soll »Konkurrenz« heißen, wenn er als formal friedliche Bewerbung um eigne Verfügungsgewalt über Chancen geführt wird, die auch andre begehren. »Geregelte Konkurrenz« soll eine Konkurrenz insoweit heißen, als sie in Zielen und Mitteln sich an einer Ordnung orientiert. Der ohne sinnhafte Kampfabsicht *gegen* einander stattfindende (latente) Existenzkampf menschlicher Individuen oder Typen um Lebens- oder Überlebenschancen soll »Auslese« heißen: »soziale Auslese«, sofern es sich um Chancen Lebender im Leben, »biologische Auslese«, sofern es sich um Überlebenschancen von Erbgut handelt.

§ 9. »Vergemeinschaftung« soll eine soziale Beziehung heißen, wenn und soweit die Einstellung des sozialen Handelns – im Einzelfall oder im Durchschnitt oder im reinen Typus – auf subjektiv *gefühlter* (affektueller oder traditionaler) *Zusammengehörigkeit* der Beteiligten beruht.

»Vergesellschaftung« soll eine soziale Beziehung heißen, wenn und soweit die Einstellung des sozialen Handelns auf rational (wert- oder zweckrational) motiviertem Interessen*ausgleich* oder auf ebenso motivierter Interessen*verbindung* beruht. Vergesellschaftung kann typisch insbesondere (aber nicht: nur) auf rationaler *Vereinbarung* durch gegenseitige Zusage beruhen. Dann wird das vergesellschaftete Handeln im Rationalitätsfall orientiert a) wertrational an dem Glauben an die *eigene* Verbindlichkeit, – b) zweckrational an der Erwartung der Loyalität des *Partners*.

§ 10. Eine soziale Beziehung (gleichviel ob Vergemeinschaftung oder Vergesellschaftung) soll nach außen *»offen«* heißen, wenn und insoweit die Teilnahme an dem an ihrem Sinngehalt orientierten gegenseitigen sozialen Handeln, welches sie konstituiert, nach ihren geltenden Ordnungen niemand verwehrt wird, der dazu tatsächlich in der Lage und geneigt ist. Dagegen nach außen »geschlossen« dann, insoweit und in dem Grade, als ihr Sinngehalt oder ihre geltenden Ordnungen die Teilnahme ausschließen oder beschränken oder an Bedingungen knüpfen. Offenheit und Geschlossenheit können traditionell oder affektuell oder wert- oder zweckrational bedingt sein. Die rationale Schließung insbesondere durch folgenden Sachverhalt: Eine soziale Beziehung kann den Beteiligten Chancen der Befriedigung innerer oder äußerer Interessen eröffnen, sei es dem Zweck oder dem Erfolg nach, sei es durch solidarisches Handeln oder durch Interessenausgleich. Wenn die Beteiligten von ihrer Propagierung eine Verbesserung ihrer eigenen Chancen nach Maß, Art, Sicherung oder Wert erwarten, so sind sie an Offenheit, wenn umgekehrt von deren Monopolisierung, so sind sie an Schließung nach außen interessiert.

Eine geschlossene soziale Beziehung kann monopolisierte Chancen den Beteiligten a) frei oder b) nach Maß und Art reguliert oder rationiert oder c) den Einzelnen oder Gruppen von ihnen dauernd und relativ oder völlig unentziehbar appropriiert garantieren (Schließung nach innen). Appropriierte Chancen sollen »Rechte« heißen. Die Appropriation kann gemäß der Ordnung 1) an die an bestimmten Gemeinschaften und Gesellschaften – z. B. Hausgemeinschaften – Beteiligten oder 2) an Einzelne und in diesem Fall a: rein persönlich oder b: so erfolgen, daß im Todesfall ein oder mehrere durch eine soziale Beziehung oder durch Gebürtigkeit (Verwandtschaft) mit dem bisherigen Genießer der Chance Verbundenen oder der oder die von ihm zu bezeichnenden Anderen in die appropriierten Chancen einrücken (erbliche Appropriation). Sie kann endlich 3) so erfolgen, daß der Genießer die Chance a): bestimmten oder endlich b): daß er sie beliebigen anderen durch Vereinbarung mehr oder minder frei abtreten kann (veräußerliche Appropriation). Der an einer geschlossenen Beziehung Beteiligte soll Genosse, im Fall der Regulierung der Beteiligung aber, sofern diese ihm Chancen appropriiert, Rechtsgenosse genannt werden. Erblich an Einzelne oder an erbliche Gemeinschaften oder Gesellschaften appropriierte Chancen sollen: Eigentum (der einzelnen oder der betreffenden Gemeinschaften oder Gesellschaften), veräußerlich appropriierte: freies Eigentum heißen.

§ 11. Eine soziale Beziehung kann für die Beteiligten nach traditionaler oder gesatzter Ordnung die Folge haben: daß bestimmte Arten des Handelns a) jedes an der Beziehung Beteiligten allen Beteiligten (»Solidaritätsgenossen«) oder b) das Handeln bestimmter Beteiligter (»Vertreter«) den andern Beteiligten (»Vertretenen«) zugerechnet wird, daß also sowohl die Chancen wie die Konsequenzen ihnen zugute kommen bzw. ihnen zur Last fallen. Die Vertretungsgewalt (Vollmacht) kann nach den geltenden Ordnungen – 1. in allen Arten und Graden appropriiert (Eigenvollmacht) oder aber – 2. nach Merkmalen dauernd oder zeitweise zugewiesen sein – oder 3. durch bestimmte Akte der Beteiligten oder Dritter, zeitweilig oder dauernd, übertragen werden (gesatzte Vollmacht). Über die Bedingungen, unter denen soziale Beziehungen (Gemeinschaften oder Gesellschaften) als Solidaritäts- oder als Vertretungsbeziehungen behandelt werden, läßt sich generell nur sagen, daß der Grad, in welchem ihr Handeln entweder a) auf gewaltsamen Kampf oder b) auf friedlichen Tausch als Zweck ausgerichtet ist, dafür in erster Linie entscheidend ist, daß aber im übrigen zahlreiche erst in der Einzelanalyse festzustellende Sonderumstände dafür maßgebend waren und sind. Am wenigsten pflegt naturgemäß diese Folge bei den rein ideelle Güter mit friedlichen Mitteln verfolgenden einzutreten. Mit dem Maß der Geschlossenheit nach außen geht die Erscheinung der Solidarität oder Vertretungsmacht zwar oft, aber nicht immer, parallel.

§ 12. Verband soll eine nach außen regulierend beschränkte oder geschlossene soziale Beziehung dann heißen, wenn die Innehaltung ihrer Ordnung garantiert wird durch das eigens auf deren Durchführung eingestellte Verhalten bestimmter Menschen: eines Leiters und, eventuell, eines Verwaltungsstabes, der gegebenenfalls normalerweise zugleich Vertretungsgewalt hat. Die Innehabung der Leitung oder einer Teilnahme am Handeln des Verwaltungsstabes – die »Regierungsgewalten« – können a) appropriiert oder b) durch geltende Verbandsordnungen bestimmten oder nach bestimmten Merkmalen oder in bestimmten Formen auszulesenden Personen dauernd oder zeitweise oder für bestimmte Fälle zugewiesen sein. »Verbandshandeln« soll a) das auf die Durchführung der Ordnung bezogene kraft Regierungsgewalt oder Vertretungsmacht legitime Handeln des Verwaltungsstabs selbst, b) das von ihm durch Anordnungen geleitete Handeln der Verbandsbeteiligten heißen.

Ein Verband kann sein: a) autonom oder heteronom, b) autokephal oder heterokephal. Autonomie bedeutet, daß nicht, wie bei Heteronomie, die Ordnung des Verbands durch Außenstehende gesatzt wird, sondern durch Verbandsgenossen kraft dieser ihrer Qualität (gleichviel wie sie im übrigen erfolgt). Autokephalie bedeutet: daß der Leiter und der Verbandsstab nach den eignen Ordnungen des Verbandes, nicht, wie bei Heterokephalie, durch Außenstehende bestellt wird (gleichviel wie sonst die Bestellung erfolgt).

§ 13. Die gesatzten Ordnungen einer Vergesellschaftung können entstehen a) durch freie Vereinbarung oder b) durch Oktroyierung und Fügsamkeit. Eine Regierungsgewalt in einem Verbande kann die legitime Macht zur Oktroyierung neuer Ordnungen in Anspruch nehmen. Verfassung eines Verbandes soll die tatsächliche Chance der Fügsamkeit gegenüber der Oktroyierungsmacht der bestehenden

Regierungsgewalten nach Maß, Art und Voraussetzungen heißen. Zu diesen Voraussetzungen kann nach geltender Ordnung insbesondere die Anhörung oder Zustimmung bestimmter Gruppen oder Bruchteile der Verbandsbeteiligten, außerdem natürlich die verschiedensten sonstigen Bedingungen, gehören.

Ordnungen eines Verbandes können außer den Genossen auch Ungenossen oktroyiert werden, bei denen bestimmte Tatbestände vorliegen. Insbesondere kann ein solcher Tatbestand in einer Gebietsbeziehung (Anwesenheit, Gebürtigkeit, Vornahme gewisser Handlungen innerhalb eines Gebiets) bestehen: »Gebietsgeltung«. Ein Verband, dessen Ordnungen grundsätzlich Gebietsgeltung oktroyieren, soll Gebietsverband heißen, einerlei inwieweit seine Ordnung auch nach innen: den Verbandsgenossen gegenüber, nur Gebietsgeltung in Anspruch nimmt (was möglich ist und wenigstens in begrenztem Umfang vorkommt).

§ 14. Eine Ordnung, welche Verbandshandeln regelt, soll Verwaltungsordnung heißen. Eine Ordnung, welche anderes soziales Handeln regelt und die durch diese Regelung eröffneten Chancen den Handelnden garantiert, soll Regulierungsordnung heißen. Insoweit ein Verband lediglich an Ordnungen der ersten Art orientiert ist, soll er Verwaltungsverband, insoweit lediglich an solchen der letzteren, regulierender Verband heißen.

§ 15. Betrieb soll ein kontinuierliches Zweckhandeln bestimmter Art, Betriebsverband eine Vergesellschaftung mit kontinuierlich zweckhandelndem Verwaltungsstab heißen.

Verein soll ein vereinbarter Verband heißen, dessen gesatzte Ordnungen nur für die kraft persönlichen Eintritts Beteiligten Geltung beanspruchen.

Anstalt soll ein Verband heißen, dessen gesatzte Ordnungen innerhalb eines angebbaren Wirkungsbereiches jedem nach bestimmten Merkmalen angebbaren Handeln (relativ) erfolgreich oktroyiert werden.

§ 16. Macht bedeutet jede Chance, innerhalb einer sozialen Beziehung den eigenen Willen auch gegen Widerstreben durchzusetzen, gleichviel worauf diese Chance beruht.

Herrschaft soll heißen die Chance, für einen Befehl bestimmten Inhalts bei angebbaren Personen Gehorsam zu finden; Disziplin soll heißen die Chance, kraft eingeübter Einstellung für einen Befehl prompten, automatischen und schematischen Gehorsam bei einer angebbaren Vielheit von Menschen zu finden.

§ 17. Politischer Verband soll ein Herrschaftsverband dann und insoweit heißen, als sein Bestand und die Geltung seiner Ordnungen innerhalb eines angebbaren geographischen Gebiets kontinuierlich durch Anwendung und Androhung physischen Zwangs seitens des Verwaltungsstabes garantiert werden. Staat soll ein politischer Anstaltsbetrieb heißen, wenn und insoweit sein Verwaltungsstab erfolgreich das Monopol legitimen physischen Zwanges für die Durchführung der Ordnungen in Anspruch nimmt. – »Politisch orientiert« soll ein soziales Handeln, insbesondere auch ein Verbandshandeln, dann und insoweit heißen, als es die Beeinflussung der Leitung eines politischen Verbandes, insbesondere die Appropriation oder Expropriation oder Neuverteilung oder Zuweisung von Regierungsgewalten bezweckt.

Hierokratischer Verband soll ein Herrschaftsverband dann und insoweit heißen, als zur Garantie seiner Ordnungen psychischer Zwang durch Spendung oder Versagung von Heilsgütern (hierokratischer Zwang) verwendet wird. Kirche soll ein hierokratischer Anstaltsbetrieb heißen, wenn und soweit sein Verwaltungsstab das Monopol legitimen hierokratischen Zwanges in Anspruch nimmt.

Die drei reinen Typen legitimer Herrschaft

Es gibt drei *reine* Typen legitimer Herrschaft. Ihre Legitimitätsgeltung kann nämlich primär sein:

1. *rationalen* Charakters: auf dem Glauben an die Legalität gesatzter Ordnungen und des Anweisungsrechts der durch sie zur Ausübung der Herrschaft Berufenen ruhen (legale Herrschaft) – oder

2. *traditionalen* Charakters: – auf dem Alltagsglauben an die Heiligkeit von jeher geltender Traditionen und die Legitimität der durch sie zur Autorität Berufenen ruhen (traditionale Herrschaft), – oder endlich

3. *charismatischen* Charakters: auf der außeralltäglichen Hingabe an die Heiligkeit oder die Heldenkraft oder die Vorbildlichkeit einer Person und der durch sie offenbarten oder geschaffenen Ordnungen (charismatische Herrschaft).

Im Fall der satzungsmäßigen Herrschaft wird der legal gesatzten sachlichen *unpersönlichen Ordnung* und dem durch sie bestimmten *Vorgesetzten* kraft formaler Legalität seiner Anordnungen und in deren Umkreis gehorcht. Im Fall der traditionalen Herrschaft wird der *Person* des durch Tradition berufenen und an die Tradition (in deren Bereich) gebundenen *Herrn* kraft Pietät im Umkreis des Gewohnten gehorcht. Im Fall der charismatischen Herrschaft wird dem charismatisch qualifizierten *Führer* als solchem kraft persönlichen Vertrauens in Offenbarung, Heldentum oder Vorbildlichkeit im Umkreis der Geltung des Glaubens an dieses sein Charisma gehorcht.

Gesammelte Aufsätze zur Religionssoziologie

Vorbemerkung

Universalgeschichtliche Probleme wird der Sohn der modernen europäischen Kulturwelt unvermeidlicher- und berechtigterweise unter der Fragestellung behandeln: welche Verkettung von Umständen hat dazu geführt, daß gerade auf dem Boden des Okzidents, und nur hier, Kulturerscheinungen auftraten, welche doch – wie wenigstens wir uns gern vorstellen – in einer Entwicklungsrichtung von universeller Bedeutung und Gültigkeit lagen?

Nur im Okzident gibt es »Wissenschaft« in dem Entwicklungsstadium, welches wir heute als »gültig« anerkennen. Empirische Kenntnisse, Nachdenken über Welt- und Lebensprobleme, philosophische und auch – obwohl die Vollentwicklung einer systematischen Theologie dem hellenistisch beeinflußten Christentum eignet (Ansätze nur im Islam und bei einigen indischen Sekten) – theologische Lebensweisheit tiefster Art, Wissen und Beobachtung von außerordentlicher Sublimierung hat es auch anderwärts, vor allem: in Indien, China, Babylon, Ägypten, gegeben. Aber: der babylonischen und jeder anderen Astronomie fehlte – was ja die Entwicklung namentlich der babylonischen Sternkunde nur um so erstaunlicher macht – die mathematische Fundamentierung, die erst die Hellenen ihr gaben. Der indischen Geometrie fehlte der rationale »Beweis«: wiederum ein Produkt hellenischen Geistes, der auch die Mechanik und Physik zuerst geschaffen hat. Den nach der Seite der Beobachtung überaus entwickelten indischen Naturwissenschaften fehlte das rationale Experiment: nach antiken Ansätzen wesentlich ein Produkt der Renaissance, und das moderne Laboratorium, daher der namentlich in Indien empirisch-technisch hochentwickelten Medizin die biologische und insbesondere biochemische Grundlage. Eine rationale Chemie fehlt allen Kulturgebieten außer dem Okzident. Der hochentwickelten chinesischen Geschichtsschreibung fehlt das thukydideische Pragma. Macchiavelli hat Vorläufer in Indien. Aber aller asiatischen Staatslehre fehlt eine der aristotelischen gleichartigen Systematik und die rationalen Begriffe überhaupt. Für eine rationale Rechtslehre fehlen anderwärts trotz aller Ansätze in Indien (Mimamsa-Schule), trotz umfassender Kodifikationen besonders in Vorderasien und trotz aller indischen und sonstigen Rechtsbücher, die streng juristischen Schemata und Denkformen des römischen und des daran geschulten okzidentalen Rechtes. Ein Gebilde ferner wie das kanonische Recht kennt nur der Okzident.

Ähnlich in der Kunst. Das musikalische Gehör war bei anderen Völkern anscheinend eher feiner entwickelt als heute bei uns; jedenfalls nicht minder fein. Polyphonie verschiedener Art war weithin über die Erde verbreitet, Zusammenwirken einer Mehrheit von Instrumenten und auch das Diskantieren findet sich anderwärts. Alle unsere rationalen Tonintervalle waren auch anderwärts berechnet und bekannt. Aber rationale harmonische Musik: – sowohl Kontrapunktik wie Akkordharmonik, – Bildung des Tonmaterials auf der Basis der drei Dreiklänge mit der harmonischen Terz, unsre, nicht distanzmäßig, sondern in rationaler Form seit der Renaissance harmonisch gedeutete Chromatik und Enharmonik, unser Orchester mit seinem Streichquartett als Kern und der Organisation des Ensembles der Bläser, der Generalbaß, unsre Notenschrift (die erst das Komponieren und Üben moderner Tonwerke, also ihre ganze Dauerexistenz überhaupt, ermöglicht), unsre Sonaten, Symphonien, Opern, – obwohl es Programmusik, Tonmalerei, Tonalteration und Chromatik als Ausdrucksmittel in den verschiedensten Musiken gab, – und als Mittel zu dem alle unsre Grundinstrumente: Orgel, Klavier, Violine: dies alles gab es nur im Okzident.

Spitzbogen hat es als Dekorationsmittel auch anderwärts, in der Antike und in Asien, gegeben; angeblich war auch das Spitzbogen-Kreuzgewölbe im Orient nicht unbekannt.

Aber die rationale Verwendung des gotischen Gewölbes als Mittel der Schubverteilung und der Überwölbung beliebig geformter Räume und, vor allem, als konstruktives Prinzip großer Monumentalbauten und Grundlage eines die Skulptur und Malerei einbeziehenden Stils, wie sie das Mittelalter schuf, fehlen anderweitig. Ebenso aber fehlt, obwohl die technischen Grundlagen dem Orient entnommen waren, jene Lösung des Kuppelproblems und jene Art von »klassischer« Rationalisierung der gesamten Kunst – in der Malerei durch rationale Verwendung der Linear- und Luftperspektive – welche die Renaissance bei uns schuf. Produkte der Druckerkunst gab es in China. Aber eine gedruckte: eine *nur* für den Druck berechnete, nur durch ihn lebensmögliche Literatur: »Presse« und »Zeitschriften« vor allem sind nur im Okzident entstanden. Hochschulen aller möglichen Art, auch solche, die unsern Universitäten oder doch unsern Akademien äußerlich ähnlich sahen, gab es auch anderwärts (China, Islam). Aber rationalen und systematischen Fachbetrieb der Wissenschaft: das eingeschulte *Fachmenschentum*, gab es in irgendeinem an seine heutige kulturbeherrschende Bedeutung heranreichenden Sinn nur im Okzident. Vor allem: den Fach*beamten*, den Eckpfeiler des modernen Staats und der modernen Wirtschaft des Okzidents. Für ihn finden sich nur Ansätze, die nirgends in irgendeinem Sinn so konstitutiv für die soziale Ordnung wurden wie im Okzident. Natürlich ist der »Beamte«, auch der arbeitsteilig spezialisierte Beamte, eine uralte Erscheinung der verschiedensten Kulturen. Aber die absolut unentrinnbare Gebanntheit unserer ganzen Existenz, der politischen, technischen und wirtschaftlichen Grundbedingungen unseres Daseins, in das Gehäuse einer fachgeschulten Beamten*organisation*, den technischen, kaufmännischen, vor allem aber den *juristisch* geschulten staatlichen Beamten als Träger der wichtigsten Alltagsfunktionen des sozialen Lebens, hat kein Land und keine Zeit in dem Sinn gekannt, wie der moderne Okzident. *Ständische* Organisation der politischen und sozialen Verbände ist weit verbreitet gewesen. Aber schon der Ständestaat: »rex et regnum«, kannte im okzidentalen Sinn nur der Okzident. Und vollends Parlamente von periodisch gewählten »Volksvertretern«, den Demagogen und die Herrschaft von Parteiführern als parlamentarisch verantwortliche »Minister« hat – obwohl es natürlich »Parteien« im Sinn von Organisationen zur Eroberung und Beeinflussung der politischen Macht in aller Welt gegeben hat – nur der Okzident hervorgebracht. Der »Staat« überhaupt im Sinn einer politischen Anstalt, mit rational gesatzter »Verfassung«, rational gesatztem Recht und einer an rationalen, gesatzten Regeln: »Gesetzen«, orientierten Verwaltung durch Fachbeamte, kennt, in dieser für ihn wesentlichen Kombination der entscheidenden Merkmale, ungeachtet aller anderweitigen Ansätze dazu, nur der Okzident.

Und so steht es nun auch mit der schicksalsvollsten Macht unsres modernen Lebens: dem Kapitalismus.

»Erwerbstrieb«, »Streben nach Gewinn«, nach Geldgewinn, nach möglichst hohem Geldgewinn hat an sich mit Kapitalismus gar nichts zu schaffen. Dies Streben fand und findet sich bei Kellnern, Ärzten, Kutschern, Künstlern, Kokotten, bestechlichen Beamten, Soldaten, Räubern, Kreuzfahrern, Spielhöllenbesuchern, Bettlern: – man kann sagen: bei »all sorts and conditions of men«, zu allen Epochen aller Länder der Erde, wo die objektive Möglichkeit dafür irgendwie gegeben war und ist. Es gehört in die kulturgeschichtliche Kinderstube, daß man diese naive Begriffsbestimmung ein für allemal aufgibt. Schrankenloseste Erwerbsgier ist nicht im mindesten gleich Kapitalismus, noch weniger gleich dessen »Geist«. Kapitalismus kann geradezu identisch sein mit Bändigung, mindestens mit rationaler Temperierung, dieses irrationalen Triebes. Allerdings ist Kapitalismus identisch mit dem Streben nach Gewinn, im kontinuierlichen, rationalen kapitalistischen Betrieb: nach immer erneutem Gewinn: nach »Rentabilität«.

Denn er muß es sein. Innerhalb einer kapitalistischen Ordnung der gesamten Wirtschaft würde ein kapitalistischer Einzelbetrieb, der sich nicht an der Chance der Erzielung von Rentabilität orientierte, zum Untergang verurteilt sein. – Definieren wir zunächst einmal etwas genauer als es oft geschieht. Ein »kapitalistischer« Wirtschaftsakt soll uns heißen zunächst ein solcher, der auf Erwartung von Gewinn durch Ausnützung von Tausch-Chancen ruht: auf (formell) friedlichen Erwerbschancen also. Der (formell und aktuell) gewaltsame Erwerb folgt seinen besonderen Gesetzen und es ist nicht zweckmäßig (so wenig man es jemand verbieten kann) ihn mit dem (letztlich) an Tauschgewinn-Chancen orientierten Handeln unter die gleiche Kategorie zu stellen[1]. Wo kapitalistischer Erwerb rational erstrebt wird, da ist das entsprechende Handeln orientiert an Kapitalrechnung. Das heißt: es ist eingeordnet in eine planmäßige Verwendung von sachlichen oder persönlichen Nutzleistungen als Erwerbsmittel derart: daß der bilanzmäßig errechnete Schlußertrag der Einzelunternehmung an geldwertem Güterbesitz (oder der periodisch bilanzmäßig errechnete Schätzungswert des geldwerten Güterbesitzes eines kontinuierlichen Unternehmungsbetriebs) beim Rech-

1 Hier wie in einigen anderen Punkten scheide ich mich auch von unserem verehrten Meister Lujo Brentano (in dessen später zu zitierenden Werk). Und zwar zunächst terminologisch. Weiterhin aber auch sachlich. Es scheint mir nicht zweckmäßig, so heterogene Dinge, wie den Beuteerwerb und den Erwerb durch Leitung einer Fabrik unter dieselbe Kategorie zu bringen, noch weniger: als »Geist« des Kapitalismus – im Gegensatz zu anderen Erwerbsformen – jedes Streben nach Erwerb von Geld zu bezeichnen, weil mit dem zweiten m. E. alle Präzision der Begriffe, mit dem ersten vor allem die Möglichkeit: das Spezifische des okzidentalen Kapitalismus gegenüber anderen Formen herauszuarbeiten, verloren wird. Auch in G. Simmels »Philosophie des Geldes« ist »Geldwirtschaft ›und‹ Kapitalismus« viel zu sehr gleichgesetzt, zum Schaden auch der sachlichen Darlegungen. In W. Sombarts Schriften, vor allem auch der neuesten Auflage seines schönen Hauptwerks über den Kapitalismus, tritt – wenigstens von meinem Problem aus gesehen – das Spezifische des Okzidentes: die rationale Arbeitsorganisation, sehr stark zugunsten von Entwicklungsfaktoren zurück, welche überall in der Welt wirksam waren.

nungsabschluß das »Kapital«: d. h. den bilanzmäßigen Schätzungswert der für den Erwerb durch Tausch verwendeten sachlichen Erwerbsmittel übersteigen (bei der Dauerunternehmung also: immer wieder übersteigen) soll. Einerlei ob es sich um einen Komplex von in natura einem reisenden Kaufmann in Kommenda gegebenen Waren handelt, deren Schlußertrag wiederum in erhandelten anderen Waren in natura bestehen kann, oder: um ein Fabrikanwesen, dessen Bestandteile Gebäude, Maschinen, Vorräte an Geld, Rohstoffen, Halb- und Fertigprodukten, Forderungen darstellen, denen Verbindlichkeiten gegenüberstehen: – stets ist das Entscheidende: daß eine Kapitalrechnung in Geld aufgemacht wird, sei es nun in modern buchmäßiger oder in noch so primitiver und oberflächlicher Art. Sowohl bei Beginn des Unternehmens: Anfangsbilanz, wie vor jeder einzelnen Handlung: Kalkulation, wie bei der Kontrolle und Überprüfung der Zweckmäßigkeit: Nachkalkulation, wie beim Abschluß behufs Feststellung: was als »Gewinn« entstanden ist: Abschlußbilanz. Die Anfangsbilanz einer Kommenda ist z. B. die Feststellung des zwischen den Parteien geltensollenden Geldwertes der hingegebenen Güter, – soweit sie nicht schon Geldform haben –, ihre Abschlußbilanz die der Verteilung von Gewinn oder Verlust am Schluß zugrunde gelegte Abschätzung; Kalkulation liegt – im Rationalitätsfall – jeder einzelnen Handlung des Kommendanehmers zugrunde. Daß eine wirklich genaue Rechnung und Schätzung ganz unterbleibt: rein schätzungsmäßig oder einfach traditionell und konventionell verfahren wird, kommt in jeder Form von kapitalistischer Unternehmung bis heute vor, wo immer die Umstände nicht zu genauer Rechnung drängen. Aber das sind Punkte, die nur den Grad der Rationalität des kapitalistischen Erwerbs betreffen.

Es kommt für den Begriff nur darauf an: daß die tatsächliche Orientierung an einer Vergleichung des Geldschätzungserfolges mit dem Geldschätzungseinsatz, in wie primitiver Form auch immer, das wirtschaftliche Handeln entscheidend bestimmt. In diesem Sinne nun hat es »Kapitalismus« und »kapitalistische« Unternehmungen, auch mit leidlicher Rationalisierung der Kapitalrechnung, in allen Kulturländern der Erde gegeben, soweit die ökonomischen Dokumente zurückreichen. In China, Indien, Babylon, Ägypten, der mittelländischen Antike, dem Mittelalter so gut wie in der Neuzeit. Nicht nur ganz isolierte Einzelunternehmungen, sondern auch Wirtschaften, welche gänzlich auf immer neue kapitalistische Einzelunternehmungen eingestellt waren und auch kontinuierliche »Betriebe«, – obwohl gerade der Handel lange Zeit nicht den Charakter unsrer Dauerbetriebe, sondern wesentlich den einer Serie von Einzelunternehmungen an sich trug und erst allmählich innerer (»branchenmäßig« orientierter) Zusammenhang in das Verhalten gerade der Großhändler hineinkam. Jedenfalls: die kapitalistische Unternehmung und auch der kapitalistische Unternehmer, nicht nur als Gelegenheits-, sondern auch als Dauerunternehmer, sind uralt und waren höchst universell verbreitet.

Nun hat aber der Okzident ein Maß von Bedeutung und, was dafür den Grund abgibt: Arten, Formen und Richtungen von Kapitalismus hervorgebracht, die anderwärts niemals bestanden haben. Es hat in aller Welt Händler: Groß- und Detailhändler, Platz- und Fernhändler, es hat Darlehensgeschäfte aller Art, es hat Banken mit höchst verschiedenen, aber doch denjenigen wenigstens etwa unsres 16. Jahrhunderts im Wesen ähnlichen Funktionen gegeben; Seedarlehen, Kommenden und kommanditeartige Geschäfte und Assoziationen, sind auch betriebsmäßig, weit verbreitet gewesen. Wo immer Geldfinanzen der öffentlichen Körperschaften bestanden, da erschien der Geldgeber: in Babylon, Hellas, Indien, China, Rom: für die Finanzierung vor allem der Kriege und des Seeraubes, für Lieferungen und Bauten aller Art, bei überseeischer Politik als Kolonialunternehmer, als Plantagenerwerber und -betreiber mit Sklaven oder direkt oder indirekt gepreßten Arbeitern, für Domänen-, Amts- und vor allem: für Steuerpacht, für die Finanzierung von Parteichefs zum Zwecke von Wahlen und von Kondottieren zum Zweck von Bürgerkriegen und schließlich: als »Spekulant« in geldwerten Chancen aller Art. Diese Art von Unternehmerfiguren: die kapitalistischen Abenteurer, hat es in aller Welt gegeben. Ihre Chancen waren – mit Ausnahme des Handels und der Kredit- und Bankgeschäfte – dem Schwerpunkt nach entweder rein irrational-spekulativen Charakters oder aber sie waren an dem Erwerb durch Gewaltsamkeit, vor allem dem Beuteerwerb: aktuell-kriegerischer oder chronisch-fiskalischer Beute (Untertanen-Ausplünderung), orientiert.

Der Gründer-, Großspekulanten-, Kolonial- und der moderne Finanzierungskapitalismus schon im Frieden, vor allem aber aller spezifisch kriegsorientierte Kapitalismus tragen auch in der okzidentalen Gegenwart noch oft dies Gepräge und einzelne – nur: einzelne – Teile des internationalen Großhandels stehen ihm, heute wie von jeher, nahe. Aber der Okzident kennt in der Neuzeit daneben eine ganz andere und nirgends sonst auf der Erde entwickelte Art des Kapitalismus: die rational-kapitalistische Organisation von (formell) freier Arbeit. Nur Vorstufen dafür finden sich anderwärts. Selbst die Organisation unfreier Arbeit hat ja nur in den Plantagen und, in sehr begrenztem Maß, in den Ergasterien der Antike eine gewisse Rationalitätsstufe erreicht, eine eher noch geringere in den Fronhöfen und Gutsfabriken oder grundherrlichen Hausindustrien mit Leibeigenen- oder Hörigenarbeit in der beginnenden Neuzeit. Für freie Arbeit finden sich selbst eigentliche »Hausindustrien« außerhalb des Okzidents nur vereinzelt sicher bezeugt und die natürlich überall sich findende Taglöhnerverwendung hat mit sehr wenigen und sehr besonders, jedenfalls aber: sehr abweichend von modernen Betriebsorganisationen gearteten Ausnahmen (besonders: Staatsmonopolbetrieben) nicht zu Manufakturen und nicht einmal zu einer rationalen Lehrorganisation des Handwerks vom Gepräge des okzidentalen Mittelalters geführt. Die an den Chancen des Gütermarktes, nicht an gewaltpolitischen oder an irrationalen Spekulationschancen, orientierte, rationale Betriebsorganisation ist aber nicht die einzige Sondererscheinung des okzidentalen Kapitalismus. Die moderne rationale Organisation des kapitalistischen Betriebs wäre nicht möglich gewesen ohne zwei weitere wichtige Entwicklungselemente: die Trennung von Haushalt und Betrieb, welche das heutige Wirtschaftsleben schlechthin beherrscht und, damit eng zusammenhängend, die rationale Buchführung. Örtliche Trennung der Werk- oder Verkaufsstätten von der Behausung findet sich auch sonst (im orientalischen Bazar und in den Ergasterien anderer Kulturgebiete). Und auch die Schaffung von kapitalistischen Assoziationen mit gesonderter Betriebsrechnung findet sich in Ostasien wie im Orient und in der Antike. Aber: gegenüber der modernen Verselbständigung der Erwerbsbetriebe sind das doch nur Ansätze. Vor allem aus dem Grunde, weil die inneren Mittel dieser Selbständigkeit: sowohl unsre rationale Betriebsbuchführung wie unsre rechtliche Sonderung von Betriebsvermögen und persönlichen Vermögen ganz fehlen oder nur in Anfängen entwickelt sind[2]. Die Entwicklung hat überall sonst dazu

2 Natürlich darf der Gegensatz nicht absolut gefaßt werden. Aus dem politisch orientierten (vor allem: dem Steuerpacht-)Kapitalismus sind schon in der mittelländischen und orientalischen Antike, aber wohl auch in China und Indien, rationale Dauerbetriebe erwachsen, deren Buchführung – uns nur in kümmerlichen Bruchstücken bekannt – »rationalen« Charakter gehabt haben dürfte. Auf das engste berührt sich ferner der politisch orientierte »Abenteuer«-Kapitalismus mit dem rationalen Betriebskapitalismus in der Entstehungsgeschichte der zumeist aus politischen, kriegerisch motivierten, Geschäften entstandenen modernen Banken, auch noch der Bank von England. Der Gegensatz der Individualität Patersons z. B. – eines typischen »promoter« – zu jenen Mitgliedern des Direktoriums, welche den Ausschlag für dessen dauernde Haltung gaben und sehr bald als »The Puritan usurers of Grocers' Hall« charakterisiert wurden, ist dafür bezeichnend, ebenso die Entgleisung der

geneigt, Erwerbsbetriebe als Teile eines fürstlichen oder grundherrlichen Großhaushalts (des »Oikos«) entstehen zu lassen: eine, wie schon Rodbertus erkannt hatte, bei mancher scheinbaren Verwandtschaft doch höchst abweichende, geradezu entgegengesetzte, Entwicklung.

Ihre heutige Bedeutung aber haben alle diese Besonderheiten des abendländischen Kapitalismus letztlich erst durch den Zusammenhang mit der kapitalistischen Arbeitsorganisation erhalten. Auch das, was man die »Kommerzialisierung« zu nennen pflegt: die Wertpapierentwicklung und die Rationalisierung der Spekulation: die Börse, steht damit im Zusammenhang. Denn ohne kapitalistisch-rationale Arbeitsorganisation wäre dies alles, auch die Entwicklung zur »Kommerzialisierung«, soweit überhaupt möglich, nicht entfernt von der gleichen Tragweite. Vor allem für die soziale Struktur und alle mit ihr zusammenhängenden spezifisch modern-okzidentalen Probleme. Eine exakte Kalkulation: – die Grundlage alles andern, – ist eben nur auf dem Boden freier Arbeit möglich. Und wie – und weil – keine rationale Arbeitsorganisation, so – und deshalb – hat die Welt außerhalb des modernen Okzidents auch keinen rationalen Sozialismus gekannt. Gewiß: ebenso wie Stadtwirtschaft, städtische Nahrungspolitik, Merkantilismus und Wohlfahrtspolitik der Fürsten, Rationierungen, regulierte Wirtschaft, Protektionismus und Laissez-faire-Theorien (in China), so hat die Welt auch kommunistische und sozialistische Wirtschaften sehr verschiedener Gepräge gekannt: familiär, religiös oder militaristisch bedingten Kommunismus, staatssozialistische (in Ägypten), monopolkartellistische und auch Konsumentenorganisationen verschiedenster

Bankpolitik dieser »solidesten« Bank noch gelegentlich der South Sea-Gründung. Also: der Gegensatz ist, natürlich, ganz flüssig. Aber er ist da. Rationale Arbeitsorganisationen haben die großen promoters und financiers ebensowenig geschaffen wie – wiederum: im allgemeinen und mit Einzelausnahmen – die typischen Träger des Finanz- und politischen Kapitalismus: die Juden. Sondern das taten (als Typus!) ganz andere Leute.

Art. Aber ebenso wie – trotzdem es doch überall einmal städtische Marktprivilegien, Zünfte, Gilden und allerhand rechtliche Scheidungen zwischen Stadt und Land in der verschiedensten Form gab, – doch der Begriff des »Bürgers« überall außer im Okzident und der Begriff der »Bourgeoisie« überall außer im modernen Okzident fehlte, so fehlte auch das »Proletariat« als *Klasse* und mußte fehlen, weil eben die rationale Organisation *freier Arbeit* als *Betrieb* fehlte. »Klassenkämpfe« zwischen Gläubiger- und Schuldnerschichten, Grundbesitzern und Besitzlosen oder Fronknechten oder Pächtern, Handelsinteressenten und Konsumenten oder Grundbesitzern, hat es in verschiedener Konstellation überall längst gegeben. Aber schon die okzidental-mittelalterlichen Kämpfe zwischen Verlegern und Verlegten finden sich anderwärts nur in Ansätzen. Vollends fehlt der moderne Gegensatz: großindustrieller Unternehmer und freier Lohnarbeiter. Und daher konnte es auch eine Problematik von der Art, wie sie der moderne Sozialismus kennt, nicht geben.

In einer Universalgeschichte der Kultur ist also für uns, rein wirtschaftlich, das zentrale Problem letztlich *nicht* die überall nur in der Form wechselnde Entfaltung kapitalistischer Betätigung als solcher: des Abenteurertypus oder des händlerischen oder des an Krieg, Politik, Verwaltung und ihren Gewinnchancen orientierten Kapitalismus. Sondern vielmehr die Entstehung des *bürgerlichen Betriebskapitalismus* mit seiner rationalen Organisation der *freien Arbeit*. Oder, kulturgeschichtlich gewendet: die Entstehung des abendländischen *Bürgertums* und seiner Eigenart, die freilich mit der Entstehung kapitalistischer Arbeitsorganisation zwar im nahen Zusammenhang steht, aber natürlich doch nicht einfach identisch ist. Denn »Bürger« im ständischen Sinn gab es schon vor der Entwicklung des spezifisch abendländischen Kapitalismus. Aber freilich: *nur* im Abendlande. Der spezifisch moderne okzidentale Kapitalismus nun ist zunächst offenkundig in starkem Maße durch

Entwicklungen von technischen Möglichkeiten mitbestimmt. Seine Rationalität ist heute wesenhaft bedingt durch Berechenbarkeit der technisch entscheidender Faktoren: der Unterlagen exakter Kalkulation. Das heißt aber in Wahrheit: durch die Eigenart der abendländischen Wissenschaft, insbesondere der mathematisch und experimentell exakt und rational fundamentierten Naturwissenschaften. Die Entwicklung dieser Wissenschaften und der auf ihnen beruhenden Technik erhielt und erhält nun andererseits ihrerseits entscheidende Impulse von den kapitalistischen Chancen, die sich an ihre wirtschaftliche Verwertbarkeit als Prämien knüpfen. Zwar nicht die Entstehung der abendländischen Wissenschaft ist durch solche Chancen bestimmt worden. Gerechnet, mit Stellenzahlen gerechnet, Algebra getrieben haben auch die Inder, die Erfinder des Positionszahlensystems, welches erst in den Dienst des sich entwikkelnden Kapitalismus im Abendland trat, in Indien aber keine moderne Kalkulation und Bilanzierung schuf. Auch die Entstehung der Mathematik und Mechanik war nicht durch kapitalistische Interessen bedingt. Wohl aber wurde die technische Verwendung wissenschaftlicher Erkenntnisse: dies für die Lebensordnung unsrer Massen Entscheidende, durch ökonomische Prämien bedingt, welche im Okzident gerade darauf gesetzt waren. Diese Prämien aber flossen aus der Eigenart der Sozialordnung des Okzidents. Es wird also gefragt werden müssen: aus welchen Bestandteilen dieser Eigenart, da zweifellos nicht alle gleich wichtig gewesen sein werden. Zu den unzweifelhaft wichtigen gehört die rationale Struktur des Rechts und der Verwaltung. Denn der moderne rationale Betriebskapitalismus bedarf, wie der berechenbaren technischen Arbeitsmittel, so auch des berechenbaren Rechts und der Verwaltung nach formalen Regeln, ohne welche zwar Abenteurer- und spekulativer Händlerkapitalismus und alle möglichen Arten von politisch bedingtem Kapitalismus, aber kein rationaler privatwirtschaftlicher Betrieb mit stehendem Kapital und sicherer Kalkulation möglich ist. Ein solches Recht und eine solche Verwaltung nun stellte der Wirtschaftsführung in dieser rechtstechnischen und formalistischen Vollendung nur der Okzident zur Verfügung. Woher hat er jenes Recht? wird man also fragen müssen. Es haben, neben anderen Umständen, auch kapitalistische Interessen ihrerseits unzweifelhaft der Herrschaft des an rationalem Recht fachgeschultem Juristenstandes in Rechtspflege und Verwaltung die Wege geebnet, wie jede Untersuchung zeigt. Aber keineswegs nur oder vornehmlich sie. Und nicht sie haben jenes Recht aus sich geschaffen. Sondern noch ganz andre Mächte waren bei dieser Entwicklung tätig. Und warum taten dic kapitalistischen Interessen das gleiche nicht in China oder Indien? Warum lenkten dort überhaupt weder die wissenschaftliche noch die künstlerische noch die staatliche noch die wirtschaftliche Entwicklung in diejenigen Bahnen der Rationalisierung ein, welche dem Okzident eigen sind?

Denn es handelt sich ja in all den angeführten Fällen von Eigenart offenbar um einen spezifisch gearteten »Rationalismus« der okzidentalen Kultur. Nun kann unter diesem Wort höchst Verschiedenes verstanden werden, – wie die späteren Darlegungen wiederholt verdeutlichen werden. Es gibt z. B. »Rationalisierungen« der mystischen Kontemplation, also: von einem Verhalten, welches, von anderen Lebensgebieten her gesehen, spezifisch »irrational« ist, ganz ebenso gut wie Rationalisierungen der Wirtschaft, der Technik, des wissenschaftlichen Arbeitens, der Erziehung, des Krieges, der Rechtspflege und Verwaltung. Man kann ferner jedes dieser Gebiete unter höchst verschiedenen letzten Gesichtspunkten und Zielrichtungen »rationalisieren«, und was von einem aus »rational« ist, kann, vom andern aus betrachtet, »irrational« sein. Rationalisierungen hat es daher auf den verschiedenen Lebensgebieten in höchst verschiedener Art in allen Kulturkreisen gegeben. Charakteristisch für deren kulturgeschichtlichen Unterschied ist erst: welche

Sphären und in welcher Richtung sie rationalisiert wurden. Es kommt also zunächst wieder darauf an: die besondere Eigenart des okzidentalen und, innerhalb dieses, des modernen okzidentalen, Rationalismus zu erkennen und in ihrer Entstehung zu erklären. Jeder solche Erklärungsversuch muß, der fundamentalen Bedeutung der Wirtschaft entsprechend, vor allem die ökonomischen Bedingungen berücksichtigen. Aber es darf auch der umgekehrte Kausalzusammenhang darüber nicht unbeachtet bleiben. Denn wie von rationaler Technik und rationalem Recht, so ist der ökonomische Rationalismus in seiner Entstehung auch von der Fähigkeit und Disposition der Menschen zu bestimmten Arten praktisch-rationaler Lebensführung überhaupt abhängig. Wo diese durch Hemmungen seelischer Art obstruiert war, da stieß auch die Entwicklung einer wirtschaftlich rationalen Lebensführung auf schwere innere Widerstände. Zu den wichtigsten formenden Elementen der Lebensführung nun gehörten in der Vergangenheit überall die magischen und religiösen Mächte und die am Glauben an sie verankerten ethischen Pflichtvorstellungen. Von diesen ist in den nachstehend gesammelten und ergänzten Aufsätzen die Rede.

Es sind dabei zwei ältere Aufsätze an die Spitze gestellt, welche versuchen, in einem wichtigen Einzelpunkt der meist am schwierigsten zu fassenden Seite des Problems näher zu kommen: der Bedingtheit der Entstehung einer »Wirtschaftsgesinnung«: des »Ethos«, einer Wirtschaftsform, durch bestimmte religiöse Glaubensinhalte, und zwar an dem Beispiel der Zusammenhänge des modernen Wirtschaftsethos mit der rationalen Ethik des asketischen Protestantismus. Hier wird also nur der einen Seite der Kausalbeziehung nachgegangen. Die späteren Aufsätze über die »Wirtschaftsethik der Weltreligionen« versuchen, in einem Überblick über die Beziehungen der wichtigsten Kulturreligionen zur Wirtschaft und sozialen Schichtung ihrer Umwelt, beiden Kausalbeziehungen soweit nachzugehen, als notwendig ist, um die *Vergleichspunkte* mit der weiterhin zu analysierenden okzidentalen Entwicklung zu finden. Denn nur so läßt sich ja die einigermaßen eindeutige kausale *Zurechnung* derjenigen Elemente der okzidentalen religiösen Wirtschaftsethik, welche ihr im Gegensatz zu andern eigentümlich sind, überhaupt in Angriff nehmen. Diese Aufsätze wollen also nicht etwa als – sei es auch noch so gedrängte – umfassende Kulturanalysen gelten. Sondern sie betonen in jedem Kulturgebiet ganz geflissentlich das, was im *Gegensatz* stand und steht zur okzidentalen Kulturentwicklung. Sie sind also durchaus orientiert an dem, was unter *diesem* Gesichtspunkt bei Gelegenheit der Darstellung der okzidentalen Entwicklung wichtig erscheint. Ein anderes Verfahren schien bei dem gegebenen Zweck nicht wohl möglich. Aber es muß zur Vermeidung von Mißverständnissen hier auf diese Begrenztheit des Zweckes ausdrücklich hingewiesen werden. Und noch in einer anderen Hinsicht muß wenigstens der Unorientierte vor einer Überschätzung der Bedeutung dieser Darstellungen gewarnt werden. Der Sinologe, Indologe, Semitist, Ägyptologe wird in ihnen natürlich nichts ihm sachlich Neues finden. Wünschenswert wäre nur: daß er nichts zur Sache *Wesentliches* findet, was er als sachlich *falsch* beurteilen muß. Wie weit es gelungen ist, diesem Ideal wenigstens so nahezukommen, wie ein Nichtfachmann dazu überhaupt imstande ist, kann der Verfasser nicht wissen. Es ist ja ganz klar, daß jemand, der auf die Benützung von Übersetzungen und im übrigen darauf angewiesen ist, über die Art der Benutzung und Bewertung der monumentalen, dokumentarischen oder literarischen Quellen sich in der häufig sehr kontroversen Fachliteratur zu orientieren, die er seinerseits in ihrem Wert nicht selbständig beurteilen kann, allen Grund hat, über den Wert seiner Leistung sehr bescheiden zu denken. Um so mehr, als das Maß der vorliegenden Übersetzungen wirklicher »Quellen« (d. h. von Inschriften und Urkunden) teilweise (besonders für China) noch sehr klein ist im Verhältnis zu dem, was vorhanden und wichtig ist. Aus alledem folgt der vollkommen provisorische Charakter dieser Aufsätze, insbesondere der auf Asien sich beziehenden Teile[3]. Nur den Fachmännern steht ein endgültiges Urteil zu. Und nur weil, begreiflicherweise, fachmännische Darstellungen mit diesem besonderen Ziel und unter diesen besonderen Gesichtspunkten bisher nicht vorlagen, sind sie überhaupt geschrieben worden. Sie sind in einem ungleich stärkerem Maß und Sinn dazu bestimmt, bald »überholt« zu werden, als dies letztlich von aller wissenschaftlicher Arbeit gilt. Es läßt sich nun einmal, bei derartigen Arbeiten, ein solches vergleichendes Übergreifen auf andere Fachgebiete, so bedenklich es ist, nicht vermeiden; aber man hat dann eben die Konsequenz einer sehr starken Resignation in bezug auf das Maß des Gelingens zu ziehen. Mode oder Literatensehnsucht glaubt heute gern den Fachmann entbehren oder zum Subalternarbeiter für den »Schauenden« degradieren zu können. Fast alle Wissenschaften verdanken Dilettanten irgend etwas, oft sehr wertvolle Gesichtspunkte. Aber der Dilettantismus als Prinzip der Wissenschaft wäre das Ende. Wer »Schau« wünscht, gehe ins Lichtspiel: – es wird ihm heut massenhaft auch in literarischer Form auf eben diesem Problemfeld geboten[4]. Nichts liegt den überaus nüchternen Darlegungen dieser der Absicht nach streng empirischen Studien ferner als diese Gesinnung. Und – möchte ich hinzusetzen – wer »Predigt« wünscht, gehe ins Konventikel. Welches Wertverhältnis zwischen den hier vergleichend behandelten Kulturen besteht, wird hier mit keinem Wort erörtert. Daß der Gang

3 Auch die Reste meiner hebräischen Kenntnisse sind ganz unzulänglich.

4 Ich brauche nicht zu sagen, daß darunter nicht etwa Versuche wie die von K. Jaspers (in seinem Buch über »Psychologie« der Weltanschauungen«, 1919) oder andererseits Klages (in der »Charakterologie«) und ähnliche Studien fallen, die sich von dem hier Versuchten durch die Art des Ausgangspunktes unterscheiden. Zu einer Auseinandersetzung wäre hier nicht der Raum.

von Menschheitsschicksalen dem, der einen Ausschnitt daraus überblickt, erschütternd an die Brust brandet, ist wahr. Aber er wird gut tun, seine kleinen persönlichen Kommentare für sich zu behalten, wie man es vor dem Anblick des Meeres und des Hochgebirges auch tut, – es sei denn, daß er sich zu künstlerischer Formung oder zu prophetischer Forderung berufen und begabt weiß. In den meisten andern Fällen verhüllt das viele Reden von »Intuition« nichts anders als eine Distanzlosigkeit zum Objekt, die ebenso zu beurteilen ist wie die gleiche Haltung zum Menschen.

Der Begründung bedarf es, daß für die hier verfolgten Ziele die ethnographische Forschung entfernt nicht so herangezogen ist, wie es bei deren heutigem Stand für eine wirklich eindringende Darstellung insbesondere der asiatischen Religiosität natürlich unumgänglich wäre. Es geschah dies nicht nur deshalb, weil menschliche Arbeitskraft ihre Grenzen hat. Sondern vornehmlich schien es deshalb erlaubt, weil es hier gerade auf die Zusammenhänge der religiös bestimmten Ethik jener Schichten ankommen mußte, welche »Kulturträger« des betreffenden Gebiets waren. Um die Einflüsse, welche deren Lebensführung geübt hat, handelt es sich ja. Es ist nun völlig richtig, daß auch diese in ihrer Eigenart nur wirklich zutreffend zu erfassen sind, wenn man den ethnographisch-volkskundlichen Tatbestand damit konfrontiert. Es sei also nachdrücklich zugestanden und betont: daß hier eine Lücke besteht, welche der Ethnograph mit gutem Recht beanstanden muß. Einiges zu ihrer Ausfüllung hoffe ich bei einer systematischen Bearbeitung der Religionssoziologie tun zu können. Den Rahmen dieser Darstellung mit ihren begrenzten Zwecken hätte ein solches Unternehmen aber überschritten. Sie mußte sich mit dem Versuch begnügen, die Vergleichspunkte zu unseren okzidentalen Kulturreligionen tunlichst aufzudecken.

Schließlich sei auch der anthropologischen Seite der Probleme gedacht. Wenn wir immer wieder – auch auf (scheinbar) unabhängig voneinander sich entwickelnden

Gebieten der Lebensführung – im Okzident, und nur dort, bestimmte Arten von Rationalisierungen sich entwickeln finden, so liegt die Annahme: daß hier Erbqualitäten die entscheidende Unterlage boten, natürlich nahe. Der Verfasser bekennt: daß er persönlich und subjektiv die Bedeutung des biologischen Erbgutes hoch einzuschätzen geneigt ist. Nur sehe ich, trotz der bedeutenden Leistungen der anthropologischen Arbeit, z. Z. noch keinerlei Weg, seinen Anteil an der hier untersuchten Entwicklung nach Maß und – vor allem – nach Art und Einsatzpunkten irgendwie exakt zu erfassen oder auch nur vermutungsweise anzudeuten. Es wird gerade eine der Aufgaben soziologischer und historischer Arbeit sein müssen, zunächst möglichst alle jene Einflüsse und Kausalketten aufzudecken, welche durch Reaktionen auf Schicksale und Umwelt befriedigend erklärbar sind. Dann erst, und wenn außerdem die vergleichende Rassen-Neurologie und -Psychologie über ihre heute vorliegenden, im einzelnen vielversprechenden, Anfänge weiter hinausgekommen sind, wird man vielleicht befriedigende Resultate auch für jenes Problem erhoffen dürfen[5]. Vorerst scheint mir jene Voraussetzung zu fehlen und wäre die Verweisung auf »Erbgut« ein voreiliger Verzicht auf das heute vielleicht mögliche Maß der Erkenntnis und eine Verschiebung des Problems auf (derzeit noch) unbekannte Faktoren.

5 Die gleiche Ansicht sprach mir vor Jahren ein sehr hervorragender Psychiater aus.

Die protestantische Ethik und der Geist des Kapitalismus

I. Das Problem

1. Konfession und soziale Schichtung

Ein Blick in die Berufsstatistik eines konfessionell gemischten Landes pflegt mit auffallender Häufigkeit eine Erscheinung zu zeigen, welche mehrfach in der katholischen Presse und Literatur und auf den Katholikentagen Deutschlands lebhaft erörtert worden ist: den ganz vorwiegend protestantischen Charakter des Kapitalbesitzes und Unternehmertums sowohl, wie der oberen gelernten Schichten der Arbeiterschaft, namentlich aber des höheren technisch oder kaufmännisch vorgebildeten Personals der modernen Unternehmungen. Nicht nur da, wo die Differenz der Konfession mit einem Unterschied der Nationalität und damit des Grades der Kulturentwicklung zusammenfällt, wie im deutschen Osten zwischen Deutschen und Polen, sondern fast überall da, wo überhaupt die kapitalistische Entwicklung in der Zeit ihres Aufblühens freie Hand hatte, die Bevölkerung nach ihren Bedürfnissen sozial umzuschichten und beruflich zu gliedern, – und je mehr dies der Fall war, desto deutlicher, – finden wir jene Erscheinung in den Zahlen der Konfessionsstatistik ausgeprägt. Nun ist freilich die relativ weit stärkere, d. h. ihren Prozentanteil an der Gesamtbevölkerung überragende Beteiligung der Protestanten am Kapitalbesitz, an der Leitung und den oberen Stufen der Arbeit in den großen modernen gewerblichen und Handelsunternehmungen, zum Teil auf historische Gründe zurückzuführen, die weit in der Vergangenheit liegen und bei denen die konfessionelle Zugehörigkeit nicht als Ursache ökonomischer Erscheinungen, sondern, bis zu einem gewissen

Grade, als Folge von solchen erscheint. Die Beteiligung an jenen ökonomischen Funktionen setzt teils Kapitalbesitz, teils kostspielige Erziehung, teils, und meist, beides voraus, ist heute an den Besitz ererbten Reichtums oder doch einer gewissen Wohlhabenheit gebunden. Gerade eine große Zahl der reichsten, durch Natur oder Verkehrslage begünstigten und wirtschaftlich entwickeltsten Gebiete des Reiches, insbesondere aber die Mehrzahl der reichen Städte, hatten sich aber im 16. Jahrhundert dem Protestantismus zugewendet und die Nachwirkungen davon kommen den Protestanten noch heute im ökonomischen Kampf ums Dasein zugute. Es entsteht aber alsdann die historische Frage: welchen Grund hatte diese besonders starke Prädisposition der ökonomisch entwickeltsten Gebiete für eine kirchliche Revolution? Und da ist die Antwort keineswegs so einfach wie man zunächst glauben könnte. Gewiß erscheint die Abstreifung des ökonomischen Traditionalismus als ein Moment, welches die Neigung zum Zweifel auch an der religiösen Tradition und zur Auflehnung gegen die traditionellen Autoritäten überhaupt ganz wesentlich unterstützen mußte. Aber dabei ist zu berücksichtigen, was heute oft vergessen wird: daß die Reformation ja nicht sowohl die Beseitigung der kirchlichen Herrschaft über das Leben überhaupt, als vielmehr die Ersetzung der bisherigen Form derselben durch eine andere bedeutete. Und zwar die Ersetzung einer höchst bequemen, praktisch damals wenig fühlbaren, vielfach fast nur noch formalen Herrschaft durch eine im denkbar weitgehendsten Maße in alle Sphären des häuslichen und öffentlichen Lebens eindringende, unendlich lästige und ernstgemeinte Reglementierung der ganzen Lebensführung. Die Herrschaft der katholischen Kirche, – »die Ketzer strafend, doch den Sündern mild«, wie sie früher noch mehr als heute war, – ertragen in der Gegenwart auch Völker von durchaus moderner wirtschaftlicher Physiognomie und ebenso ertrugen sie die reichsten, ökonomisch entwickeltsten Gebiete, welche um die Wende des

15. Jahrhunderts die Erde kannte. Die Herrschaft des Calvinismus, so wie sie im 16. Jahrhundert in Genf und Schottland, um die Wende des 16. und 17. in großen Teilen der Niederlande, im 17. in Neuengland und zeitweise in England selbst in Kraft stand, wäre für uns die schlechthin unerträglichste Form der kirchlichen Kontrolle des Einzelnen, die es geben könnte. Ganz ebenso wurde sie auch von breiten Schichten des alten Patriziats der damaligen Zeit, in Genf sowohl wie in Holland und England, empfunden. Nicht ein Zuviel, sondern ein Zuwenig von kirchlich-religiöser Beherrschung des Lebens war es ja, was gerade diejenigen Reformatoren, welche in den ökonomisch entwickeltsten Ländern erstanden, zu tadeln fanden. Wie kommt es nun, daß damals gerade diese ökonomisch entwickeltsten Länder, und, wie wir noch sehen werden, innerhalb ihrer grade die damals ökonomisch aufsteigenden »bürgerlichen« Mittelklassen jene ihnen bis dahin unbekannte puritanische Tyrannei nicht etwa nur über sich ergehen ließen, sondern in ihrer Verteidigung ein Heldentum entwickelten, wie gerade bürgerliche Klassen als solche es selten vorher und niemals nachher gekannt haben: »the last of our heroisms«, wie Carlyle nicht ohne Grund sagt?

Aber weiter und namentlich: mag, wie gesagt, die stärkere Beteiligung der Protestanten am Kapitalbesitz und den leitenden Stellungen innerhalb der modernen Wirtschaft heute zum Teil einfach als Folge ihrer geschichtlich überkommenen durchschnittlich besseren Vermögensausstattung zu verstehen sein, so zeigen sich andererseits Erscheinungen, bei welchen das Kausalverhältnis unzweifelhaft so nicht liegt. Dahin gehören, um nur einiges anzuführen, u. a. die folgenden: Zunächst der ganz allgemein, in Baden ebenso wie in Bayern und z. B. in Ungarn, nachweisbare Unterschied in der Art des höheren Unterrichts, den katholische Eltern im Gegensatz zu protestantischen ihren Kindern zuzuwenden pflegen. Daß der Prozentsatz der Katholiken unter den Schülern und Abiturienten der »höheren« Lehranstalten im ganzen hinter ihrem Gesamtanteil an der Bevölkerung beträchtlich zurückbleibt, wird man zwar zum erheblichen Teile den erwähnten überkommenen Vermögensunterschieden zurechnen. Daß aber auch innerhalb der katholischen Abiturienten der Prozentsatz derjenigen, welche aus den modernen, speziell für die Vorbereitung zu technischen Studien und gewerblich-kaufmännischen Berufen, überhaupt für ein bürgerliches Erwerbsleben bestimmten und geeigneten Anstalten: Realgymnasien, Realschulen, höheren Bürgerschulen usw. hervorgehen, wiederum auffallend stärker hinter dem der Protestanten zurückbleibt, während diejenige Vorbildung, welche die humanistischen Gymnasien bieten, von ihnen bevorzugt wird, – das ist eine Erscheinung, die damit nicht erklärt ist, die vielmehr umgekehrt ihrerseits zur Erklärung der geringen Anteilnahme der Katholiken am kapitalistischen Erwerb herangezogen werden muß. Noch auffallender aber ist eine Beobachtung, welche die geringere Anteilnahme der Katholiken an der gelernten Arbeiterschaft der modernen Großindustrie verstehen hilft. Die bekannte Erscheinung, daß die Fabrik ihre gelernten Arbeitskräfte in starkem Maße dem Nachwuchs des Handwerks entnimmt, diesem also die Vorbildung ihrer Arbeitskräfte überläßt und sie ihm nach vollendeter Vorbildung entzieht, zeigt sich in wesentlich stärkerem Maße bei den protestantischen als bei den katholischen Handwerksgesellen. Von den Handwerksgesellen zeigen m. a. W. die Katholiken die stärkere Neigung zum Verbleiben im Handwerk, werden also relativ häufiger Handwerksmeister, während die Protestanten in relativ stärkerem Maße in die Fabriken abströmen, um hier die oberen Staffeln der gelernten Arbeiterschaft und des gewerblichen Beamtentums zu füllen. In diesen Fällen liegt zweifellos das Kausalverhältnis so, daß die anerzogene geistige Eigenart, und zwar hier die durch die religiöse Atmosphäre der Heimat und des Elternhauses bedingte Richtung der Erziehung, die Berufswahl und die weiteren beruflichen Schicksale bestimmt hat.

Die geringere Beteiligung der Katholiken am modernen Erwerbsleben in Deutschland ist nun aber um so auffallender, als sie der sonst von jeher und auch in der Gegenwart gemachten Erfahrung zuwiderläuft: daß nationale oder religiöse Minderheiten, welche als »Beherrschte« einer anderen Gruppe als der »herrschenden« gegenüberstehen, durch ihren freiwilligen oder unfreiwilligen Ausschluß von politisch einflußreichen Stellungen gerade in besonders starkem Maße auf die Bahn des Erwerbes getrieben zu werden pflegen, daß ihre begabtesten Angehörigen hier den Ehrgeiz, der auf dem Boden des Staatsdienstes keine Verwertung finden kann, zu befriedigen suchen. So verhielt es sich unverkennbar mit den in zweifellosem ökonomischen Fortschreiten begriffenen Polen in Rußland und im östlichen Preußen – im Gegensatz zu dem von ihnen beherrschten Galizien –, so früher mit den Hugenotten in Frankreich unter Ludwig XIV., den Nonkonformisten und Quäkern in England und – last not least – mit den Juden seit zwei Jahrtausenden. Aber bei den Katholiken in Deutschland sehen wir von einer solchen Wirkung nichts oder wenigstens nichts in die Augen Fallendes, und auch in der Vergangenheit hatten sie im Gegensatz zu den Protestanten weder in Holland noch in England in den Zeiten, wo sie entweder verfolgt oder nur toleriert waren, irgendeine besonders hervortretende ökonomische Entwicklung aufzuweisen. Vielmehr besteht die Tatsache: daß die Protestanten (insbesondere gewisse später besonders zu behandelnde Richtungen unter ihnen) sowohl als herrschende wie als beherrschte Schicht, sowohl als Majorität wie als Minorität eine spezifische Neigung zum ökonomischen Rationalismus gezeigt haben, welche bei den Katholiken weder in der einen noch in der anderen Lage in gleicher Weise zu beobachten war und ist. Der Grund des verschiedenen Verhaltens muß also der Hauptsache nach in der dauernden inneren Eigenart und nicht nur in der jeweiligen äußeren historisch-politischen Lage der Konfessionen gesucht werden.

2. Der »Geist« des Kapitalismus

In der Überschrift dieser Studie ist der etwas anspruchsvoll klingende Begriff: »Geist des Kapitalismus« verwendet. Was soll darunter verstanden werden? Bei dem Versuch, so etwas wie eine »Definition« davon zu geben, zeigen sich sofort gewisse, im Wesen des Untersuchungszwecks liegende Schwierigkeiten.

Wenn überhaupt ein Objekt auffindbar ist, für welches der Verwendung jener Bezeichnung irgendein Sinn zukommen kann, so kann es nur ein »historisches Individuum« sein, d. h. ein Komplex von Zusammenhängen in der geschichtlichen Wirklichkeit, die wir unter dem Gesichtspunkte ihrer Kulturbedeutung begrifflich zu einem Ganzen zusammenschließen.

Ein solcher historischer Begriff aber kann, da er inhaltlich sich auf eine in ihrer individuellen Eigenart bedeutungsvolle Erscheinung bezieht, nicht nach dem Schema: »genus proximum, differentia specifica« definiert (zu deutsch: »abgegrenzt«), sondern er muß aus seinen einzelnen der geschichtlichen Wirklichkeit zu entnehmenden Bestandteilen allmählich komponiert werden. Die endgültige begriffliche Erfassung kann daher nicht am Anfang, sondern muß am Schluß der Untersuchung stehen: es wird sich m. a. W. erst im Lauf der Erörterung und als deren wesentliches Ergebnis zu zeigen haben, wie das, was wir hier unter dem »Geist« des Kapitalismus verstehen, am besten – d. h. für die uns hier interessierenden Gesichtspunkte adäquatesten – zu formulieren sei. Diese Gesichtspunkte wiederum (von denen noch zu reden sein wird) sind nun nicht etwa die einzig möglichen, unter denen jene historischen Erscheinungen, die wir betrachten, analysiert werden können. Andere Gesichtspunkte der Betrachtung würden hier, wie bei jeder historischen Erscheinung, andere Züge als die »wesentlichen« ergeben: – woraus ohne weiteres folgt, daß man unter dem »Geist« des Kapitalismus durchaus nicht notwendig nur das verstehen könne oder müsse, was sich uns als das für unsere Auffassung Wesentliche daran darstellen wird. Das liegt eben im Wesen der »historischen Begriffsbildung«, welche für ihre methodischen Zwecke die Wirklichkeit nicht in abstrakte Gattungsbegriffe einzuschachteln, sondern in konkrete genetische Zusammenhänge von stets und unvermeidlich spezifisch individueller Färbung einzugliedern strebt.

Soll gleichwohl eine Feststellung des Objektes, um dessen Analyse und historische Erklärung es sich handelt, erfolgen, so kann es sich also nicht um eine begriffliche Definition, sondern vorerst wenigstens nur um eine provisorische Veranschaulichung dessen handeln, was hier mit dem »Geist« des Kapitalismus gemeint ist. Eine solche ist nun in der Tat zum Zwecke einer Verständigung über den Gegenstand der Untersuchung unentbehrlich, und wir halten uns zu diesem Behufe an ein Dokument jenes »Geistes«, welches das, worauf es hier zunächst ankommt, in nahezu klassischer Reinheit enthält und doch zugleich den Vorteil bietet, von aller direkten Beziehung zum Religiösen losgelöst, also – für unser Thema – »voraussetzungslos« zu sein:

»Bedenke, daß die Zeit Geld ist; wer täglich zehn Schillinge durch seine Arbeit erwerben könnte und den halben Tag spazieren geht, oder auf seinem Zimmer faulenzt, der darf, auch wenn er nur sechs Pence für sein Vergnügen ausgibt, nicht dies allein berechnen, er hat nebendem noch fünf Schillinge ausgegeben oder vielmehr weggeworfen.

Bedenke, daß Kredit Geld ist. Läßt jemand sein Geld, nachdem es zahlbar ist, bei mir stehen, so schenkt er mir die Interessen, oder so viel als ich während dieser Zeit damit anfangen kann. Dies beläuft sich auf eine beträchtliche Summe, wenn ein Mann guten und großen Kredit hat und guten Gebrauch davon macht.

Bedenke, daß Geld von einer zeugungskräftigen und fruchtbaren Natur ist. Geld kann Geld erzeugen und die Sprößlinge können noch mehr erzeugen und so fort. Fünf Schillinge umgeschlagen sind sechs, wieder umgetrieben sieben Schilling drei Pence und so fort bis es hundert Pfund Sterling sind. Je mehr davon vorhanden ist, desto mehr erzeugt das Geld beim Umschlag, so daß der Nutzen schneller und immer schneller steigt. Wer ein Mutterschwein tötet, vernichtet dessen ganze Nachkommenschaft bis ins tausendste Glied. Wer ein Fünfschillingstück umbringt, mordet (!) alles, was damit hätte produziert werden können: ganze Kolonnen von Pfunden Sterling.

Bedenke, daß – nach dem Sprichwort – ein guter Zahler der Herr von jedermanns Beutel ist. Wer dafür bekannt ist, pünktlich zur versprochenen Zeit zu zahlen, der kann zu jeder Zeit alles Geld entlehnen, was seine Freunde gerade nicht brauchen.

Dies ist bisweilen von großem Nutzen. Neben Fleiß und Mäßigkeit trägt nichts so sehr dazu bei, einen jungen Mann in der Welt vorwärts zu bringen, als Pünktlichkeit und Gerechtigkeit bei allen seinen Geschäften. Deshalb behalte niemals erborgtes Geld eine Stunde länger als du versprachst, damit nicht der Ärger darüber deines Freundes Börse dir auf immer verschließe.

Die unbedeutendsten Handlungen, die den Kredit eines Mannes beeinflussen, müssen von ihm beachtet werden. Der Schlag deines Hammers, den dein Gläubiger um 5 Uhr morgens oder um 8 Uhr abends vernimmt, stellt ihn auf sechs Monate zufrieden; sieht er dich aber am Billardtisch oder hört er deine Stimme im Wirtshause, wenn du bei der Arbeit sein solltest, so läßt er dich am nächsten Morgen um die Zahlung mahnen, und fordert sein Geld, bevor du es zur Verfügung hast.

Außerdem zeigt dies, daß du ein Gedächtnis für deine Schulden hast, es läßt dich als einen ebenso sorgfältigen wie ehrlichen Mann erscheinen und das vermehrt deinen Kredit.

Hüte dich, daß du alles was du besitzest, für dein Eigentum hältst und demgemäß lebst. In diese Täuschung geraten viele Leute, die Kredit haben. Um dies zu verhüten, halte eine genaue Rechnung über deine Ausgaben und dein Einkommen. Machst du dir die Mühe, einmal auf die Einzelheiten zu achten, so hat das folgende gute Wirkung: Du entdeckst, was für wunderbar kleine Ausgaben zu großen Summen anschwellen und du wirst bemerken, was hätte gespart werden können und was in Zukunft gespart werden kann ...

Für 6 £ jährlich kannst du den Gebrauch von 100 £ haben, vorausgesetzt, daß du ein Mann von bekannter Klugheit und Ehrlichkeit bist. Wer täglich einen Groschen nutzlos ausgibt, gibt an 6 £ jährlich nutzlos aus, und das ist der Preis für den Gebrauch von 100 £. Wer täglich einen Teil seiner Zeit zum Werte eines Groschen verschwendet (und das mögen nur ein paar Minuten sein), verliert, einen Tag in den andern gerechnet, das Vorrecht 100 £ jährlich zu gebrauchen. Wer nutzlos Zeit im Wert von 5 Schillingen vergeudet, verliert 5 Schillinge und könnte ebensogut 5 Schillinge ins Meer werfen. Wer 5 Schillinge verliert, verliert nicht nur die Summe, sondern alles, was damit bei Verwendung im Gewerbe hätte verdient werden können, – was, wenn ein junger Mann ein höheres Alter erreicht, zu einer ganz bedeutenden Summe aufläuft.«

Es ist Benjamin Franklin, der in diesen Sätzen – den gleichen, die Ferdinand Kürnberger in seinem geist- und giftsprühenden »amerikanischen Kulturbilde« als angebliches Glaubensbekenntnis des Yankeetums verhöhnt – zu uns predigt. Daß es »Geist des Kapitalismus« ist, der aus ihm in charakteristischer Weise redet, wird niemand bezweifeln, so wenig etwa behauptet werden soll, daß nun alles, was man unter diesem »Geist« verstehen kann, darin enthalten sei. Verweilen wir noch etwas bei dieser Stelle, deren Lebensweisheit Kürnbergers »Amerikamüder« dahin zusammenfaßt: »Aus Rindern macht man Talg, aus Menschen Geld«, so fällt als das Eigentümliche in dieser »Philosophie des Geizes« das Ideal des kreditwürdigen Ehrenmannes und vor allem: der Gedanke der Verpflichtung des Einzelnen gegenüber dem als Selbstzweck vorausgesetzten Interesse an der Vergrößerung seines Kapitals auf. In der Tat: daß hier nicht einfach Lebenstechnik, sondern eine eigentümliche »Ethik« gepredigt wird, deren Verletzung nicht nur als Torheit, sondern als eine Art von Pflichtvergessenheit behandelt wird: dies vor Allem gehört zum Wesen der Sache. Es ist nicht nur »Geschäftsklugheit«, was da gelehrt wird – dergleichen findet sich auch sonst oft genug: – es ist ein Ethos, welches sich äußert, und in eben dieser Qualität interessiert es uns.

Wenn Jakob Fugger einem Geschäftskollegen, der sich zur Ruhe gesetzt hat und ihm zuredet, das gleiche zu tun, da er nun doch genug gewonnen habe und andere auch gewinnen lassen solle, dies als »Kleinmut« verweist und antwortet: »er (Fugger) hätte viel einen andern Sinn, wollte gewinnen dieweil er könnte«, so unterscheidet sich der »Geist« dieser Äußerung offensichtlich von Franklin: was dort als Ausfluß kaufmännischen Wagemuts und einer persönlichen, sittlich indifferenten, Neigung geäußert wird, nimmt hier den Charakter einer ethisch gefärbten Maxime der Lebensführung an. In diesem spezifischen Sinne wird hier der Begriff »Geist des Kapitalismus« gebraucht. Natürlich: des modernen Kapitalismus. Denn daß hier nur von diesem westeuropäisch-amerikanischen Kapitalismus die Rede ist, versteht sich angesichts der Fragestellung von selbst. »Kapitalismus« hat es in China, Indien, Babylon, in der Antike und im Mittelalter gegeben. Aber eben jenes eigentümliche Ethos fehlte ihm wie wir sehen werden.

II. Die Berufsethik des asketischen Protestantismus

1. Die religiösen Grundlagen der innerweltlichen Askese

Der Glaube nun, um welchen in den kapitalistisch höchst entwickelten Kulturländern: den Niederlanden, England, Frankreich im 16. und 17. Jahrhundert die großen politischen und Kulturkämpfe geführt worden sind und dem wir uns deshalb zuerst zuwenden, war der Calvinismus. Als sein am meisten charakteristisches Dogma galt damals und gilt im allgemeinen auch heute die Lehre von der Gnadenwahl. Man hat zwar darüber gestritten, ob sie »das wesentlichste« Dogma der reformierten Kirche oder ein »Anhängsel« sei. Urteile über die Wesentlichkeit einer historischen Erscheinung sind nun aber entweder Wert- und Glaubensurteile – dann nämlich, wenn das an ihr allein »Interessierende« oder allein dauernd »Wertvolle« damit gemeint ist.

Oder es ist das wegen seines Einflusses auf andere historische Hergänge kausal Bedeutsame gemeint: dann handelt es sich um historische Zurechnungsurteile. Geht man nun, wie dies hier zu geschehen hat, von diesem letzteren Gesichtspunkt aus und fragt also nach der Bedeutung, welche jenem Dogma nach seinen kulturgeschichtlichen Wirkungen zuzumessen ist, so müssen diese sicherlich hoch angeschlagen werden. Der Kulturkampf, den Oldenbarneveldt führte, zerschellte an ihm, die Spaltung in der englischen Kirche wurde unter Jakob I. unüberbrückbar, seit Krone und Puritanismus auch dogmatisch – eben über diese Lehre – differierten, und überhaupt wurde sie in erster Linie als das Staatsgefährliche am Calvinismus aufgefaßt und obrigkeitlich bekämpft. Die großen Synoden des 17. Jahrhunderts, vor allem Dordrecht und Westminster, daneben zahlreiche kleinere, stellten ihre Erhebung zu kanonischer Gültigkeit in den Mittelpunkt ihrer Arbeit; unzähligen der Helden der »ecclesia militans« hat sie als fester Halt gedient und im 18. ebenso wie im 19. Jahrhundert hat sie Kirchenspaltungen hervorgerufen und bei großen Neuerweckungen das Schlachtgeschrei abgegeben. Wir können an ihr nicht vorbeigehen und lernen zunächst ihren Inhalt, – da er heute nicht mehr als jedem Gebildeten bekannt gelten darf, – authentisch aus den Sätzen der »Westminster confession« von 1647 kennen, welche in diesem Punkt sowohl von independentischen als von baptistischen Glaubensbekenntnissen einfach wiederholt worden ist:

Kapitel 9. (Vom freien Willen.) Nr. 3: Der Mensch hat durch seinen Fall in den Stand der Sünde gänzlich alle Fähigkeit seines Willens zu irgend etwas geistlich Gutem und die Seligkeit mit sich Führendem verloren, so sehr, daß ein natürlicher Mensch, als gänzlich abgewandt vom Guten und tot in Sünde, nicht fähig ist sich zu bekehren oder sich auch nur dafür vorzubereiten.

Kapitel 3. (Von Gottes ewigem Ratschluß.) Nr. 3: Gott hat zur Offenbarung seiner Herrlichkeit durch seinen Beschluß einige Menschen ..... bestimmt (predestinated) zu ewigem Leben und andere verordnet (foreordained) zu ewigem Tode. Nr. 5: Diejenigen aus dem Menschengeschlecht, welche bestimmt sind zum Leben, hat Gott, bevor der Grund der Welt gelegt wurde, nach seinem ewigen und unveränderlichen Vorsatz und dem geheimen Ratschluß und der Willkür seines Willens erwählt in Christus zu ewiger Herrlichkeit, und dies aus reiner freier Gnade und Liebe, nicht etwa so, daß die Voraussicht von Glauben oder guten Werken oder Beharrlichkeit in einem von beiden, oder irgend etwas anderes in den Geschöpfen, als Bedingung oder Ursache, ihn dazu bewogen hätten, sondern alles zum Preise seiner herrlichen Gnade. Nr. 7: Es gefiel Gott, die übrigen des Menschengeschlechts gemäß dem unerforschlichen Rat seines Willens, wonach er Gnade erteilt oder vorenthält, wie es ihm gefällt, zur Verherrlichung seiner unumschränkten Macht über seine Geschöpfe zu übergehen und sie zu ordnen zu Unehre und Zorn für ihre Sünde, zum Preise seiner herrlichen Gerechtigkeit.

Kapitel 10. (Von wirksamer Berufung.) Nr. 1: Es gefällt Gott, alle die, welche er bestimmt hat zum Leben, und nur sie, zu der von ihm festgesetzten und passenden Zeit durch sein Wort und seinen Geist wirksam zu berufen ... indem er hinwegnimmt ihr steinernes Herz und ihnen gibt ein fleischernes Herz, indem er ihren Willen erneuert und durch seine allmächtige Kraft sie für das, was gut ist, entscheidet ...

Kapitel 5. (Von der Vorsehung.) Nr. 6: Was die bösen und gottlosen Menschen betrifft, welche Gott als ein gerechter Richter um früherer Sünden willen verblendet und verhärtet, so entzieht er ihnen nicht allein seine Gnade, durch welche ihr Verstand hätte erleuchtet und ihre Herzen ergriffen werden können, sondern zuweilen entzieht er ihnen auch die Gaben, die sie hatten, und bringt sie mit solchen Gegenständen in Beziehung, aus welchen ihr Verderbnis eine Gelegenheit zur Sünde macht, und übergibt sie außerdem ihren eigenen Lüsten, den Versuchungen der Welt und der Macht Satans, wodurch es geschieht, daß sie sich selbst verhärten, sogar durch dieselben Mittel, deren Gott sich zur Erweichung anderer bedient.

»Mag ich zur Hölle fahren, aber solch ein Gott wird niemals meine Achtung erzwingen« – war bekanntlich Miltons Urteil über die Lehre. Aber nicht auf eine Wertung, sondern auf die geschichtliche Stellung des Dogmas kommt es für uns hier an. Nur kurz können wir bei der Frage verweilen: wie diese Lehre entstand und welchen Gedankenzusammenhängen in der calvinistischen Theologie sie sich einfügte. Zwei Wege zu ihr waren möglich. Das Phänomen des religiösen Erlösungsgefühls verknüpft sich gerade bei den aktivsten und leidenschaftlichsten jener großen Beter, wie sie die Geschichte des Christentums seit Augustin immer wieder gesehen hat, mit der sicheren Empfindung, alles der ausschließlichen Wirksamkeit einer objektiven Macht, nicht das geringste dem eigenen Wert zu danken zu haben: Die mächtige Stimmung froher Sicherheit, in welche sich der ungeheure Krampf des Sündengefühls bei ihnen entladet, bricht scheinbar gänzlich unvermittelt über sie herein und vernichtet jede Möglichkeit der Vorstellung, daß dieses unerhörte Gnadengeschenk irgendwelcher eigenen Mitwirkung verdankt werden oder mit Leistungen oder Qualitäten des eigenen Glaubens und Wollens verknüpft sein könnte. In jenen Zeiten seiner höchsten religiösen Genialität, in welcher Luther seine »Freiheit eines Christenmenschen« zu schreiben fähig war, stand auch ihm der »heimliche Ratschluß« Gottes als absolut alleinige grundlose Quelle seines religiösen Gnadenbestandes am festesten. Er gab ihn auch später nicht förmlich auf, – aber nicht nur gewann der Gedanke keine zentrale Stellung bei ihm, sondern er tritt immer mehr in den Hintergrund, je »realpolitischer« er als verantwortlicher Kirchenpolitiker notgedrungen wurde. Melanchthon vermied es ganz absichtlich, die »gefährliche und dunkle« Lehre in die Augsburger Konfession aufzunehmen und für die Kirchenväter des Luthertums stand es dogmatisch fest, daß die Gnade verlierbar (amissibilis) ist und durch bußfertige Demut und gläubiges Vertrauen auf Gottes Wort und die Sakramente neu gewonnen werden kann. Gerade umgekehrt verlief der Prozeß bei Calvin in einer fühlbaren Steigerung der Bedeutung der Lehre im Verlauf seiner polemischen Auseinandersetzung mit dogmatischen Gegnern. Sie ist erst in der dritten Auflage seiner »Institutio« voll entfaltet und gewinnt ihre zentrale Stellung erst posthum in den großen Kulturkämpfen, welche die Synoden von Dordrecht und Westminster abzuschließen suchten. Bei Calvin ist eben das »decretum horribile« nicht wie bei Luther erlebt, sondern erdacht, und deshalb in seiner Bedeutung gesteigert mit jeder weiteren Steigerung der gedanklichen Konsequenz in der Richtung seines lediglich Gott, nicht den Menschen, zugewendeten religiösen Interesses. Nicht Gott ist um der Menschen, sondern die Menschen sind um Gottes willen da, und alles Geschehen – also auch die für Calvin zweifellose Tatsache, daß nur ein kleiner Teil der Menschen zur Seligkeit berufen ist – kann seinen Sinn ausschließlich als Mittel zum Zweck der Selbstverherrlichung von Gottes Majestät haben. Maßstäbe irdischer »Gerechtigkeit« an seine souveränen Verfügungen anzulegen, ist sinnlos und eine Verletzung seiner Majestät, da er, und er allein, frei, d. h. keinem Gesetz unterstellt ist, und seine Ratschlüsse uns nur soweit verständlich und überhaupt bekannt sein können, als er es für gut befand, sie uns mitzuteilen. An diese Fragmente der ewigen Wahrheit allein können wir uns halten, alles andere: – der Sinn unseres individuellen Schicksals, – ist von dunklen Geheimnissen umgeben, die zu ergründen unmöglich und vermessen ist. Wenn etwa die Verworfenen über das ihrige als unverdient klagen wollten, so wäre das ähnlich, als wenn die Tiere sich beschweren würden, nicht als Menschen geboren zu sein. Denn alle Kreatur ist durch eine unüberbrückbare Kluft von Gott geschieden und verdient vor ihm, soweit er nicht zur Verherrlichung seiner Majestät ein anderes beschlossen hat, lediglich den ewigen Tod. Was wir wissen, ist nur: daß ein Teil der Menschen selig wird, ein anderer verdammt bleibt. Anzunehmen, daß menschliches Verdienst oder Verschulden dieses Schicksal mitbestimme, hieße Gottes absolut freie Entschlüsse, die von Ewigkeit her feststehen, als durch menschliche Einwirkung wandelbar ansehen: ein unmöglicher Gedanke. Aus dem menschlich verständlichen »Vater im Himmel« des Neuen Testaments, der sich über die Wiederkehr des Sünders freut, wie ein Weib über den wiedergefundenen Groschen, ist hier ein jedem menschlichen Verständnis entzogenes transzendentes Wesen geworden, welches von Ewigkeit her nach gänzlich unerforschlichen Ratschlüssen jedem Einzelnen sein Geschick zugeteilt und über alles Kleinste im Kosmos verfügt hat. Gottes Gnade ist, da seine Ratschlüsse unwandelbar feststehen, ebenso unverlierbar für die, welchen er sie zuwendet, wie unerreichbar für die, welchen er sie versagt.

In ihrer pathetischen Unmenschlichkeit mußte diese Lehre nun für die Stimmung einer Generation, die sich ihrer grandiosen Konsequenz ergab, vor allem eine Folge haben: ein Gefühl einer unerhörten inneren Vereinsamung des einzelnen Individuums. In der für die Menschen der Reformationszeit entscheidensten Angelegenheit des Lebens: der ewigen Seligkeit, war der Mensch darauf verwiesen, seine Straße einsam zu ziehen, einem von Ewigkeit her feststehenden Schicksal entgegen. Niemand konnte ihm helfen. Kein Prediger: – denn nur der Erwählte kann das Gotteswort spiritualiter verstehen. Kein Sakrament: – denn die Sakramente sind zwar von Gott zur Mehrung seines Ruhms verordnet und deshalb unverbrüchlich zu halten, aber kein Mittel, Gottes Gnade zu erlangen, sondern subjektiv nur »externa subsidia« des Glaubens. Keine Kirche: – denn es gilt zwar der Satz »extra ecclesiam nulla salus« in dem Sinne, daß, wer sich von der wahren Kirche fernhält, nimmermehr zu den von Gott Erwählten gehören kann; aber zur (äußeren) Kirche gehören auch die Reprobierten, ja sie sollen dazu gehören und ihren Zuchtmitteln unterworfen werden, nicht um dadurch zur Seligkeit zu gelangen, – das ist unmöglich, – sondern weil auch sie zu Gottes Ruhm zur Innehaltung seiner Gebote gezwungen werden müssen. Endlich auch: – kein Gott: denn auch Christus ist nur für die Erwählten gestorben denen Gott seinen Opfertod zuzurechnen von Ewigkeit her beschlossen hatte. Dies: der absolute (im Luthertum noch keineswegs in allen Konsequenzen vollzogene) Fortfall kirchlich-sakramentalen Heils, war gegenüber dem Katholizismus das absolut Entscheidende. Jener große religionsgeschichtliche Prozeß der Entzauberung der Welt, welcher mit der altjüdischen Prophetie einsetzte und, im Verein mit dem hellenischen wissenschaftlichen Denken, alle magischen Mittel der Heilssuche als Aberglaube und Frevel verwarf, fand hier seinen Abschluß. Der echte Puritaner verwarf ja sogar jede Spur von religiösen Zeremonien am Grabe und begrub die ihm Nächststehenden sang- und klanglos, um nur ja keinerlei »superstition«: kein Vertrauen auf Heilswirkungen magisch-sakramentaler Art, aufkommen zu lassen. Es gab nicht nur kein magisches, sondern überhaupt kein Mittel, die Gnade Gottes dem zuzuwenden, dem Gott sie zu versagen sich entschlossen hatte. Verbunden mit der schroffen Lehre von der unbedingten Gottferne und Wertlosigkeit alles rein Kreatürlichen enthält diese innere Isolierung des Menschen einerseits den Grund für die absolut negative Stellung des Puritanismus zu allen sinnlich-gefühlsmäßigen Elementen in der Kultur und subjektiven Religiosität – weil sie für das Heil unnütz und Förderer sentimentaler Illusionen und des kreaturvergötternden Aberglaubens sind – und damit zur grundsätzlichen Abwendung von aller Sinnenkultur überhaupt. Andrerseits aber bildet sie eine der Wurzeln jenes illusionslosen und pessimistisch gefärbten Individualismus, wie er in dem »Volkscharakter« und den Institutionen der Völker mit puritanischer Vergangenheit sich noch heute auswirkt, – in so auffälligem Gegensatz zu der ganz andersartigen Brille, durch welche später die »Aufklärung« die Menschen ansah.

[...]

Hier kehren wir aber zunächst noch einmal zur Betrachtung speziell der Prädestinationslehre zurück.

Denn das für uns entscheidende Problem ist erst: wie

wurde diese Lehre ertragen in einer Zeit, welcher das Jenseits nicht nur wichtiger, sondern in vieler Hinsicht auch sicherer war, als alle Interessen des diesseitigen Lebens. Die eine Frage mußte ja alsbald für jeden einzelnen Gläubigen entstehen und alle anderen Interessen in den Hintergrund drängen: Bin ich denn erwählt? Und wie kann ich dieser Erwählung sicher werden? – Für Calvin selbst war dies kein Problem. Er fühlte sich als »Rüstzeug« und war seines Gnadenstandes sicher. Demgemäß hat er auf die Frage, wodurch der Einzelne seiner eigenen Erwählung gewiß werden könne, im Grunde genommen nur die Antwort: daß wir uns an der Kenntnis des Beschlusses Gottes und an dem durch den wahren Glauben bewirkten beharrlichen Zutrauen auf Christus genügen lassen sollen. Er verwirft prinzipiell die Annahme: man könne bei Anderen aus ihrem Verhalten erkennen, ob sie erwählt oder verworfen seien, als einen vermessenen Versuch, in die Geheimnisse Gottes einzudringen. Die Erwählten unterscheiden sich in diesem Leben äußerlich in nichts von den Verworfenen und auch alle subjektiven Erfahrungen der Erwählten sind – als »ludibria spiritus sancti« – auch bei den Verworfenen möglich, mit einziger Ausnahme jenes »finaliter« beharrenden gläubigen Vertrauens. Die Erwählten sind und bleiben also Gottes unsichtbare Kirche. Anders ganz naturgemäß die Epigonen – schon Beza – und vor allem die breite Schicht der Alltagsmenschen. Für sie mußte die »certitudo salutis« im Sinn der Erkennbarkeit des Gnadenstandes zu absolut überragender Bedeutung aufsteigen und so ist denn auch überall da, wo die Prädestinationslehre festgehalten wurde, die Frage nicht ausgeblieben, ob es sichere Merkmale gebe, an denen man die Zugehörigkeit zu den »electi« erkennen könne. Nicht nur in der Entwicklung des auf dem Boden der reformierten Kirche zuerst erwachsenen Pietismus hat diese Frage dauernd eine zentrale Bedeutung gehabt, ist in gewissem Sinne für ihn zeitweise geradezu konstitutiv gewesen, sondern wir werden, wenn wir die politisch und sozial so weittragende Bedeutung der reformierten Abendmahlslehre und Abendmahlspraxis betrachten, noch davon zu reden haben, welche Rolle auch außerhalb des Pietismus die Feststellbarkeit des Gnadenstandes des Einzelnen z. B. für die Frage seiner Zulassung zum Abendmahl, d. h. zu der zentralen, für die soziale Stellung der Teilnehmer entscheidenden Kulthandlung, während des ganzen 17. Jahrhunderts gespielt hat.

Es war zum mindesten, soweit die Frage des eigenen Gnadenstandes auftauchte, unmöglich, bei Calvins von der orthodoxen Doktrin wenigstens im Prinzip nie förmlich aufgegebener Verweisung auf das Selbstzeugnis des beharrenden Glaubens, den die Gnade im Menschen wirkt, stehenzubleiben. Vor allem die Praxis der Seelsorge, welche auf Schritt und Tritt mit den durch die Lehre geschaffenen Qualen zu tun hatte, konnte es nicht. Sie fand sich mit diesen Schwierigkeiten in verschiedener Art ab. Soweit dabei nicht die Gnadenwahl uminterpretiert, gemildert und im Grunde aufgegeben wurde, treten namentlich zwei miteinander verknüpfte Typen seelsorgerischer Ratschläge als charakteristisch hervor. Es wird einerseits schlechthin zu Pflicht gemacht, sich für erwählt zu halten, und jeden Zweifel als Anfechtung des Teufels abzuweisen, da ja mangelnde Selbstgewißheit Folge unzulänglichen Glaubens, also unzulänglicher Wirkung der Gnade sei. Die Mahnung des Apostels zum »Festmachen« der eigenen Berufung wird also hier als Pflicht, im täglichen Kampf sich die subjektive Gewißheit der eigenen Erwähltheit und Rechtfertigung zu erringen, gedeutet. An Stelle der demütigen Sünder, denen Luther, wenn sie in reuigem Glauben sich Gott anvertrauen, die Gnade verheißt, werden so jene selbstgewissen »Heiligen« gezüchtet, die wir in den stahlharten puritanischen Kaufleuten jenes heroischen Zeitalters des Kapitalismus und in einzelnen Exemplaren bis in die Gegenwart wiederfinden. Und andererseits wurde, um jene Selbstgewißheit zu erlangen, als hervorragendstes Mittel rastlose

Berufsarbeit eingeschärft. Sie und sie allein verscheuche den religiösen Zweifel und gebe die Sicherheit des Gnadenstandes.

2. Askese und kapitalistischer Geist

Ohne auf die Erörterung der Einflüsse des Puritanismus nach all diesen Richtungen hier näher eingehen zu können, vergegenwärtigen wir uns nur, daß die Statthaftigkeit der Freude an den rein dem ästhetischen oder sportlichen Genuß dienenden Kulturgütern jedenfalls immer eine charakteristische Schranke findet: sie dürfen nichts kosten. Der Mensch ist ja nur Verwalter der durch Gottes Gnade ihm zugewendeten Güter, er hat, wie der Knecht der Bibel, von jedem anvertrauten Pfennig Rechenschaft abzulegen, und es ist zum mindesten bedenklich, davon etwas zu verausgaben zu einem Zweck, der nicht Gottes Ruhm, sondern dem eigenen Genuß gilt. Wem, der die Augen offen hat, wären Repräsentanten dieser Auffassung nicht bis in die Gegenwart hinein begegnet? Der Gedanke der Verpflichtung des Menschen gegenüber seinem anvertrauten Besitz, dem er sich als dienender Verwalter oder geradezu als »Erwerbsmaschine« unterordnet, legt sich mit seiner erkältenden Schwere auf das Leben. Je größer der Besitz wird, desto schwerer wird – wenn die asketische Lebensstimmung die Probe besteht – das Gefühl der Verantwortung dafür, ihn zu Gottes Ruhm ungeschmälert zu erhalten und durch rastlose Arbeit zu vermehren. Auch die Genesis dieses Lebensstils reicht in einzelnen Wurzeln, wie so viele Bestandteile des modernen kapitalistischen Geistes, in das Mittelalter zurück, aber erst in der Ethik des asketischen Protestantismus fand er seine konsequente ethische Unterlage. Seine Bedeutung für die Entwicklung des Kapitalismus liegt auf der Hand.

Die innerweltliche protestantische Askese – so können

wir das bisher Gesagte wohl zusammenfassen – wirkte also mit voller Wucht gegen den unbefangenen Genuß des Besitzes, sie schnürte die Konsumtion, speziell die Luxuskonsumtion, ein. Dagegen entlastete sie im psychologischen Effekt den Gütererwerb von den Hemmungen der traditionalistischen Ethik, sie sprengt die Fesseln des Gewinnstrebens, indem sie es nicht nur legalisierte, sondern (in dem dargestellten Sinn) direkt als gottgewollt ansah. Der Kampf gegen Fleischeslust und das Hängen an äußeren Gütern war, wie neben den Puritanern auch der große Apologet des Quäkertums, Barclay, ausdrücklich bezeugt, kein Kampf gegen rationalen Erwerb, sondern gegen irrationale Verwendung des Besitzes. Diese aber lag vor allem in der Wertschätzung der als Kreaturvergötterung verdammlichen ostensiblen Formen des Luxus, wie sie dem feudalen Empfinden so nahe lagen, anstatt der von Gott gewollten rationalen und utilitarischen Verwendung für die Lebenszwecke des Einzelnen und der Gesamtheit. Nicht Kasteiung wollte sie dem Besitzenden aufzwingen, sondern Gebrauch seines Besitzes für notwendige und praktisch nützliche Dinge. Der Begriff des »comfort« umspannt in charakteristischer Weise den Kreis der ethisch statthaften Verwendungszwecke, und es ist natürlich kein Zufall, daß man die Entwicklung des Lebensstils, der sich an jenen Begriff heftet, gerade bei den konsequentesten Vertretern dieser ganzen Lebensanschauung: den Quäkern, am frühesten und deutlichsten beobachtet hat. Dem Flitter und Schein chevaleresken Prunkes, der, auf unsolider ökonomischer Basis ruhend, die schäbige Eleganz der nüchternen Einfachheit vorzieht, setzten sie die saubere und solide Bequemlichkeit des bürgerlichen »home« als Ideal entgegen.

Auf der Seite der Produktion des privatwirtschaftlichen Reichtums kämpfte die Askese gegen Unrechtlichkeit ebenso wie gegen rein triebhafte Habgier, – denn diese war es, welche sie als »covetousness«, als »Mammonismus« usw. verwarf: das Streben nach Reichtum zu dem Endzweck, reich zu sein. Denn der Besitz als solcher war Versuchung. Aber hier war nun die Askese die Kraft, »die stets das Gute will und stets das Böse« – das in ihrem Sinn Böse: den Besitz und seine Versuchungen – »schafft«. Denn nicht nur sah sie, mit dem Alten Testament und in voller Analogie zu der ethischen Wertung der »guten Werke«, zwar in dem Streben nach Reichtum als Zweck den Gipfel des Verwerflichen, in der Erlangung des Reichtums als Frucht der Berufsarbeit aber den Segen Gottes. Sondern, was noch wichtiger war: die religiöse Wertung der rastlosen, stetigen, systematischen, weltlichen Berufsarbeit als schlechthin höchsten asketischen Mittels und zugleich sicherster und sichtbarster Bewährung des wiedergeborenen Menschen und seiner Glaubensechtheit mußte ja der denkbar mächtigste Hebel der Expansion jener Lebensauffassung sein, die wir hier als »Geist« des Kapitalismus bezeichnet haben. Und halten wir nun noch Einschnürung der Konsumtion mit dieser Entfesselung des Erwerbsstrebens zusammen, so ist das äußere Ergebnis naheliegend: Kapitalbildung durch asketischen Sparzwang. Die Hemmungen, welche dem konsumtiven Verbrauch des Erworbenen entgegenstanden, mußten ja seiner produktiven Verwendung: als Anlagekapital, zugute kommen. Wie stark diese Wirkung gewesen ist, entzieht sich ziffernmäßig naturgemäß jeder exakten Bestimmung.

[...]

Einer der konstitutiven Bestandteile des modernen kapitalistischen Geistes, und nicht nur dieses, sondern der modernen Kultur: die rationale Lebensführung auf Grundlage der Berufsidee, ist – das sollten diese Darlegungen erweisen – geboren aus dem Geist der christlichen Askese. Man lese jetzt noch einmal den im Eingang dieses Aufsatzes zitierten Traktat Franklins nach, um zu sehen, daß die wesentlichen Elemente der dort als »Geist des Kapitalismus« bezeichneten Gesinnung eben die sind, die wir vorstehend als Inhalt der puritanischen Berufsaskese ermittelten, nur ohne die religiöse Fundamentierung, die eben bei Franklin schon abgestorben war. – Der Gedanke, daß die moderne Berufsarbeit ein asketisches Gepräge trage, ist ja auch nicht neu. Daß die Beschränkung auf Facharbeit, mit dem Verzicht auf die faustische Allseitigkeit des Menschentums, welchen sie bedingt, in der heutigen Welt Voraussetzung wertvollen Handelns überhaupt ist, daß also »Tat« und »Entsagung« einander heute unabwendbar bedingen: dies asketische Grundmotiv des bürgerlichen Lebensstils – wenn er eben Stil und nicht Stillosigkeit sein will – hat auf der Höhe seiner Lebensweisheit, in den »Wanderjahren« und in dem Lebensabschluß, den er seinem Faust gab, auch Goethe uns lehren wollen. Für ihn bedeutete diese Erkenntnis einen entsagenden Abschied von einer Zeit vollen und schönen Menschentums, welche im Verlauf unserer Kulturentwicklung ebensowenig sich wiederholen wird, wie die Zeit der Hochblüte Athens im Altertum. Der Puritaner wollte Berufsmensch sein, – wir müssen es sein. Denn indem die Askese aus den Mönchszellen heraus in das Berufsleben übertragen wurde und die innerweltliche Sittlichkeit zu beherrschen begann, half sie an ihrem Teile mit daran, jenen mächtigen Kosmos der modernen, an die technischen und ökonomischen Voraussetzungen mechanisch-maschineller Produktion gebundenen, Wirtschaftsordnung erbauen, der heute den Lebensstil aller Einzelnen, die in dies Triebwerk hineingeboren werden – nicht nur der direkt ökonomisch Erwerbstätigen –, mit überwältigendem Zwange bestimmt und vielleicht bestimmen wird, bis der letzte Zentner fossilen Brennstoffs verglüht ist. Nur wie »ein dünner Mantel, den man jederzeit abwerfen könnte«, sollte nach Baxters Ansicht die Sorge um die äußeren Güter um die Schultern seiner Heiligen liegen. Aber aus dem Mantel ließ das Verhängnis ein stahlhartes Gehäuse werden. Indem die Askese die Welt umzubauen und in der Welt sich auszuwirken unternahm, gewannen die äußeren Güter dieser Welt zunehmende und schließlich unentrinnbare Macht über den Menschen, wie niemals zuvor in der Geschichte. Heute ist ihr Geist – ob endgültig, wer weiß es? – aus diesem Gehäuse entwichen. Der siegreiche Kapitalismus jedenfalls bedarf, seit er auf mechanischer Grundlage ruht, dieser Stütze nicht mehr. Auch die rosige Stimmung ihrer lachenden Erbin: der Aufklärung, scheint endgültig im Verbleichen und als ein Gespenst ehemals religiöser Glaubensinhalte geht der Gedanke der »Berufspflicht« in unserm Leben um. Wo die »Berufserfüllung« nicht direkt zu den höchsten geistigen Kulturwerten in Beziehung gesetzt werden kann – oder wo nicht umgekehrt sie auch subjektiv einfach als ökonomischer Zwang empfunden werden muß –, da verzichtet der Einzelne heute meist auf ihre Ausdeutung überhaupt. Auf dem Gebiet seiner höchsten Entfesselung, in den Vereinigten Staaten, neigt das seines religiös-ethischen Sinnes entkleidete Erwerbsstreben heute dazu, sich mit rein agonalen Leidenschaften zu assoziieren, die ihm nicht selten geradezu den Charakter des Sports aufprägen. Niemand weiß noch, wer künftig in jenem Gehäuse wohnen wird und ob am Ende dieser ungeheuren Entwicklung ganz neue Propheten oder eine mächtige Wiedergeburt alter Gedanken und Ideale stehen werden, oder aber – wenn keins von beiden – mechanisierte Versteinerung, mit einer Art von krampfhaftem Sich-wichtig-nehmen verbrämt. Dann allerdings könnte für die »letzten Menschen« dieser Kulturentwicklung das Wort zur Wahrheit werden: »Fachmenschen ohne Geist, Genußmenschen ohne Herz: dies Nichts bildet sich ein, eine nie vorher erreichte Stufe des Menschentums erstiegen zu haben.« –

Doch wir geraten damit auf das Gebiet der Wert- und Glaubensurteile, mit welchen diese rein historische Darstellung nicht belastet werden soll. Die Aufgabe wäre vielmehr: die in der vorstehenden Skizze ja nur angeschnittene Bedeutung des asketischen Rationalismus nun auch für den Inhalt der sozialpolitischen Ethik, also für die Art der

Organisation und der Funktionen der sozialen Gemeinschaften vom Konventikel bis zum Staat aufzuzeigen. Alsdann müßte seine Beziehung zu dem humanistischen Rationalismus und dessen Lebensidealen und Kultureinflüssen, ferner zur Entwicklung des philosophischen und wissenschaftlichen Empirismus, zu der technischen Entwicklung und zu den geistigen Kulturgütern analysiert werden. Dann endlich wäre sein geschichtliches Werden von den mittelalterlichen Ansätzen einer innerweltlichen Askese aus und seine Auflösung in den reinen Utilitarismus historisch und durch die einzelnen Verbreitungsgebiete der asketischen Religiosität hindurch zu verfolgen. Daraus erst könnte sich das Maß der Kulturbedeutung des asketischen Protestantismus im Verhältnis zu anderen plastischen Elementen der modernen Kultur ergeben. Hier ist ja erst Tatsache und Art seiner Einwirkung in einem, wenn auch wichtigen, Punkt auf ihre Motive zurückzuführen versucht worden. Weiter aber müßte dann auch die Art, wie die protestantische Askese ihrerseits durch die Gesamtheit der gesellschaftlichen Kulturbedingungen, insbesondere auch der ökonomischen, in ihrem Werden und ihrer Eigenart beeinflußt worden ist, zutage treten. Denn obwohl der moderne Mensch im ganzen selbst beim besten Willen nicht imstande zu sein pflegt, sich die Bedeutung, welche religiöse Bewußtseinsinhalte auf die Lebensführung, die Kultur und die Volkscharaktere gehabt haben, so groß vorzustellen, wie sie tatsächlich gewesen ist, – so kann es dennoch natürlich nicht die Absicht sein, an Stelle einer einseitig »materialistischen« eine ebenso einseitig spiritualistische kausale Kultur- und Geschichtsdeutung zu setzen. Beide sind gleich möglich, aber mit beiden ist, wenn sie nicht Vorarbeit, sondern Abschluß der Untersuchung zu sein beanspruchen, der historischen Wahrheit gleich wenig gedient.

Resultat:
Konfuzianismus und Puritanismus

Wir stellen das Gesagte vielleicht am zweckmäßigsten derart in den Zusammenhang unserer Gesichtspunkte, daß wir uns das Verhältnis des konfuzianischen Rationalismus – denn dieser Name gebührt ihm – zu dem uns geographisch und historisch nächstliegenden: dem Rationalismus des Protestantismus, verdeutlichen. Für die Stufe der Rationalisierung, welche eine Religion repräsentiert, gibt es vor allem zwei, übrigens miteinander in vielfacher innerer Beziehung stehende Maßstäbe. Einmal der Grad, in welchem sie die Magie abgestreift hat. Dann der Grad systematischer Einheitlichkeit, in welche das Verhältnis von Gott und Welt und demgemäß die eigene ethische Beziehung zur Welt von ihr gebracht worden ist.

In der ersten Hinsicht stellt der asketische Protestantismus in seinen verschiedenen Ausprägungen eine letzte Stufe dar. Seine am meisten charakteristischen Ausprägungen haben der Magie am vollständigsten den Garaus gemacht. Auch in der sublimierten Form der Sakramente und Symbole wurde sie prinzipiell ausgerottet, so sehr, daß der strenge Puritaner selbst die Leichen seiner Lieben formlos verscharren ließ, um nur jeder »Superstition«, und das hieß hier: jedem Vertrauen auf Manipulationen magischen Charakters, die Quelle abzugraben. Die gänzliche Entzauberung der Welt war nur hier in alle Konsequenzen durchgeführt. Das bedeutete nicht etwa die Freiheit von dem, was wir heute als »Aberglauben« zu werten pflegen. Die Hexenprozesse haben auch in Neu-England geblüht. Aber: während der Konfuzianismus die Magie in ihrer positiven Heilsbedeutung unangetastet ließ, war hier alles Magische teuflisch geworden, religiös wertvoll dagegen nur das rational Ethische geblieben: das Handeln nach Gottes Gebot, und auch dies nur aus der gottgeheiligten Gesinnung heraus. Es ist nach der Darstellung wohl völlig klar geworden: daß in dem Zaubergarten vollends der heterodoxen Lehre (Taoismus) unter der Macht der Chronomanten, Geomanten, Hydromanten, Meteoromanten, bei der krüden und abstrusen universistischen Vorstellung vom Weltzusammenhang, beim Fehlen aller naturwissenschaftlichen Kenntnis, welche teils Ursache teils aber auch Folge jener elementaren Gewalten war, bei der Verpfründung, der Stütze der magischen Tradition, an deren Sportelchancen sie interessiert war, eine rationale Wirtschaft und Technik moderner okzidentaler Art einfach ausgeschlossen war. Die Erhaltung dieses Zaubergartens aber gehörte zu den intimsten Tendenzen der konfuzianischen Ethik. Aber innere Gründe traten hinzu und hinderten jede Durchbrechung der konfuzianischen Macht.

Die puritanische Ethik rückte, im stärksten Gegensatz zu der unbefangenen Stellungnahme des Konfuzianismus zu den Dingen der Erde, diese in den Zusammenhang einer gewaltigen und pathetischen Spannung gegenüber der »Welt«. Jede Religion, welche mit rationalen (ethischen) Forderungen der Welt gegenübertritt, gerät ja – wir werden das alsbald noch im einzelnen verfolgen – an irgendeinem Punkt mit deren Irrationalitäten in ein Spannungsverhältnis. Diese Spannungen setzen bei den einzelnen Religionen an sehr verschiedenen Punkten ein und darnach ist sowohl die Art wie der Stärkegrad der Spannung verschieden. Dies hängt in starkem Maße von der Art des durch metaphysische Verheißungen gegebenen Erlösungswegs der einzelnen Religion ab. Vor allem: der Grad der religiösen Entwertung der Welt ist dabei mit dem Grade ihrer praktischen Ablehnung nicht identisch.

[...]

Beim Konfuzianer war der Reichtum, wie eine vom Stifter überlieferte Äußerung ausdrücklich lehrt, das wichtigste Mittel, tugendhaft, d. h. würdig leben und sich der eigenen Vervollkommnung widmen zu können. »Bereichert sie« war daher die Antwort auf die Frage nach dem Mittel, die Menschen zu bessern. Denn nur dann konnte man »standesgemäß« leben. Beim Puritaner war der Erwerb ungewollte Folge, aber wichtiges Symptom der eigenen Tugend, die Verausgabung des Reichtums für eigene konsumtive Zwecke aber sehr leicht kreaturvergötternde Hingabe an die Welt. Reichtumserwerb würde Konfuzius an sich nicht verschmähen, aber er schien unsicher und konnte daher zur Störung des vornehmen Gleichgewichts der Seele führen und alle eigentliche ökonomische Berufsarbeit war banausisches Fachmenschentum. Der Fachmensch aber war für den Konfuzianer auch durch seinen sozialutilitarischen Wert nicht zu wirklich positiver Würde zu erheben. Denn – dies war das Entscheidende – »der vornehme Mann« (Gentleman) war »kein Werkzeug«, d. h.: er war in seiner weltangepaßten Selbstvervollkommnung ein letzter Selbstzweck, nicht aber Mittel für sachliche Zwecke welcher Art immer. Dieser Kernsatz der konfuzianischen Ethik lehnte die Fachspezialisierung, die moderne Fachbureaukratie und die Fachschulung, vor allem aber die ökonomische Schulung für den Erwerb ab. Einer solchen »kreaturvergötternden« Maxime setzte der Puritanismus gerade umgekehrt die Bewährung an den speziellen sachlichen Zwecken der Welt und des Berufslebens als Aufgabe entgegen. Der Konfuzianer war der Mensch literarischer Bildung und zwar, noch genauer: Buch-Bildung, Schrift-Mensch in der höchsten Ausprägung, ebenso fremd der hellenischen Hochwertung und Durchbildung der Rede und Konversation, wie der, sei es kriegerischen, sei es ökonomischen, Energie des rationalen Handelns. Die Mehrzahl der puritanischen Denominationen (wenn auch nicht alle gleichmäßig stark) lehnten, gegenüber der freilich unumgänglichen Bibelfestigkeit (die Bibel war ja eine Art von bürgerlichem Gesetzbuch und Betriebslehre), die philosophisch-literarische Bildung, die höchste Zierde des Konfuzianers, als eitlen Zeitverderb und als religiös gefährlich ab. Die Scholastik und Dialektik, Aristoteles und was von ihm kam, war ihnen ein Greuel und eine Gefahr, der z. B. Spener die kartesianische rational-mathematisch fundierte Philosophie vorzog. Nützliche Realkenntnisse, vor allem empirisch-naturwissenschaftliche und geographische Orientierung, nüchterne Klarheit des realistischen Denkens und Fachwissen als Zweck der Erziehung sind planmäßig zuerst von puritanischen, speziell in Deutschland von pietistischen Kreisen gepflegt worden. Einerseits als der einzige Weg der Erkenntnis von Gottes Ruhm und Vorsehung in dessen Schöpfung, andererseits aber als Mittel, im Beruf die Welt rational bemeistern und zu Gottes Ehre seine Schuldigkeit tun zu können. Dem Hellenentum und auch dem Wesen der Hochrenaissance standen beide, Konfuzianismus wie Puritanismus, gleich fern, jeder von ihnen aber in anderem Sinne.

Die radikale Konzentration auf gottgewollte Zwecke, der rücksichtslose praktische Rationalismus der asketischen Ethik, die methodische Konzeption sachlicher Betriebsführung, der Abscheu gegen den illegalen politischen, kolonialen, auf dem Buhlen um Fürsten- und Menschengunst ruhenden, Raub- und Monopolkapitalismus, im Gegensatz dazu die nüchterne strenge Legalität und die gebändigte rationale Energie des Alltagsbetriebs, die rationalistische Schätzung des technisch besten Weges und der praktischen Solidität und Zweckmäßigkeit statt der traditionalistischen Freude an der überkommenen Fertigkeit und der Schönheit des Produkts beim alten Handwerker, – alle diese unentbehrlichen »ethischen« Qualitäten des spezifisch modernen kapitalistischen Unternehmers und: die spezifische Arbeitswilligkeit des frommen Arbeiters: – dieser rücksichtslose, religiös systematisierte, in der jeder rationalisierten Askese eigentümlichen Art »in« der Welt und doch nicht »von« der Welt lebende Utilitarismus hat jene überlegenen rationalen Fähigkeiten und damit jenen »Geist« des Berufsmenschentums schaffen helfen, welche dem Konfuzianismus und seiner weltangepaßten, das bedeutet aber: zwar rational, aber von außen nach innen, nicht, wie beim Puritanismus, von innen nach außen determinierten Lebensführung letztlich verschlossen blieb. Der Gegensatz kann lehren, daß auch bloße Nüchternheit und Sparsamkeit in Verbindung mit »Erwerbstrieb« und Schätzung des Reichtums noch bei weitem nicht »kapitalistischer Geist« im Sinne des spezifisch modernen ökonomischen Berufsmenschentums waren oder ihn entbinden konnten. Der typische Konfuzianer verwendete seine und seiner Familie Ersparnisse, um sich literarisch zu bilden und für die Examina ausbilden zu lassen und dadurch die Grundlage einer ständisch vornehmen Existenz zu haben. Der typische Puritaner verdiente viel, verbrauchte wenig und legte seinen Erwerb, zufolge des asketischen Sparzwangs, wieder werbend als Kapital in rationalen kapitalistischen Betrieben an. »Rationalismus«, dies ist für uns die zweite Lehre, enthielt der Geist beider Ethiken. Aber nur die überweltlich orientierte puritanische rationale Ethik führte den innerweltlichen ökonomischen Rationalismus in seine Konsequenzen durch, gerade weil ihr an sich nichts ferner lag als eben dies, gerade weil ihr die innerweltliche Arbeit nur Ausdruck des Strebens nach einem transzendenten Ziel war. Die Welt fiel ihr, der Verheißung gemäß, zu, weil sie »allein nach ihrem Gott und dessen Gerechtigkeit getrachtet« hatte. Denn da liegt der Grundunterschied dieser beiden Arten von »Rationalismus«. Der konfuzianische Rationalismus bedeutete rationale Anpassung an die Welt. Der puritanische Rationalismus: rationale Beherrschung der Welt. Der Puritaner wie der Konfuzianer waren »nüchtern«. Aber die rationale »Nüchternheit« des Puritaners ruhte auf dem Untergrund eines mächtigen Pathos, welches dem Konfuzianer völlig fehlte, des gleichen Pathos, welches das Mönchtum des Okzidents beseelte. Denn die Weltablehnung der okzidentalen Askese war bei ihm mit dem Verlangen nach Weltbeherrschung als ihrer Kehrseite unauflöslich verbunden, weil ihre Forderungen im Namen eines überweltlichen Gottes an den Mönch und, in abgewandelter und gemilderter Form, an die Welt ergingen. Dem konfuzianischen Vornehmheitsideal widerstritt nichts so sehr, als der Gedanke des »Berufs«. Der »fürstliche« Mann war ästhetischer Wert und daher auch nicht »Werkzeug« eines Gottes. Der echte Christ, der – außer- oder innerweltliche – Asket vollends, wollte gar nichts anderes sein als eben dies. Denn gerade nur darin suchte er seine Würde. Und weil er dies sein wollte, war er ein brauchbares Instrument, die Welt rational umzuwälzen und zu beherrschen.

Zwischenbetrachtung: Theorie der Stufen und Richtungen religiöser Weltablehnung

Sinn einer rationalen Konstruktion der Weltablehnungsmotive [363] – Typologie der Askese und Mystik [365] – Richtungen der Weltablehnung: ökonomische, politische, ästhetische, erotische, intellektuelle Sphäre [370] – Stufen der Weltablehnung [399] – Die drei rationalen Formen der Theodicee [405]

Das Gebiet der indischen Religiosität, in welches wir eintreten wollen, ist im stärksten Kontrast gegen China die Wiege der theoretisch und praktisch weltverneinendsten Formen von religiöser Ethik, welche die Erde hervorgebracht hat. Ebenso ist hier die entsprechende »Technik« am höchsten entwickelt. Das Mönchtum und die typischen Manipulationen der Askese und Kontemplation sind hier nicht nur am frühesten, sondern auch sehr konsequent durchgebildet worden und diese Rationalisierung hat vielleicht auch historisch von da aus ihren Weg durch die Welt gemacht. Ehe wir uns nun dieser Religiosität zuwenden, ist es wohl zweckmäßig, kurz in einer schematischen und theoretischen Konstruktion uns zu verdeutlichen, aus welchen Motiven heraus und in welchen Richtungen religiöse Ethiken der Weltverneinung überhaupt entstanden und verliefen: welches also ihr möglicher »Sinn« sein konnte.

Das konstruierte Schema hat natürlich nur den Zweck, ein idealtypisches Orientierungsmittel zu sein, nicht aber eine eigene Philosophie zu lehren. Seine gedanklich konstruierten Typen von Konflikten der »Lebensordnungen« besagen lediglich: an diesen Stellen sind diese innerlichen Konflikte möglich und »adäquat«, – nicht aber etwa: es gibt keinerlei Standpunkt, von dem aus sie als »aufgehoben« gelten könnten. Die einzelnen Wertsphären sind dabei wie man leicht sieht, in einer rationalen Geschlossenheit herauspräpariert, wie sie in der Realität selten auftreten, aber allerdings: auftreten können und in historisch wichtiger Art aufgetreten sind. Die Konstruktion ermöglicht es, da, wo sich eine historische Erscheinung einem von diesen Sachverhalten in Einzelzügen oder Gesamtcharakter annähert, deren – sozusagen – typologischen Ort durch Ermittlung der Nähe oder des Abstandes vom theoretisch konstruierten Typus festzustellen. Insoweit ist die Konstruktion also lediglich ein technischer Behelf zur Erleichterung der Übersichtlichkeit und Terminologie. Aber daneben könnte sie allerdings unter Umständen noch etwas mehr sein. Auch das Rationale im Sinne der logischen oder teleologischen »Konsequenz« einer intellektuell-theoretischen oder praktisch-ethischen Stellungnahme hat nun einmal (und hatte von jeher) Gewalt über die Menschen, so begrenzt und labil diese Macht auch gegenüber andern Mächten des historischen Lebens überall war und ist. Gerade die der Absicht nach rationalen, von Intellektuellen geschaffenen, religiösen Weltdeutungen und Ethiken aber waren dem Gebot der Konsequenz stark ausgesetzt. So wenig sie sich auch im Einzelfalle der Forderung der »Widerspruchslosigkeit« fügten und so sehr sie rational nicht ableitbare Stellungnahmen in ihre ethischen Postulate einfügen mochten, so ist doch die Wirkung der ratio, speziell: der teleologischen Ableitung der praktischen Postulate, bei ihnen allen irgendwie und oft sehr stark bemerkbar. Wir dürfen auch aus diesem sachlichen Grunde hoffen, durch zweckmäßig konstruierte rationale Typen, also: durch Herauspräparierung der innerlich »konsequentesten« Formen eines aus fest gegebenen Voraussetzungen ableitbaren praktischen Verhaltens die Darstellung der sonst unübersehbaren Mannigfaltigkeit zu erleichtern. Und schließlich und vor allem muß und will ein religionssoziologischer Versuch dieser Art nun einmal zugleich ein Beitrag zur Typologie und Soziologie des Rationalismus selbst sein. Er geht daher von den rationalsten Formen aus, welche die Realität annehmen kann, und sucht zu ermitteln, inwieweit gewisse theoretisch aufstellbare rationale Konsequenzen in der Realität gezogen wurden. Und eventuell: weshalb nicht. –

In den einleitenden und auch manchen späteren Ausführungen wurde schon die große Bedeutung der Konzeption des überweltlichen Schöpfergottes für die religiöse Ethik berührt, insbesondere für die aktiv asketische im Gegensatz zur kontemplativ mystischen, mit der Verunpersönlichung und Immanenz der göttlichen Macht innerlich verwandten, Richtung der Heilssuche. Daß aber diese Zusammengehörigkeit[1] keine unbedingte ist, und daß nicht der überweltliche Gott schon rein als solcher die Richtung der Askese des Okzidents bestimmt hat, ergibt die Überlegung: daß die christliche Trinität mit ihrem gottmenschlichen Heiland und den Heiligen eine im Grunde eher weniger überweltliche Gotteskonzeption darstellte, als der Gott des Judentums, insbesondere des Spätjudentums, oder als der islamische Allah.

Und doch hat das Judentum zwar Mystik, aber so gut wie keine Askese des okzidentalen Typus entwickelt und war im alten Islam die Askese direkt verworfen, während die Eigenart der Derwisch-Religiosität ganz anderen (mystisch-ekstatischen) Quellen entstammte als der Beziehung zum überweltlichen Schöpfergott und auch ihrem inneren Wesen nach der okzidentalen Askese fernstand. Die überweltliche Gotteskonzeption, so wichtig sie war, wirkte mithin offenbar, trotz ihrer Verwandtschaft mit der Sendungsprophetie und der Askese des Handelns, doch nicht allein, sondern nur in Verbindung mit anderen Umständen, vor allem wohl: der Art der religiösen Verheißungen und der dadurch bestimmten Heilswege. Dies wird im einzelnen immer wieder zu erörtern sein. Hier sollen zunächst, zur Klärung der Terminologie, die Ausdrücke »Askese« und »Mystik«, mit denen, als polaren Begriffen, schon vielfach operiert werden mußte, etwas weiter spezialisiert werden.

1 Auf welche E. Troeltsch wiederholt sehr mit Recht nachdrücklich hingewiesen hat.

Als Gegensätze auf dem Gebiete der Weltablehnung wurden schon in den einleitenden Bemerkungen hingestellt: die aktive Askese: ein gottgewolltes Handeln als Werkzeug Gottes einerseits, andererseits: der kontemplative Heilsbesitz der Mystik, der ein »Haben«, nicht ein Handeln bedeuten will, und bei welchem der Einzelne nicht Werkzeug, sondern »Gefäß« des Göttlichen ist, das Handeln in der Welt mithin als Gefährdung der durchaus irrationalen und außerweltlichen Heilszuständlichkeit erscheinen muß. Radikal ist der Gegensatz, wenn auf der einen Seite die Askese des Handelns sich innerhalb der Welt als deren rationale Gestalterin zur Bändigung des kreatürlich Verderbten durch Arbeit im weltlichen »Beruf« auswirkt (innerweltliche Askese) und wenn die Mystik ihrerseits die volle Konsequenz der radikalen Weltflucht zieht (weltflüchtige Kontemplation). Der Gegensatz mildert sich, wenn auf der einen Seite die Askese des Handelns sich auf die Niederhaltung und Überwindung des kreatürlich Verderbten im eigenen Wesen beschränkt und infolgedessen die Konzentration auf die feststehendermaßen gottgewollten aktiven Erlösungsleistungen bis zur Meidung des Handelns in den Ordnungen der Welt steigert (weltflüchtige Askese), dadurch also dem äußeren Verhalten nach der weltflüchtigen Kontemplation sich annähert. Oder wenn andererseits der kontemplative Mystiker die Konsequenz der Weltflucht nicht zieht, sondern in den Ordnungen der Welt bleibt wie der innerweltliche Asket (innerweltliche Mystik). Der Gegensatz kann in beiden Fällen tatsächlich in der Praxis schwinden und irgendeine Kombination beider Arten der Heilssuche eintreten. Aber er kann auch unter der äußerlich ähnlichen Hülle weiterbestehen bleiben. Für den echten Mystiker bleibt der Grundsatz bestehen: daß die Kreatur schweigen muß, damit Gott sprechen könne. Er »ist« in der Welt und »schickt sich« äußerlich in ihre Ordnungen, aber, um sich: im Gegensatz gegen sie, dadurch seines Gnadenstandes zu versichern, daß er der Versuchung, ihr Treiben wichtig zu nehmen, widersteht. Wie wir bei Laotse sehen konnten, ist eine spezifisch gebrochene Demut, ein Minimisieren des Handelns, eine Art von religiösem Inkognito in der Welt, seine typische Haltung: er bewährt sich gegen die Welt, gegen sein Handeln in ihr. Während die innerweltliche Askese sich gerade umgekehrt durch Handeln bewährt. Für den innerweltlichen Asketen ist das Verhalten des Mystikers träger Selbstgenuß, für den Mystiker das des (innerweltlich handelnden) Asketen eine mit eitler Selbstgerechtigkeit verbundene Verflechtung in das gottfremde Treiben der Welt. Mit jener »glücklichen Borniertheit«, welche man dem typischen Puritaner zuzuschreiben pflegt, vollstreckt die innerweltliche Askese die in ihrem letzten Sinne ihr verborgenen positiven göttlichen Ratschlüsse, wie sie in den von Gott verfügten rationalen Ordnungen des Kreatürlichen vorliegen, während dem Mystiker gerade nur die Ergreifung jenes letzten, gänzlich irrationalen, Sinnes im mystischen Erlebnis allein heilsbedeutsam ist. Die weltflüchtigen Formen beider Verhaltungsweisen sind durch ähnliche Gegensätze unterscheidbar, deren Erörterung wir der Einzeldarstellung vorbehalten. –

Wir wenden uns jetzt den Spannungsverhältnissen zwischen Welt und Religion im Einzelnen zu und knüpfen auch dabei an die Bemerkungen der Einleitung an, um sie etwas anders zu wenden. –

Es wurde gesagt, daß diejenigen Arten von Verhaltungsweisen, welche, zu einer methodischen Lebensführung ausgestaltet, den Keim sowohl der Askese wie der Mystik bildeten, zunächst aus magischen Voraussetzungen erwuchsen. Entweder zur Erweckung charismatischer Qualitäten oder zur Verhütung bösen Zaubers wurden sie ausgeübt. Der erste Fall war natürlich der entwicklungsgeschichtlich wichtigere. Denn hier schon, an der Schwelle ihres Auftretens, zeigte die Askese das Doppelgesicht: Weltabwendung einerseits, Weltbeherrschung kraft der dadurch erlangten magischen Kräfte andererseits. Der Magier war der entwicklungsgeschichtliche Vorläufer des Propheten: des exemplarischen wie des Sendungspropheten und des Heilands. Der Prophet und der Heiland legitimierten sich in aller Regel durch den Besitz eines magischen Charisma. Nur daß dies bei ihnen lediglich Mittel war, der exemplarischen Bedeutung oder der Sendung oder der Heilandsqualität ihrer Persönlichkeit Anerkennung und Nachachtung zu verschaffen. Denn der Inhalt der Prophetie oder des Heilandsgebotes war: Orientierung der Lebensführung an dem Streben nach einem Heilsgut. In diesem Sinne also, mindestens relativ: rationale Systematisierung der Lebensführung. Entweder nur in Einzelpunkten oder im ganzen. Das letztere war die Regel bei allen eigentlichen »Erlösungs«-Religionen, d. h. allen denen, welche ihren Anhängern die Befreiung vom Leiden in Aussicht stellten. Und zwar, je sublimierter, verinnerlichter, prinzipieller das Wesen des Leidens gefaßt wurde, desto mehr. Denn dann galt es, den Anhänger in einen Dauerzustand zu versetzen, welcher ihn gegen das Leiden innerlich gefeit machte. Statt des durch Orgie oder Askese oder Kontemplation akut und außeralltäglich, also: vorübergehend, erlangten heiligen Zustandes sollte ein heiliger und deshalb des Heils versichernder Dauerhabitus der Erlösten erreicht werden: dies war, abstrakt ausgedrückt, das rationale Ziel der Erlösungsreligion. Entstand nun im Gefolge der Prophetie oder Heilandspropaganda eine religiöse Gemeinschaft, so fiel die Pflege der Lebensreglementierung zuerst in die Hände der charismatisch dazu qualifizierten Nachfolger, Schüler, Jünger des Propheten oder Heilandes. Weiterhin geriet sie unter bestimmten sehr regelmäßig wiederkehrenden Bedingungen, die uns hier noch nicht beschäftigen, in die Hände einer priesterlichen, erblichen oder amtlichen, Hierokratie, – während der Prophet oder Heiland selbst in aller Regel gerade im Gegensatz zu den überkommenen hierokratischen Mächten: Zauberern oder Priestern, stand, deren traditionsgeweihter Würde er ja sein persönliches Charisma entgegenstellte, um ihre Macht zu brechen oder in seinen Dienst zu zwingen.

Prophetische und Heilands-Religionen lebten, wie alles soeben Gesagte als selbstverständlich voraussetzt, in einem großen und entwicklungsgeschichtlich besonders wichtigen Bruchteil der Fälle in einem nicht nur (wie nach der angenommenen Terminologie selbstverständlich ist) akuten, sondern in einem dauernden Spannungsverhältnis zur Welt und ihren Ordnungen. Und zwar, je mehr sie eigentliche Erlösungsreligionen waren, desto mehr. Dies folgte aus dem Sinn der Erlösung und dem Wesen der prophetischen Heilslehre, sobald diese sich, und um so mehr, je prinzipieller sie sich zu einer rationalen und dabei an innerlichen religiösen Heilsgütern als Erlösungsmitteln orientierten Ethik entwickelte. Je mehr sie, heißt das im üblichen Sprachgebrauch, vom Ritualismus hinweg zur »Gesinnungsreligiosität« sublimiert wurde. Und zwar wurde die Spannung von ihrer Seite her um so stärker, je weiter auf der anderen Seite die Rationalisierung und Sublimierung des äußerlichen und innerlichen Besitzes der (im weitesten Sinne) »weltlichen« Güter auch ihrerseits fortschritt. Denn die Rationalisierung und bewußte Sublimierung der Beziehungen des Menschen zu den verschiedenen Sphären äußeren und inneren, religiösen und weltlichen, Güterbesitzes drängte dann dazu: innere Eigengesetzlichkeiten der einzelnen Sphären in ihren Konsequenzen bewußt werden und dadurch in jene Spannungen zueinander geraten zu lassen, welche der urwüchsigen Unbefangenheit der Beziehung zur Außenwelt verborgen blieben. Es ist dies eine ganz allgemeine, für die Religionsgeschichte sehr wichtige Folge der Entwicklung des (inner- und außerweltlichen) Güterbesitzes zum Rationalen und bewußt Erstrebten, durch Wissen Sublimierten. Machen wir uns an einer Reihe dieser Güter die typischen Erscheinungen, die bei sehr verschiedenen religiösen Ethiken irgendwie wiederkehren, klar.

Wenn die Erlösungsprophetie Gemeinschaften auf rein religiöser Grundlage schuf, so war die erste Macht, mit welcher sie in Konflikt geriet, und welche durch sie Entwertung zu befürchten hatte, die naturgegebene Sippengemeinschaft. Wer seinen Hausgenossen, Vater und Mutter, nicht feind sein kann, der kann kein Jesus-Jünger sein: »Ich bin nicht gekommen, den Frieden zu bringen, sondern das Schwert« heißt es (Matth. 10,34) in diesem (und, wohlgemerkt: nur in diesem) Zusammenhang. Gewiß reglementierte die weit überwiegende Mehrzahl aller Religionen auch die innerweltlichen Pietätsbande. Aber daß der Heiland, Prophet, Priester, Beichtvater, Bruder im Glauben dem Gläubigen letztlich näher zu stehen habe, als die natürliche Anverwandtschaft und Ehegemeinschaft rein als solche, verstand sich um so mehr von selbst, je weitgreifender und innerlicher das Ziel der Erlösung gefaßt wurde. Unter mindestens relativer Entwertung jener Beziehungen und unter Sprengung der magischen Gebundenheit und Exklusivität der Sippen schuf die Prophetie, vor allem, wo sie zur soteriologischen Gemeindereligiosität wurde, eine neue soziale Gemeinschaft. Innerhalb dieser entwickelte sie nun eine religiöse Brüderlichkeitsethik. Zunächst meist unter einfacher Übernahme der urwüchsigen Grundsätze sozialethischen Verhaltens, welche der »Nachbarschaftsverband«: die Gemeinschaft der Dorf-, Sippen-, Zunft-, Schiffahrts-, Jagdzugs-, Heereszuges-Genossen, darbot. Diese aber kannten zwei elementare Grundsätze: 1. den Dualismus der Binnen- und Außenmoral, 2. für die Binnenmoral die einfache Reziprozität: »Wie du mir, so ich dir«. Als den ökonomischen Ausfluß dieser Grundsätze aber: das Prinzip der brüderlichen Nothilfepflicht, beschränkt auf die Binnenmoral: entgeltlose Gebrauchsleihe, zinsloses Darlehen, Gastfreiheits- und Unterstützungspflicht des Besitzenden und Vornehmen gegenüber dem Unbemittelten, unentgoltene Bittarbeit auf dem Nachbar- und ebenso auf dem Herrenhof gegen bloßen Unterhalt. Alles nach dem – natürlich nicht rational erwogenen, wohl aber im Gefühl mitschwingenden – Grundsatz: was heute dir mangelt, kann morgen mir mangeln. Dementsprechend die Beschränkung des Feilschens (bei Tausch und Leihe) und der dauernden Versklavung (z. B. als Folge von Schulden) auf die nur gegenüber dem Ungenossen geltende Außenmoral. Die Gemeindereligiosität übertrug diese alte ökonomische Nachbarschaftsethik auf die Beziehung zum Glaubensbruder. Die Nothilfepflicht der Vornehmen und Reichen für Witwen und Waisen, für den kranken und verarmten Glaubensbruder, das Almosen des Reichen zumal, von dem die heiligen Sänger und Magier ebenso wie die Asketen ökonomisch abhingen, wurden Grundgebote aller ethisch rationalisierten Religionen der Welt. Bei den Erlösungsprophetien im besonderen war nun das allen Bekennern gemeinsame, wirkliche oder stets drohende, äußere oder innere Leiden das konstitutive Prinzip ihrer Gemeinschaftsbeziehung. Je rationaler und gesinnungsethisch sublimierter die Idee der Erlösung gefaßt wurde, desto mehr steigerten sich daher jene aus der Reziprozitätsethik des Nachbarschaftsverbandes erwachsenen Gebote äußerlich und innerlich. Äußerlich bis zum brüderlichen Liebeskommunismus, innerlich aber zur Gesinnung der Caritas, der Liebe zum Leidenden als solchen, der Nächstenliebe, Menschenliebe und schließlich: der Feindesliebe. Die Schranke des Glaubensbandes und schließlich die Tatsache des Hasses erschienen angesichts der Konzeption der Welt als einer Stätte unverdienten Leidens nun als Folgen der gleichen Unvollkommenheiten und Verderbtheiten alles Empirischen, die auch das Leiden verschulden. Rein psychologisch wirkte dabei allgemein in der gleichen Richtung vor allem die eigentümliche Euphorie aller Arten von sublimierter religiöser Ekstase. Von der andächtigen Rührung bis zum Gefühl des unmittelbaren Besitzes der Gemeinschaft mit Gott neigten sie alle zum Ausströmen in einen objektlosen Liebesakosmismus. Die tiefe ruhige Seligkeit aller Helden akosmistischer Güte schmolz deshalb in den Erlösungsreligionen stets mit dem erbarmungsvollen Wissen um die natürliche Unvollkommenheit wie des eigenen, so alles menschlichen Wesens zusammen. Dabei konnte freilich die psychologische Färbung sowohl wie die rationale ethische Deutung dieser inneren Haltung im übrigen sehr verschiedenen Charakter haben. Stets aber lag ihre ethische Anforderung irgendwie in der Richtung einer universalistischen Brüderlichkeit über alle Schranken der sozialen Verbände, oft einschließlich des eigenen Glaubensverbandes, hinweg. Immer stieß diese religiöse Brüderlichkeit, je mehr sie in ihren Konsequenzen durchgeführt wurde, desto härter mit den Ordnungen und Werten der Welt zusammen. Und zwar pflegte – und darauf kommt es hier an – je mehr diese ihrerseits nach ihren Eigengesetzlichkeiten rationalisiert und sublimiert wurden, desto unversöhnlicher dieser Zwiespalt sich geltend zu machen.

Am offensichtlichsten wurde dies in der ökonomischen Sphäre. Alle urwüchsige, sei es magische oder mystagogische Beeinflussung der Geister und Götter im Interesse von Einzelinteressen erstrebte, neben langem Leben, Gesundheit, Ehre, Nachfahren und, eventuell, Besserung des Jenseitsschicksals, den Reichtum als selbstverständliches Ziel, die eleusinischen Mysterien ebenso wie die phönikische und vedische Religion, die chinesische Volksreligion, das alte Judentum, der alte Islam und die Verheißungen für die frommen hinduistischen und buddhistischen Laien. Dagegen die sublimierte Erlösungsreligion und die rationalisierte Wirtschaft gerieten in zunehmende Spannung zueinander. Rationale Wirtschaft ist sachlicher Betrieb. Orientiert ist sie an Geldpreisen, die im Interessenkampf der Menschen untereinander auf dem Markt entstehen. Ohne Schätzung in Geldpreisen, also: ohne jenen Kampf, ist keinerlei Kalkulation möglich. Geld ist das Abstrakteste und »Unpersönlichste«, was es im Menschenleben gibt. Der Kosmos der modernen rationalen kapitalistischen Wirtschaft wurde daher, je mehr er seinen immanenten Eigengesetzlichkeiten folgte, desto unzugänglicher jeglicher denkbaren Beziehung zu einer religiösen Brüderlichkeitsethik. Und zwar nur immer mehr, je rationaler und damit unpersönlicher er wurde. Denn man konnte zwar die persönliche Beziehung zwischen Herren und Sklaven ethisch restlos regulieren, eben weil sie persönlich war. Nicht aber – wenigstens nicht im gleichen Sinn und mit dem gleichen Erfolg – die zwischen den wechselnden Inhabern von Pfandbriefen und den ihnen unbekannten und ebenfalls wechselnden Schuldnern der Hypothekenbank, zwischen denen keinerlei persönliches Band bestand. Versuchte man es doch, so waren die Folgen die, welche wir in China kennen lernten: Hemmung der formalen Rationalität. Denn formale und materiale Rationalität standen hier im Konflikt miteinander. Gerade die Erlösungsreligionen haben daher, – obwohl in ihnen, wie wir sahen, selbst die Tendenz zu einer eigenartigen Verunpersönlichung der Liebe im Sinne des Akosmismus lag, – mit tiefem Mißtrauen die Entfaltung der in einem anderen Sinne ebenfalls unpersönlichen, aber eben dadurch spezifisch brüderlichkeitsfeindlichen ökonomischen Mächte betrachtet. Das katholische »Deo placere non potest« war dauernd für ihre Stellung zum Erwerbsleben charakteristisch, und bei aller rationalen Erlösungsmethodik wurde die Warnung vor dem Haften an Geld und Gut bis zur Perhorreszierung gesteigert. – Die Gebundenheit der religiösen Gemeinschaften selbst, ihrer Propaganda und Selbstbehauptung, an ökonomische Mittel und ihre Akkommodation an die Kulturbedürfnisse und Alltagsinteressen der Massen zwang sie zu jenen Kompromissen, für welche die Geschichte der Zinsverbote nur ein Beispiel ist. Die Spannung selbst aber war für eine echte Erlösungsethik letztlich kaum überwindlich.

Die religiöse Virtuosenethik hat auf das Spannungsverhältnis am äußerlich radikalsten durch Ablehnung des ökonomischen Güterbesitzes reagiert. Die weltflüchtige Askese duch Verbot des Individualbesitzes des Mönchs, Existenz durchweg von eigner Arbeit, und vor allem auch: entsprechende Einschränkung der Bedürfnisse auf das absolut Unentbehrliche. Die Paradoxie aller rationalen Askese: daß sie den Reichtum, den sie ablehnte, selbst schuf, hat dabei dem Mönchtum aller Zeiten in gleicher Art das Bein gestellt. Überall wurden Tempel und Klöster ihrerseits selbst Stätten rationaler Wirtschaft. – Die weltflüchtige Kontemplation konnte in prinzipieller Wendung nur den Grundsatz aufstellen: daß der besitzlose Mönch, für den die Arbeit ja etwas ihn von der Konzentration auf das kontemplative Heilsgut Abziehendes war, überhaupt nur das genießen dürfe, was ihm von der Natur und den Menschen freiwillig dargeboten werde: Beeren und Wurzeln und freie Almosen. Auch sie machte, durch Schaffung von Bettelsprengeln, ihre Kompromisse (so in Indien). – Der Spannung prinzipiell und innerlich zu entgehen, gab es nur zwei konsequente Wege. Einmal die Paradoxie der puritanischen Berufsethik, welche, als Virtuosenreligiosität, auf den Universalismus der Liebe verzichtete, alles Wirken in der Welt als Dienst in Gottes, in seinem letzten Sinn ganz unverständlichen, aber nun einmal allein erkennbaren positiven Willen und Erprobung des Gnadenstandes rational versachlichte und damit auch die Versachlichung des mit der ganzen Welt als kreatürlich und verderbt entwerteten ökonomischen Kosmos als gottgewollt und Material der Pflichterfüllung hinnahm. Das war im letzten Grunde der prinzipielle Verzicht auf Erlösung als ein durch Menschen und für jeden Menschen erreichbares Ziel zugunsten der grundlosen, aber stets nur partikulären Gnade. Eine eigentliche »Erlösungsreligion« war dieser Standpunkt der Unbrüderlichkeit in Wahrheit nicht mehr. Für eine solche gab es nur die Übersteigerung der Brüderlichkeit zu jener den Liebesakosmismus des Mystikers ganz rein darstellenden, nach dem Menschen, dem und für welchen sie sich opfert, überhaupt nicht mehr fragenden, an ihm im letzten Grunde kaum noch interessierten »Güte«, die ein für allemal das Hemd gibt, wo der Mantel gefordert wird, an jeden, der ihr zufällig in den Weg kommt, und nur, weil er ihr in den Weg kommt: – eine eigentümliche Weltflucht in Gestalt objektloser Hingabe an jeden Beliebigen, nicht um des Menschen, sondern rein um der Hingabe als solcher, mit Baudelaires Worten: um der »heiligen Prostitution der Seele«, willen. –

Die Spannung gegenüber den politischen Ordnungen der Welt mußte für die konsequente Brüderlichkeitsethik der Erlösungsreligionen ebenso scharf werden. Für die magische und Funktionsgötter-Religiosität bestand das Problem nicht. Der alte Kriegsgott und der Gott, der die Rechtsordnung garantierte, waren Funktionsgötter, welche unbezweifelte Alltagsgüter schützten. Den Lokal-, Stammes- und Reichsgott gingen nur die Interessen seiner Verbände an. Er hatte gegen andere seinesgleichen zu kämpfen wie die Gemeinschaft selbst und gerade im Kampf seine göttliche Macht zu bewähren. Das Problem entstand vielmehr erst mit Sprengung dieser Schranken durch universalistische Religionen, mit dem einheitlichen Welt-Gott also, und in voller Stärke da, wo dieser ein Gott der »Liebe« sein sollte: – für die Erlösungsreligion auf dem Boden der Brüderlichkeitsforderung. Und zwar auch hier, wie bei der ökonomischen Sphäre, je rationaler die politische Ordnung wurde, desto mehr. Sachlich, »ohne Ansehen der Person«, »sine ira et studio«, ohne Haß und daher ohne Liebe, verrichtet der bureaukratische Staatsapparat und der ihm eingegliederte rationale homo politicus, ebenso wie der homo oeconomicus, seine Geschäfte einschließlich der Bestrafung des Unrechtes gerade dann, wenn er sie im idealsten Sinne der rationalen Regeln staatlicher Gewaltordnung erledigt. Auch er ist daher kraft ihrer Verunpersönlichung einer materialen Ethisierung, so sehr der Anschein für das Gegenteil besteht, in wichtigen Punkten weniger zugänglich als die patriarchalen Ordnungen der Vergangenheit, welche auf persönlichen Pietätspflichten und konkreter persönlicher Würdigung des Einzelfalles gerade »unter Ansehung der

Person« beruhten. Denn der gesamte Gang der innerpolitischen Funktionen des Staatsapparates in Rechtspflege und Verwaltung reguliert sich trotz aller »Sozialpolitik« letzten Endes unvermeidlich stets wieder an der sachlichen Pragmatik der Staatsräson: an dem absoluten – für jede universalistische Erlösungsreligion letztlich sinnlos erscheinenden – Selbstzweck der Erhaltung (oder Umgestaltung) der inneren und äußeren Gewaltverteilung. Erst recht galt und gilt dies für die Außenpolitik. Der Appell an die nackte Gewaltsamkeit der Zwangsmittel nach außen nicht nur, sondern auch nach innen ist jedem politischen Verband schlechthin wesentlich. Vielmehr: er ist das, was ihn für unsere Terminologie zum politischen Verband erst macht: der »Staat« ist derjenige Verband, der das Monopol legitimer Gewaltsamkeit in Anspruch nimmt, – anders ist er nicht zu definieren. Dem: »Widerstehet nicht dem Übel mit Gewalt« der Bergpredigt setzt er das: »Du sollst dem Recht auch mit Gewalt zum Siege verhelfen, – bei eigener Verantwortung für das Unrecht« entgegen. Wo das fehlte, da fehlte der »Staat«: der pazifistische »Anarchismus« wäre ins Leben getreten. Gewalt und Bedrohung mit Gewalt gebiert aber nach einem unentrinnbaren Pragma alles Handelns unvermeidlich stets erneut Gewaltsamkeit. Die Staatsräson folgt dabei, nach außen wie nach innen, ihren Eigengesetzlichkeiten. Und der Erfolg der Gewalt oder Gewaltandrohung selbst hängt natürlich letztlich von Machtverhältnissen und nicht vom ethischen »Recht« ab, selbst wenn man objektive Kriterien eines solchen überhaupt als auffindbar ansieht. Jedenfalls muß jeder religiösen Rationalisierung bei konsequenter Besinnung die gerade für den rationalen Staat – im Gegensatz zum unbefangenen naturwüchsigen Heldentum – typische Erscheinung des völlig gutgläubigen »Rechthabens« einer jeden der im Gewaltkampf einander gegenübertretenden Gruppen oder Gewalthaber nur als eine Äffung der Ethik und vollends das Hineinziehen Gottes in den poltischen Gewaltkampf als ein Unnützlichführen seines Namens gelten, dem gegenüber die gänzliche Ausschaltung alles Ethischen aus dem politischen Räsonnement als das Reinlichere und allein Ehrliche erscheinen kann. Alle Politik muß ihr nur um so brüderlichkeitsfremder gelten, je »sachlicher« und berechnender, je freier von leidenschaftlichem Gefühl, Zorn und Liebe, sie ist.

Die Fremdheit beider Sphären gegeneinander bei voller Rationalisierung jeder von beiden wirkt sich nun aber besonders scharf noch darin aus, daß in entscheidenden Punkten die Politik, im Gegensatz zur Ökonomik, als direkte Konkurrentin der religiösen Ethik aufzutreten vermag. Der Krieg als die realisierte Gewaltandrohung schafft, gerade in den modernen politischen Gemeinschaften, ein Pathos und ein Gemeinschaftsgefühl und löst dabei eine Hingabe und bedingungslose Opfergemeinschaft der Kämpfenden und überdies eine Arbeit des Erbarmens und der alle Schranken der naturgegebenen Verbände sprengenden Liebe zum Bedürftigen als Massenerscheinung aus, welcher die Religionen im allgemeinen nur in Heroengemeinschaften der Brüderlichkeitsethik ähnliches zur Seite zu stellen haben. Und darüber hinaus leistet der Krieg dem Krieger selbst etwas, seiner konkreten Sinnhaftigkeit nach, Einzigartiges: in der Empfindung eines Sinnes und einer Weihe des Todes, die nur ihm eigen ist. Die Gemeinschaft des im Felde stehenden Heeres fühlt sich heute, wie in den Zeiten der Gefolgschaft, als eine Gemeinschaft bis zum Tode: die größte ihrer Art. Und von jenem Sterben, welches gemeines Menschenlos ist und gar nichts weiter, ein Schicksal, welches jeden ereilt, ohne daß je gesagt werden könnte, warum gerade ihn und gerade jetzt, welches ein Ende setzt, wo doch gerade mit steigender Entfaltung und Sublimierung der Kulturgüter ins Unermeßliche hinein stets nur ein Anfang sinnvoll sein zu können scheint: – von diesem lediglich unvermeidlichen Sterben scheidet sich der Tod im Felde dadurch, daß hier, und in dieser Massenhaftigkeit nur hier, der Einzelne zu wissen glauben kann: daß er »für« etwas stirbt. Daß, warum und wofür er den Tod bestehen muß, kann ihm – und außer ihm nur dem, der »im Beruf« umkommt – in aller Regel so zweifellos sein, daß das Problem des »Sinnes« des Todes in jener allgemeinsten Bedeutung, in welchem sich die Erlösungsreligionen mit ihm zu befassen veranlaßt sind, gar keine Voraussetzungen seiner Entstehung findet. Diese Leistung einer Einstellung des Todes in die Reihe der sinnvollen und geweihten Geschehnisse liegt letztlich allen Versuchen, die Eigenwürde des politischen Gewaltsamkeitsverbandes zu stützen, zugrunde. Die Art aber, wie der Tod hier als sinnvoll erfaßt werden kann, liegt nach radikal anderen Richtungen als eine Theodicee des Todes in einer Brüderlichkeitsreligiosität. Dieser muß die Brüderlichkeit der kriegsverbundenen Menschengruppe als bloßer Reflex der technisch raffinierten Brutalität des Kampfes entwertet scheinen und jene innerweltliche Weihe des Kriegstodes als Verklärung des Brudermordes. Und gerade die Außeralltäglichkeit der Kriegsbrüderlichkeit und des Kriegstodes, welche er mit dem heiligen Charisma und dem Erlebnis der Gottesgemeinschaft teilt, steigert die Konkurrenz auf die äußerst mögliche Höhe. – Konsequente Lösungen gibt es auch hier nur einerseits: für den Gnadenpartikularismus der puritanischen Berufsaskese, welcher an feststehende offenbarte Gebote des im übrigen ganz unverständlichen Gottes glaubt und dessen Willen dahin versteht: daß diese Gebote dieser kreatürlichen und deshalb der Gewaltsamkeit und ethischen Barbarei unterworfenen Welt eben auch durch deren eigene Mittel: Gewalt, aufgezwungen werden sollen. Das bedeutet aber dann mindestens Schranken der Brüderlichkeitspflicht im Interesse von Gottes »Sache«. Andererseits: für den radikalen Antipolitismus der mystischen Heilssuche mit ihrer akosmistischen Güte und Brüderlichkeit, welche mit dem Satz: »Widerstehe nicht dem Übel« und mit der in den Augen jeder selbstsicheren weltlichen Heldenethik notwendig ordinären und würdelosen Maxime vom »Hinhalten des andern Backens« dem für alles politische Handeln unentrinnbaren Gewaltsamkeitspragma sich entzieht. Alle anderen Lösungen sind mit Kompromissen oder der echten Brüderlichkeitsethik notwendig unehrlich erscheinenden oder unannehmbaren Voraussetzungen belastet. – Einige dieser Lösungen erwecken als Typen trotzdem ein prinzipielles Interesse.

Jede Organisation der Erlösung in einer universalistischen Gnaden*anstalt* wird sich für die Seelen aller, oder doch aller ihr anvertrauten, Menschen vor Gott verantwortlich und daher berechtigt und verpflichtet fühlen, auch mit rücksichtsloser Gewalt ihrer Gefährdung durch Irreleitung im Glauben entgegenzutreten und die Ausbreitung der rettenden Gnadenmittel zu fördern. Und auch der Heilsaristokratismus gebiert, wo er, wie im Calvinismus (in anderer Art im Islam), mit dem Gebot seines Gottes belastet ist: zu dessen Ruhm die Welt der Sünde zu bändigen, die Erscheinung des aktiven »Glaubenskämpfers«. Zugleich aber die Scheidung des »heiligen« oder »gerechten«, d. h. zur Vollstreckung von Gottes Gebot, um des Glaubens willen, unternommenen Krieges, der stets in irgendeinem Sinne ein Religionskrieg ist, von allen andern, rein weltlichen und daher tief entwerteten, Kriegsunternehmungen. Den Zwang, an solchen nicht als heilig und Gottes Willen entsprechend feststehenden, nicht vom eignen Gewissen bejahten, Kriegen der politischen Gewalten teilzunehmen, wird er daher – wie das siegreiche Cromwellsche Heer der Heiligen in seiner Stellungnahme gegen den Militärdienstzwang tat – ablehnen, das Söldnertum also dem Zwang zum Kriegsdienst vorziehen. Für den Fall der Vergewaltigung von Gottes Willen durch Menschen, insbesondere des Glaubens wegen, wird er kraft des Satzes: daß man Gott mehr gehorchen müsse als den Menschen, die Konsequenz der aktiven Glaubensrevolution ziehen. – Genau umgekehrt war die Stellungnahme z. B. der lutherischen Anstaltsreligiosität. Unter Ablehnung des Glaubenskrieges und des aktiven Widerstandsrechts gegen weltliche Vergewaltigung des Glaubens, als einer die Erlösung in das Gewaltpragma hineinverflechtenden Eigenmächtigkeit, kannte sie auf diesem Gebiet nur die passive Resistenz, bejahte dagegen die Unbedenklichkeit des Gehorsams gegen die Weltobrigkeit auch da, wo diese weltlichen Krieg befahl, weil sie, und nicht der Einzelne, die Verantwortung trage und weil die ethische Selbständigkeit der Ordnung der weltlichen Gewalt, im Gegensatz zur innerlich universalistischen (katholischen) Heilsanstalt, anerkannt wurde. Jener Einschlag mystischer Religiosität, der dem persönlichen Christentum Luthers eignete, zog hier halbe Konsequenzen. Denn die eigentlich mystische oder pneumatische, religiös charismatische, Heilssuche der religiösen Virtuosen ist naturgemäß überall apolitisch oder antipolitisch gewesen. Sie hat die Selbständigkeit der irdischen Ordnungen zwar bereitwillig anerkannt, aber nur um daraus konsequent auf ihren radikal diabolischen Charakter zu schließen, oder, zum mindesten, jenen absoluten Indifferenzstandpunkt zu ihnen einzunehmen, dessen Ausdruck der Satz war: »Gebt dem Kaiser, was des Kaisers ist« (denn: was kommt auf diese Dinge für das Heil an?).

Die eigene Verflochtenheit der religiösen Organisationen in Machtinteressen und Machtkämpfe, der stets unvermeidliche Kollaps auch der höchstgesteigerten Spannungsverhältnisse gegen die Welt in Kompromisse und Relativierungen, die Eignung und der Gebrauch der religiösen Organisationen zur politischen Domestikation der Massen, das Bedürfnis insbesondere nach religiöser Legitimitätsweihe der bestehenden Gewalten bedingten die untereinander überaus verschiedenen empirischen Stellungnahmen der Religionen zum politischen Handeln, welche die Geschichte aufweist. Fast alle waren Formen der Relativierung der religiösen Heilswerte und ihrer ethisch rationalen Eigengesetzlichkeit. Ihr praktisch bedeutendster Typus aber war die »organische« Sozialethik, welche in mannigfachen Formen verbreitet war und deren Berufskonzeptionen das prinzipiell wichtigste Gegenbild gegen den Berufsgedanken der innerweltlichen Askese bildeten.

Auch sie steht (wo sie religiös unterbaut ist) auf dem Boden der »Brüderlichkeit«. Aber im Gegensatz zum mystischen Liebesakosmismus ist es eine kosmische, rationale, Brüderlichkeitsforderung, die sie beherrscht. Die erfahrungsgemäße Ungleichheit des religiösen Charismas ist der Ausgangspunkt. Eben dies: daß darnach das Heil nur Einigen, nicht Allen, zugänglich sein soll, ist ihr das Unerträgliche. Ihre Sozialethik sucht daher eben diese Ungleichheit der charismatischen Qualifikationen in Verbindung mit der weltlichen ständischen Gliederung zu einem Kosmos berufsteilig geordneter gottgewollter Leistungen zusammenzubiegen, innerhalb dessen jedem Einzelnen und jeder Gruppe nach persönlichem Charisma und schicksalsbedingter sozialer und ökonomischer Lage bestimmte Aufgaben zufallen. In der Regel stehen sie im Dienste der zugleich sozialutilitarisch und providentiell interpretierten Verwirklichung eines bei allem Kompromißcharakter dennoch Gott wohlgefälligen Zustandes, welcher angesichts der Sündenverderbtheit der Welt wenigstens eine relative Bändigung der Sünde und des Leidens und die Bewahrung und Errettung wenigstens möglichst vieler gefährdeter Seelen für das Gottesreich ermöglicht. Die weit pathetischere Theodicee, welche die indische Karmanlehre gerade umgekehrt vom Standpunkt der rein an den Interessen des Individuums orientierten Heilspragmatik aus der organischen Gesellschaftslehre zuteil werden ließ, werden wir bald kennen lernen. Ohne diese sehr besondersartige Verknüpfung bleibt jede organische Gesellschaftsethik für den Standpunkt der radikalen, mystischen, religiösen Brüderlichkeitsethik unvermeidlich eine Akkommodation an die Interessen der weltlich privilegierten Schichten, während ihr, vom Standpunkt der innerweltlichen Askese aus gesehen, der innere Antrieb zu einer ethischen Durchrationalisierung des individuellen Lebens abgeht. Denn es fehlt ihr dann eine Prämie für die rationale methodische Gestaltung des Lebens des Einzelnen durch diesen selbst im Interesse des eigenen Heils. Der organischen Heilspragmatik ihrerseits muß dagegen der Heilsaristokratismus der innerweltlichen Askese mit ihrer rationalen Versachlichung der Lebensordnungen als die härteste Form der Lieblosigkeit und Unbrüderlichkeit, derjenige der Mystik aber als sublimiertes, in Wahrheit unbrüderliches Genießen nur des eigenen Charisma gelten, dem der planlose Liebesakosmismus nur egoistisches Mittel eigener Heilssuche wird. Beide verdammen ja die soziale Welt letztlich zur absoluten Sinnlosigkeit oder mindestens Gottes Ziele mit ihr zur vollkommenen Unverständlichkeit. Der Rationalismus der religiösen organischen Gesellschaftslehre erträgt diesen Gedanken nicht und sucht seinerseits die Welt als einen in aller Sündenverderbtheit doch die Spuren des göttlichen Heilsplanes an sich tragenden, also mindestens relativ rationalen Kosmos zu erfassen. Eben diese Relativierung aber ist dem absoluten Charismatismus der Virtuosenreligiosität das eigentlich Verwerfliche und Heilsfremde. –

Wie das ökonomische und das politische rationale Handeln seinen Eigengesetzlichkeiten folgt, so bleibt jedes andere rationale Handeln innerhalb der Welt unentrinnbar an die brüderlichkeitsfremden Bedingungen der Welt, die seine Mittel oder Zwecke sein müssen, gebunden und gerät daher irgendwie in Spannung zur Brüderlichkeitsethik. Es trägt aber eine tiefe Spannung auch in sich selbst. Denn es scheint kein Mittel zum Austrag schon der allerersten Frage zu geben: von woher im einzelnen Fall der ethische Wert eines Handelns bestimmt werden soll: ob vom Erfolg oder von einem – irgendwie ethisch zu bestimmenden – Eigenwert dieses Tuns an sich aus. Ob und inwieweit also die Verantwortung des Handelnden für die Folgen die Mittel heiligen oder umgekehrt der Wert der Gesinnung, welche die Handlung trägt, ihn berechtigen soll, die Verantwortung für die Folgen abzulehnen, sie Gott oder der von Gott zugelassenen Verderbtheit und Torheit der Welt zuzuschieben. Die gesinnungsethische Sublimierung der religiösen Ethik wird der letzteren Alternative zuneigen: »der Christ tut recht und stellt den Erfolg Gott anheim«. Damit aber wird bei wirklich konsequenter Durchführung das eigene Handeln gegenüber den Eigengesetzlichkeiten der Welt zur Irrationalität der Wirkung verurteilt[2]. Angesichts dessen kann die Konsequenz einer sublimierten Heilssuche zu einer Steigerung des Akosmismus bis dahin führen, das zweckrationale Handeln schon rein als solches, also alles Handeln unter den Kategorien: Mittel und Zweck, als weltgebunden und gottfremd abzulehnen, wie dies, wie wir sehen werden, in verschiedener Folgerichtigkeit vom biblischen Gleichnis von den Lilien auf dem Felde angefangen bis zu den prinzipielleren Formulierungen, z. B. im Buddhismus geschah.

Die organische Sozialethik ist überall eine eminent konservative, revolutionsfeindliche Macht. Aus der eigentlichen Virtuosenreligiosität dagegen können unter Umständen andere, r e v o l u t i o n ä r e, Konsequenzen folgen. Dies natürlich nur dann, wenn das Pragma der Gewaltsamkeit: daß sie ihrerseits Gewalt hervorruft und nur Personen und allenfalls Methoden des gewaltsamen Herrschens gewechselt werden, nicht als dauernde Qualität alles Kreatürlichen anerkannt wird. Je nach der Färbung der Virtuosenreligiosität kann aber ihre revolutionäre Wendung prinzipiell zweierlei Formen annehmen. Die eine entspringt der innerweltlichen Askese überall da, wo diese den kreatürlich verderbten empirischen Ordnungen der Welt ein absolutes göttliches »Naturrecht« entgegenzusetzen vermag, dessen Realisierung dann, nach dem in den rationalen Religionen überall in irgendeinem Sinne geltenden Satz: daß man Gott mehr gehorchen müsse als den Menschen, ihr zur religiösen Pflicht wird. Typus: die genuin puritanischen Revolutionen, zu de-

2 Im Bhagavadgita, wie wir sehen werden, am konsequentesten theoretisch durchgeführt.

nen sich Gegenstücke auch anderwärts finden. Diese Haltung entspricht durchaus der Pflicht zum Glaubenskrieg. – Anders da, wo, beim Mystiker, sich der psychologisch stets mögliche Umschlag vom Gottbesitz zur Gottbesessenheit vollzieht. Dies ist sinnvoll dann möglich, wenn eschatologische Erwartungen eines unmittelbaren Anbruches des Weltalters der akosmistischen Brüderlichkeit aufflammen, wenn also der Glaube an die Ewigkeit der Spannung zwischen der Welt und dem irrationalen hinterweltlichen Reich der Erlösung ausfällt. Der Mystiker wird dann zum Heiland und Propheten. Aber die Gebote, die er verkündet, haben keinen rationalen Charakter. Sie sind als Produkte seines Charisma Offenbarungen konkreter Art und die radikale Weltablehnung schlägt leicht in radikalen Anomismus um. Die Gebote der Welt gelten nicht für den seiner Gottbesessenheit Versicherten: »πάντα μοι ἔξεστιν«. Alle Chiliastik bis zu der Täuferrevolution ruht irgendwie auf diesem Untergrund. Die Art seines Handelns ist eben für den kraft seines »Gott-Habens« Erlösten ohne Heilsbedeutung. Wir werden beim indischen djivanmukhti ähnliches finden. –

Wenn die religiöse Brüderlichkeitsethik mit den Eigengesetzlichkeiten des zweckrationalen Handelns in der Welt in Spannung lebt, so nicht minder mit jenen innerweltlichen Mächten des Lebens, deren Wesen von Grund aus arationalen oder antirationalen Charakters ist. Vor allem mit der ästhetischen und erotischen Sphäre.

Mit der ersteren steht die magische Religiosität in intimster Beziehung. Idole, Ikonen und andere religiöse Artefakte, magische Stereotypierung ihrer erprobten Formungen als erste Stufe der Überwindung des Naturalismus durch einen fixierten »Stil«, Musik als Mittel der Ekstase oder des Exorzismus oder apotropäischer Magie, Zauberer als heilige Sänger und Tänzer, die magisch erprobten und daher magisch stereotypierten Tonverhältnisse als früheste Vorstufen von Tonalitäten, der magisch und als Mittel der Ekstase erprobte Tanzschritt als eine der Quellen der

Rhythmik, Tempel und Kirchen als größte aller Bauten, unter stilbildender Stereotypierung der Bauaufgabe durch ein für allemal feststehende Zwecke und der Bauformen durch magische Erprobtheit, Paramente und Kirchengeräte aller Art als kunstgewerbliche Objekte in Verbindung mit dem durch religiösen Eifer bedingten Reichtum der Tempel und Kirchen: dies alles machte von jeher die Religion zu einer unerschöpflichen Quelle künstlerischer Entfaltungsmöglichkeiten einerseits, der Stilisierung durch Traditionsbindung andererseits. – Für die religiöse Brüderlichkeitsethik ebenso wie für den apriorischen Rigorismus ist die Kunst als Trägerin magischer Wirkungen nicht nur entwertet, sondern direkt verdächtig. Die Sublimierung der religiösen Ethik und Heilssuche einerseits und die Entfaltung der Eigengesetzlichkeit der Kunst andererseits neigen ja schon auch an sich zur Herausarbeitung eines zunehmenden Spannungsverhältnisses. Alle sublimierte Erlösungsreligiosität blickt allein auf den Sinn, nicht auf die Form, der für das Heil relevanten Dinge und Handlungen. Die Form entwertet sich ihr zum Zufälligen, Kreatürlichen, vom Sinn Ablenkenden. Von seiten der Kunst kann zwar das unbefangene Verhältnis gerade dann ungebrochen bleiben oder sich immer wieder herstellen, solange und so oft das bewußte Interesse des Rezipierenden naiv am Inhalt des Geformten, nicht an der Form rein als solcher haftet, und solange die Leistung des Schaffenden sich entweder als (ursprünglich: magisches) Charisma des »Könnens« oder als ein freies Spiel fühlt. Indessen die Entfaltung des Intellektualismus und die Rationalisierung des Lebens verschieben diese Lage. Die Kunst konstituiert sich nun als ein Kosmos immer bewußter erfaßter selbständiger Eigenwerte. Sie übernimmt die Funktion einer, gleichviel wie gedeuteten, innerweltlichen Erlösung: vom Alltag und, vor allem, auch von dem zunehmenden Druck des theoretischen und praktischen Rationalismus. Mit diesem Anspruch aber tritt sie in direkte Konkurrenz zur Erlösungsreligion. Gegen diese innerweltliche irrationale Erlösung muß sich jede rationale religiöse Ethik wenden als gegen ein Reich des, von ihr aus gesehen, verantwortungslosen Genießens und: geheimer Lieblosigkeit. In der Tat neigt ja die Ablehnung der Verantwortung für ein ethisches Urteil, wie sie intellektualistischen Zeitaltern, infolge teils subjektivistischen Bedürfnisses, teils der Angst vor dem Anschein traditionell-philiströser Befangenheit, zu eignen pflegt, dazu: ethisch gemeinte Werturteile in Geschmacksurteile umzuformen (»geschmacklos« statt: »verwerflich«), deren Inappellabilität die Diskussion ausschließt. Gegenüber der »Allgemeingültigkeit« der ethischen Norm, welche wenigstens insofern Gemeinschaft stiftet, indem sich der Einzelne, der einem Tun ethisch ablehnend aber menschlich mitlebend gegenübersteht, sich ihr selbst, um die eigene kreatürliche Bedürftigkeit wissend, mit unterstellt, kann diese Flucht vor der Notwendigkeit rationaler ethischer Stellungnahme sich der Erlösungsreligion sehr wohl als eine tiefste Form unbrüderlicher Gesinnung darstellen. Dem künstlerisch Schaffenden aber wie dem ästhetisch erregten Rezipierenden andererseits wird die ethische Norm als solche leicht als Vergewaltigung des eigentlichen Schöpferischen und Persönlichsten erscheinen können. Die irrationalste Form des religiösen Sachverhaltens aber, das mystische Erlebnis, ist in seinem innersten Wesen nicht nur formfremd, unformbar und unaussagbar, sondern formfeindlich, weil es gerade im Gefühl der Sprengung aller Formen das Eingehen in das jenseits jeder Art von Bedingtheit und Formung liegende All-Eine erhoffen zu können glaubt. Ihm kann die unzweifelhafte psychologische Verwandtschaft der künstlerischen mit der religiösen Erschütterung nur ein Symptom des diabolischen Charakters jener bedeuten. Gerade die Musik, die »innerlichste« der Künste, vermag in ihrer reinsten Form: der Instrumentalmusik, als eine durch die Eigengesetzlichkeit eines nicht im Innern lebenden Reiches vorgetäuschte, verantwortungslose Surrogatform des ersten religiösen Erlebens zu erscheinen: die bekannte Stellungnahme des Tridentiner Konzils dürfte auf diese Empfindung mit zurückgehen. Die Kunst wird dann »Kreaturvergötterung«, konkurrierende Macht und täuschendes Blendwerk, das Bildnis und Gleichnis religiöser Dinge rein als solches Blasphemie.

In der empirischen Realität der Geschichte freilich hat diese psychologische Verwandtschaft immer erneut zu jenen für die Kunstentwicklung bedeutsamen Bündnissen geführt, welche die große Mehrzahl aller Religionen irgendwie eingegangen sind, um so systematischer, je mehr sie universalistische Massenreligionen sein wollten und also auf Massenwirkung und emotionale Propaganda hingewiesen waren. Am sprödesten blieb gegenüber der Kunst, aus dem Pragma des inneren Gegensatzes heraus, alle eigentliche Virtuosenreligiosität, sowohl in ihrer aktiv asketischen wie in ihrer mystischen Wendung, und zwar um so schroffer, je mehr sie entweder die Überweltlichkeit ihres Gottes oder die Außerweltlichkeit der Erlösung betonte. –

Wie zur ästhetischen Sphäre, so steht die religiöse Brüderlichkeitsethik der Erlösungsreligionen auch zu der größten irrationalen Lebensmacht: der geschlechtlichen Liebe, in einem tiefen Spannungsverhältnis. Und zwar auch hier um so schroffer, je sublimierter die Geschlechtlichkeit einerseits, je rücksichtsloser konsequent die Erlösungsethik der Brüderlichkeit andererseits entwickelt wird. Das ursprüngliche Verhältnis war auch hier sehr intim. Der Geschlechtsverkehr war sehr oft Bestandteil der magischen Orgiastik[3], die heilige Prostitution – die mit angeblicher »ursprünglicher Promiskuität« gar nichts zu schaffen hatte – meist ein Rest dieses Zustandes, in dem jede Ekstase als »heilig« galt. Die profane, heterosexuelle wie homosexuelle, Prostitution war uralt und oft ziemlich raffiniert (Züchtung von Triba-

3 Oder ungewollte Folge der orgiastischen Erregung. Die Gründung der Skopzen- (Kastraten-) Sekte in Rußland ging aus dem Streben hervor, dieser als sündlich gewerteten Folge des orgiastischen Tanzes (Radjenie) der Chlüsten zu entrinnen.

den bei sog. Naturvölkern kommt vor). Der Übergang von ihr zur rechtlich geformten Ehe war durch die Existenz von allerhand Zwischenformen flüssig. Die Auffassung der Ehe als einer ökonomischen Angelegenheit zur Sicherung der Frau und des Erbrechtes des Kindes, und daneben als einer wegen der Totenopfer der Nachkommen auch für das Jenseitsschicksal wichtigen Institution zur Gewinnung von Kindern ist vorprophetisch und universell, hat daher mit Askese an sich noch nichts zu tun. Das Geschlechtsleben als solches hatte seine Geister und Götter, wie jede andere Funktion auch. Eine gewisse Spannung trat nur in der ziemlich alten temporären, kultischen, Keuschheit der Priester zutage, bedingt wohl dadurch, daß, von einem streng stereotypierten Ritual eines regulierten Gemeinschaftskultes her angesehen, die Sexualität doch bereits leicht als spezifisch dämonisch beherrscht galt. Aber weiterhin war es dann allerdings nicht zufällig, daß die Prophetien und ebenso die priesterlich kontrollierten Lebensordnungen fast ohne jede bemerkenswerte Ausnahme den Geschlechtsverkehr zugunsten der Ehe reglementiert haben. Der Gegensatz aller rationalen Lebensregulierung gegen die magische Orgiastik und alle Arten irrationaler Rauschformen drückt sich darin aus. Die weitere Steigerung der Spannung wurde dann durch Entwicklungsmomente bedingt, welche auf beiden Seiten lagen. Bei der Sexualität durch ihre Sublimierung zur »Erotik« und damit zu einer – im Gegensatz zu dem nüchternen Naturalismus der Bauern – bewußt gepflegten und dabei außeralltäglichen Sphäre. Außeralltäglich nicht nur und auch nicht notwendig im Sinne des Konventionsfremden. Die Ritterkonvention pflegt ja gerade die Erotik zum Gegenstand der Regelung zu machen. Allerdings charakteristischerweise unter Verhüllung der naturalen und organischen Basis der Geschlechtlichkeit. Die Außeralltäglichkeit lag eben in dieser Hinwegentwicklung vom unbefangenen Naturalismus des Geschlechtlichen. Diese war aber in ihren Gründen und in ihrer Bedeutung einbezogen in die universellen Zusammenhänge der Rationalisierung und Intellektualisierung der Kultur.

Wir vergegenwärtigen uns in wenigen Strichen die Stadien dieser Entwicklung und wählen dabei die Beispiele aus dem Okzident.

Das Heraustreten der Gesamtdaseinsinhalte des Menschen aus dem organischen Kreislauf des bäuerlichen Daseins, die zunehmende Anreicherung des Lebens mit, sei es intellektuellen, sei es sonstigen als überindividuell gewerteten Kulturinhalten wirkte durch die Entfernung der Lebensinhalte von dem nur naturhaft Gegebenen zugleich in der Richtung einer Steigerung der Sonderstellung der Erotik. Sie wurde in die Sphäre des bewußt (im sublimsten Sinne:) Genossenen erhoben. Sie erschien dennoch und eben dadurch als eine Pforte zum irrationalsten und dabei realsten Lebenskern gegenüber den Mechanismen der Rationalisierung. Grad und Art, in welchem dabei auf die Erotik als solche ein Wertakzent fiel, war historisch außerordentlich wandelbar. Dem ungebrochenen Empfinden einer Kriegerschaft stand Weiberbesitz und Kampf um Weiber mit dem um Schätze und um Machteroberung annähernd gleich. Beim vorklassischen Hellenentum in der Zeit der Ritterromantik konnte für Archilochos eine erotische Enttäuschung ein Erlebnis von erheblicher und dauernder Tragweite sein und der Raub eines Weibes als Anlaß eines Heldenkrieges ohnegleichen gelten. Und auch die Nachklänge des Mythos kannten die Geschlechtsliebe noch bei den Tragikern als eine echte Schicksalsmacht. Aber im ganzen blieb ein Weib: Sappho, an erotischer Erlebnisfähigkeit von Männern unerreicht. Die klassische, hellenische Zeit aber, die Periode des Hoplitenheeres, dachte, wie alle Selbstzeugnisse beweisen, auf diesen Gebieten relativ ungemein nüchtern, eher nüchterner als die chinesische Bildungsschicht. Nicht, daß sie den Todesernst der Geschlechtsliebe gar nicht mehr gekannt hätte. A b e r: nicht dies, sondern eher das Gegenteil war das ihr C h a r a k t e r istische: man erinnere sich – trotz Aspasia – der Rede des Perikles und, vollends, des bekannten Ausspruchs des Demosthenes. Dem exklusiv maskulinen Charakter dieser Epoche der »Demokratie« würde die Behandlung erotischer Erlebnisse, mit Frauen, als »Lebensschicksale« – in unserem Sprachschatz ausgedrückt: – fast schülerhaft sentimental erschienen sein. Der »Kamerad«, der Knabe, war das mit allem Liebeszeremoniell begehrte Objekt gerade im Zentrum der hellenischen Kultur. Der Eros Platons ist infolgedessen, bei aller Herrlichkeit, doch ein stark temperiertes Fühlen: die Schönheit der bacchantischen Leidenschaft rein als solcher war in diese Beziehung offiziell nicht rezipiert.

Die Möglichkeit einer Problematik und Tragik prinzipieller Art wurde in die erotische Sphäre zunächst durch bestimmte Verantwortlichkeitsansprüche eingeschaltet, welche im Okzident christlicher Provenienz sind. Der Wertakzent der rein erotischen Sensation als solcher aber entfaltete sich dort primär vor allem unter den Kulturbedingungen feudaler Ehrbegriffe. Dadurch nämlich, daß ritterliche Vasallensymbolik in die erotisch sublimierten Sexualbeziehungen hineingetragen wurde. Am allermeisten dann, wenn dabei irgendwelche Kombinationen mit kryptoerotischer Religiosität oder direkt mit Askese eingegangen wurden, wie dies im Mittelalter der Fall war. Die Ritterminne des christlichen Mittelalters war bekanntlich ein erotischer Vasallendienst nicht gegenüber Mädchen, sondern ausschließlich gegenüber fremden Ehefrauen mit (in der Theorie!) enthaltsamen Liebesnächten und kasuistischem Pflichtenkodex. Es begann damit – darin lag ein schroffer Gegensatz zum Maskulinismus des Hellenentums – die »Bewährung« des Mannes nicht vor seinesgleichen, sondern vor der erotischen Interessiertheit der »Dame«, deren Begriff durch eben diese Funktion erst konstituiert wurde. Eine weitere Steigerung des spezifischen Sensationscharakters der Erotik entwickelte der Übergang von der, – in ihrer übrigens großen Unterschiedenheit, – doch wesentlich maskulin agonalen und insofern der Antike verwandteren, die christliche Ritteraskese abstreifenden Renaissancekonvention etwa noch des Cortegiano und der Shakespeareschen Zeit zum zunehmend unmilitärischen Intellektualismus der Salonkultur. Diese ruhte auf der Überzeugung von der Werte schaffenden Macht der intersexuellen Konversation, für welche die offene oder latente erotische Sensation und die agonale Bewährung des Kavaliers vor der Dame unentbehrliches Anregungsmittel wurde. Seit den lettres Portugaises wurde reale weibliche Liebesproblematik ein spezifisches geistiges Marktobjekt und weibliche Liebeskorrespondenz zur »Literatur«. Die letzte Steigerung des Akzents der erotischen Sphäre vollzog sich auf dem Boden intellektualistischer Kulturen schließlich da, wo sie mit dem unvermeidlich asketischen Einschlag des Berufsmenschentums zusammenstieß. Es konnte unter diesem Spannungsverhältnis zum rationalen Alltag das außeralltäglich gewordene, speziell also das ehefreie, Geschlechtsleben als das einzige Band erscheinen, welches den nunmehr völlig aus dem Kreislauf des alten einfachen organischen Bauerndaseins herausgetretenen Menschen noch mit der Naturquelle alles Lebens verband. Die so entstehende gewaltige Wertbetontheit dieser spezifischen Sensation einer innerweltlichen Erlösung vom Rationalen: eines seligen Triumphes darüber, entsprach in ihrem Radikalismus der unvermeidlich ebenso radikalen Ablehnung durch jede Art von außer- oder überweltlicher Erlösungsethik, für welche der Triumph des Geistes über den Körper gerade hier sich aufgipfeln sollte und der das Geschlechtsleben geradezu den Charakter der einzigen unausrottbaren Verbindung mit dem Animalischen gewinnen konnte. Diese Spannung aber mußte im Falle der systematischen Herauspräparierung der Sexualsphäre zu einer hochwertigen, alles rein Animalische der Beziehung verklärend umdeutenden erotischen Sensation am schärfsten und unvermeidbarsten gerade dann werden, wenn die Erlösungsreligiosität den

Charakter der Liebesreligiosität: der Brüderlichkeit und Nächstenliebe, annahm. Gerade deshalb, weil die erotische Beziehung unter den angegebenen Bedingungen den unüberbietbaren Gipfel der Erfüllung der Liebesforderung: den direkten Durchbruch der Seelen von Mensch zu Mensch, zu gewähren scheint. Allem Sachlichen, Rationalen, Allgemeinen so radikal wie möglich entgegengesetzt, gilt die Grenzenlosigkeit der Hingabe hier dem einzigartigen Sinn, welchen dies Einzelwesen in seiner Irrationalität für dieses und nur dieses andere Einzelwesen hat. Dieser Sinn und damit der Wertgehalt der Beziehung selbst aber liegt, von der Erotik aus gesehen, in der Möglichkeit einer Gemeinschaft, welche als volle Einswerdung, als ein Schwinden des »Du« gefühlt wird und so überwältigend ist, daß sie »symbolisch«: – sakramental – gedeutet wird. Gerade darin: in der Unbegründbarkeit und Unausschöpfbarkeit des eigenen, durch kein Mittel kommunikablen, darin dem mystischen »Haben« gleichartigen Erlebnisses, und nicht nur vermöge der Intensität seines Erlebens, sondern der unmittelbar besessenen Realität nach, weiß sich der Liebende in den jedem rationalen Bemühen ewig unzugänglichen Kern des wahrhaft Lebendigen eingepflanzt, den kalten Skeletthänden rationaler Ordnungen ebenso völlig entronnen wie der Stumpfheit des Alltages. Den (für ihn) objektlosen Erlebnissen des Mystikers steht er, der »das Lebendigste« mit sich verbunden weiß, wie einem fahlen hinterweltlichen Reich gegenüber. Wie die wissende Liebe des reifen Mannes zu der leidenschaftlichen Schwärmerei des jugendlichen Menschen verhält sich der Todesernst dieser Erotik des Intellektualismus zur ritterlichen Minne, der gegenüber sie gerade das Naturhafte der Geschlechtssphäre wieder, aber: bewußt, als leibgewordene Schöpfermacht, bejaht. – Eine konsequente religiöse Brüderlichkeitsethik steht dem allem radikal feindlich gegenüber. Nicht nur macht diese – von ihr aus gesehen – innerirdische Erlösungssensation rein als solche der Hingabe an den überweltlichen Gott oder an eine ethisch rationale göttliche Ordnung oder an die – für sie allein »echte« – mystische Sprengung der Individuation die schärfste überhaupt mögliche Konkurrenz. Sondern gerade gewisse psychologische Verwandtschaftsbeziehungen beider Sphären verschärfen die Spannung. Die höchste Erotik steht mit gewissen sublimierten Formen heroischer Frömmigkeit im Verhältnis gegenseitiger psychologischer und physiologischer Vertretbarkeit. Im Gegensatz zur rationalen aktiven Askese, welche das Geschlechtliche schon um seiner Irrationalität willen ablehnt und von der Erotik als todfeindliche Macht empfunden wird, besteht jenes Vertretbarkeitsverhältnis speziell zur mystischen Gottinnigkeit. Mit der Konsequenz einer jederzeit drohenden tödlich raffinierten Rache des Animalischen oder eines unvermittelten Hinübergleitens aus dem mystischen Gottesreich in das Reich des Allzumenschlichen. Gerade diese psychologische Nähe steigert natürlich die innerliche Sinnfeindschaft. Die erotische Beziehung muß, von jeder religiösen Brüderlichkeitsethik aus angesehen, je sublimierter sie ist nur desto mehr, der Brutalität in ganz spezifisch raffiniertem Maße verhaftet bleiben. Sie gilt ihr unvermeidlich als ein Verhältnis des Kampfes, nicht etwa nur, und nicht einmal vornehmlich, der Eifersucht und des ausschließlichen Besitzwillens gegen Dritte, sondern weit mehr der innerlichsten, weil von den Beteiligten selbst niemals bemerkten Vergewaltigung der Seele des minder brutalen Teiles, als ein raffinierter, weil die menschlichste Hingabe vortäuschender Genuß seiner selbst im anderen. Keine volle erotische Gemeinschaft wird sich selbst anders als durch geheimnisvolle Bestimmung für einander: Schicksal in diesem höchsten Sinn des Wortes, gestiftet und dadurch (in einem gänzlich unethischen Sinn) »legitimiert« wissen. Aber für die Erlösungsreligion ist dies »Schicksal« nichts anderes als der reine Zufall des Entbrennens der Leidenschaft. Die so gestiftete pathologische Besessenheit, Idiosynkrasie und Verschiebung des Augenmaßes und jeder objektiven Gerechtigkeit muß ihr als die vollendetste Verleugnung aller Bruderliebe und Gottesknechtschaft erscheinen. Die sich als »Güte« fühlende Euphorie des glücklich Liebenden mit ihrem freundlichen Bedürfnis, nun auch aller Welt frohe Mienen anzudichten oder in naivem Beglückungseifer anzuzaubern, stößt daher stets (es gehören dahin z. B. die psychologisch konsequentesten Partien in Frühwerken Tolstojs[4] auf den kühlen Spott der genuin religiös fundamentierten radikalen Brüderlichkeitsethik. Denn dieser bleibt gerade die sublimierteste Erotik eine Beziehung, welche, als notwendig im Innersten exklusiv und im denkbar höchsten Sinne subjektiv, absolut inkommunikabel, in allen diesen Hinsichten der Gegenpol aller religiös orientierten Brüderlichkeit sein muß. Ganz abgesehen davon, daß ihr natürlich schon ihr Leidenschaftscharakter als solcher als unwürdiger Verlust der Selbstbeherrschung und der Orientierung, sei es an der rationalen Vernunft gottgewollter Normen, sei es an dem mystischen »Haben« des Göttlichen erscheint, – während für die Erotik die echte »Leidenschaft« rein an sich der Typus der Schönheit und eine Ablehnung ihrer eine Lästerung ist. –

Im Einklang steht der erotische Rausch ebenso aus psychologischen Gründen wie dem Sinne nach nur mit der orgiastischen, außeralltäglichen, aber in einem besonderen Sinne innerweltlichen, Form der Religiosität. Die Anerkennung des Eheschlusses: der »copula carnalis«, als »Sakrament« in der katholischen Kirche ist eine Konzession an dieses Fühlen. Mit der zugleich außerweltlichen und außeralltäglichen Mystik gerät die Erotik bei schärfster innerer Spannung, vermöge der psychologischen Vertretbarkeit

4 Namentlich in »Krieg und Frieden«. – Im übrigen stehen Nietzsches bekannte Analysen im »Willen zur Macht« der Sache nach damit völlig in Einklang, trotz und gerade wegen des klar erkannten umgekehrten Wertvorzeichens. – Die Stellung der Erlösungsreligiosität ist bei Açvagoscha recht klar festgelegt.

leicht in eine unbewußte und labile Surrogats- oder Zusammengeschmolzenheitsbeziehung, aus welcher dann sehr leicht der Kollaps in das Orgiastische erfolgt. Die innerweltliche rationale Askese (Berufsaskese) kann nur die rational reglementierte Ehe als eine der göttlichen Ordnungen für die durch »Konkupiscenz« hoffnungslos verderbte Kreatur akzeptieren, innerhalb deren es gilt, ihren rationalen Zwecken: Kindererzeugung und -erziehung und gegenseitige Förderung im Gnadenstande, und nur in ihm, nachzuleben. Jegliche Raffinierung zu einer Erotik muß sie als Kreaturvergötterung schlimmster Art ablehnen. Ihrerseits bezieht sie gerade die urwüchsig naturale, bäuerlich unsublimierte Geschlechtlichkeit in eine rationale Ordnung des Kreatürlichen ein: alle »Leidenschafts«-Bestandteile aber gelten dann als Residuen des Sündenfalls, bei denen, nach Luther, Gott »durch die Finger sieht«, um Schlimmeres zu verhindern. Die außerweltliche rationale Askese (aktive Mönchsaskese) lehnt auch diese und damit alles Geschlechtliche als eine heilsgefährdende diabolische Macht ab.

Es ist am besten wohl der Quäkerethik (wie sie aus William Penn's Briefen an seine Frau spricht) gelungen, über die ziemlich grobe lutherische Deutung des Sinnes der Ehe hinaus zu einer echt menschlichen Interpretation ihrer innerlichen religiösen Werte zu gelangen. Rein innerweltlich angesehen, kann nur die Verknüpfung mit dem Gedanken ethischer Verantwortlichkeit für einander – also einer gegenüber der rein erotischen Sphäre heterogenen Kategorie der Beziehung – dem Empfinden dienen: daß in der Abwandlung des verantwortungsbewußten Liebesgefühls durch alle Nuancen des organischen Lebensganges hindurch: »bis zum Pianissimo des höchsten Alters«, in dem Einander-Gewähren und Einander-schuldig-werden (im Sinne Goethes) etwas Eigenartiges und Höchstes liegen könne. Selten gewährt es das Leben rein; wem es gewährt wird, der spreche von Glück und Gnade des Schicksals, – nicht: von eigenem »Verdienst«. –

Die Ablehnung aller unbefangenen Hingabe an die intensivsten Erlebnisarten des Daseins: künstlerische und erotische, ist zwar an sich nur eine negative Haltung. Allein es liegt auf der Hand, daß sie die Macht steigern konnte, mit welcher Energien in die Bahn rationaler Leistungen einströmten: ethischer sowohl wie auch rein intellektueller.

Aber freilich: am größten und prinzipiellsten wird schließlich die bewußte Spannung der Religiosität gerade zum Reich des denkenden Erkennens. Ungebrochene Einheit gibt es da im Bereich der Magie und des rein magischen Weltbildes, wie wir es in China kennen lernten. Weitgehende gegenseitige Anerkennung ist möglich auch für die rein metaphysische Spekulation. Obwohl diese leicht zur Skepsis zu führen pflegt. Nicht selten betrachtete daher die Religiosität die rein empirische, auch naturwissenschaftliche Forschung als besser mit ihren Interessen vereinbar als die Philosophie. So vor allem der asketische Protestantismus. Wo immer aber rational empirisches Erkennen die Entzauberung der Welt und deren Verwandlung in einen kausalen Mechanismus konsequent vollzogen hat, tritt die Spannung gegen die Ansprüche des ethischen Postulates: daß die Welt ein gottgeordneter, also irgendwie ethisch sinnvoll orientierter Kosmos sei, endgültig hervor. Denn die empirische und vollends die mathematisch orientierte Weltbetrachtung entwickelt prinzipiell die Ablehnung jeder Betrachtungsweise, welche überhaupt nach einem »Sinn« des innerweltlichen Geschehens fragt. Mit jeder Zunahme des Rationalismus der empirischen Wissenschaft wird dadurch die Religion zunehmend aus dem Reich des Rationalen ins Irrationale verdrängt und nun erst: die irrationale oder antirationale überpersönliche Macht schlechthin. Das Maß von Bewußtheit oder doch von Konsequenz in der Empfindung dieses Gegensatzes ist freilich sehr verschieden. Es scheint nicht undenkbar, – was behauptet wird: – daß Athanasius seine, rational angesehen, schlechthin absurde Formel vielleicht wirklich auch deshalb im Kampf gegen die Mehrzahl der damaligen hellenischen Philosophen durchgesetzt hat, um das ausdrückliche Opfer des Intellekts und eine feste Grenze des rationalen Diskutierens zu erzwingen. Alsbald aber wurde die Trinität selbst rational begründet und diskutiert. Und gerade wegen der unversöhnlich scheinenden Spannung steht die Religion, die prophetische wie die priesterliche, immer wieder in intimen Beziehungen zum rationalen Intellektualismus. Je weniger sie Magie oder bloße kontemplative Mystik und je mehr sie »Lehre« ist, desto mehr besteht für sie das Bedürfnis nach rationaler Apologetik. Von den Zauberern, welche überall die typischen Bewahrer der Mythen und Heldensage wurden, weil sie bei der Erziehung und Schulung der jungen Krieger zum Zwecke der Erweckung der Heldenekstase und Heldenwiedergeburt beteiligt waren, übernahm die Priesterschaft, als allein zur Erhaltung einer prennierenden Tradition fähig, die Schulung der Jugend im Gesetz und oft auch in rein verwaltungstechnischen Kunstlehren, vor allem: in der Schrift und im Rechnen. Je mehr nun die Religion Buchreligion und Lehre wurde, desto literarischer und daher desto mehr ein priesterfreies rationales Laiendenken provozierend wirkte sie. Aus dem Laiendenken aber entstanden immer wieder sowohl die priesterfeindlichen Propheten, wie die ihr religiöses Heil priesterfrei suchenden Mystiker und Sektierer und schließlich die Skeptiker und glaubensfeindlichen Philosophen, gegen die dann wieder eine Rationalisierung der priesterlichen Apologetik reagierte. Die antireligiöse Skepsis als solche war in China, in Ägypten, in den Veden, in der nachexilischen jüdischen Literatur im Prinzip ganz ebenso vertreten wie heute. Es sind fast keine neuen Argumente hinzugetreten. Monopolisierung der Jugenderziehung wurde daher zentrale Machtfrage für die Priesterschaft. Deren Macht konnte mit zunehmender Rationalisierung der politischen Verwaltung steigen. Wie anfänglich sie allein in Ägypten und Babylonien dem Staat die Schreiber lieferte, so noch den mittelalterlichen Fürsten mit beginnender Schriftlichkeit der Verwaltung. Von den großen Systemen der Pädagogik haben nur der Konfuzianismus und die mittelländische Antike, der erstere durch die Macht seiner Staatsbureaukratie, die letztere umgekehrt durch das absolute Fehlen bureaukratischer Verwaltung, sich dieser Macht der Priesterschaft zu entziehen gewußt und damit auch die Priesterreligion ausgeschaltet. Die Priesterschaft war sonst regelmäßige Trägerin der Schule. Nicht nur diese eigentlichsten Priesterinteressen aber bedingten die immer neue Verbindung der Religion mit dem Intellektualismus, sondern auch die innerliche Nötigung durch den rationalen Charakter der religiösen Ethik und das spezifisch intellektualistische Erlösungsbedürfnis. Im Effekt stand dabei jede Religiosität in ihrem psychologischen und gedanklichen Unterbau und in ihren praktischen Konsequenzen verschieden zum Intellektualismus, ohne daß doch die Wirkung jener letzten inneren Spannung, welche in der unvermeidlichen Disparatheit der letzten Formungen des Weltbildes liegt, je verschwände. Es gibt durchaus *keine* ungebrochene, als Lebensmacht wirkende, Religion, welche nicht an *irgendeiner* Stelle das »credo non quod, sed *quia* absurdum«, – das »Opfer des Intellekts«, – fordern müßte.

Es ist schwerlich nötig und wäre auch nicht möglich, die Stadien dieser Spannung zwischen Religion und intellektuellem Erkennen hier einzeln vorzuführen. Die Erlösungsreligion wehrt sich gegen den Angriff des selbstgenugsamen Intellektes am prinzipiellsten natürlich durch den Anspruch: daß ihr eignes Erkennen in einer anderen Sphäre sich vollziehe und nach Art und Sinn gänzlich heterogen und disparat sei gegenüber dem, was der Intellekt leiste. Nicht ein letztes intellektuelles Wissen über das Seiende oder normativ Geltende, sondern eine letzte Stellungnahme zur Welt kraft unmittelbaren Erfassens ihres »Sinnes« sei das, was sie darbiete. Und sie erschließe ihn nicht mit den Mitteln des Verstandes, sondern kraft des Charisma einer Erleuchtung, welche nur dem zuteil werde, der sich durch die dafür an die Hand gegebene Technik von den irreleitenden Scheinsurrogaten, welche der verworrene Eindruck der sinnlichen Welt und die in Wahrheit für das Heil gleichgültigen und leeren Abstraktionen des Verstandes als Erkenntnis liefern, befreie und so in sich für die Aufnahme der praktisch allein wichtigen Erfassung des Sinnes der Welt und des eigenen Daseins die Stätte zu bereiten wisse. In allen Unternehmungen der Philosophie, jenen letzten Sinn und die ihn erfassende (praktische) Stellungnahme demonstrabel zu machen, ebenso aber in dem Versuch, irgendwelche Intuitionserkenntnisse von prinzipiell anderer Dignität, die aber doch auch das »Sein« der Welt betreffen, zu gewinnen, wird sie nichts als das Bestreben des Intellekts sehen, seiner Eigengesetzlichkeit zu entrinnen. Und vor allem: ein ganz spezifisches Produkt eben jenes Rationalismus, dem der Intellektualismus dadurch so gern entgehen möchte. – Aber freilich wird sie selbst, von ihrer eignen Position aus gesehen, sich gleich unkonsequenter Übergriffe schuldig machen, sobald sie die unangreifbare Inkommunikabilität des mystischen Erlebnisses aufgibt, für welches es, konsequenter Weise, nur Mittel seiner Herbeiführung als Ereignis, nicht aber: der adäquaten Mitteilung und Demonstration geben könnte. Dies zu tun, muß jeder Versuch der Wirkung auf die Welt sie in Gefahr bringen, sobald er den Charakter der Propaganda annimmt. Ebenso aber jeder Versuch einer rationalen Deutung des Weltsinns, der dennoch immer erneut gemacht worden ist. –

Die »Welt« kann, alles in allem, unter verschiedenen Gesichtspunkten mit religiösen Postulaten in Konflikt geraten. Immer ist der betreffende Gesichtspunkt zugleich der wichtigste inhaltliche Richtungspunkt für die Art des Strebens nach Erlösung.

Das bewußt als Inhalt einer Religiosität gepflegte Erlösungsbedürfnis ist stets und überall, nur in sehr verschieden stark festgehaltener Deutlichkeit des Zusammenhangs, entstanden als Konsequenz des Versuchs einer systematischen praktischen Rationalisierung der Realitäten des Lebens. Anders ausgedrückt: des Anspruchs, – der auf dieser Stufe zur spezifischen Voraussetzung aller Religion wird –, daß der Weltverlauf, wenigstens soweit er die Interessen der Menschen berührt, ein irgendwie sinnvoller Vorgang sei. Dieser Anspruch tauchte, wie wir sahen, naturgemäß zunächst als das landläufige Problem des ungerechten Leidens auf, also als das Postulat eines gerechten Ausgleichs für die ungleiche Verteilung des individuellen Glücks innerhalb der Welt. Er hatte die Tendenz, von da aus stufenweise zu einer immer weiteren Entwertung der Welt fortzuschreiten. Denn je intensiver das rationale Denken jenes Problem des gerechten vergeltenden Ausgleichs aufgriff, desto weniger konnte seine rein innerweltliche Lösung möglich und eine außerweltliche wahrscheinlich oder sinnvoll scheinen. Der Gang der Welt, so wie er tatsächlich ist, kümmerte sich, soweit der Augenschein reichte, um jenes Postulat wenig. Denn nicht nur die ethisch unmotivierte Ungleichheit der Verteilung von Glück und Leid, für die ein Ausgleich denkbar schien, sondern schon die bloße Tatsache der Existenz des Leidens als solchen mußte ja irrational bleiben. Denn dessen universelle Verbreitung konnte ja nur durch das andere, noch irrationalere Problem der Herkunft der Sünde, – die nach der Lehre der Propheten und Priester das Leiden als Strafe oder Zuchtmittel erklären sollte, – ersetzt werden. Eine zum Sündigen geschaffene Welt mußte aber ethisch noch unvollkommener erscheinen als eine zum Leiden verurteilte. Fest stand jedenfalls für das ethische Postulat die absolute Unvollkommenheit dieser Welt. Nur durch diese Unvollkommenheit schien sich ja auch ihre Vergänglichkeit sinnvoll zu rechtfertigen. Allein diese Rechtfertigung konnte geeignet erscheinen, die Welt noch weiter zu entwerten. Denn nicht nur das Wertlose, nicht einmal vornehmlich dies, zeigte sich als vergänglich. Daß aber Tod und Verfall die besten ebenso wie die schlechtesten Menschen und Dinge nivellierend ereilte, konnte als eine Entwertung gerade der höchsten innerweltlichen Güter als solcher erscheinen, sobald einmal die Vorstellung einer ewigen Dauer der Zeit, eines ewigen Gottes und einer ewigen Ordnung überhaupt konzipiert war. Wenn nun demgegenüber Werte, und gerade die am höchsten geschätzten, als »zeitlos« geltend verklärt und daher die Bedeutung ihrer Realisierung in der »Kultur« als von der zeitlichen Dauer der konkreten Realisierungserscheinung unabhängig hingestellt wurden, dann konnte sich die ethische Verwerfung der empirischen Welt wiederum weiter steigern. Denn nun konnte eine Gedankenreihe in den religiösen Horizont treten, welche von weit größerer Bedeutung war als Unvollkommenheit und Vergänglichkeit der Weltgüter im allgemeinen, weil sie geeignet war, gerade die üblicherweise höchstgestellten »Kulturgüter« unter Anklage zu bringen. Ihnen allen haftete ja die Todsünde einer unvermeidlichen spezifischen Schuldbelastetheit an. Sie zeigten sich an Geistes- oder Geschmacks-Charisma gebunden und ihre Pflege schien unvermeidlich Daseinsformen vorauszusetzen, welche der Brüderlichkeitsforderung zuwiderliefen und nur durch Selbsttäuschung sich ihr anpassen ließen. Bildungs- und Geschmackskultur-Schranken sind die innerlichsten und unübersteigbarsten aller ständischen Unterschiede. Religiöse Schuld konnte nun nicht nur als gelegentliches Akzidens, sondern als ein integrierender Bestandteil aller Kultur, alles Handelns in einer Kulturwelt und, schließlich, alles geformten Lebens überhaupt erscheinen. Gerade alles Höchste, was diese Welt an Gütern zu bieten hatte, schien dadurch mit der größten Schuld belastet. Die äußere Ordnung der sozialen Gemeinschaft, je mehr sie zur Kulturgemeinschaft des staatlichen Kosmos wurde, war offensichtlich überall nur mit brutaler, um Gerechtigkeit sich nur nominell und gelegentlich, jedenfalls nur soweit die eigene ratio es zuließ, kümmernder Gewalt aufrechtzuerhalten, die aus sich unvermeidlich immer neue Gewalttaten nach außen und innen und überdies noch unaufrichtige Vorwände für solche erzeugte, also: offene oder, was schlimmer scheinen mußte: pharisäisch verhüllte Lieblosigkeit bedeutete. Der versachlichte ökonomische Kosmos, also gerade die rational höchste Form der für jede innerweltliche Kultur unentbehrlichen materiellen Güterversorgung war ein Gebilde, dem die Lieblosigkeit von der Wurzel aus anhaftete. Alle Arten des Handelns in der geformten Welt schienen in die gleiche Schuld verstrickt. Verhüllte und sublimierte Brutalität, brüderlichkeitsfeindliche Idiosynkrasie und illusionistische Verschiebung des gerechten Augenmaßes begleiteten unvermeidlich die Geschlechtsliebe, und je machtvoller sie ihre Gewalt entfaltete, desto stärker und zugleich von den Beteiligten selbst unbemerkter oder auch: desto pharisäisch verhüllter. Das rationale Erkennen, an welches ja die ethische Religiosität selbst appelliert hatte, gestaltete, autonom und innerweltlich seinen eigenen Normen folgend, einen Kosmos von Wahrheiten, welcher nicht nur mit den systematischen Postulaten der rationalen religiösen Ethik: daß die Welt als Kosmos ihren Anforderungen genüge oder irgendeinen »Sinn« aufweise, gar nichts mehr zu schaffen hatte, diesen Anspruch vielmehr prinzipiell ablehnen mußte. Der Kosmos der Naturkausalität und der postulierte Kosmos der ethischen Ausgleichskausalität standen in unvereinbarem Gegensatz gegeneinander. Und obwohl die Wissenschaft, die jenen Kosmos schuf, über ihre eigenen letzten Voraussetzungen sicheren Aufschluß nicht geben zu können schien, trat sie im Namen der »intellektuellen Rechtschaffenheit« mit dem Anspruch auf: die einzig mögliche Form der denkenden Weltbetrachtung zu sein. Wie alle Kulturwerte, so schuf dabei auch der Intellekt eine von allen persönlichen ethischen Qualitäten der Menschen unabhängige, also unbrüderliche Aristokratie des rationalen Kulturbesitzes. Nun aber haftete diesem Kulturbesitz, und also: dem für den »innerweltlichen« Menschen Höchsten in dieser Welt, neben seiner ethischen Schuldbelastetheit auch etwas an, was ihn noch viel endgültiger entwerten mußte: die

Sinnlosigkeit, wenn man ihn mit seinen eigenen Maßstäben bewertete. Die Sinnlosigkeit der rein innerweltlichen Selbstvervollkommnung zum Kulturmenschen, des letzten Wertes also, auf welchen die »Kultur« reduzierbar schien, folgte für das religiöse Denken ja schon aus der – von eben jenem innerweltlichen Standpunkt aus gesehen – offenbaren Sinnlosigkeit des Todes, welcher, gerade unter den Bedingungen der »Kultur«, der Sinnlosigkeit des Lebens erst den endgültigen Akzent aufzuprägen schien. Der Bauer konnte »lebenssatt« sterben wie Abraham. Der feudale Grundherr und Kriegsheld auch. Denn beide erfüllten einen Kreislauf ihres Seins, über den sie nicht hinausgriffen. Sie konnten so in ihrer Art zu einer innerirdischen Vollendung gelangen, wie sie aus der naiven Eindeutigkeit ihrer Lebensinhalte folgte. Aber der nach Selbstvervollkommnung im Sinne der Aneignung oder Schaffung von »Kulturinhalten« strebende »gebildete« Mensch nicht. Er konnte zwar »lebensmüde«, aber nicht im Sinne der Vollendung eines Kreislaufs »lebenssatt« werden. Denn seine Perfektibilität ging ja prinzipiell ebenso ins Schrankenlose wie diejenige der Kulturgüter. Und je mehr sich die Kulturgüter und Selbstvervollkommnungsziele differenzierten und vervielfältigten, desto geringfügiger wurde der Bruchteil, den der Einzelne, passiv als Aufnehmender, aktiv als Mitschöpfer, im Laufe eines endlichen Lebens umspannen konnte. Desto weniger konnte also die Hineingespanntheit in diesen äußeren und inneren Kulturkosmos die Wahrscheinlichkeit bieten: daß ein Einzelner die Gesamtkultur, oder daß er das in irgendeinem Sinne »Wesentliche« an ihr, für welches es überdies keinen endgültigen Maßstab gab, in sich aufnehmen könne, und daß also die »Kultur« und das Streben nach ihr irgendeinen innerweltlichen Sinn für ihn haben könne. Gewiß bestand »Kultur« für den Einzelnen nicht im Quantum des von ihm an »Kulturgütern« Errafften, sondern in einer geformten Auslese daraus. Aber dafür, daß diese – für ihn – ein sinnvolles Ende gerade mit dem »zufälligen« Zeitpunkt seines Todes erreicht habe, bestand keine Gewähr. Und wenn er sich gar vornehm vom Leben abwendete: – »ich habe genug, – es hat mir alles geboten (oder: versagt), was mir des Lebens wert war«, – so mußte diese stolze Haltung der Erlösungsreligion als ein blasphemisches Verschmähen der von Gott verordneten Lebenswege und Schicksale erscheinen: keine Erlösungsreligion billigt positiv den »Freitod«, den nur Philosophen verklärt haben. –

Alle »Kultur« erschien, so angesehen, als ein Heraustreten des Menschen aus dem organisch vorgezeichneten Kreislauf des natürlichen Lebens, und eben deshalb dazu verdammt, mit jedem Schritt weiter eine nur immer vernichtendere Sinnlosigkeit, der Dienst an den Kulturgütern aber, je mehr er zu einer heiligen Aufgabe, einem »Beruf«, gemacht wurde, ein um so sinnloseres Hasten im Dienst wertloser und überdies in sich überall widerspruchsvoller und gegeneinander antagonistischer Ziele zu werden.

Als Stätte der Unvollkommenheit, der Ungerechtigkeit, des Leidens, der Sünde, der Vergänglichkeit, der notwendig schuldbelasteten, notwendig mit immer weiterer Entfaltung und Differenzierung immer sinnloser werdenden Kultur: in allen diesen Instanzen mußte so die Welt, rein ethisch angesehen, dem religiösen Postulat eines göttlichen »Sinnes« ihrer Existenz gleich brüchig und entwertet erscheinen. Auf diese Entwertung: eine Folge des Konfliktes zwischen rationalem Anspruch und Wirklichkeit, rationaler Ethik und teils rationalen, teils irrationalen Werten, der mit jeder Herauspräparierung der spezifischen Eigenart jeder in der Welt vorkommenden Sondersphäre immer schroffer und unlösbarer hervorzutreten schien, reagierte das Bedürfnis nach »Erlösung« derart, daß, je systematischer das Denken über den »Sinn« der Welt, je rationalisierter diese selbst in ihrer äußeren Organisation, je sublimierter das bewußte Erleben ihrer irrationalen Inhalte wurde, desto unweltlicher, allem geformten Leben fremder, genau parallel damit, das zu werden begann, was den spezifischen Inhalt des Religiösen ausmachte. Und nicht etwa nur das theoretische Denken, welches die Welt entzauberte, sondern gerade der Versuch der religiösen Ethik, sie praktisch ethisch zu rationalisieren, führte in diese Bahn.

Und schließlich: die spezifisch intellektualistische, mystische Erlösungssuche gegenüber diesen Spannungen fiel auch selbst der Weltherrschaft der Unbrüderlichkeit anheim. Einerseits war ja ihr Charisma nicht jedermann zugänglich. Sie war also, dem Sinne nach, Aristokratismus höchster Potenz: religiöser Heilsaristokratismus. Und inmitten einer rational zur Berufsarbeit organisierten Kultur blieb für die Pflege der akosmistischen Brüderlichkeit selbst – außerhalb der ökonomisch sorgenfreien Schichten – kaum noch Platz: das Leben des Buddha, Jesus, Franziskus zu führen, scheint unter den technischen und sozialen Bedingungen rationaler Kultur rein äußerlich zum Mißerfolg verurteilt. –

Die einzelnen weltablehnenden Erlösungsethiken der Vergangenheit setzten nun jede mit ihrer Weltablehnung an höchst verschiedenen Stellen dieser rein rational konstruierten Skala ein. Neben den zahlreichen konkreten Umständen, von welchen dies abhing, und welche zu ermitteln eine theoretische Kasuistik nicht ausreicht, spielte auch ein rationales Element dabei eine Rolle: die Struktur derjenigen Theodicee, durch welche das metaphyische Bedürfnis: trotz allem in diesen unüberbrückbaren Spannungen einen gemeinsamen Sinn zu finden, auf das Bewußtsein von deren Existenz reagierte. Von den drei in den einleitenden Ausführungen als allein konsequent bezeichneten Arten der Theodicee konnte der Dualismus jenem Bedürfnis nicht unerhebliche Dienste leisten. Das seit ewigen Zeiten und für ewige Zeiten bestehende Neben- und Gegeneinander einer Macht des Lichts, der Wahrheit, Reinheit und Güte und einer Macht der Finsternis, der Lüge, Unreinheit und Bosheit war letztlich nur eine unmittelbare Systematisierung des magischen Pluralismus der Geister mit ihrer Scheidung von guten (nützlichen) und bösen (schädlichen) Geistern, der Vorstufen des Gegensatzes von Göttern und Dämonen. In derjenigen prophetischen Religiosität, welche diese Konzeption am konsequentesten durchführte: dem Zarathustrismus, knüpfte der Dualismus direkt an den magischen Gegensatz von »rein« und »unrein« an, in den alle Tugenden und Laster eingegliedert wurden. Er bedeutet den Verzicht auf die Allmacht eines Gottes, welcher vielmehr an dem Bestehen der widergöttlichen Macht seine Schranke fand. Er ist von den heutigen Bekennern (den Parsen) tatsächlich aufgegeben worden, weil diese Schranke nicht ertragen wurde. Während in ihrer konsequentesten Eschatologie die Welt des Reinen und des Unreinen, aus deren Vermischung die brüchige empirische Welt hervorging, sich für immer wieder in zwei beziehungslose Reiche schied, läßt die moderne Endhoffnung den Gott der Reinheit und Güte ebenso siegen, wie das Christentum den Heiland über den Teufel. Diese inkonsequentere Form des Dualismus ist die volkstümliche über die ganze Erde hin verbreitete Vorstellung von Himmel und Hölle. Sie stellt die Souveränität Gottes über den bösen Geist, der sein Geschöpf ist, wieder her, glaubt dadurch die göttliche Allmacht gerettet, muß dann aber, wohl oder übel, eingestandener- oder verhülltermaßen, etwas von der göttlichen Liebe opfern, der, wenn die Allwissenheit festgehalten wird, die Schaffung einer Macht des radikal Bösen und die Zulassung der Sünde, zumal in Gemeinschaft mit der Ewigkeit der Höllenstrafen an einem eigenen endlichen Geschöpf und für endliche Sünden, schlechterdings nicht entspricht. Konsequent ist alsdann nur ein Verzicht auf die Güte. Diesen vollzog, der Sache nach, in voller Konsequenz der Prädestinationsglaube. Die anerkannte Unmöglichkeit, Gottes Ratschlüsse mit menschlichen Maßstäben messen zu können, bedeutete in liebloser Klarheit den Verzicht auf die Zugänglichkeit eines Sinnes der Welt für menschliches Verstehen, welcher damit auch aller Problematik dieser Art ein Ende machte. Er ist in dieser Konsequenz außerhalb des Kreises eines hochgesteigerten Virtuosentums nicht dauernd ertragen worden. Gerade weil er, – im Gegensatz zum Glauben an die irrationale Macht des »Verhängnisses« –, die Annahme providentieller, also irgendwie rationaler, Bestimmtheit der Verdammten nicht nur zum Untergang, sondern zum Bösen, dennoch aber die »Strafe«, also die Anwendung einer ethischen Kategorie auf sie, fordert.

Von der Bedeutung des Prädestinationsglaubens ist in dem ersten Aufsatz dieser Sammlung gesprochen. Den zarathustrischen Dualismus behandeln wir später und zwar nur kurz, weil die Zahl seiner Bekenner gering ist. Er könnte hier gänzlich ausfallen, wenn nicht der Einfluß der persischen Endgerichtsvorstellungen, Dämonen- und Engellehre auf das Spätjudentum eine erhebliche historische Bedeutung konstituierte.

Die dritte, durch ihre Konsequenz sowohl wie durch die außerordentliche metaphyische Leistung: Vereinigung virtuosenhafter Selbsterlösung aus eigener Kraft mit universeller Zugänglichkeit des Heils, strengster Weltablehnung mit organischer Sozialethik, Kontemplation als höchsten Heilswegs mit innerweltlicher Berufsethik, hervorragende Form der Theodicee war der indischen Intellektuellen-Religiosität eigentümlich, welcher wir uns nunmehr zuwenden.

Ethik und Theodizee der Propheten

Schon die unmittelbaren Erlebnisse der Propheten selbst werden durch die für sie feststehenden Qualitäten des Gottes geformt. Immer kreist ihre Phantasie um das Bild eines himmlischen Königs von furchtbarer Majestät. Dies betrifft zunächst ihre visuellen Erlebnisse. Die Rolle des Visionären war, sehen wir, bei den einzelnen Propheten verschieden. Am größten bei dem ältesten Propheten, Amos, der daher auch »Seher« (choseh) genannt wird. Aber auch bei den anderen Propheten, vor allem Jesaja und Hesekiel, fehlt sie nicht. Und die Propheten sehen auch anderes als nur die himmlische Herrlichkeit. Sie erblicken hellseherisch in der Ferne ein anrückendes Heer auf einer Paßhöhe oder von Babylonien aus den Tod eines mit Namen genannten Mannes im Tempel von Jerusalem. Oder der Prophet wird von einem aus Feuerglanz bestehenden Wesen an den Haaren von dort nach hier entrückt. Immer aber handelt es sich dabei um ein unmittelbares Eingreifen jenes göttlichen königlichen Machthabers, dessen er inne wird. Oder wenn der Prophet einen Mandelzweig oder einen Korb mit Obst sieht, so hat das etwas zu bedeuten und ist als Symbol von Gott geformt. Bald sind es Träume, besonders oft aber ist es ein Wachträumen, in welchem diese Visionen den Propheten bedrängen. Aber solche visuellen Erlebnisse werden, wie in anderem Zusammenhang schon erörtert, bei dem Propheten bei weitem und in höchst charakteristischer Art an Bedeutung überragt von den Gehörserlebnissen. Der Prophet hört entweder eine Stimme, die zu ihm spricht, ihm Befehle und Aufträge gibt, etwas zu sagen, unter Umständen auch: etwas zu tun oder, wie wir bei Jeremia sahen, eine Stimme spricht aus ihm, er mag wollen oder nicht. Das Überragen dieser Gehörserlebnisse über die Visionen war, wie schon einmal betont, kein Zufall. Es hing zunächst mit der überlieferten Unsichtbarkeit des Gottes zusammen, die es ausschloß, daß über ihn selbst und seine Erscheinung etwas ausgesagt werden konnte. Aber es war auch Folge der für die Propheten allein möglichen Art, einer Beziehung zu diesem Gott inne zu werden. An keiner Stelle findet sich bei den Propheten jene mystische Entleerung von allem Sinnlichen und Geformten, welche die apathische Ekstase Indiens einleitet, nirgends auch jene stille beseligende Euphorie des Gottbesitzes, selten der Ausdruck gottinniger Andacht und niemals des für den Mystiker typischen erbarmend-mitleidvollen Brüderlichkeitsgefühls mit allem Kreatürlichen. In einer erbarmungslosen Welt des Krieges lebt, herrscht, redet, handelt ihr Gott und tief unselig ist das Zeitalter, in welches sich die Propheten hineingestellt wissen. Vor allem aber: unselig im tiefsten Innern sind gerade manche der Propheten selbst. Nicht alle und nicht immer, aber oft gerade in den Augenblicken größter Gottesnähe. Von den vorexilischen Propheten hat Hosea den Zustand der Ergriffenheit vom Geiste Jahwes als beglückenden Besitz, Amos das Bewußtsein, in alle seine Pläne eingeweiht zu werden, als Stütze stolzer Selbstgewißheit empfunden. Jesaja drängt sich zu der Ehre der Prophetie. Aber schon er empfindet sie angesichts mancher furchtbaren Verkündungen des Gottes und der Härte seiner Entschlüsse gelegentlich als ein schweres Amt. Jeremia vollends bedeutet sein Prophetenamt eine unerträgliche Last. Nie jedenfalls ist die Nähe Jahwes ein seliges Innewohnen des Göttlichen, vielmehr immer Pflicht und Gebot, meist jagende stürmische Forderung. Wie ein Mädchen vom Mann oder wie der unterlegene Ringer fühlt sich Jeremia von Jahwe vergewaltigt. Auch dieser religionsgeschichtlich wichtige Tatbestand, grundverschieden von aller indischen und chinesischen Prophetie, ergab sich nur zum Teil aus psychischen Vorbedingungen, zum andern aber aus der Deutung, welche der jüdische Prophetismus seinen Erlebnissen zu geben gezwungen war. Gezwungen durch die Art des Glaubens, in den er hineingebannt war und der, als unerschütterliches Apriori vor allen ihren

Erlebnissen stehend, die Auslese derjenigen Zuständlichkeiten bestimmte, welche als echt prophetische gelten durften. Die beispiellose Wucht sowohl wie die feste innere Schranke dieser Prophetie fanden darin ihre Begründung. Die Propheten konnten infolge jenes Apriori nicht »Mystiker« sein. Ihr Gott war – bis auf Deuterojesaja – durchaus menschlich verständlich und mußte es sein. Denn: er war ein Herrscher, von dem man zu wissen begehrte, wie seine Gnade zu erlangen sei.

Nirgends und niemals wird von den Propheten oder (soviel wir wissen) ihrem Publikum die Frage nach einem »Sinn« der Welt und insbesondere des Lebens, nach einem rechtfertigenden Grunde seiner brüchigen, leid- und schuldbehafteten Vergänglichkeit und seiner Widersprüche auch nur aufgeworfen, wie sie in Indien aller heiligen Erkenntnis den entscheidenden Antrieb gab. Und was damit zusammenhängt: nie und nirgends ist es das Bedürfnis nach Rettung, Erlösung, Vollendung der eigenen Seele aus und gegenüber dieser unvollkommenen Welt, was den Propheten oder sein Publikum zum Gott treibt. Niemals vollends fühlt sich der Prophet durch sein Erlebnis vergottet, mit dem Göttlichen vereinigt, entrückt der Qual und Sinnlosigkeit des Daseins, wie dies dem indischen Erlösten widerfährt und für ihn den eigentlichen Sinn religiösen Erlebens darstellt. Niemals weiß er sich dem Leiden oder auch nur der Knechtschaft unter der Sünde entronnen. Nirgends ist Raum für eine unio mystica oder gar für die innere seelische Meeresstille des buddhistischen Arhat. All dergleichen gab es nicht und vollends eine metaphysische Gnosis und Weltdeutung kam gar nicht in Betracht. Denn das Wesen Jahwes enthielt nichts Übersinnliches in der Bedeutung von etwas jenseits von Verstehen und Begreifen Liegendem. Seine Motive waren menschlichem Verständnis nicht entrückt. Im Gegenteil war gerade das Verstehen der Entschlüsse Jahwes aus berechtigten Motiven die Aufgabe des Propheten ebenso wie die des Thoralehrers. Jahwe war ja sogar bereit, vor dem Gericht der Welt das Recht seiner Sache zu vertreten. Höchst einfach und offenbar erschöpfend wird bei Jesaja (28, 23–29) die Art seines Weltregimentes in einem der bäuerlichen Wirtschaft entnommenen Gleichnis dargestellt; das genügte als Theodizee ebenso vollständig wie in den ganz ähnlichen Gleichnissen von Jesus, die in dieser Hinsicht von durchaus ähnlichen Voraussetzungen ausgehen. Eben diesen rationalen Charakter sowohl des Weltgeschehens selbst, welches weder durch blinden Zufall noch durch magische Zauberkräfte bestimmt ist, sondern verständliche Gründe hat, wie auch der Prophetie selbst: daß ihre Orakel im Gegensatz zur gnostischen Esoterik verständlich waren für jedermann, empfanden die Juden auch später als das ihren Propheten Spezifische. Von prinzipieller »Unerforschlichkeit« konnte keine Rede sein, so gewiß Jahwes Horizont unvergleichlich war mit demjenigen der Kreatur. Diese prinzipielle Verständlichkeit der göttlichen Ratschlüsse war es, welche jede Frage nach einem Sinn der Welt, der noch hinter ihm gelegen hätte, ebenso ausschloß wie seine majestätische Herrscherpersönlichkeit jeden Gedanken an mystische Gottesgemeinschaft als Qualität der religiösen Beziehung zu ihm. Etwas derartiges oder vollends die Selbstvergottung konnte kein echter Jahweprophet und keine Kreatur überhaupt in Anspruch zu nehmen wagen: Der Prophet konnte nie zum dauernden inneren Frieden mit Gott kommen: das schloß dessen Natur aus. Er konnte nur seinen inneren Druck entladen. Die positive, euphorische Wendung seiner Gefühlslage aber mußte er in die Zukunft projizieren, als Verheißung. Das bestimmte die Auslese der prophetischen Temperamente. Es besteht gar kein Grund zu der Annahme, daß auf palästinischem Boden apathisch-mystische Zuständlichkeiten indischen Gepräges etwa nicht auch gefühlt worden seien. Es läßt sich nicht einmal mit Bestimmtheit sagen, ob nicht Propheten wie Hosea und vielleicht auch noch andere ihrerseits derartigen Zuständlichkeiten zugänglich gewesen wären. Aber ebenso wie emotionale Ekstasen des israelitischen Typus in Indien sich vermutlich entweder einer leidenschaftlichen Kasteiungsaskese zugewendet hätten oder ihre Träger, wenn sie als Demagogen aufgetreten wären, nicht als Heilige, sondern als Barbaren gegolten und keine Wirkung geübt hätten, – so mußte es umgekehrt den apathisch-ekstatischen Zuständlichkeiten in Israel gehen. Sie wurden von der Jahwereligion nicht als religiöser Heilsbesitz gedeutet und wurden daher nicht, wie in Indien, Gegenstand schulmäßiger Züchtung. Vollends anomistische Konsequenzen des ekstatischen Gottbesitzes wurden scharf abgelehnt. Ein Lügenprophet ist nach Jeremia jeder, der das Gesetz Jahwes mißachtet und das Volk nicht zu ihm hinzuführen trachtet.

Das weltablehnende Frühchristentum

Magie und Dämonenglauben stehen nun auch an der Wiege der zweiten großen, in einem spezifischen Sinn »weltablehnenden« Religion: des alten Christentums. Sein Heiland ist vor allen Dingen ein Magier, das magische Charisma eine nie fortzudatierende Stütze seines spezifischen Selbstgefühls. Aber dessen Eigenart ist nun im besonderen bedingt einmal durch die in aller Welt einzigartigen Verheißungen des Judentums – das Auftreten Jesu fällt in eine Epoche intensivster messianischer Hoffnungen – einerseits und durch den intellektualistischen Schriftgelehrsamkeitscharakter der jüdischen Frömmigkeit höchster Ordnung. Das christliche Evangelium entstand demgegenüber als eine Verkündigung eines Nichtintellektuellen nur an Nichtintellektuelle, an die »geistlich Armen«. Das »Gesetz«, von dem Jesus keinen Buchstaben fortnehmen wollte, handhabte und verstand er so, wie die Unvornehmen und Ungelehrten, die ländlichen und kleinstädtischen Frommen es meist verstanden und den Bedürfnissen ihres Berufes anpaßten, im Gegensatz zu den hellenisierten Vornehmen und Reichen und zu dem kasuistischen Virtuosentum der Schriftgelehrten und Pharisäer: meist, so namentlich in den rituellen Vorschriften, speziell in der Sabbatheiligung, milde, in einigen Hinsichten, so in den Ehescheidungsgrundsätzen, strenger. Und es scheint, daß hier der paulinischen Auffassung insofern präludiert ist, wenn die Anforderungen des mosaischen Gesetzes als durch die Sündhaftigkeit der angeblich Frommen bedingt, bezeichnet werden. In jedem Fall stellt Jesus gelegentlich so eigene Gebote pointiert der alten Tradition gegenüber. Nicht angebliche »proletarische Instinkte« aber geben ihm jenes spezifische Selbstgefühl, das Wissen: daß er eins ist mit dem göttlichen Patriarchen, daß durch ihn und nur durch ihn der Weg zu jenem führt. Sondern daß er, der Nichtschriftgelehrte, das Charisma der Dämonenherrschaft und seiner gewaltigen Predigt besitzt, so besitzt, wie beide keinem Schriftgelehrten und Pharisäer zu Gebote stehen, daß er die Dämonen zwingen kann, wo die Menschen an ihn glauben, nur dort, sonst nicht, aber dann auch bei den Heiden, daß er in seiner Vaterstadt, bei seiner Familie, bei den Reichen und Vornehmen des Landes, bei den Schriftgelehrten und Gesetzesvirtuosen diesen Glauben, der ihm die magische Wunderkraft gibt, nicht findet, wohl aber bei den Armen und Bedrängten, bei Zöllnern, Sündern und selbst bei römischen Soldaten, – dies sind, was nie vergessen werden sollte, absolut entscheidende Komponenten seines messianischen Selbstgefühls. Deshalb erklingt das »Wehe« über die Galiläerstädte ganz ebenso wie der zornige Fluch über den widerspenstigen Feigenbaum, und deshalb wird ihm die Erwählung Israels immer wieder problematisch, die Bedeutung des Tempels zweifelhaft und die Verwerfung der Pharisäer und Schriftgelehrten zur Sicherheit.

Zwei absolute »Todsünden« kennt Jesus: die eine ist die »Sünde gegen den Geist«, die der Schriftgelehrte begeht, der das Charisma und seine Träger verachtet, die andere ist: zum Bruder zu sagen: »Du Narr« – der unbrüderliche Hochmut des Intellektuellen gegen den geistlich Armen. Dieser antiintellektualistische Zug, die Verwerfung der hellenischen wie der rabbinischen Weisheit, ist das einzige »ständische« und höchst spezifische Element der Verkündigung. Diese ist im übrigen weit davon entfernt, eine Verkündigung für Jedermann und alle Schwachen zu sein. Gewiß, das Joch ist leicht, aber nur für die, welche wieder werden können wie die Kinder. In Wahrheit stellt sie gewaltige Anforderungen und ist streng heilsaristokratisch. Nichts liegt Jesus ferner als der Gedanke an einen Universalismus göttlicher Gnade, gegen den vielmehr seine ganze Verkündigung streitet: wenige sind auserwählt, durch die enge Pforte zu gehen, sie, die Buße tun und an ihn glauben; die anderen verstockt und verhärtet Gott selbst, und es sind naturgemäß gerade die Stolzen und Reichen, die am meisten diesem Schicksal verfallen. Das war gegenüber anderen Prophetien nichts völlig Neues: auch die altjüdische Prophetie hatte schließlich angesichts der Hoffahrt der Großen dieser Erde den Messias als einen König kommen sehen, der auf dem Lasttier der Armen in Jerusalem einzieht. Keinerlei »soziale« Position spricht daraus. Jesus speist bei wohlhabenden Leuten, die den Gesetzesvirtuosen ein Greuel sind. Auch dem reichen Jüngling wird das Verschenken des Reichtums ausdrücklich nur für den Fall geboten, daß er »vollkommen«, d. h.: ein Jünger, sein wolle. Das freilich setzt die Loslösung aus allen Banden der Welt voraus, aus der Familie so gut wie aus dem Besitz, wie bei Buddha und allen ähnlichen Propheten auch. Aber freilich – obwohl bei Gott alles möglich ist – bleibt die Anhänglichkeit an den »Mammon« eines der schwersten Hemmnisse für die Errettung zum Gottesreich. Sie lenkt von dem religiösen Heil, auf das allein alles ankommt, ab. Nicht ausdrücklich gesagt ist: daß sie auch zur Unbrüderlichkeit führe. Aber der Gedanke liegt in der Sache. Denn die verkündeten Gebote enthalten an sich auch hier die urwüchsige Nothilfeethik des Nachbarschaftsverbandes der kleinen Leute. Aber freilich ist alles »gesinnungsethisch« zur brüderlichen Liebesgesinnung systematisiert, dies Gebot »universalistisch« auf jeden, der jeweils gerade der »Nächste« ist, bezogen und zur akosmistischen Paradoxie gesteigert an der Hand des Satzes: daß Gott allein vergelten wolle und werde. Bedingungsloses Verzeihen, bedingungsloses Geben, bedingungslose Liebe auch des Feindes, bedingungsloses Hinnehmen des Unrechts, ohne dem Übel mit Gewalt zu widerstehen, – diese Forderungen an den religiösen Heroismus könnten ja Produkt eines mystisch bedingten Liebesakosmismus sein. Aber es darf doch nicht, wie es oft geschieht, übersehen werden, daß sie bei Jesus überall mit dem jüdischen Vergeltungsgedanken in Beziehung gesetzt werden: Gott wird dereinst vergelten, rächen und lohnen, darum soll es der Mensch nicht tun und sich auch seiner Guttat nicht rühmen:

sonst hat er sich seinen Lohn vorweggenommen. Deshalb, um sich Schätze im Himmel zu sammeln, soll man auch dem leihen, von dem man vielleicht nichts wiederbekommen wird, – denn sonst ist es kein Verdienst. Mit dem gerechten Ausgleich der Schicksale wird stark in der Lazaruslegende und auch sonst gelegentlich operiert: schon deshalb also ist Reichtum eine gefährliche Gabe. Im übrigen ist aber völlig entscheidend die absolute Indifferenz der Welt und ihrer Angelegenheiten. Das Himmelreich, ein Reich der leidlosen und schuldlosen Freude auf Erden ist ganz nahe herbeigekommen, dies Geschlecht wird nicht aussterben ohne es zu sehen, es wird kommen wie der Dieb in der Nacht, ja es ist eigentlich schon mitten unter den Menschen im Anbruch begriffen. Man mache sich Freunde mit dem ungerechten Mammon, statt an ihm zu hängen. Man gebe dem Kaiser was sein ist, – was liegt an solchen Dingen? Man bete zu Gott um das tägliche Brot und sorge sich nicht um den kommenden Tag. Das Kommen des Reichs kann ein menschliches Tun nicht beschleunigen. Aber man bereite sich darauf vor, daß es komme. Und hier wird dann, obwohl das Gesetz formell nicht aufgehoben wird, allerdings doch schlechthin alles auf die Art der Gesinnung abgestellt, der ganze Inhalt von Gesetz und Propheten mit dem einfachen Gebot der Gottes- und Nächstenliebe identifiziert und der weittragende Satz hinzugefügt: daß man die echte Gesinnung an ihren Früchten, an ihrer Bewährung also, erkennen solle.

Nachdem dann die Auferstehungsvisionen, wohl sicher mit unter dem Einfluß der rundum weit verbreiteten soteriologischen Mythen, einen gewaltigen Ausbruch pneumatischer Charismata und die Gemeindebildung, mit der eigenen, bisher ungläubigen Familie an der Spitze, und die folgenschwere Bekehrung des Paulus die Zerbrechung der Pariareligiosität unter Erhaltung der Kontinuität mit der alten Prophetie und die Heidenmission zur Folge gehabt hatte, blieb für die Stellung der Gemeinden des Missionsgebiets zur »Welt« die Wiederkunftserwartung einerseits, die überwältigende Bedeutung der charismatischen Gaben des »Geistes« andererseits, maßgebend. Die Welt bleibt wie sie ist, bis der Herr kommt. Der Einzelne bleibe ebenso in seiner Stellung und seinem »Beruf« (κλῆσις) untertan der Obrigkeit, es sei denn, daß sie die Sünde von ihm verlangt.

Editorische Notiz

Die sozialen Gründe des Untergangs der antiken Kultur

Ursprünglich ein Vortrag vor der Akademischen Gesellschaft in Freiburg i. Br. aus dem Jahre 1896, erschien zuerst in: *Die Wahrheit. Halbmonatschrift zur Vertiefung in die Fragen und Aufgaben des Menschenlebens*, hrsg. von Chr. Schrempf, Bd. 6 (1896) H. 1, S. 57–77.

Wiederabgedr. in: *Gesammelte Aufsätze zur Sozial- und Wirtschaftsgeschichte*, hrsg. von Marianne Weber, Tübingen 1924, S. 289–311. – Diese Ausgabe wurde als Druckvorlage benutzt.

In der *Max Weber Gesamtausgabe*, Tübingen: J. C. B. Mohr (Paul Siebeck), 1984 ff., wird der Aufsatz in Band 6 der 1. Abteilung abgedruckt.

Wirtschaft und Gesellschaft

Webers soziologisches Hauptwerk, aus dem die folgenden Texte stammen, ist nach Angaben von Marianne Weber zwischen 1911 und 1913 entstanden und war ein Teil des von Weber herausgegebenen vielbändigen Werkes *Grundriss der Sozialökonomik*. Webers Beitrag trug zunächst den Titel *Die Wirtschaft und die gesellschaftlichen Ordnungen und Mächte*.

Für diesen Beitrag wurde in der Verlagsanzeige, die im ersten, 1914 erschienenen Band des *Grundrisses* (S. X und XI) abgedruckt wurde, die folgende Inhaltsangabe gemacht:

I. Die Wirtschaft und die gesellschaftlichen Ordnungen und Mächte.

1. Kategorien der gesellschaftlichen Ordnungen.
   Wirtschaft und Recht in ihrer prinzipiellen Beziehung.
   Wirtschaftliche Beziehungen der Verbände im allgemeinen.
2. Hausgemeinschaft, Oikos und Betrieb.
3. Nachbarschaftsverband, Sippe, Gemeinde.
4. Ethnische Gemeinschaftsbeziehungen.
5. Religiöse Gemeinschaften.
   Klassenbedingtheit der Religionen; Kulturreligionen und Wirtschaftsgesinnung.

6. Die Marktvergemeinschaftung.
7. Der politische Verband.
   Die Entwicklungsbedingungen des Rechts. Stände, Klassen, Parteien. Die Nation.
8. Die Herrschaft:
   a) Die drei Typen der legitimen Herrschaft.
   b) Politische und hierokratische Herrschaft.
   c) Die nichtlegitime Herrschaft.
      Typologie der Städte.
   d) Die Entwicklung des modernen Staates.
   e) Die modernen politischen Parteien.

Weber schrieb die einzelnen Teile von *Wirtschaft und Gesellschaft* in folgender Reihenfolge: Zunächst entstand bis 1913 der größte Teil der konkreten Analysen, die in den bisherigen Ausgaben im Zweiten und Dritten Teil enthalten sind. Außerdem muß er nach eigenen Angaben (S. 80) schon eine Methodenlehre verfaßt haben. 1913 erweiterte er einige Abschnitte daraus um eine Kategorienlehre und publizierte beide in seinem Aufsatz *Über einige Kategorien der verstehenden Soziologie*. Wahrscheinlich lag zu diesem Zeitpunkt auch schon das Fragment *Die drei reinen Typen der Herrschaft* vor, das als Fortsetzung der Kategorienlehre gedacht war, aber später von Marianne Weber unabhängig publiziert wurde.

Das ursprüngliche Manuskript blieb bis 1920 liegen. Zu diesem Zeitpunkt schrieb Weber den Kategorienaufsatz um und ordnete ihn unter dem Namen *Soziologische Grundbegriffe* als erstes Kapitel einem neuen Teil zu, der außerdem die Kategorien des Wirtschaftens und eine Typologie der Herrschaft enthielt und von ihm selbst noch als »Erster Teil« an den Verlag geschickt wurde. Marianne Weber edierte den Rest der Manuskripte als Zweiten und Dritten Teil und nannte das ganze Werk, das 1922 in Tübingen beim Verlag J. C. B. Mohr (Paul Siebeck) erschien, in Übereinstimmung mit Max Webers eigener Bezeichnung *Wirtschaft und Gesellschaft*. In ihrer Einleitung merkt sie an: »Die Herausgabe dieses nachgelassenen Hauptwerkes des Verfassers bot naturgemäß manche Schwierigkeiten. Für den Aufbau des Ganzen lag kein Plan vor. Der ursrüngliche, auf S. X und XI Band 1 des Grundrisses der Sozialökonomie skizzierte, gab zwar noch Anhaltspunkte, war aber in wesentlichen Punkten verlassen. Die Reihenfolge der Kapitel mußte deshalb von der Herausgeberin und ihrem Mitarbeiter entschieden werden. Einige Abschnitte sind unvollendet und müssen so bleiben. Die Inhaltsangabe der Kapitel war nur für die ›Rechtssoziologie‹ fixiert.«

Weber selbst nannte sein Werk schon 1913 *Wirtschaft und Gesellschaft* (S. 80) und wiederholte diese Bezeichnung 1920 (S. 426). Die vorliegende Rekonstruktion der Urfassung bleibt bei diesem gebräuchlichen Titel und setzt den *Kategorienaufsatz* als Ersten Teil an den Anfang des Werkes, um die ursprüngliche Kategorien- und Methodenlehre den konkreten Analysen, denen sie zugrunde liegen, auch voranzustellen. Dieses Vorgehen ist berechtigt, weil Weber erstens im Kategorienaufsatz selbst darauf hinweist, daß er der »methodischen Begründung« von *Wirtschaft und Gesellschaft* dient, und weil er zweitens bei der späteren Neufassung des Werkes die Neuschreibung des *Kategorienaufsatzes* als *Grundbegriffe* selbst zum Anfang des Werkes machte. Weber schreibt in der Vorbemerkung zu den *Grundbegriffen*: »Gegenüber dem Aufsatz im Logos IV (1913, S. 253 f.) ist die Terminologie tunlichst vereinfacht und daher auch mehrfach verändert, um möglichst leicht verständlich zu sein« (WG, S. 1).

Die *Grundbegriffe* sollten die Ausführungen des *Kategorienaufsatzes* ersetzen, aber die schon 1911–1913 fertiggestellten Teile von *Wirtschaft und Gesellschaft* folgen begrifflich dem *Kategorienaufsatz* und hätten völlig umgeschrieben werden müssen, um dem veränderten Begriffsaufbau der *Grundbegriffe* gerecht zu werden. Diese haben daher in der Urfassung nichts zu suchen und kommen als erstes Kapitel der Neufassung zum Abdruck.

1925 gab Marianne Weber eine zweite Auflage von *Wirtschaft und Gesellschaft* heraus, die von Druckfehlern bereinigt und um eine Abhandlung zur Musiksoziologie bereichert wurde. Die dritte Auflage erschien 1947 als »unveränderter Nachdruck der zweiten, vermehrten Auflage« – was nicht stimmt, denn es sind mehrere Veränderungen vorgenommen worden. Die vierte Auflage des Werkes wurde von Johannes Winckelmann 1956 »neu herausgegeben« und 1976 in einer fünften Auflage »revidiert« und mit textkritischen Erläuterungen versehen. In der *Max Weber Gesamtausgabe* wird dies Werk im Band 22 der 1. Abteilung unter dem Titel *Wirtschaft und Gesellschaft* abgedruckt.

Marianne Weber hatte *Wirtschaft und Gesellschaft* aus den hand- oder maschinengeschriebenen Skripten ihres Mannes ediert, diese sind jedoch seitdem verschwunden, und nur die Rechtssoziologie, die von Weber noch selbst mit allen Überschriften versehen worden war, ist wieder aufgetaucht. Allerdings zeigt der Vergleich dieses

Dokumentes mit den ersten beiden Auflagen, daß die Abweichungen minimal sind, was den Schluß nahelegt, daß auch alle anderen Teile von *Wirtschaft und Gesellschaft* in den beiden ersten Auflagen den Manuskripten getreu gefolgt sind, wenn auch die Anordnung und vielleicht die Überschriften teilweise von Marianne Weber stammen. Daher wurde die zweite Auflage hier durchgehend als Textgrundlage verwendet (in der Einleitung wie im folgenden zit. als: WG). Nur an einigen wenigen Stellen sind Interpolationen oder Wortänderungen vorgenommen worden, die teils aus der dritten Auflage, teils von Johannes Winckelmann und teils vom Herausgeber der vorliegenden Ausgabe stammen. Sofern es sich nicht um offensichtliche Druckfehler handelt, stehen diese im Text in eckigen Klammern und sind mit einem Fragezeichen versehen. Einige Anmerkungen von Marianne Weber wurden übernommen und als solche gekennzeichnet. Nur im Kapitel über *Die Wirtschaft und die Ordnungen*, das zur wieder aufgetauchten Rechtssoziologie gehört, sind einige Veränderungen ohne weitere Markierung vorgenommen worden, weil sie sich auf Webers eigene Handschrift stützen und daher unstrittig sind.

Die Einteilung des Gesamtwerkes in drei Teile folgt ebenfalls der zweiten Auflage sowie die Ordnung der ausgewählten Texte innerhalb der Teile zwei und drei. Die einzige Ausnahme bildet das letzte Kapitel des dritten Teils – was bei dessen Einzelnachweis (S. 423) gesondert begründet wird. Johannes Winckelmann hat demgegenüber, ab der vierten Auflage die Teile zwei und drei zusammengezogen und als *Zweiter Teil* herausgegeben. Dabei hat er die Kapitel erheblich umgestaltet und deren Überschriften zu großen Teilen völlig neu gefaßt.

[Urfassung]

[Erster Teil]

Über einige Kategorien der verstehenden Soziologie

Erschien in: *Logos, Internationale Zeitschrift für Philosophie der Kultur* 4 (1913). S. 253–294. Der Aufsatz enthält die Erörterung der soziologischen Grundkategorien, die dem Zweiten und Dritten Teil von Max Webers Hauptwerk *Wirtschaft und Gesellschaft* zugrunde liegen und müßte daher an dessen Anfang stehen. In der *Max Weber Gesamtausgabe* wird der Aufsatz im Band 12 der 1. Abteilung abgedruckt.

[Zweiter Teil]

Wirtschaft und Gesellschaft im Allgemeinen

Die ersten drei Paragraphen von Kapitel I des Zweiten Teils (S. 181–189). (Die beiden letzten Paragraphen heißen: § 4. Wirtschaftsformen; § 5. Formen der Wirtschaftsregulierung; S. 189 bis 193.)

[Die Hausgemeinschaft und ihre Auflösung]

Unter diesem (vom Herausgeber gewählten) Titel wurden die Paragraphen 1, 6 und 7 (S. 194–197, 208–212, 212–215; neue Zählung: §§ 1, 2, 3) des Kapitels II des Zweiten Teils: »Typen der Vergemeinschaftung und Vergesellschaftung«, zusammengestellt. (Aufbau des Gesamtkapitels: § 1. Die Hausgemeinschaft; § 2. Nachbarschaftsgemeinschaft, Wirtschaftsgemeinschaft und Gemeinde; § 3. Die sexuellen Beziehungen in der Hausgemeinschaft; § 4. Die Sippe und die Regelung der Sexualbeziehungen; § 5. Beziehungen zu Wehr- und Wirtschaftsverfassung. Das »eheliche Güterrecht« und Erbrecht; § 6. Die Auflösung der Hausgemeinschaft: Änderungen ihrer funktionellen Stellung und zunehmende »Rechenhaftigkeit«. Entstehung der modernen Handelsgesellschaften; § 7. Die Entwicklung zum »Oikos«.

Markt

Kapitel V des Zweiten Teils (S. 364–367), unvollendet.

Die Wirtschaft und die Ordnungen

Kapitel VI (S. 368–385). Die fast vier Seiten umfassenden, enggesetzten zwei Anmerkungen zum Paragraphen 2 (S. 377–381) wurden weggelassen.
In der zweiten Auflage folgt die *Rechtssoziologie*, die Max Weber kurz vor seinem Tod noch hinter dieses Kapitel gestellt und mit ihm zusammen korrigiert hat. Das Kapitel wurde von Weber handschriftlich mit der römischen Ziffer I versehen. Es wäre daher auch denkbar, den zweiten Teil mit diesem Kapitel zu beginnen, wie es Johannes Winckelmann ab der vierten Auflage getan hat, zumal der Inhalt des Kapitels dem Titel entspricht, der zu Anfang der Inhaltsangabe von 1914 auftaucht: *Wirtschaft und Recht in ihrer prinzipiellen Beziehung*.

[Dritter Teil]

Macht und Herrschaft. Übergangsformen

Paragraph 1 von Kapitel I (»Herrschaft«) des Dritten Teils: »Typen der Herrschaft« (S. 603–606). (Aufbau des Gesamtkapitels: § 1. Macht und Herrschaft. Übergangsformen; § 2. Herrschaft und Verwaltung. Wesen und Grenzen der demokratischen Verwaltung; § 3. Herrschaft durch »Organisation« Geltungsgründe.)

Klassen, Stand, Parteien

Kapitel IV des Dritten Teils (S. 631–640). Der von Marianne Weber als kleingedruckter Anhang angefügte Entwurf über eine Klassifikation der Kriegerstände (S. 640 f.) wurde ausgelassen.

Bürokratie

Auszüge aus Kapitel VI des Dritten Teils (S. 660–662, 665–667, 668–670, 671–673, 675–677, 677–678). Die Abschnittsgliederungen 4, 5 und 6 auf den Seiten 660, 665 und 666 wurden fallen- und die enggesetzten Kommentare weggelassen.

Patrimonialismus

Anfang (S. 679–685) des gleichnamigen Kapitels VII des Dritten Teils (S. 679–723).

Charismatismus

Kapitel IX des Dritten Teils (S. 753–757). Der letzte Satz: »Dies kann auf der einen Seite durch Legitimierung vor einer anderen, in ...«, mit dem das Kapitel abrupt abbricht, wurde weggelassen.

Umbildung des Charisma

Anfang (S. 758–763) von Kapitel X des Dritten Teils (S. 758–778).

[Charisma und Disziplin]

Anfang (S. 642–647) von Kapitel V des Dritten Teils. In den ersten drei Auflagen wurde dies Kapitel »Legitimität« genannt und noch vor das »Bürokratiekapitel« gestellt, das die konkreten Ausführungen zu den drei reinen Typen der legitimen Herrschaft eröffnet. Johannes Winckelmann erkannte, daß Marianne Weber hier einen Editionsfehler begangen hatte und stellte den Text des Kapitels zwischen die Kapitel X: »Umbildung des Charisma«, und Kapitel XI: »Staat und Hierokratie«. Das halte ich für gerechtfertigt. Doch er spaltete den Text auch in zwei Hälften, vertauschte diese gegeneinander und setzte die zweite Hälfte an das Ende des Paragraphen 2 seines sechsten Abschnittes des Kapitels IX: »Entstehung und Umbildung der charismatischen Autorität«, und die erste Hälfte machte er zum nächsten Paragraphen 3: »Die Disziplinierung und die Versachlichung der Herrschaftsformen«. Dies halte ich nicht mehr für gerechtfertigt, da ein von Weber durchgehend geschriebener Text von Winckelmann zerstückelt und neu zusammengesetzt wird. Der hier abgedruckte erste Teil trug in der zweiten Auflage die Überschrift: »Legitimität«. »Charisma und Disziplin« bezeichnet die beiden Themen des Textes und wurde daher vom Herausgeber als Titel gewählt.

[Neufassung]
[Erster Teil]

Soziologische Grundbegriffe

Kapitel I (S. 1–30). Es muß in den Jahren 1919/20 entstanden sein und gehört zu Webers letztem für den Druck fertiggemachten »Ersten Teil« der Neufassung von *Wirtschaft und Gesellschaft*. Die »Grundbegriffe« bestehen aus 17 kurzen Paragraphen, die jeweils umfangreiche und durchnummerierte Kommentare aufweisen. Hier ist nur der Text der großgedruckten Paragraphen wiedergegeben, die Kommentare wurden ausgelassen.

Die drei reinen Typen legitimer Herrschaft

Paragraph 2 von Kapitel III: »Die Typen der Herrschaft«, des Ersten Teils (S. 124). Die beiden Anmerkungen am Schluß des Paragraphen wurden weggelassen. Von Weber gibt es einen Aufsatz des gleichen Titels, der dieser Kurzfassung zugrunde gelegen hat und von Marianne Weber unabhängig veröffentlicht wurde in: *Preußische Jahrbücher* Bd. 187 (1922) S. 1–12. Dieser Aufsatz ist wahrscheinlich in engem zeitlichen Zusammenhang mit dem *Kategorienaufsatz* geschrieben worden und mußte bei einem vollständigen Abdruck der hier rekonstruierten Urfassung von *Wirtschaft und Gesellschaft* an diesen angeschlossen werden, sofern sich nicht weitere Stücke finden lassen, die die *Soziologischen Grundkategorien des Wirtschaftens*, die das zweite Kapitel der Neufassung des Ersten Teils ausmachen, vorwegnehmen und dazwischen geschoben werden müßten.

Gesammelte Aufsätze zur Religionssoziologie

Max Weber hat seine Aufsätze zur Religionssoziologie zuerst im *Archiv für Sozialwissenschaft und Sozialpolitik* veröffentlicht. »Die protestantische Ethik und der Geist des Kapitalismus« erschien in zwei Teilen in den Bänden 20 und 21 (1904 bzw. 1905). »Die Wirtschaftsethik der Weltreligionen« erschien in mehreren Teilen in den Bänden 41–46 (1915–1919). Gegen Ende seines Lebens hat Weber die Aufsätze zum Druck in mehreren separaten Bänden vorbereitet und den ersten Band der *Gesammelten Aufsätze zur Religionssoziologie* noch selbst überarbeitet und auch die Fahnen des Verlages korrigiert. Der erste Band erschien kurz nach Webers Tod im Jahre 1920. Die beiden folgenden Bände wurden von Marianne Weber herausgegeben und erschienen im Jahr 1921. Als Textgrundlage wurde diese dreibändige Ausgabe benutzt. Die gebräuchlichen Abkürzungen RS I, RS II und RS III wurden beibehalten. In der *Max Weber Gesamtausgabe* werden die Aufsätze in den Bänden 18–21 der 1. Abteilung abgedruckt.

Vorbemerkung

RS I, S. 1–16. Von Weber eigens für den ersten Band im Jahre 1919 geschrieben.

Die protestantische Ethik und der Geist des Kapitalismus

RS I, S. 17–23 (I. 1.), 30–34 (I. 2.), 87–96 und 102–106 (II. 1.), 189–193 und 202–206 (II. 2.). Die Anmerkungen Webers wurden weggelassen. Der Aufsatz hat zwei Abteilungen mit drei bzw. zwei Unterabschnitten: I. Das Problem; 1. Konfession und soziale Schichtung; 2. Der »Geist« des Kapitalismus; 3. Luthers Berufskonzeption. Aufgabe der Untersuchung; II. Die Berufsethik des asketischen Protestantismus; 1. Die religiösen Grundlagen der innerweltlichen Askese; 2. Askese und kapitalistischer Geist.

Resultat: Konfuzianismus und Puritanismus

RS I, S. 512–514 und 532–535. Kapitel VIII des Teils I: »Konfuzianismus und Taoismus« (S. 512–536).

Zwischenbetrachtung: Theorie der Stufen und Richtungen religiöser Weltablehnung

RS I, S. 536–573. Der vollständig wiedergegebene Aufsatz ist das letzte Kapitel in RS I.

Ethik und Theodizee der Propheten

RS III, S. 314–330. Der dritte Abschnitt des Kapitels II des Aufsatzes über das antike Judentum (S. 314–336).

Max Weber schrieb neben den religionssoziologischen Aufsätzen noch eine systematische Religionssoziologie, die in *Wirtschaft und Gesellschaft* auf den Seiten 227–363 abgedruckt ist. Hierzu schrieb Max Weber in RS I, S. 237, Anmerkung: »Die Aufsätze waren nebenbei auch bestimmt, gleichzeitig mit der im ›Grundriß der Sozialökonomik‹ enthaltenen Abhandlung über ›Wirtschaft und Gesellschaft‹ zu erscheinen, den religionssoziologischen Abschnitt zu interpretieren und zu ergänzen (allerdings auch in vielen Punkten durch ihn interpretiert zu werden).«

Das weltablehnende Frühchristentum

WG, S. 361–363. Der letzte Unterabschnitt des Paragraphen 12: »Die Kulturreligionen und die ›Welt‹«, steht am Ende der Religionssoziologie in *Wirtschaft und Gesellschaft.*

Bei der Auswahl der letzten vier Texte hielt sich der Herausgeber der vorliegenden Ausgabe an das Buch von Eduard Baumgarten: *Max Weber, Werk und Person*, Tübingen 1964, in dem diese Texte abgedruckt wurden. Baumgarten war der Neffe von Max Weber, hatte bei ihm noch in München studiert und blieb nach Webers Tod Marianne Weber eng verbunden. Seiner Auswahl kommt daher ein eigenständiger dokumentarischer Wert zu. Der Herausgeber stand Baumgarten bei der Edition seines Buches zur Seite und eignete sich hierbei das Weberbild an, das der vorliegenden Auswahl zugrunde liegt. Das Wissen und intellektuelle Vergnügen, das ihm Baumgarten bei der gemeinsamen Arbeit vermittelte, wird ihm immer unvergeßlich bleiben.

Philosophie des 19. Jahrhunderts

IN RECLAMS UNIVERSAL-BIBLIOTHEK

Wilhelm Dilthey: Das Wesen der Philosophie. (Manfred Riedel) 219 S. UB 8227

Ludwig Feuerbach: Das Wesen des Christentums. (Karl Löwith) 536 S. UB 4571

Johann Gottlieb Fichte: Die Bestimmung des Menschen. (Theodor Ballauf / Ignaz Klein) 237 S. UB 1201 – Über den Begriff der Wissenschaftslehre. (Edmund Braun) 117 S. UB 9348

Gottlob Frege: Die Grundlagen der Arithmetik. (Joachim Schulte) 160 S. UB 8425

Georg Wilhelm Friedrich Hegel: Differenz des Fichteschen und Schellingschen Systems der Philosophie. (Werner Marx) 147 S. UB 7805 – Grundlinien der Philosophie des Rechts oder Naturrecht und Staatswissenschaft im Grundrisse. (Bernhard Lakebrink) 504 S. UB 8388 – Phänomenologie des Geistes. (Lorenz Bruno Puntel) 597 S. UB 8460 – Einleitung zur »Phänomenologie des Geistes«. (Andreas Graeser) 184 S. UB 8461 – Vorlesungen über die Ästhetik. Erster und zweiter Teil. (Rüdiger Bubner) 693 S. UB 7976 – Vorlesungen über die Ästhetik. Dritter Teil. (Die Poesie). (Rüdiger Bubner) 363 S. UB 7985 – Vorlesungen über die Philosophie der Geschichte. (Theodor Litt) 612 S. UB 4881

Wilhelm von Humboldt: Ideen zu einem Versuch, die Grenzen der Wirksamkeit des Staats zu bestimmen. (Robert Haerdter) 223 S. UB 1991 – Schriften zur Sprache. (Michael Böhler) 256 S. UB 6922

Søren Kierkegaard: Der Begriff Angst. (Gisela Perlet / Uta Eichler) 237 S. UB 8792 – Tagebuch des Verführers. (Gisela Perlet / Uta Eichler) 221 S. UB 9323

Deutsche Philosophie der Gegenwart

IN RECLAMS UNIVERSAL-BIBLIOTHEK

Hans Albert, Kritische Vernunft und menschliche Praxis. 214 S. UB 9874

Werner Becker, Elemente der Demokratie. 142 S. UB 8009

Dieter Birnbacher, Verantwortung für zukünftige Generationen. 297 S. UB 8447

Hans Blumenberg, Wirklichkeiten, in denen wir leben. 176 S. UB 7715

Rüdiger Bubner, Zur Sache der Dialektik. 4 Aufsätze. 165 S. UB 9974

Iring Fetscher, Arbeit und Spiel. Essays zur Kulturkritik und Sozialphilosophie. 171 S. UB 7979

Kurt Flasch, Augustin. Einführung in sein Denken. 487 S. UB 9962 – Das philosophische Denken im Mittelalter. Von Augustin zu Macchiavelli. 720 S. UB 8342 – auch geb.

Manfred Frank, Selbstbewußtsein und Selbsterkenntnis. Essays zur analytischen Philosophie der Subjektivität. 485 S. UB 8689 – Stil in der Philosophie. 115 S. UB 8791

Hans-Georg Gadamer, Die Aktualität des Schönen. Kunst als Spiel, Symbol und Fest. 77 S. UB 9844

Volker Gerhardt, Pathos und Distanz. Studien zur Philosophie Friedrich Nietzsches. 221 S. UB 8504

Jürgen Habermas, Politik, Kunst, Religion. 151 S. UB 9902

Dieter Henrich, Selbstverhältnisse. Gedanken und Auslegungen zu den Grundlagen der klassischen Philosophie. 212 S. UB 7852

Otfried Höffe, Den Staat braucht selbst ein Volk von Teufeln. Philosophische Versuche zur Rechts- und Staatsethik. 174 S. UB 8507

Bernulf Kanitscheider, Kosmologie. Geschichte und Systematik in philosophischer Perspektive. 512 S. UB 8025

Reinhard Knodt, Ästhetische Korrespondenzen. Denken im technischen Raum. 166 S. UB 8986

Hans Lenk, Macht und Machbarkeit der Technik. 152 S. UB 8989

Wolf Lepenies, Gefährliche Wahlverwandtschaften. Essays zur Wissenschaftsgeschichte. 165 S. UB 8550

Odo Marquard, Abschied vom Prinzipiellen. 152 S. UB 7724 – Apologie des Zufälligen. 144 S. UB 8351 – Skepsis und Zustimmung. Philosophische Studien. 137 S. UB 9334

Günther Patzig, Tatsachen, Normen, Sätze. 183 S. UB 9986

Alfred Schmidt, Kritische Theorie, Humanismus, Aufklärung. Philosophische Arbeiten 1969–1979. 183 S. UB 9977

Joachim Schulte, Wittgenstein. Eine Einführung. 248 S. UB 8564

Walter Schulz, Vernunft und Freiheit. Aufsätze und Vorträge. 175 S. UB 7704

Robert Spaemann, Philosophische Essays. Erweiterte Ausgabe 1994. 264 S. UB 7961

Holm Tetens, Geist, Gehirn, Maschine. Philosophische Versuche über ihren Zusammenhang. 175 S. UB 8999

Ernst Tugendhat, Probleme der Ethik. 181 S. UB 8250

Ernst Tugendhat / Ursula Wolf, Logisch-semantische Propädeutik. 268 S. UB 8206

Joachim Wehler, Grundriß eines rationalen Weltbildes. 285 S. UB 8680

Carl Friedrich von Weizsäcker, Ein Blick auf Platon. Ideenlehre, Logik und Physik. 144 S. UB 7731

Wolfgang Welsch, Ästhetisches Denken. 224 S. 19 Abb. UB 8681

Philipp Reclam jun. Stuttgart